Josef Bruckmoser

Johann Weber – Kirche auf der Spur des Konzils

Aus Anlass des 75. Geburtstages von
Altbischof Johann Weber am 26. April 2002.

Josef Bruckmoser

Johann Weber

Kirche auf der Spur des Konzils

:STYRIA

Die Deutsche Bibliothek – CIP-Einheitsaufnahme

Bruckmoser, Josef:
Johann Weber : Kirche auf der Spur des Konzils / Josef Bruckmoser –
Graz ; Wien ; Köln : Verl. Styria, 2001
ISBN 3-222-12887-1

www.verlagstyria.at

Layout und Umbruch: Helmut Lenhart, Graz
Umschlaggestaltung: Andrea Malek, Graz
Umschlagbild: Big Shot / Christian Jungwirth, Graz
Druck und Bindung: Druckerei Theiss GmbH, A-9400 Wolfsberg
ISBN 3-222-12887-1

Inhalt

Vorwort

„Der Christ ist ein Mensch, der vor allem von der Gnade des Glaubens erfasst worden ist, weil er sich dafür geöffnet hat. Der Christ wendet sich im Glauben und seinem ganzen Wesen Jesus Christus zu. Ihn anerkennen wir als den Mensch gewordenen Sohn Gottes. Und mit der gleichen Wichtigkeit, mit der gleichen Intensität hat sich der Mensch dem Mitmenschen zuzuwenden, weil wir daran glauben, dass Gott ein Mensch geworden ist. Wir Katholiken schließen uns zusammen zu einer sichtbaren Kirche, in der Jesus Christus weiter lebt. Wir hoffen, dass wir mit ihm ein Leben ohne Ende, ohne Tränen erfahren dürfen. Ich weiß, dass man es nicht genau abzirkeln kann, wer zur Kirche gehört, und ich bin der Meinung, dass vielleicht viel mehr Menschen der Kirche angehören und ihr nahe sind oder auf dem Weg zu ihr sind, als sie selber wissen."

Johann Weber hat dieses Bekenntnis als junger Bischof in der ORF-Sendung „Orientierung" abgelegt. Es ist eine Kurzformel des christlichen Glaubens, die allgemein gültig für die römisch-katholische Kirche ist und gleichzeitig die persönliche Handschrift des langjährigen Diözesanbischofs von Graz-Seckau (1969–2001) trägt. Darin zeigt sich die große Stärke Johann Webers: sein unbedingtes Stehen zur und in der Kirche und die hohe Glaubwürdigkeit und Menschennähe seiner Botschaft. Für Johann Weber gilt, was er über Menschen gesagt hat, die in der und für die Kirche arbeiten: „Sie sind Hirten, unerschrockene Wegbegleiter, Ermutiger, Freudestifter, die Rede und Antwort stehen." Es gilt das Wort an die Neupriester vom 25. Juni 2000: Sie sollten „gelassenen Herzens" Tag für Tag ihren Dienst tun, „in Verlässlichkeit, durchsichtiger Treue und liebender Aufmerksamkeit für die Not der Menschen".

Dieses Buch über Johann Weber ist auf Anregung und mit tatkräftiger Unterstützung durch die Diözese Graz-Seckau entstanden. Es ist eine Reverenz an einen Priester und Bischof, der durch seine offene Zuwendung zu den Menschen die Kirche in das Herz der Steirerinnen und Steirer eingeschrieben hat. Johann Weber war ohne Zweifel ein beliebter Bischof, und all jenen, denen das von vornherein verdächtig erscheint, sei ins Stammbuch geschrieben: Johann Weber ist ein zutiefst gläubiger und kirchlicher Mensch. Er war und ist trotz aller Unbill, die ihm selbst aus den eigenen Reihen widerfahren ist, immer mit seiner Kirche im Reinen.

Dieser Bilanz über mehr als drei Jahrzehnte Bischofsamt liegt jene Haltung zu Grunde, die der Salzburger Weihbischof Jakob Mayr – ein getreuer Wegbegleiter Johann Webers – dem Autor ans Herz gelegt hat: Die Wahrheit in Liebe sagen. Es gibt nichts zu verschweigen in diesem Bischofsleben, das dem stürmisch bewegten, hoffnungsvoll voranschreitenden und zaghaft innehaltenden Leben der römisch-katholischen Kirche vom Zweiten Vatikanischen Konzil (1962–65) bis zum Beginn des dritten Jahrtausends eingeschrieben ist.

Der Dank für das Werden dieses Buches gilt namentlich Herbert Beiglböck. Der stellvertretende Leiter des Pastoralamtes und enge Vertraute des Bischofs hat diese Biographie auf den Weg gebracht, wertvolle Quellen erschlossen und spannende Zugänge eröffnet. Beiglböck führte den nicht-steirischen Verfasser in das unergründliche „Wir Steirer" ein. Der steirische Brauch, das offene Wort zu kultivieren und bei aller respektvollen Zuneigung und herzhaften Liebe zum Bischof die Dinge beim Namen zu nennen, machte die Recherche zu einer reizvollen und herausfordernden Aufgabe. Die Kirchenzeitung „Sonntagsblatt" und das Diözesanarchiv bewährten sich als breite und bunte Informationsbasis. Der Verlag Styria hat das Projekt insbesondere durch Lektor Horst Kollingbaum sachkundig betreut.

Johann Weber selbst dankt der Autor für viele Stunden Gespräche, die durch eine offene Atmosphäre und behutsame Rücksichtnahme auf andere Menschen geprägt waren. Diese Dialoge haben, ebenso wie die Interviews mit anderen Personen, in den letzten Monaten der Amtszeit Webers als Diözesanbischof von Graz-Seckau stattgefunden, noch bevor die Regelung der Nachfolge bekannt wurde. Die persönlichen Einblicke in ein bewegtes und erfülltes Leben sind die Seele dieses Buches. Für den Verfasser sind die Begegnungen mit Johann Weber zu wertvollen Bausteinen in seinem Mensch- und Christsein geworden.

Salzburg/Graz, im September 2001 Josef Bruckmoser

Berührt von Gott

Bei den Leuten

„Wir feiern nicht eine Urkunde, wir feiern unser Leben.“ Johann Weber, mehr als drei Jahrzehnte lang Bischof der Diözese Graz-Seckau, ist in seinem Element. Hier in St. Elisabeth, im Grazer Stadtteil Wetzelsdorf, fühlt sich der Oberhirte mit dem freundlichen, manchmal beinahe etwas verschmitzten Lächeln um die Lippen „bei den Leuten“. Auch im 74. Lebensjahr, knapp bevor Papst Johannes Paul II. dem Ansuchen des steirischen Bischofs entspricht, ihn von seinen Amtspflichten zu entbinden, ist Johann Weber das, was er immer von Herzen gewesen ist und zeit seines Lebens sein wird: ein Seelenhirte, ein Pfarrer, einer, der weiß, wo die Menschen der Schuh drückt und was ihnen auf der Seele brennt, einer, der mit Kirchenpolitik und diplomatischen Winkelzügen auch nach mehr als 30 Bischofsjahren noch immer so wenig anfangen kann wie eine Mutter mit der Frage, welches ihrer Kinder ihr das liebste sei. Seelsorger wollte Johann Weber werden, und Seelsorger ist er geblieben.

Beim Einzug in die Kirche beugt Weber sich grüßend zu einer älteren Frau im Rollstuhl. Ein Händedruck, der in Erinnerung bleibt. Bei den Fürbitten nimmt er in das Gebet der Gottesdienstgemeinde die herein, die auf der Flucht sind, die, deren Glück zerbricht, die Frauen, die vergewaltigt wurden, und die Erdbebenopfer in El Salvador. Die Menschen in St. Elisabeth wissen es zu schätzen, dass ein solcher, dass dieser Bischof bei ihnen ist. „Erhalte unseren Bischof noch lange für unsere Kirche“, heißt es in den Fürbitten des Festgottesdienstes zum 10-Jahre-Jubiläum des Pfarrzentrums. Es kommt von Herzen. Genauso wie der Stoßseufzer, als der Bischof ein lobendes Wort für den Pfarrer findet. Da geht ein Raunen durch die ganze Kirche, in der sich etwa 300 Frauen und Männer versammelt haben. Auf die leise Anfrage beim Nachbarn in der Bankreihe, was das Gemurmel zu bedeuten habe, kommt die Antwort: „Dass er uns den Pfarrer nicht wegnimmt."

Die Sorge ist begründet. St. Elisabeth hat einen Ständigen Diakon. Die Mitversorgung durch den Priester einer Nachbarpfarre läge nahe. Dass er nicht allen Gemeinden einen Priester geben kann, ist eine Wunde in der Seele des Johann Weber. Er, der sich nach einem Jahr Studium der Germanistik und Geschichte entschlossen hat, Priester zu werden, ist erschüttert über die vielen, die in seinen Bischofsjahren aus dem Priesteramt ausgeschieden sind, und er kann sich auch immer weniger anfreunden mit Zugängen zum Amt, die den zölibatären Priester zu einer Form unter anderen machen würden.

Aber Weber ist nicht der Bischof, der seiner Pfarre den Zerrspiegel vorhält: Sagt mir, wann aus eurer Mitte zuletzt ein junger Mann in das Priesterseminar eingetreten ist, und ich sage euch, wie lange ihr noch einen eigenen Pfarrer haben werdet. Die Sorge um Priester bewegt Weber tagtäglich. Aber hier, beim Jubiläum in der Pfarre, geht es ihm um die Menschen, die da sind, und um ihr Leben. Zehn Jahre passieren im Wortgottesdienst Revue. Der Bischof weiß, dass jetzt Lob und Dank am Platz sind. Das Gute zu sehen, es zu benennen und ein aufrichtiges Danke dafür zu sagen ist eine der großen Stärken von Johann Weber. „Bevor wir lesen und schreiben lernen, lernen wir bitte und danke sagen." Er tut es ausdrücklich und mehrmals während dieses Gottesdienstes. Die Pfarre St. Elisabeth sei „einen Weg gegangen, auf den wir stolz sein können", sagt Weber nach der Präsentation der pfarrlichen Ereignisse. „Mich hat sehr beeindruckt, was Sie in diesen zehn Jahren getan haben." Am Schluss der Predigt unterstreicht der Bischof: „Ich danke Ihnen von ganzem Herzen. Gott behüte Sie." Die, die heute nicht da sind, werden nicht vergessen: „Sagen Sie allen zu Hause einen Gruß von mir, in großer Dankbarkeit."

Johann Weber ist bei den Leuten, und das ganz. In eigener Sache erläuterte der Bischof bei der Dechantenkonferenz am 28. Februar 1984, wie er dieses Ganz-da-Sein versteht und verstanden wissen will: „Es hat sich einge-

bürgert, dass ich sehr oft in Pfarren bei der Begrüßung so apostrophiert werde: ‚Obwohl der Herr Bischof so viele Termine hat, hat er sich dennoch Zeit genommen.' Das ist sicher sehr freundlich gedacht, aber es belastet gleich ein wenig die Stimmung. Die Leute haben gleich das Gefühl, dass man eigentlich schon an den nächsten Termin denkt. Sicher gibt es oft Zeitbedrängnis, aber es soll am gegebenen Platz doch wirklich der Eindruck sein, nun ist der Bischof ganz da."
Die Predigt beim Festgottesdienst in St. Elisabeth ist eine Kurzformel des Glaubens, eine Katechese der Wesentlichkeiten. Das Andere, das viele Unwesentliche und Überflüssige und Daneben-Geredete, das in den Neunzigerjahren das Bild der katholischen Kirche in Österreich geprägt hat, haben die Leute längst über. Weber selbst hat genug darunter gelitten. Jetzt predigt er darüber, was im Inneren bewegt, er spricht von den zwei Beinen, auf denen der Mensch gehe, das Bein der Hoffnung und das Bein der Angst. Hoffentlich hat meine Ehe Bestand, hoffentlich wird aus meinen Kindern etwas Ordentliches. Menschlich-Alltägliches und die letzten Geheimnisse des Glaubens stehen für Johann Weber nicht nebeneinander. Ganz unvermittelt nimmt er die dichteste Hoffnung des Glaubens in die Feier herein: „Es wäre schon gut, wenn nach dem Tod nicht alles aus wäre." Eine Pfarre, so sagt der Bischof, sei „der Entschluss, nachzugehen und nachzusehen: Was ist wirklich dran an diesem Leben?" Als Wegmarken kommen die Zehn Gebote in den Blick. Früher, erinnert sich Weber, hat er an dieser Stelle die Kinder die Zehn Gebote aufzählen lassen. Da ist der Bischof mit den Jahren nachsichtiger geworden. Er nennt drei Begriffe, die einen Christen mit den Zehn Geboten verbinden sollten: die Kenntnis, die Berührung, die Freude. „Dass sie in mein Leben reichen, alle zehn, keines ist überflüssig." Weber hat es nicht Not, gebetsmühlenartig das sechste Gebot einzuschärfen. In der Feststellung „alle zehn" ist die Rangordnung hergestellt, ohne dass auf die Vollständigkeit verzichtet würde. Jedes der Zehn Gebote ist an seinem Platz und hat seinen Platz – nicht mehr und nicht weniger.
Webers Christentum ist keine fertige Formel, der das Leben angepasst werden muss. Es ist eine Bewegung, die immer dorthin strebt und sich ausstreckt, wo die Menschen sind. „Ich gebe dir kein Lebenskonzept", inter-

pretiert der Bischof den Anfang des Lukasevangeliums, „ich sage dir, mit wem du gehen kannst". Eine Pfarre sei daher ein Brief, ein Buch, eine Rede, ein lebendiger Wegweiser: „Schau, du kannst mit einem gehen. Wir haben seine Stimme gehört und sind ihm nachgefolgt."

Die Pfarre St. Elisabeth ist keine Muster- und keine Ausnahmepfarre. Die Kirche ist bescheiden, ein schlichtes Zelt Gottes unter den Menschen. Der Turm ragt markant aus den geduckten Einfamilienhäusern des Grazer Stadtteils heraus. Für den Empfang des Bischofs ist steirisch beflaggt: rot-weiß-rot für Österreich, gelb-weiß die Kirchenfarben, grün-weiß für die Steiermark. Die Ministranten sind bereits eingekleidet. Einige vertreiben sich die Zeit, bis der Bischof eintrifft, beim Tischfußball. Die Frage, wie der Bischof heißt, kann einer der Kleineren nicht sofort beantworten. „Das ist ziemlich peinlich", sagt eine Ministrantin, die um die Antwort nicht verlegen ist: „Bischof Weber." Auf der Anschlagtafel im Vorraum werden Mitarbeiterinnen und Mitarbeiter gesucht. Aufgaben gibt es viele, das ganze Bukett einer Pfarre, angefangen vom Thekendienst und der Betreuung der Bibliothek über die Jungschar und den Jugendkreis bis zur Liturgievorbereitung und zum Sozialkreis. 1992 hat die Pfarre in der Wohnung, die für den Pastoralassistenten vorgesehen war, ein bosnische Familie aufgenommen. 1993 wurden zum „Tag der Steiermark" Gäste aus einer ungarischen Partnerpfarre beherbergt. Spielgeräte für Kinder wurden angeschafft. Seit 1996 gibt es ein „Netz der Aufmerksamkeit": Botinnen und Boten, die den Pfarrbrief in die Häuser und Wohnungen tragen. Eine groß angelegte Pfarrbefragung „Wo drückt der Schuh?" wurde im Jahr 2000 mit einer Pfarrversammlung abgeschlossen.

Die Fürbitten beim Jubiläumsgottesdienst sprechen dem Bischof aus der Seele. Die Treue zum Glauben wird beschworen und die einladende Pfarre mit offenen Türen, die niemanden ausschließen möchte. Beide sind für Johann Weber hohe Werte. Er selbst fühlt sich in der doppelten Treue zur Kirche und zu den Menschen. Wenn Priester ihr Amt verlassen, ist das für Weber ein Verstoß gegen die Treue: die Treue zum eigenen Wort, zum Bischof, zur Kirche. Die einladende Pfarre wiederum hält der Bischof hoch, weil ihm alles Elitäre zuwider ist und er jeden Dünkel ablehnt, sich auserwählt oder besser zu fühlen als andere. Weber hat nichts gegen die

Movimenti in der katholischen Kirche, die geistlichen Bewegungen, die ihre je eigene Spiritualität und ihr je eigenes Gemeinschaftsleben pflegen. Aber der Dreh- und Angelpunkt seines Kirchenverständnisses ist die Pfarre, die kein „Wir und die anderen" kennt, keine Trennung in die, die dazugehören, und die sogenannten Fernstehenden.

„Herausgenommen und doch von euch", das ist der Priester, das ist für Johann Weber die einzelne Pfarre und letztlich die Kirche als ganze. Im Gespräch deutet der Bischof dieses In-der-Welt-Sein und doch nicht von ihr am Thema Kirchenbau:

> 99 Wir haben seit dem Ende des Zweiten Weltkrieges in der Steiermark mehr als 40 neue Pfarren gegründet. Die Herausforderung ist, dass Architekten, die eine Kirche bauen, auch betende Menschen sind. Konzepte und Pläne, die baukünstlerisch oft beachtlich sind, haben noch nicht von selbst in sich, dass sie über Jahrzehnte für die Sehnsüchte der Menschen halten. Kirchen zu bauen ist eine ganz schwierige Aufgabe. Nicht umsonst sagen viele Architekten, eine Kirche bauen zu dürfen wäre das Größte in ihrer Berufslaufbahn. Vieles, was in den Sechziger- und Siebzigerjahren an Kirchen entstanden ist, war von der Idee her gut gemeint: Bauten, die sich einfügen in ihr Umfeld, als gleiche unter gleichen. Wie die Menschen wohnen, so sollte Gott unter ihnen gegenwärtig sein. Daraus ist die falsche Alternative entstanden, ob man Kirchen für Gott oder Kirchen für die Menschen bauen sollte. Ein Gotteshaus muss die Sehnsüchte der Menschen ansprechen, es muss etwas von dem Mysterium spürbar werden lassen, das wir Gott nennen. Eine Kirche darf kein reiner Zweckbau sein, wie es deren viele gibt. Es gibt im Kirchenbau die Gefahr des Mickrigen. Wahrscheinlich sollte man bei Kirchen nicht sparen.

Bezeichnend für das vorherrschende Zweckdenken in den Jahren nach dem Konzil ist ein Antrag der Wahlmännerversammlung Mürztal bei der sechsten Sitzung des Diözesanrates von Graz-Seckau am 24. Juni 1972: „In Zukunft keine reinen Kultbauten (Kirchen), sondern Bau von Mehrzweckbauten, die auch die Möglichkeit für andere Zwecke bieten. Durch diese Bauten kann im Zusammenhang mit dem bereits erforderlichen Mut zur Umerziehung in der Liturgie eine bessere Möglichkeit für den Beweis der ‚Gemeinschaft' erzielt werden."

Auch ein Bericht über das neue Seelsorgezentrum in der Eisteichsiedlung in Graz-Waltendorf, das am 21. Jänner 1969 im Modell vorgestellt wurde, illustriert die Leitgedanken, die den Kirchenbau dieser Ära beherrschen. Im Bauprogramm müsse zum Ausdruck kommen, dass die Kirche vielen suchenden und fragenden Menschen eine neue Heimat und Geborgenheit vermitteln wolle. Die Kirche suche daher das klärende Gespräch mit den Christen selbst und mit allen „von draußen" zu fördern. „Dementsprechend wird nicht eine Stadtkirche errichtet, sondern ein großer, festlicher Mehrzweckraum. Nur ein kleiner Raum ist ausschließlich der Stille, dem Werktagsgottesdienst, Taufen, Trauungen usf. gewidmet. Zum Bauprogramm gehören Klubräume, Jugendräume, ein Foyer als Begegnungszone, Kanzlei usf. Die Grundüberlegungen dieses Vorhabens werden dadurch ergänzt, dass kein eigener ‚Pfarrhof' errichtet wird. Der Seelsorger hat bereits in einem Hochhaus Wohnung bezogen – er gehört auch in diesem Belang mitten unter die Menschen."

Diese Modelle der völligen Einbindung in die Welt sind nach Ansicht von Johann Weber gescheitert. Er sieht eine unaufhebbare Spannung, die für ein Gotteshaus ebenso gelte wie für die Person des Priesters und des Bischofs. „Der Priester ist herausgenommen aus den Menschen, und er ist doch von und mit ihnen. Er kommt dieser Spannung nicht aus. Es ist existenziell in ihm; er ist aus dem Volk und für das Volk bestellt. Der Priester darf nicht kneifen, nicht vor den Menschen und nicht vor dem Heiligen." Daher wäre es nicht gut, wenn die Priester allein aus bestimmten Bewegungen kämen, sondern sie sollen auch aus den gewöhnlichen, staubigen Pfarren kommen.

Den Zwiespalt der doppelten Berufung hat Weber in verdichteter und bedrängender Weise als Bischof erfahren, der Anwalt seines Volkes sein muss und zugleich Repräsentant der Weltkirche, der von seinen Leuten zu Reformen gedrängt wird und der in Rom Rechenschaft ablegen muss. „Das ist sehr strapaziös. Zugleich habe ich es immer als lustvoll erlebt", sagt Weber. „Ich kann mich erinnern, es wurden Arbeitergottesdienste gehalten, und

statt der Altarglocken haben sie die Sirene aufheulen lassen, und die Leute sagten: Verschwindet mit dem, das haben wir ohnehin immer. Das ist die eine Seite, und die andere: Bei einem Ad-limina-Besuch haben wir einem vatikanischen Würdenträger gesagt, die Scheidungsziffer betrage in Österreich 40 Prozent. Die Antwort war: das ist deshalb, weil die Leute einen zu schwachen Glauben haben. Aber das, bitte, ist eine zu schwache Antwort. Das würde heißen, aus der Situation der Menschen auszuwandern."
Die Menschen selbst hätten an die Kirche eine widersprüchliche Erwartung: einerseits soll die Kirche bei ihnen sein, andererseits soll sie etwas anderes sein. „In Brasilien hörte ich", erzählt Weber, „die wenigen herrlichen Kirchen, die es dort gibt, seien die Paläste, zu denen die Armen Zugang haben. Das kann auch eine Ausrede sein, aber es ist etwas dran: ein Raum, der mich heraushebt aus dem Alltäglichen. Das Sakrale ist etwas anderes als das Banale, das Gewöhnliche. Es ist eine Fortsetzung des Gewöhnlichen, die in die Höhe führt – ohne die Verbindung zu verlieren."
Für Weber gehören dazu die Ursymbole Turm, Glocken, Bilder, Licht. Es müsse etwas geben, „das aufatmen lässt". Auch in den unzähligen Pfarrkirchen, die künstlerisch gar nicht großartig sein müssten. „Aber da ist doch die Hoffnung: hier lebt etwas. Daher bin ich ein großer Verfechter der Werktagsmesse, damit das da ist: das Wort ist Fleisch geworden. Ein unbewohntes Gebäude verfällt sehr schnell."

Das Mystische kommt Johann Weber als Erstes in den Sinn, als er in den Gesprächen für dieses Buch auf Defizite und weiße Flecken angesprochen wird:

>>> *Herr Bischof, wo haben Sie für sich das Gefühl, dort bin ich in den 30 Jahren am wenigsten weiter gekommen?*
Weber: Das, was man Mystik nennt, eine Mystik des Alltags und eine Mystik des Christenmenschen. Es ist – und das bedauere ich sehr – selten geworden, dass Menschen untertags in den Kirchen beten. Der Ausdruck „ins Gebet versinken", was man so evident bei vielen Leuten hat erleben dürfen, ist schwach geworden. Mein großer Lehrer Cardijn hat unbekümmert von der Mystik der Arbeiterjugend geredet und damit das gemeint, dass KAJ-Führerin-

nen und -Führer in der Mittagspause bei Schulungen in der Kapelle gebetet haben.

Der Pastoralismus, den man uns gerade in Österreich vorgeworfen hat, ist oft ein Ausweichen, eine Ausflucht in die Aktivität. Wir sind, weil wir als Kirche in Österreich sehr viel Geld haben, fast aufgerieben von den vielen Tätigkeiten, um die Kirche in Betrieb zu halten. Mir täte es leid, wenn Fromm-Sein heute nur mehr in den Movimenti, den spirituellen Bewegungen, da wäre. Wie ist man als Bischof, als Journalist, als Taxifahrer fromm?

>>> *Ist da etwas verloren gegangen, oder gibt es nicht im Gegenteil heute auch sehr viel Nachdenken über das Leben, über ein gutes Leben?*

Weber: Manches ist da in diesem Wissen um die Abhängigkeit, in einem ganz positiven Sinne als Abhängigkeit von Gott, der mein Leben in der Hand hat. Zweitens gibt es andere Handlungen, Zen und Ähnliches, die sich nicht unbedingt im Niederknien und Beten in der Kirche ausdrücken müssen.

Geboren aus der Familie

Johann Weber kommt aus bescheidenen Familienverhältnissen. Er weiß darum und steht dazu. „Keinen Führerschein, kein Instrument, keine Sprachen", sagt Weber einmal spontan und über sein Leben sinnierend im Gespräch. Ob das Defizite seien, unter denen er gelitten habe? „Nein, mir tut es nur leid, dass ich keine Sprache gelernt habe. Ich sitze manchmal wirklich dumm daneben. Als Vorsitzender der Bischofskonferenz ist man Mitglied des CCEE, des Rates der Europäischen Bischofskonferenzen. Da wären Sprachkenntnisse sehr hilfreich gewesen. Das andere ist passé, das kann ich entbehren. Solange ich Kaplan und Pfarrer war, war ein Auto eher unnütz." Manche meinen, die mangelnde Sprachkompetenz habe Weber auch in seinen Kontakten mit dem Vatikan gehemmt. „Nein", sagt der Bischof, „da muss ich rühmen, dass im Staatssekretariat oder in der Bischofskongregation immer hervorragende Dolmetscher zur Verfügung standen. Ich war drei Mal bei einer Bischofssynode in Rom: 1971, 1974 und 1990. Ich habe das sehr toll erlebt 1971: da war es eine Ausnahme, wenn jemand

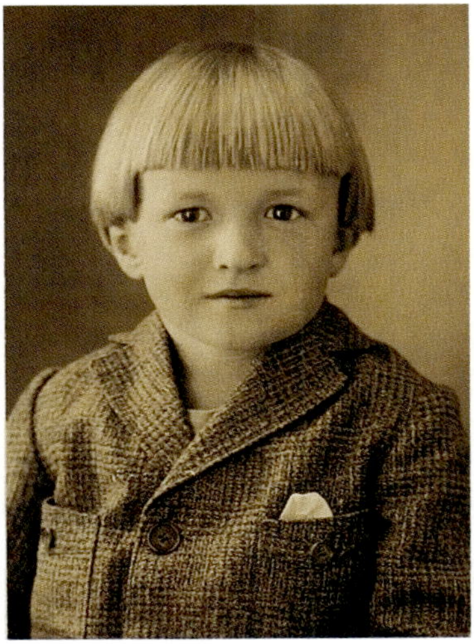

Johann Weber – 1. Klasse Volksschule, 1933.

Urlaub in Venedig, 1966.

Zimmerkollegen im Priesterseminar, 1947. 2. von links: Leopold Städtler; 3. von links: Karl Gastgeber †; 4. von links: Johann Weber. (Privatfotos von Johann Weber)

Priesterseminar, 1950. 2. Reihe, 5. von links: Johann Weber.

Studienjahrgang, 1950. 3. Reihe, 3. von links: Johann Weber. (Privatfotos von Johann Weber)

Geschwister Paul, Berta, Johann, Alfred †.

Eltern Julia und Martin Weber. (Privatfotos von Johann Weber)

Urlaub in Schöder, 1980.

Im Gespräch, Schöder, 1980. (Fotos: Gery Wolf, Graz)

seine Beiträge nicht in Latein einbrachte. 1974 war das wie verwandelt; da waren die Jahre dazwischen, in denen schnell ein einheimischer afrikanischer Episkopat errichtet wurde. Es kamen plötzlich viele schwarzafrikanische Bischöfe zur Synode nach Rom. Latein war damit als vatikanische Amtssprache vom Tisch. Mir hat das Leid getan, ich hatte Latein schon in der Schule sehr gerne."

Genauer als mögliche Sprachhemmnisse trifft für das Verhältnis von Johann Weber zur Kirchenleitung im Vatikan eine Beobachtung des steirischen Altlandeshauptmannes Josef Krainer zu: „Weber hat es absolut nicht gemocht, diese römischen Insidergeschichten zu betreiben. Es war nicht das Problem, dass er sich gegenüber einem Kardinal nicht hätte durchsetzen können. Aber Antichambrieren und Kirchendiplomatie waren ihm zutiefst zuwider, weil sie völlig seinem Bild und Verständnis von Kirche widersprochen haben."

Der Bub Johann wird am 26. April 1927 in Graz-St. Veit geboren. Der Vater ist Gendarmerie-Inspektor, er hat sich zu einem mäßigen Wohlstand hinaufgearbeitet. Mit elf Jahren äußert Johann den Wunsch, Priester zu werden. Woher das gekommen ist? „Es ist gekommen. Unsere Familie war vielschichtig. Meine Mutter war das, was man allgemein eine fromme Frau nennt. Mein Vater hatte dagegen überhaupt keine kirchliche Bindung, auch nicht meine Brüder, meine Schwester schon. Als braves Kind ging ich mit der Mutter in die Kirche. Die Pfarre Schutzengel in Graz war neu gegründet. Eine richtige Aufbaupfarre. Das hat mir gefallen." Der Vater hat keinen Widerstand gegen das Berufsziel des Buben geleistet. „Trotz der großen religiösen und auch politischen Verschiedenheiten in unserer Familie gab es da keine Streitpunkte." Es war eine „Verschiedenheit", sagt Johann Weber. „Dass ein Riss durch die Familie gegangen wäre, würde ich nicht sagen."

Zu der „politischen Verschiedenheit" gehört die Einstellung zum Nationalsozialismus. Johann Weber sagt selbst, seine Familie sei in der Haltung gegenüber Hitler „sehr bunt" gewesen. Ein Bruder war bei den illegalen Nationalsozialisten. Das wurde akzeptiert. „Aber meine Mutter hat darunter gelitten, dass meine zwei Brüder überhaupt keinen kirchlichen Bezug hatten." Der Vater, der sich durch Fortbildung bis zum Lehrer an der

Gendarmerieschule hinaufgearbeitet hat, war Sozialdemokrat. Er ging nicht in die Kirche. „Er ist das typische Kind von damals, geboren 1877. In seiner Bauern- und Handwerkerfamilie herrschte ungeheure Not. Es waren alle Störweber, die von Dorf zu Dorf und Haus zu Haus ihre Arbeit angeboten haben." Die politische Verschiedenheit in der Familie ist dann im Jahr 1934 angesichts der extremen politischen Konflikte doch sehr deutlich geworden. Der Vater war bei den Aufständen im Februar und im Juli als Gendarm im Einsatz. In Graz-Eggenberg gab es schwere Kämpfe. Freunde des Bruders kamen in den Februarkämpfen ums Leben. „Das hat uns sehr berührt."

Die Familie bleibt über die Jahrzehnte ein Dreh- und Angelpunkt im Leben von Johann Weber. „Mein Vater ist schon 1946 gestorben, meine Mutter 1960. Unter uns Geschwistern gab es eine große Vertrautheit, ohne das nostalgisch verschönern zu wollen: meine Eltern waren sehr beeindruckende Leute; wir Geschwister sind uns einig, dass das ein Segen war für uns." In den Gesprächen für dieses Buch kommt der Vater häufig vor, aber seine Rolle bleibt mehr allgemein bedeutungsvoll als konkret prägend. Mit den Geschwistern trifft sich Johann Weber einmal im Jahr, mit dem ältesten Bruder fuhr er jedes Jahr drei Wochen auf Urlaub. Der Bruder war Doktor der Mineralogie und Geologie in der verstaatlichten Industrie. Weber war dagegen nie naturwissenschaftlich begabt und genoss diesen Austausch mit einer ganz anderen Welt.

Die geistliche Mitgift stammt von der Mutter. Sie tritt immer und sofort als die fromme Frau in den Blick, sobald die Rede auf Johann Webers Spiritualität kommt:

>>> *Menschen, die ihn genauer kennen, sagen, Bischof Weber ist ein frommer Mann, er hat sich viel in die Kapelle des Ordinariates zurückgezogen.*

Weber: Die Wurzeln stammen von meiner Mutter, einer religiös treuen Frau. Eine Sonntagsmesse auszulassen hat es bei ihr nicht gegeben. Dann kam dazu das Erlebnis einer aufbrechenden Pfarre und der Bezug der KAJ zur Gesellschaft, zur Wirklichkeit im Betrieb. Ich habe nie Zugang gefunden zu einer besonders geprägten

Spiritualität einer bestimmten Richtung oder Gruppierung. Ich war spirituell eher ein Normalverbraucher und hoffentlich auch Gebraucher in vielen Richtungen. Wohl verdanken wir sehr viel unserem Spiritual Georg Hansemann, der uns die Heilige Schrift mit einem starken Bezug zum Leben erschlossen hat.
Mir bedeutet das Brevier, das Stundengebet des Weltpriesters, sehr viel als eine Verpflichtung. Als ich es einmal nicht mehr mochte und beiseite legte, habe ich gemerkt, dass ich abhause und mich selber innerlich demontiere.

>>> *Was ist Ihre Zuflucht, welches Gebet kommt Ihnen aus dem Herzen, wenn es schwierig wird?*
Weber: Eine Zuflucht ist, Messe zu feiern mit sehr verschiedenen Pfarren, auch wenn es ein festlicher Tag ist. Ein wenig ist es auch die Auseinandersetzung mit dem Tod. Ich komme nicht viel auf den Friedhof, aber ich frage mich oft: Wo bist du jetzt, wo stehst du und wohin gehst du? Durch den Krieg habe ich ein besonderes Verhältnis zum Rosenkranz gewonnen. Das ist mir treu geblieben. Meine Mutter hatte mir einen Rosenkranz mitgegeben. Meine erste Reaktion war die eines 16-Jährigen: so etwas Überflüssiges. Aber dann in der Angst ist da sehr viel gewachsen.

>>> *Der Rosenkranz ist ein gebetsmühlenartiges Gebet.*
Weber: Da hat sicher jeder einen anderen Weg. Für mich ist es so wie in einem Film: man sieht eine Begebenheit mit einer schönen, dazu passenden Begleitmelodie.

>>> *Haben Sie ein Lieblingsgesätzchen?*
Weber: Für mich ist es vor allem: den du zu Elisabeth getragen hast. Die erste, die das Evangelium bringt, eine Frau. Ein weiteres ist: der uns den Heiligen Geist gesandt hat. Später, in der Pfarre, ist dazu gekommen: der du Blut geschwitzt hast. Der ganzen modernen Theologie fehlt die Theologie des Ölbergs, die Wirklichkeit des Kreuzes. Die muss man nicht in einer falsch verstandenen Leidensmystik künstlich herbeiführen, es erwischt einen ohnehin, im

familiären, im beruflichen, im kirchlichen Leben. Aber diesen Weg des Kreuzes, den müssen wir bewusst gehen. Wir waren eine sehr überalterte Pfarre: das Sterben, die Lebensangst, das Vergehen, das war eine tägliche Erfahrung. Als Bischof habe ich sehr viele Kranke besucht. Das Sterben ist wirklich oft ein Absterben.

>>> *Die Sendung des Heiligen Geistes?*
Weber: Weil ich ein sehr ängstlicher Mensch bin: da geht etwas schief und dort. Daher beeindruckt es mich, wie diese ängstliche Jüngerschar Mut fasst, nachdem sie den Geist erfahren hat. Mit einem kleinen Schmunzeln registriere ich beim Lesen der Apostelgeschichte dann immer diese Stelle, wo es heißt, am ersten Tag hätten 3000 die Taufe empfangen. Und wo, bitte, haben sich die dann hin verloren? Das ist auch die Wirklichkeit von unserem Taufen und Firmung-Spenden: wo haben sich die vielen hin verloren?

>>> *Vor der Öffentlichkeit haben Sie diese Angst immer versteckt. Da kennt man den Johann Weber, der hinaus geht auf den Grazer Stadtpark und den Tausenden zusagt: Ich habe da etwas für euch!*
Weber: Man sagt mir, ich sei der Bischof bei den Leuten, den Menschen nahe. Ich bin es aber von Natur aus nicht, ich bin eher zögerlich. Ich habe mich zum Beispiel immer schwer getan mit den Hausbesuchen in der Pfarre. Ich habe mir vorgenommen: du musst als Pfarrer pro Jahr 365 Hausbesuche machen. Darüber habe ich sogar Buch geführt. Ich habe die 365 nie ganz zusammengebracht, aber fast. Wir haben 120 Erstkommunionkinder gehabt. Da habe ich alle Eltern besucht. Es ist mit der Zeit immer schwieriger geworden: ob man überhaupt in das Haus hinein kann, ob die Leute daheim sind, ob man sie nicht furchtbar stört.

Im Kreis der Seinen

Der große Bruder ist vor sechs Jahren gestorben. Seither lebt Weber „gut allein“. Im Urlaub fährt er ans Meer oder kneippen und wandern in ein geistliches Haus. Eine Benediktinerabtei im Ausland und Bad Wörishofen in Bayern sind seine Zufluchtsorte. Die Frage drängt sich auf, wo Johann Weber seine persönliche Heimat außerhalb des engsten Familienkreises hat. „Ich muss sagen, mir ist meine Aufgabe meine Heimat und die Mitarbeiterinnen und Mitarbeiter, mit denen ich täglich zusammen bin. Ob das die Schwester in der Küche ist, ob es meine Sekretärin ist, ob es mein Chauffeur ist, ob es der Pastoralamtsleiter und sein Stellvertreter oder der Generalvikar ist – wer immer, ich fühle mich sehr wohl mit diesen Leuten.“
Seit einigen Jahren hat Johann Weber eine private Wohnung in Graz, in die er sich täglich zurückzieht. Nur ganz wenige kennen die Telefonnummer. Früher gab es noch eine Tarockrunde, „aber nicht regelmäßig, vielleicht einmal im Jahr“. Es bleibt ein widersprüchliches Phänomen: der Volksbischof Johann Weber, der das Bad in der Menge genießt und dabei mit seiner Herzlichkeit und Offenheit und seinem Zugehen auf die Leute punktet. Und auf der anderen Seite der zurückgezogene Privatmensch, der auch zu seinen engsten Mitarbeiterinnen und Mitarbeitern Distanz hält, der kaum einmal zu einem ungezwungenen Besuch in der Familie eines seiner führenden Laienmitarbeiter auftaucht, der Laien in seiner unmittelbarsten Umgebung fallweise mit dem Vornamen anspricht, aber gleichzeitig per Sie. Bei aller intensiven Beziehung des Bischofs zu seinen Mitarbeiterinnen und Mitarbeitern gibt es drei Weber-Regeln, die 30 Jahre lang eingehalten werden:

Paragraph I: „Als ich Bischof wurde, habe ich nicht mehr gewusst, mit wem von den Priestern ich per Du oder per Sie bin. Das habe ich dann auf einer höheren Ebene gelöst, indem ich gesagt habe: Wer geweiht ist, dem biete ich das Du an, bis zum jüngsten Kaplan und bis zu jedem verheirateten Ständigen Diakon. Es hat sich hervorragend bewährt. Das hat kein einziges Mal irgendwer missbraucht in der Weise, dass er mich in der Öffentlichkeit oder in einem Gremium ungut mit du, Bischof, angesprochen hätte. In

den letzten Jahren meiner Amtszeit ist es allerdings für die jungen Priester ein wenig schwieriger geworden. Man muss bedenken, ich war zuletzt 30 Jahre weiter im Alter entfernt von den jungen Priestern als bei meinem Amtsantritt. Da hatten manche ein wenig Hemmungen."
Paragraph 2: „Ich stamme noch aus der Generation, in der es da Du-Wort gegenüber dem Priester nicht gegeben hat. Von unserer Seite, als Jugendseelsorger, haben wir es so gehalten, dass wir zu den Burschen du gesagt haben, zu den Mädchen ab einem Alter von 14 Jahren Sie. Die Jugendlichen haben uns alle mit Sie angeredet, die Burschen ebenso wie die Mädchen. Auch mit allen Mitarbeitern, ob die Pfarrschwester, die Haushälterin oder der Mesner, waren wir per Sie und sind es auf Dauer geblieben. Es wäre mir auch in meiner Bischofszeit nie eingefallen, mit meiner Sekretärin per Du zu sein." Dass der Bischof seine Sekretärin Lisbeth Behm und einige engste Laienmitarbeiter mit dem Vornamen anspricht, aber per Sie, ist eine auffallende Eigenheit dieses Paragraphen. Die Begründung: „Ich kenne Lisbeth noch aus der Jugendzeit. Wir sind uns sehr vertraut. Aber selbst da bin ich in der Regel mit der Anrede per Vornamen ein wenig zurückhaltend."
Paragraph 3: „Ich habe es von Anfang so gehalten: eine große Vertrautheit in der Arbeit, aber kein Teilen des Privatlebens. Ich bin nur in großen Ausnahmefällen in der Familie eines Mitarbeiters zu Gast gewesen. Nie wäre für mich in Frage gekommen, mit Mitarbeitern gemeinsam auf Urlaub zu fahren. Ich fühlte mich dabei sehr wohl, und ich glaube, meine engsten Mitarbeiter fühlten sich auch wohl."

In Seggauberg hängt eine Bildergalerie der Bischöfe. Bald nach seinem Amtsantritt wurde Bischof Johann Weber porträtiert. Es gab eine helle Empörung, weil der stets so freundlich und gelöst wirkende Bischof eher ernst und verschlossen dargestellt wurde. Denselben Eindruck vermittelt das Porträt im Grazer Stadtsaal. Eine Quelle für diesen Ernst, der auch mit den Kriegserfahrungen zusammenhängt, sieht Fritz Csoklich, langjähriger Chefredakteur der Kleinen Zeitung, im seelsorglichen Eifer des Bischofs: „Weber ist ein Getriebener von dem Gedanken, dass er das Evangelium verkünden muss. Das besagt ja auch sein Wahlspruch Evangelizare pauperibus – den Armen die Frohe Botschaft bringen. Das ist für Weber auch eine Last, weil er spürt, wie schwierig es ist, und weil er andererseits vollkommen davon überzeugt ist, dass die Gesellschaft, dass der Mensch ohne Glaube und ohne Kirche schlechter dastehen würde. Weber betet persönlich sehr viel."

„Ernst und nachdenklich", ja, das sei Weber auch, meint der steirische Altlandeshauptmann der Jahre 1980 bis 1996, Josef Krainer. Gleichzeitig hat er den KAJ-Seelsorger Johann Weber als „flott und fröhlich" in Erinnerung. Krainer spricht vom „Pathos der Hoffnung" und von einer „Burschikosität im Ton" beim Umgang mit den jungen Leuten. „Gleichzeitig – und das ist bei Weber kein Widerspruch – hat er in der KAJ eine sehr spirituelle Note eingeführt und großen Wert auf das Gebet gelegt." Es sei immer beides da gewesen: actio und contemplatio, Aktion nach außen und die Suche nach geistlicher Tiefe als den tragenden Grund.

„Ich muss mich nicht sehr anstrengen im Umgang, wenn ich irgendwo mit den Leuten zusammenkomme", sagt Johann Weber. „Ich habe viel gelernt in der Massenpfarre St. Andrä. Aber ich habe sicher auch diese Ader der Ernsthaftigkeit. Ich bin nicht depressiv, aber ich bin schon auch sehr ernsthaft. Ich leide nicht darunter", betont der Bischof, schränkt aber sofort ein: „Ich weiß nicht, wie es mir einmal gehen würde, wenn ich körperlich sehr behindert wäre." Krank und hilfsbedürftig werden ist für Johann Weber, der bei mehr als tausend Pfarrvisitationen kein einziges Mal wegen Krankheit ausgefallen ist, eine bedrückende Vorstellung. Überhaupt: besteht bei so wenig persönlichen Kontakten und einer so starken Einschränkung auf die Beziehung zu den engsten Mitarbeitern nicht die Gefahr, dass im Ruhestand ein Pensionsschock folgt? Weber zögert keinen Augenblick mit der Antwort, die er sich offenbar selbst schon oft gegeben hat: „Ich vermute, ein Pensionsloch wird es geben. Weil ich mehr als drei Jahrzehnte, unter Anführungszeichen, mit der Diözese verheiratet war. Ich habe beinhart vor, und ich glaube, das werde ich schaffen, dem Nachfolger keine Last zu sein. Ich möchte in Graz bleiben, wo ich bis auf acht Jahre immer gelebt habe. Außerdem bin ich wirklich gerne in der Seelsorge. Ich begleite ein paar Dutzend Leute in Beichte und Gespräch. Das möchte ich auch weiterhin tun. Ich möchte noch irgendeine Aufgabe in der Seelsorge erfüllen, vielleicht in der Art, dass ich einen Priester ersetze."

Wird beim Bischof in Ruhe das Gebet mehr Raum einnehmen? „Ich weiß es nicht, ich getraue mich nicht, es zu sagen. Ich möchte mich nicht auf Rezepte verlassen. Lerne ich noch ein Musikinstrument, eine Sprache? Ich weiß es nicht, ich möchte leben“, sagt Johann Weber. Dann leuchtet doch noch ein ganz konkreter Vorsatz auf: „Ich möchte mich sehr mit der Bibel befassen, da möchte ich auch aufholen in der wissenschaftlichen Exegese.“
Webers Welt war als Priester und dann mehr als drei Jahrzehnte lang als Bischof die Welt seiner Arbeit und seiner Mitarbeiterinnen und Mitarbeiter. In konzentrischen Kreisen versuchte er, Vertrauen von sich aus zu schenken, es gegenseitig aufzubauen und letztlich auch vom anderen einzufordern. Irgendwann beginnt Österreich zu schmunzeln über die „Weberknechte“: Vertraute des Bischofs der Diözese Graz-Seckau, die unter dem Schutz und Schirm ihres Oberhirten stehen und in bedeutenden Führungspositionen auftauchen. Ein klassischer Fall ist Franz Küberl, einer der ganz wenigen Laien, mit dem Bischof Weber per Du ist. Küberl wuchs kirchlich auf in der Katholischen Jugend, wurde Generalsekretär der Katholischen Aktion und schließlich Präsident der Caritas Österreich. Er sagt grundsätzlich über seinen „Chef“ Johann Weber: „Der Bischof hat immer sehr klar gesagt, was er will, und er hat die Spiritualität eingemahnt, aber er hatte immer ein großes Herz für die konkreten Leute. Ich habe mehrere Böcke geschossen und ich habe in anderen Diözesen Leute erlebt, die wegen geringerer Vergehen hinausgeschmissen wurden. Weber ist nie darüber hinweggegangen, man musste sich stellen, aber er hat vertraut, dass durch Auseinandersetzung und Reibung auch Entwicklung geschehen kann.“
Küberl erinnert sich an eine Bildungswoche der Jugend, bei der eine Resolution verabschiedet wurde. Auslöser war eine Erklärung von Papst Paul VI. gewesen, in der dieser die vorehelichen Beziehungen junger Menschen kritisiert hatte. Die Reaktion der versammelten steirischen Jugendlichen war: Wenn ein Arbeiter ausgebeutet oder ein Gastarbeiter schändlich behandelt wird, sagt die Kirche nichts, aber wenn ein Jugendlicher voreheliche Beziehungen hat, ist das ganz furchtbar. Diese Resolution wurde in der kommunistischen Zeitung „Wahrheit“ abgedruckt. „Das war eine steile Angelegenheit“, sagt Küberl. „Ich war als Diözesanangestellter in einer

heiklen Lage, auch wenn ich mitgeholfen hatte, die Resolution erträglicher zu machen.“ Bischof Weber habe „in dogmatisch-doktrinären Fragen erstaunlich knapp sein können.“ Zum Beispiel, als ein Priester getanzt hat oder als die ersten Priester nur mehr ein Kreuz getragen haben anstatt des römischen Kollars. „Da gab es eine riesige Aufregung.“ Mit Lustbarkeiten habe sich Weber nie anfreunden können, sagt Küberl.

Hatte der Bischof besonders hohe Erwartungen an die Loyalität seiner Mitarbeiter? „Das erlebe ich sehr unterschiedlich. Im Ordinariat ist es wohl am ehesten so. Ich bin in der Caritas weiter weg. Er ist schon der Chef, und er ist ein durchaus machtbewusster Bischof, er steht dazu, dass er eine gewisse Macht hat. Er ist immer dort skeptisch bis hin zum Misstrauen, wenn er den Eindruck hat, da entstünden Machtzentren, die geeignet wären, die unbestrittene Position des Bischofs auszuheben, also besonders bei den beiden gegensätzlichen Gruppierungen: die Solidaritätsgemeinschaft Engagierter Christen Österreichs (SOG) und die Gruppe Österreichs Priester sammeln sich (ÖPS). Er hatte den Eindruck, dass diese Machtzentren ihn hindern würden, das Amt des Bischofs auszuüben. Da gebe ich ihm auch Recht.“

In seiner Arbeit erlebte sich der „Weberknecht“ Küberl stets sehr frei. „Beim Papstbesuch 1988 in Gurk war ich steirischer Verantwortlicher. Ich habe den Bischof immer informiert, ich hatte aber nie den Eindruck, dass er mit Dingen, die wir vereinbart haben, ein Problem hatte. Er gab keine besonderen Direktiven, es ist alles in Ruhe ausgeredet worden. Er vermittelte den Eindruck: mein Gott, ich trau dir schon zu, dass du es ordentlich machst, du musst eh selber wissen, wie du es machen willst. Ich habe das damals besonders augenfällig im Unterschied zu Kärnten erlebt, wo der damalige Bischof von Gurk-Klagenfurt, Egon Kapellari, vergleichsweise nervös war und seine Mitarbeiter bis ins Detail instruiert hat.“

Caritaspräsident Küberl schildert Johann Weber als einen Menschen mit Instinkt und Gefühl. Dabei komme ihm zugute, „dass er die Menschen mag“ und dass ihm auch viel daran liegt, dieses zu vermitteln. Küberl schildert dazu eine Szene aus der Vorbereitung auf den „Tag der Steiermark“: „Weber hatte den Tag der Steiermark ausgerufen, ohne offiziell mit den anderen Kirchen zu reden. Ich sagte ihm, in der evangelischen Kirche sei der Superintendentialausschuss das entscheidende Gremium. Er müsse dort hingehen. Es wurde ein Termin vereinbart, und auf der Fahrt fragte ich Weber: Wie werden Sie diese Begegnung anlegen? Er sagte: Ich weiß es nicht. Als wir dort sind, geht Weber hinein – als erster katholischer Bischof in diesem Gremium – und er sagt: Ich habe Angst, und er erklärt, warum: Weil wir uns gegenseitig vereinnahmen könnten und weil man falsche Erwartungen wecken könnte. In diesem Moment war das Eis gebrochen. Ein evangelischer Senior sagte: Herr Bischof, Sie haben mir aus der Seele gesprochen, aber wenn Sie Angst haben und ich Angst habe, dann muss es gehen."

Zwei unterschiedliche Erfahrungen machte Küberl als Funktionär der Katholischen Jugend. Sie stehen in Zusammenhang mit den politischen Aktivitäten der kirchlichen Jugendorganisationen, insbesondere in der Friedensbewegung. Das Verhältnis der katholischen Kirche zur Politik war in den Achtzigerjahren ungeklärt. So etwas wie eine politische Spiritualität hat es nicht gegeben. Schon gar nicht in einer Diözese wie Graz-Seckau, deren Bischof durch seine frühen Seelsorgerjahre in der spirituell ausgerichteten KAJ geprägt wurde. Weber befürchtete, dass die kirchliche Jugendarbeit durch ein starkes gesellschaftspolitisches Engagement zu einseitig auf die Horizontale, auf die weltliche Dimension ausgerichtet werde und dass die Vertikale, die geistliche Dimension zu kurz komme.

Ausgetragen wurde dieser jahrelang andauernde Konflikt vordergründig auf der strukturellen und organisatorischen Ebene. Zu einer inhaltlichen Klärung ist es erst durch den breiten Diskussionsvorgang gekommen, der dem 1990 veröffentlichten Sozialhirtenbrief der katholischen Bischöfe vorausging. In der Diözese Graz-Seckau hat der Dialogprozess in Hinblick auf den „Tag der Steiermark" 1993 die Spannung von Spiritualität und Auseinandersetzung mit den real existierenden politischen und gesellschaftlichen Verhältnissen neu ausgelotet.

Ein Jahrzehnt davor war der Konflikt um das politische Engagement der Katholischen Jugend auf einen Höhepunkt zugesteuert. Der Anlass war die Demonstration des Bundesjugendringes am 15. Mai 1982 in Wien. Weber war damals Jugendreferent der Bischofskonferenz und sah sich mit heftigen

Interventionen von Karl Blecha, SPÖ, und Michael Graff, ÖVP, konfrontiert. Beide Parteien wollten unbedingt verhindern, dass die Katholische Jugend an der Friedensdemonstration teilnimmt.
In dieser heiklen Situation habe Weber Nerven bewiesen, „denn da sind die Interventionen nur so auf ihn eingeprasselt", erzählt Franz Küberl. „Der Bischof ist wie ein Mann hinter uns gestanden, weil er uns zugetraut hat, dass wir das hinkriegen. Erleichtert wurde Johann Weber diese Haltung durch eine stark spirituelle Note, die die Katholische Jugend bewusst in die politische Auseinandersetzung eingebracht hat. 8000 Jugendliche waren im Stephansdom zum Friedensgebet versammelt, Tausende feierten draußen mit. „Wir sind die Friedensfrage mit einer stark christlichen Motivation angegangen, wir haben gespürt, dass Evangelium und Frieden ineinander gehen", erzählt Küberl. Das überzeugte Weber, da konnte er mit trotz aller Interventionen von außen und Bedenken bei ihm selbst. Am Montag nach der Demonstration rief der Bischof seinen Jugendfunktionär an und sagte: „Ich gratuliere, ihr habt das wunderbar hingebracht."
Nicht mehr mitgekonnt hat Johann Weber, als es im Juni 1987 bei einer Anti-Draken-Demonstration in Graz ganz offensichtlich gegen das österreichische Bundesheer ging. „Das hat mit einem der wenigen wunden Punkte Webers zu tun", sagt Küberl, der damals Generalsekretär der Katholischen Aktion der Steiermark war. „Er ist vom Bundesheer massiv unter Druck gesetzt worden, unter anderem mit der Information, dass die Demonstration von den Kommunisten unterwandert sei." Küberl war drei Wochen lang beinahe täglich beim Bischof, um ihn auf dem Laufenden und „bei der Stange" zu halten. „Ich konnte ihm zeigen, dass die Katholische Jugend als Mitveranstalter eine extreme Schlagseite der Demonstration verhindern könne." Einen Tag vor der Demonstration wurde der KA-Funktionär unvermittelt zum Bischof gerufen. Dort waren der Generalvikar, der Diözesanvisitator und Weber versammelt. „Sie haben den Jugendseelsorger der Diözese derart in die Zange genommen, dass er schließlich sagte, er könne die Demonstration nicht mit verantworten." Küberl musste sich eine Viertelstunde später der bereits einberufenen Pressekonferenz stellen und die Teilnahme der Katholischen Jugend an dem Aufmarsch

absagen. „Da bin ich als Generalsekretär der Katholischen Jugend mit zwei blauen Augen dagestanden."

Einen tieferen Grund für den Schwenk des Bischofs hat Küberl erst später erfahren. „Weber musste unmittelbar danach nach Rom fahren, und er hat gefürchtet, dass man ihm in Rom vorhalten werde: deine Leute machen gemeinsame Sache mit den Kommunisten, wo doch so viele Christen unter den kommunistischen Regimen im Osten zu leiden haben. Das hat er mir allerdings erst nachher gesagt; er hätte gerne gehabt, dass man diese seine Schwierigkeit erahnt."

Es war nicht das einzige Mal, dass Johann Weber Erwartungen gehabt hat oder gehabt hätte, sie aber nicht ausgesprochen hat. Als Generalsekretär der Katholischen Aktion war Küberl jede Woche beim Bischof. „Ich habe immer mitgeschrieben, und irgendwann habe ich ihm dann berichtet: In zwei Jahren haben Sie 27 Erwartungen an die KA formuliert. Da war er selber baff."

Weber hatte als Vorgesetzter die Erwartung, dass seine Mitarbeiter loyal sind. Sie konnten dafür aber auch auf den Schutzmantel des Bischofs vertrauen, wenn sie von außen angegriffen wurden. Pastoralamtsleiter Heinrich Schnuderl war Studentenseelsorger in Graz, als der neu ernannte Wiener Weihbischof Kurt Krenn im Herbst 1987 begann, die Hochschulseelsorge in Wien nach seinen Vorstellungen umzubauen. „Ich war Vorsitzender der österreichischen Hochschulseelsorger-Konferenz und habe in einem offenen Brief an den Wiener Erzbischof Hans-Hermann Groër gebeten, man möge diese Reorganisation der Hochschulgemeinde unterlassen. Ich habe Weber nicht gefragt, ob ich den Brief schreiben darf, ich habe den Brief abgeschickt, und Weber hat mich gedeckt: Ja, das ist in Ordnung."

Obwohl Schnuderl theologisch und vom intellektuellen Anspruch der Hochschulseelsorge her aus einem ganz anderen Holz geschnitzt war als Weber, hatte der Bischof großes Vertrauen. „Weber war mein Heimatpfarrer, als ich Primiz hatte. Von dieser Herkunft gibt es eine tiefe Übereinkunft", sagt Schnuderl. „Ich habe ihm auch in vielen Dingen zugearbeitet, seit ich 1980 Studentenpfarrer wurde." Die Bestellung zum Pastoralamtsleiter bestätigte diese Verbindung, die ein Beobachter so erklärt: „We-

ber hat sich als seine Mitarbeiter Menschen gesucht, die ihm im Zugriff auf die Wirklichkeit sagen konnten: so geht das oder so nicht."
Das Verhältnis Webers zu seinem engsten Kreis beruhte auf einem hohen Grad an Gegenseitigkeit und in der Erwartung, dass alle genau wissen, wo die Grenzen sind. Eine dieser Grenzen war Kritik in einem öffentlichen Forum, sagt Küberl: „Im Konsistorium konnte er gut damit umgehen, wenn man etwas Kritisches sagte. Dagegen hatte er zum Beispiel bei der Pfarrerwoche riesige Probleme, wenn man in dieser quasi diözesanen Öffentlichkeit Kritik angebracht hat. Im Unterschied dazu war der Diözesanrat ein Forum, wo Kritik möglich war. Aber da hat er sich sehr bemüht, zum Beispiel bei dem Modell zur Findung und Benennung von Bischofskandidaten, mit dem er zunächst keine Freude hatte, das er dann aber zugelassen hat."
„Kann man da beleidigt werden?" So fragte Johann Weber, als er 1992 aus Anlass 800 Jahre Diözese Steiermark vor einem größeren Forum von Frauenorganisationen auftreten sollte. Hinter dieser Angst vor öffentlicher Kritik standen einige Erfahrungen, in denen Johann Weber auf offener Szene kritisiert wurde und hilflos darauf reagierte. Schwierig wurde es für den Bischof vor allem immer dann, wenn es etwa bei einer Pfarrerwoche um die „ewigen heißen Eisen" Zölibat oder Viri probati ging, zu denen er nichts Befriedigendes sagen konnte. Ähnliche Probleme hatte Weber, wenn der Eindruck entstehen konnte, dass jemand seine persönliche Autorität als Bischof in Frage stellte.
„Das stimmt schon", sagt Johann Weber. „Erstens mag das niemand gern, in der Öffentlichkeit kritisiert zu werden. Und zweitens herrschte am Beginn meiner Amtszeit eine derart verletzende Atmosphäre, als es zu diesen Gruppenbildungen im Klerus kam – wobei letzten Endes, auch wenn das viele nicht begriffen haben, die konservative Gruppe (ÖPS) gegen mich gerichtet war, weil ich den Glauben in der Steiermark ruiniere. Das war wirklich schlimm: mit Auszug aus Sitzungen und Türen zuschmeißen und Schreiszenen. Das sind Grunderfahrungen, die man nicht vergisst. Ich sage es ein wenig pathetisch: mein Anliegen war immer, es soll niemand aus dem Nest fallen."
Von Beginn an hat Johann Weber keinen Zweifel gelassen, dass der neue

Bischof bei aller Kollegialität klare Vorgaben macht und erwartet, dass alle sich daran halten. Das zeigt bereits die erste Einladung zur Dechantenkonferenz, die die Unterschrift von Johann Weber trägt. Im Entwurf für die Sitzung am 12. November 1969 hatte der wesentliche Tagesordnungspunkt nur sehr allgemein geheißen: „Die Auswirkungen des Konzils auf die Seelsorge." In der Einladung, die der neue Bischof am 21. Oktober 1969 unterzeichnet hat, wird die Tagesordnung wesentlich präziser. Hauptpunkte werden „Fragen zur Einrichtung des Pastoralrates" und die „Dienstbeurteilung der pragmatisierten Laienreligionslehrer". Damit kündigen sich, nur wenige Wochen nach der Bischofsweihe am 28. September 1969, bereits zwei inhaltliche Schwerpunkte an: der Pastoralrat, der unter der Bezeichnung Diözesanrat zu einem wesentlichen Element der katholischen Kirche in der Steiermark werden sollte, und die Sorge des Bischofs um den Religionsunterricht.

Formal trägt diese erste Einladung zur Dechantenkonferenz ebenfalls bereits die Handschrift Webers. „Die Teilnahme an der Konferenz ist für die eingeladenen Herren verpflichtend", formuliert der neue Bischof. Im Entwurf war noch von Ausnahmen die Rede gewesen: „Die Teilnahme der hochwürdigen Herren Kreisdechanten und Dechanten ist verpflichtend. Eine Verhinderung möge unter Angabe der Gründe vorher mitgeteilt werden. Etwa anfallende Begräbnisse sind kein Verhinderungsgrund und wären bei Notwendigkeit durch Nachbarschaftshilfe zu halten."

Einen ebenso großen Wert legte Bischof Weber auf die Pfarrerwochen. Dazu heißt es im Protokoll der Dechantenkonferenz vom 18. November 1970: „In diesem Zusammenhang sind die Dechanten gebeten, wenn auch die Teilnahme an der Pfarrerwoche frei ist, dafür zu sorgen, dass sich manche Priester nicht grundsätzlich jedes Jahr von der Teilnahme fernhalten."

Als am 13. März 1974 die Richtlinien für die Katechetenkreise in den Dekanaten behandelt werden, wird betont, diese hätten den Charakter „offizieller, vom Diözesanbischof gewollter" und über die verantwortlichen Stellen geförderter Zusammenkünfte. „Zugleich haben sie den Charakter von Zusammenkünften auf kollegialer Basis."

Webers großes Geschick war es, aus einer Diskussion das als Quintessenz herauszufiltern, was ihm wichtig war, und darüber einen Konsens herbeizuführen, von dem alle das Gefühl hatten, dass ihre Position gut aufgehoben ist. Nach einer sehr kontroversiellen Debatte über die Katechetenkreise „fragt" Weber „nach dem Einverständnis" über einige Grundlagen der Zusammenarbeit. Aus der „Frage" wird ein verbindlicher Katalog, ohne dass der Bischof formal seine Autorität hervorkehren musste.

Diese Annäherung an Ziele in Form der Frage ist klassisch für den Führungsstil Johann Webers. Dabei besteht oft von vornherein kein Zweifel, was der Bischof will und dass er es will. In der Dechantenkonferenz vom 7. Februar 1973 sagt Weber: „Nun möchte ich eine Frage vorlegen. Ich könnte mir vorstellen, dass die Dechanten geschlossen im Jahr 1974 einen Kurs in Freising machen. Leitende Personen unserer Diözese und auch ich werden daran teilnehmen." Schlussendlich hält das Protokoll eine „Meinungsbefragung" in der Runde der Dechanten fest, die „ein positives Votum" für die Frage des Bischofs ergibt, die ganz eindeutig als ausdrücklicher Wunsch bei den Befragten angekommen ist.

Johann Weber setzte seine bischöfliche Autorität bei den großen Linien und den maßgeblichen Strukturen ein, die seine Amtszeit geprägt haben. Die Dechantenkonferenz, die Pfarrerwochen und die Kurse in Freising gehörten zu diesen Organisationsformen, durch die der Bischof seine Diözese zusammengehalten hat. Da war die moralische Verpflichtung zur Teilnahme groß. Solche Vorgaben hinderten Weber aber nie, seinen Mitarbeitern einen großen Spielraum zu belassen. Weber setzte immer auf Entwicklung und die sich durchsetzende Einsicht. Sofort harte Schnitte zu setzen war nicht seine Art. Das zeigte die Diskussion, die sich in der ersten Dechantenkonferenz um die Liturgiereform entwickelt hat. Es tauchte die Frage auf, „was man tun soll, wenn jemand eigene Kanones und Orationen erstellt und sie verwendet". Die Konferenz kommt zu der Ansicht, dass „nicht jeder machen kann, was er will". Umgekehrt seien aber liturgische Fortschritte nicht ohne Experimente möglich. „Die Gemeinde soll nicht jeder Form des Experimentes ausgeliefert werden. Sachkenntnis und echtes pastorales Interesse müssen vorhanden sein." Abschließend stellt Bischof Weber fest: „Die ganze Frage ist nicht so sehr eine Sache des Buchstabens als der geistigen Einstellung. Diese kann nicht durch ein Verordnungsblatt erzeugt werden. Das brüderliche Gespräch ist notwendig. Die Älteren müssen die längere Geduld haben."

Bei vielen Reformvorhaben hat der Bischof lange zugesehen, zugewartet, dann aber mit aller Deutlichkeit etwas für verbindlich erklärt. Die Einführung der Pfarrgemeinderäte (PGR) in der Diözese Graz-Seckau ist ein solches Beispiel. Dazu hieß es im Juli 1970 in der steirischen Kirchenzeitung: „Die Salzburger Diözesansynode 1968 hat den österreichischen Diözesen ein interessantes Beispiel gegeben. Erstmals wurde dort ein Pfarrgemeinderat verbindlich überall vorgeschrieben. Eine Pfarre existierte dort also im Vollsinn erst dann, wenn ein solcher Rat eingerichtet ist und ordnungsgemäß arbeitet. In anderen Diözesen hat man diesen letzten, verbindlichen Schritt aus vielen Gründen noch nicht unternommen. Speziell bei uns in der Steiermark sollte zunächst jeder denkbaren Eigeninitiative Raum gegeben werden, die vielleicht durch eine allzu rigorose Vorschreibung nicht zum Zuge gekommen wäre."
Vier Jahre lässt der steirische Bischof den Pfarren und Pfarrern Zeit. Am 17. März 1974 stand in Hinblick auf den bevorstehenden PGR-Wahltermin in der Kirchenzeitung zu lesen: „In der Steiermark wurde der Pfarrgemeinderat nie strikt befohlen. Aber jedermann weiß, dass es der dringende Wunsch des Bischofs ist, dass diese Einrichtung in den einzelnen Gemeinden geschaffen wird. So wird es nach dem 24. März 1974 nur wenige Pfarren ohne ihren Pfarrgemeinderat geben." Tatsächlich haben nach diesem Termin nur mehr 40 von 380 steirischen Pfarren noch keinen gewählten Pfarrgemeinderat.

>>> *In der Steiermark wurden die Pfarrgemeinderäte relativ spät verpflichtend. Es gibt einen Stil des Johann Weber, sich sehr vorsichtig an ein klares Ziel heranzutasten.*

Weber: Ja, das ist schon eine richtige Spur. Ich bin kein sehr entschluss- und entscheidungsfreudiger Mensch. Das ist mir auch oft gesagt worden: du musst endlich klare Worte sagen. Meine Sekretärin hat mich bei Texten, die wir geschrieben haben, gefragt: Was wollen Sie jetzt eigentlich wirklich sagen? Da war mein langjähriger Generalvikar Leopold Städtler viel zügiger, das war eine ganz gute Arbeitsteilung.

Zweitens hat es eine Zeit gegeben, in der die Katholische Aktion in der Steiermark sehr stark war. Da ist in den Pfarren kontrolliert worden, ob es eine Männerbewegung gibt, ob der Pfarrer dafür sorgt, dass die Katholische Aktion in der Pfarre vertreten und aktiv ist. Das hat viel Unmut bei den Pfarrern erzeugt. Da habe ich gesehen, dass wir nichts erreichen – da können wir noch so viel kontrollieren – ohne die Kraft der Freiwilligkeit. Wobei ich mit großer Dankbarkeit hinschaue: die Pfarrerwoche zum Beispiel war nie verpflichtend, aber immer sind drei Viertel der Pfarrer gekommen.

>>> *Alle haben genau gewusst, dass der Bischof das so haben will.*
Weber: Das sollten sie auch wissen. Damit ist aber auch die Verpflichtung verbunden, dass diese Woche etwas heißt, dass einer mit Gewinn nach Hause fährt.

>>> *Bei der Einführung der Pfarrgemeinderäte sind Sie diesem Muster gefolgt: solange die Pfarrer nicht wollen, hat eine Verpflichtung keinen Sinn.*
Weber: Vor meiner Zeit haben die damaligen Pfarrkirchenräte bei Visitationen ein Gespräch mit dem Bischof gehabt, da durfte der Pfarrer nicht dabei sein. Das hat viel Misstrauen erzeugt. Meine Erfahrung ist: Der Bischof kann anschaffen, was er will; wenn die Pfarrer nicht wollen, geschieht nichts. Wenn bei einer Visitation in einer Pfarre auf das Gotteslob geschimpft wurde, dann hieß das im Klartext: der Pfarrer mag es nicht. Ich möchte nie eine kirchliche oder pfarrliche Bewegung am Pfarrer vorbei. Ich habe da auch meine Bedenken, wenn manche spirituellen Bewegungen ein zu starkes Eigenleben an der Pfarre und am Pfarrer vorbei führen.

Als am 20. April 2001 der Betriebsrat der Diözese Graz-Seckau dem Dienstgeber Johann Weber seinen Dank abstattet, bringt Generalvikar Helmut Burkard den Führungsstil des scheidenden Bischofs auf den Nenner: „Das wollen wir." „Dir war es ein Anliegen, dass das Ordinariat nicht in gleichmacherischer Eintönigkeit, aber in einer gewissen Geschlossenheit und Einheit auftritt. Es sollte immer deutlich werden, dass nicht nur der

Bischof allein oder der Generalvikar oder ein Amtsleiter ein Ziel anstreben, sondern dass es einen Grundkonsens gibt: eine Gemeinsamkeit als Ausdruck des gemeinsamen Wollens und Wirkens mit dem Bischof."

Als Zweites nannte Generalvikar Burkard die Nähe. Wenn das Wort „Bei den Menschen" gefallen sei, dann habe man – nicht nur in Graz – gewusst, dass von Bischof Weber die Rede sei. „Deine Nähe war für uns als deine Mitarbeiter spürbar und erfahrbar. Eine Nähe des Interesses für jeden einzelnen, für sein Leben, seine Arbeit, seine Familie. Eine Nähe durch einen Bischof, der auf jeden zugegangen ist, der ein gutes Wort gefunden hat, der den Blick in die Augen nicht gescheut hat. Du warst – mit Verlaub – kein abgehobener Chef, sondern trotz oder vielleicht gerade wegen der Bischofswürde hast du Nähe geschenkt und vermittelt." Der Generalvikar zitiert dazu die Stelle aus dem Johannesevangelium: „Ich bin der gute Hirte; ich kenne die meinen und die meinen kennen mich." (Joh 10,14)

Johann Weber, so Burkard, habe immer gewusst, „dass man zur höheren Ehre Gottes Dome bauen oder Kartoffel schälen kann". Der Bischof habe jede Arbeit in ihrem Eigenwert vor Gott, für die Menschen und in der Kirche geschätzt.

Umhüllt von seiner Sprache

Es ist etwas Eigenes um die Sprache des Johann Weber und um seinen Führungsstil. Beides hängt unmittelbar miteinander zusammen. Eine kritische Grazerin, die den Bischof mehrmals in der Woche in der Gasse vor ihrem Arbeitsplatz vorbeigehen sieht, meint: „Das ist mir alles viel zu blumig, was Weber sagt. Das kannst du nie wirklich greifen und dingfest machen." Andererseits erzählen Steirer immer wieder, wie sehr Predigten ihres Bischofs sie begeistert hätten. „Eine Seelenmassage, die Hoffnung gibt." Einer, der mehrfach Firmungen im kleinen Kreis erlebt hat, nennt es „unbeschreiblich, wie Johann Weber die jungen Menschen ansprechen kann. Immer persönlich, nie von oben herab, immer an der entscheidenden Frage entlang: In welches Leben trittst du ein und wie kann dein Glaube, dein Christsein dieses Leben mitgestalten, mitformen?" Fallweise trifft man auf das Phänomen, dass die Sprachgestalt mehr in Erinnerung bleibt als die

Inhalte. „Die Predigten vom Weber? Die haben mich immer mitgerissen. – Und worüber hat er gepredigt? – Das weiß ich im einzelnen nicht mehr genau."

Eine, die gelernt hat, in der Sprache Webers zu wohnen, ist Sr. Andrea Eberhart, Direktorin bei den Ursulinen in Graz. Mit der Hofrätin, die im Vergleich zum Bischof geradezu direkt, unmittelbar und ungehemmt wirkt, entwickelte sich ein facettenreiches Gespräch über die Sprache von Johann Weber:

>>> *Stimmt das mit der blumigen Sprache des Bischofs?*
Sr. Andrea: Ich habe das Gefühl, dass der Bischof eine andere Sprachebene hat und dass er die Dinge nicht so konkret ausdrückt und auf den Tisch legt, wie ich sie gerne hätte. Man wohnt in seiner Sprache (das ist jetzt auch blumig, aber es passt eben). Man begibt sich in diese Sprache hinein, man ist umhüllt von seiner Sprache.

>>> *Kann man mit der Zeit mehr heraushören?*
Sr. Andrea: Wenn man ihn kennt, ist das möglich. In der langen Zusammenarbeit mit dem Bischof ist es mir gelungen – es war manchmal sehr mühsam –, das, was er andeutet, in konkrete Worte zu fassen, mit denen man dann weiterarbeiten kann.

>>> *Warum bleibt Webers Sprache oft so in der Andeutung stecken? Ist es die Angst, die Dinge konkret beim Namen zu nennen und dadurch vielleicht jemanden vor den Kopf zu stoßen?*
Sr. Andrea: Es ist einerseits schon eine gewisse Vorsicht. Der Bischof hat einige Male kirchenpolitisch sehr klar gesprochen, in der Causa Groër. Aber wenn es um seine Herzensanliegen geht, wenn er darüber spricht, was er möchte, wohin er etwas gerne steuern würde, welche Richtung er einer Sache geben möchte, dann ist seine Sprache oft umhüllend, ja verhüllend.

>>> *Hat er Angst, auf Unverständnis zu stoßen oder jemandem nahe zu treten?*
Sr. Andrea: Er nähert sich manchen Dingen in dieser Sprachform, bis er selbst auch dorthin findet, wo er hin möchte. In unserer

gemeinsamen Arbeit mit dem Bischof ging das so vor sich: Er hat uns gerufen, wir haben uns zusammengesetzt, dann haben wir im Gespräch, ohne besondere Vorgabe, dialogisch die konkreten Dinge entwickelt. Er macht zwar manchmal ein Konzept und stellt das vor, er sagt: Wie klingt das, wie wäre es damit ...?

>>> *Will er ankommen?*
Sr. Andrea: Jeder Mensch möchte ankommen, aber unterstellen kann man ihm das nicht. Da ist er zu ehrlich.

>>> *Sie sind ein konkreter, klarer Typ. Das muss in der Arbeit mit Johann Weber sehr spannungsreich gewesen sein.*
Sr. Andrea: Ja.

>>> *Haben Sie ihn manchmal zwingen können, Farbe zu bekennen?*
Sr. Andrea: Im persönlichen Gespräch ja. Aber das steht in keinem Protokoll. Manchmal ist es schwierig, ihn festzumachen. Vor allem dann, wenn man nicht in seine Sprache eingehört ist. Oder wenn man den Kontext nicht kennt, wenn man nicht weiß, was der Anlass, der Hintergrund für eine Aussage von ihm ist. Er hat sich angewöhnt, heikle Angelegenheiten auf Band zu sprechen, vor allem alle Beiträge und Artikel, die er schriftlich veröffentlicht. Seine Sprache ist daher immer eine gesprochene Sprache, die Sätze sind Sprechsätze, es ist nicht von vornherein ein geschriebener Text. Daher ist manches ergänzungsbedürftig. Es fehlen gleichsam manche Nebensätze. In der Predigt ist das ganz in Ordnung, da versteht man das leichter. Geschriebene Texte dieser Art sind schwieriger zu erfassen.

>>> *In der Arbeit mit Bischof Weber gibt es am Ende meistens ein sehr konkretes Ergebnis, auch wenn er zunächst nur Andeutungen macht, eine grobe Richtung angibt, einen Wegweiser aufstellt.*
Sr. Andrea: Ja, seine große Fähigkeit ist es, im Gespräch mit Menschen, mit denen er kann, im gemeinsamen Denken und Reden etwas zu entwickeln. In unserer Arbeit über Aufgaben und Perspektiven der Frauenorden haben wir immer gewusst, dass der Bischof die Vorgaben macht, bei allen Vorgängen. Aber es war

nicht etwas Aufgezwungenes, sondern es ist immer gemeinsam gewachsen.

>>> *Hat er sich raten lassen?*
Sr. Andrea: Ja, wenn ein Vertrauensverhältnis da ist, hat er einen Rat durchaus angenommen.

>>> *Was war die Grundlage des Vertrauensverhältnisses? Worauf legte er Wert?*
Sr. Andrea: Das Vertrauen musste sich langsam entwickeln. Dann schätzte er Ehrlichkeit und Offenheit.

>>> *Hat er eine klare, offene Sprache vertragen?*
Sr. Andrea: Ja. Man musste nicht ständig aufpassen, ob man dem Bischof dieses oder jenes sagen kann. Es war ohne weiteres möglich, ganz nicht-blumig mit ihm zu sprechen. Allerdings: Man spricht so, wie man angesprochen wird, das heißt, dass die eigene Sprache dann schon auch fallweise ein wenig umschreibend wird, wenn der Impuls von ihm in dieser Art und Weise kommt. Aber man konnte jederzeit auch sehr konkret werden.

„Sehr schön" sei die Sprache von Johann Weber, sagt Altlandeshauptmann Josef Krainer. Er erinnert sich an Lesungen des Bischofs von Gedichten Ingeborg Bachmanns, an eine „sehr gute Jugendpredigt im Dom" und unterstreicht Webers besonderes Verhältnis zum Wort und zur Sprache. „Der Bischof ist keiner, der nichts sagt, indem er viel redet, sondern seine Sprache lebt von sehr ansprechenden Bildern, die verständlich sind."
Mit der Sprache Johann Webers hängt auch seine optimistische Weltsicht zusammen. Seine Sprache scheint dort oft ihren Ursprung zu haben. Weber mag sich nicht immer mit Details herumschlagen, sondern versucht oft, den Blick auf das Ganze zu lenken. Diese optimistische Darstellung der Situation mit einem Weichzeichner, die dem Beobachter häufig genug als Zweckoptimismus erscheinen musste, drückt sich sprachlich in großen Bildern aus. So heißt es in der Kirchenzeitung „Sonntagsblatt" am 8. Februar 1970: „In einer ‚Ohne Maulkorb'-Jugenddiskussion des Österreichischen Fernsehens am vergangenen Sonntag bekannte sich der neue österreichische Jugendbischof Johann Weber – entgegen den pessimistischen Äußerungen man-

cher junger Leute dieses Forums – zu einer optimistischen Beurteilung der Situation in der Entwicklung der katholischen Kirche. Er glaube, sagte der Bischof, es sei sehr viel geschehen und ‚man könnte in diese zwölf Jahre seit Johannes XXIII. gar nicht mehr hineinstopfen.'"

>>> *Den Optimismus hat Johann Weber oft bis zum Zweckoptimismus am Rande der Glaubwürdigkeit strapaziert.*
Weber: Mein Gott, das ist eine Mixtur. Am Anfang meiner Bischofszeit ist ein kleines Büchlein von mir erschienen mit dem Titel: Ich bin Optimist. Jeder Mensch braucht etwas, woran er sich anhalten kann. Wenn ich in einem Fluss bin, der bergab schießt, sterbe ich allein vor Angst. Da hilft der Glaube, dass irgendwie doch der liebe Gott am Werk ist.
Das zweite ist ein Kriegserlebnis: Es war so wahnsinnig wichtig, ob der Offizier die Stimmung der Truppe aufrechthält, ob er sagt: Männer, das packen wir. Einer hat uns das beigebracht. Er hat gesagt, wenn es im Winter extreme Minusgrade hat, dann sagt euch lieber vor: Sind wir froh, dass es nicht noch kälter ist.

>>> *Optimismus als Pflicht?*
Weber: Wenn ich mir die heutige Situation der Seelsorge vor Augen halte, dann sind der Pfarrer oder der Pfarrgemeinderat arme Teufel: Jetzt haben wir das und jenes vorbereitet, und keiner ist gekommen. Wenn ich dann als Bischof auch noch komme und sage, das ist schrecklich, dann ist das ja lieblos. Aber selbstverständlich muss man mir den Optimismus auch noch glauben können.

Verwundet vom Krieg

Der Bub Johann Weber ist 1937/38 Schüler im bischöflichen Knabenseminar, bis es von den Nationalsozialisten aufgelöst wird. Ab 1938 besucht er das Akademische Gymnasium in Graz. Von September 1943 bis September 1944 ist Weber bei den Luftwaffenhelfern. „Da waren wir eigentlich als Hitlerjugend dabei, aber darum hat sich niemand gekümmert. Es ist die ganze Generation klassenweise eingezogen worden." Weber ist bei

der Flak in Wien, Wiener Neustadt und Linz eingesetzt. Es folgen ein paar Wochen Reichsarbeitsdienst in der damaligen Untersteiermark. 1944 wird Johann Weber als 17-Jähriger zum Militär eingezogen. Er wird in den letzten Kriegswochen an der oststeirischen Front in der Gegend von Vorau eingesetzt und dort am 25. April 1945 verwundet. „Dadurch bin ich mit viel Glück zwischen Engländern und Russen durchgerutscht und war am 9. Mai 1945 zu Hause."
Weber setzt die Schule mit dem „Russensemester" in Graz fort. Die Frage, woher seine oft sehr unvermittelte Sorge komme, dass Österreich, dass die Kirche, dass die Menschen insgesamt in die Irre gehen könnten, beantwortet Weber unzweifelhaft mit seinen Kriegserlebnissen.

» Die bleibende Erinnerung meines kurzen Kriegseinsatzes ist das, wozu wir alle fähig sind. Ich habe ganz grausliche Dinge erlebt, zum Beispiel diesen Judenzug mit 6000 ungarischen Juden, den sie durch die Steiermark getrieben haben. Da sind wir dazugekommen. Das ist meine eigentliche Kriegsverwundung: wozu der Mensch fähig ist, wozu man fähig ist, auch ich.

Und was hat die katholische Kirche damals getan, dagegen? Weber holt zunächst aus und wird dann sehr direkt, beinahe eine Spur aggressiv, wie man es von ihm kaum kennt:

» In meiner Studentenzeit, in der alles gekocht hat in mir, hörte ich einen Vortrag über das Mittelalter: es gab damals in der Kirche furchtbare Sünde und es gab ungeheure Heiligkeit. Ein Sager von mir ist: Die Steiermark ist eine Diözese, die keinen bodenständigen Heiligen hat. Aber es gibt unendlich viel Heiligkeit in der Kirche dieses Landes. Daher muss ich auch zur Rolle der katholischen Kirche mit einer gewissen Heftigkeit sagen, wenn man diese Zeit erlebt hat, dann hat man hautnah auch diesen stillen Widerstand des Christlichen gespürt, auch der Priester und der Pfarren. Das sage ich, gerade weil es in unserer Familie starke nationalsozialistische Tendenzen gab. Auch ich bin da ein wenig mitgeschwommen, ich war bei der Hitlerjugend. In Österreich sind zwei Berufsstände am

meisten eingekerkert und hingerichtet worden: die Eisenbahner und die Geistlichen. Er war da, dieser Widerstand, heute würden wir sagen, dieser zivile Ungehorsam. Er war da in den Erbauungsstunden, die Pfarrer und Kapläne als Ersatz für den Religionsunterricht gehalten haben. Da sitzen 20 Buben und hinten sitzen zwei Gestapo-Beamte und horchen, was der Kaplan sagt.
Wenn man heute so locker sagt, die Kirche habe mit dem Nationalsozialismus paktiert, dann muss ich sagen: Der große Widerstand, den es in der Steiermark gegeben hat, waren diese religiösen Stunden. Das war da. Da tut man uns wirklich ein wenig unrecht. Für mich waren zwei Priester prägend, die während des ganzen Krieges hunderte Buben irgendwie zusammengehalten haben, mit Treffen, mit Feldpostbriefen, mit Literatur. Die haben uns immer an der Leine gehabt, an der Rettungsleine. Rettend kam von ihnen eine Skepsis. Sie haben den Zweifel genährt an dem, was war. Sie haben unser Aufhorchen und Aufmerken genährt. Sie haben nie gesagt, die Nationalsozialisten sind alle Verbrecher, sondern sie haben uns hingewiesen: schau einmal, was da geschieht, denk einmal nach, was das heißt. Es war ja rauschhaft: der Führer hat immer Recht, der Führer wird nie sterben. Meine Schwester war eine der wenigen, die beim Anschluss Österreichs mit Nein gestimmt hat.

Der Wunsch, Priester zu werden, hatte sich aufgelöst. „Ohne Drama", sagt der Bischof im Rückblick. Aber der junge Johann Weber macht, gezeichnet von den Schrecken des Krieges, eine schwierige Zeit durch. „Ich habe gelitten wie ein Hund. Ich kam heim vom Krieg, völlig aufgewühlt und zerstört. Physisch ausgehungert und Not leidend. Wahrscheinlich hat meine Mutter auch schweren Schaden durch Hunger erlitten. Ich war auch psychisch durcheinander: Was sollte ich machen?" Als rettender Engel erweist sich die Schwester. Sie fragt Johann, was er im Gymnasium am liebsten gelernt habe, und führt ihn auf den Pfad von Germanistik und Geschichte. Weber studiert 1945/46 diese beiden Fächer an der Karl-Franzens-Universität in Graz. Zwei Semester. Es ist eine stürmische Zeit. „Die Professoren kamen abhanden, weil sie eingesperrt wurden."

Der junge Student muss sich – das war damals bereits in der ersten Zeit des Studiums vorgesehen – um ein Dissertationsthema kümmern. „Der Professor schlug mir vor: Die Rolle der deutschen Kleinstadt in der deutschen Dichtung. Da hat es geklingelt: Das ist mir zu wenig, das kann es nicht sein. Der Gedanke, Priester zu werden, den ich weggelegt hatte, kam wieder. Ich gab mir selber drei Wochen. Wir hatten in Graz einen bekannten Kapuzinerpater. Bei dem habe ich Exerzitien gemacht. Am 25. Jänner 1946, am Fest Pauli Bekehrung, am Schluss der Exerzitien, habe ich gesagt: Ich gehe in das Priesterseminar. So war es."

In einer Ansprache beim Canisiuswerk im Jahr 1972 legte Weber die inneren Beweggründe für seine Berufsentscheidung so dar: „Die Erfahrung des Krieges hat mich getrieben, Priester zu werden. Allein schon die Erfahrung unserer Welt würde mich heute nach demselben Beruf greifen lassen." Bei dieser Gelegenheit formulierte der Bischof auch ein Priesterbild, das viel von seinem eigenen Verständnis durchklingen ließ: „Die Gemeinschaft der Kirche kann nur leben, wenn es in ihr und für sie Priester gibt, gezeichnet, berufen und geweiht. Nicht um Herren zu sein oder harmlose Allroundunterhalter, sondern Hirten, Beseeler, Gefährten des Leides und der Hoffnung, nicht zum Schweigen zu bringende Zeugen der guten Botschaft des Herrn Jesus, des Sohnes Gottes in der Welt von Bethlehem und Wien."

Niemand habe ihn gedrängt, Priester zu werden, sagt Johann Weber, weder die beiden Geistlichen in der Pfarre, mit denen er engen Kontakt hatte, noch die Mutter. „Sie hat nie gesagt: ich bin glücklich, dass du Priester wirst." Bis zur Weihe hat der Priesterkandidat dann noch „heftige Kämpfe" ausgefochten, „mit mir selber". Der Bischof kann das heute nicht mehr „definieren". Es seien „keine großen Liebesgeschichten" gewesen, „denn da hatten wir eine sehr distanzierte Verhaltensweise". Ja, doch, er habe manche Mädchen in der Pfarrjugend „gerne gesehen", aber es „war nie so, dass ich mit einer gegangen wäre."

Nach der Weihe hat Johann Weber nie mehr gedacht, „du hast dich geirrt". Nach eigenen Worten „vielleicht ein wenig übertrieben", sagt Weber: „Ich wollte nicht, ich musste Priester werden. Nicht im Sinne eines Zwanges, sondern ich habe gewusst: das ist es."

Neugierig auf diese Welt

Seine Liebe zur Germanistik – „Ich habe als Schüler sehr gut Aufsätze geschrieben, das war eine Fähigkeit" – hat Johann Weber nicht verloren, auch wenn nicht immer Zeit war, sie zu pflegen. Ein Lieblingsgedicht von Ingeborg Bachmann handelt vom Fortgehen, vom Vergehen. „Sehr gern habe ich auch Hermann Hesse", erzählt der Bischof. „Ich bin allerdings weder in der Lage noch gewillt, mir Bücher in den Schrank zu stellen wie ein Kunstsammler, der das nötige Geld hat, seine Gemälde".

Johann Weber ist „sehr berührbar von Dichtung". Wonach er gegriffen hat und greift, sei auch eine Altersfrage. „Man ist nicht in jeder Lebensphase in der Lage, die jeweils neueste und modernste Literatur aufzunehmen." In einem der jüngsten Urlaube hat Weber Goethes „Italienische Reise" gelesen. In jüngeren Jahren – „das hole ich jetzt wieder hervor" – gab es viel Shakespeare. Das humanistische Gymnasium habe ihm in der Person eines sehr guten Professors auch den Sinn für antike Literatur geöffnet, von Homer bis Aesop. „Das hat jetzt lange Zeit ungebraucht geruht, aber ich könnte mir vorstellen, dass ich das wieder hervorhole."

Nach welchen Werken wird der Altbischof greifen? „Ich habe mir selber zum Übersiedeln eine Gesamtausgabe von Goethe geschenkt", erzählt Weber. Außerdem gibt es in der persönlichen Handbibliothek eine Gesamtausgabe Shakespeares. „Ich hätte auch vor, die Römische Geschichte von Theodor Mommsen zu lesen. Vorsichtig beäugt habe ich die Papstgeschichte von Ludwig Pastor." Nicht zuletzt ist da der Hang zum Kriminalroman in der klassischen Stilrichtung von Agatha Christie. Da dreht sich alles um die Menschen. „Edgar Wallace ist mir zu technisch; die haben alle irgendwelche Gerätschaften." Viel besser entspricht der Weber'schen Neugierde für das, was Menschen bewegt und was sie tun, der Stil des zeitgenössischen schwedischen Kriminalautors Henning Mankell. Der Bischof hat ein Faible für Helden, die gleichsam unfehlbaren wie den Belgier Hercule Poirot bei Agatha Christie, oder für Helden mit großen Schwächen und Zweifeln wie den Kommissar Kurt Wallander bei Mankell, der seine Familie verloren hat, der geschieden ist und viel trinkt. Für Johann Weber gibt es nichts Menschliches, das ihm fremd, und nichts

Weltliches, das ihm minder wäre. Sein Interesse an allem, was sich zwischenmenschlich, gesellschaftlich, institutionell und politisch im weitesten Sinne tut, ist beinahe unerschöpflich. Am Samstag Vormittag war es für Nachbarn, die Einblick hatten, ein gewohntes Bild: der Bischof im Garten seines Palais mit der Wochenzeitung „Die Zeit" in der Hand. Von Tagungen wird berichtet, dass Weber in Pausen zum nächsten Fernsehgerät eilte, um die Schlagzeilen im Teletext anzuschauen. Der Bischof selbst sagte am 30. April 1996 bei einem Vortrag an der Universität über „Medien und Moral", er sei „ein Empfänger, Geprägter und auch selbst Gestalter der Medien". Das Image der Medien sei zwar angeschlagen, aber zugleich würden sie mit Begeisterung konsumiert. Gar selbst darin vorzukommen, sei „zu einem neuen Glücksgefühl geworden".

Was fasziniert so sehr am Tages- und Weltgeschehen? „Ich vermute, das geht auf meine Familie und ihre politische Verschiedenheit zurück", sagt Weber. „Das wurde dann verstärkt durch das Amt. Solange ich Priester war und als Bischof hatte ich nie das Bedürfnis, mich auf den innersten Kreis der Kirche zu beschränken oder zurückzuziehen. Die KAJ war in der Zeit, als ich Jugendseelsorger war, noch nicht politisch im heutigen Sinne. Aber unser ganzes Sinnen und Trachten war auf die Welt hin gerichtet, auf die Welt der Arbeit und die damit verbundenen gesellschaftlichen und politischen Probleme, von der Arbeitslosigkeit bis zur Freizeitbeschäftigung der jungen Menschen."

Weber tut es daher noch im Nachhinein leid, dass bei der Salzburger Delegiertenversammlung im Oktober 1998 die Debatten über die gesellschaftliche und politische Situation durch die kirchenpolitischen Auseinandersetzungen zu sehr in den Hintergrund gedrängt worden seien. „Für mich ist ein entscheidender Satz des Evangeliums: Das Wort ist Fleisch geworden. Wir dürfen uns als Kirche nie nur mit einer Innenrevision zufrieden geben, sondern wir müssen immer den Blick dafür haben: Was tut sich in der Welt, beim einzelnen Menschen, aber auch in den gesellschaftlichen und politischen Strukturen?"

Der Bischof hielte es für ein Unglück für eine Diözese, wenn sie neben den öffentlichen, gesellschaftlichen und politischen Einrichtungen und Institutionen her lebte. „Mich berührt sehr, dass im Grazer Dom nach dem alten Volksglauben zwei Christophorus-Fresken zu sehen sind. Wenn ich bei dem einen Tor hinausgehe, schaue ich auf den Christophorus beim zweiten Ausgang. Dahinter steht die Glaubensüberzeugung, dass mir an diesem Tag nichts zustößt, wenn ich beim Verlassen der Kirche auf das Bild des Heiligen gesehen habe. Daher eben die zwei Fresken im Grazer Dom, damit ich bei der einen Tür jeweils auf den anderen Christophorus schauen kann. Auf einem der Bilder, dem rechten, hat der Heilige das Gesicht von Kaiser Friedrich III., der lange Zeit in Graz residiert hat. Das ist für mich ein Symbol: wir bleiben als Kirche nicht unter uns, der Kaiser ist nicht nur Objekt der Seelsorge, sondern einer, dem ich mich anvertrauen möchte."

Heißt das frei nach dem sozialdemokratischen österreichischen Bundeskanzler Bruno Kreisky, jeder, der ein Stück des Weges mit uns gehen will, ist willkommen? War das nicht auch eine Grundhaltung des Johann Weber, auf die Leute zuzugehen, unabhängig von ihrer gesellschaftspolitischen und weltanschaulichen Position? Hat er nicht vielfach signalisiert: Wo immer ihr mit uns, mit der Kirche mittun könnt und wollt, kommt bitte. „Ja", sagt Johann Weber, ergänzt aber ganz in seinem Impetus, den Menschen das Evangelium zu verkünden: „Ich möchte zu Kreisky noch einen Satz hinzufügen: Ich möchte nicht nur andere einladen, mit mir, mit der Kirche zu gehen, sondern ich möchte auch selbst ein Stück Weges mit ihnen gehen, mich für sie interessieren: Wie geht es euch, was ist bei euch los? Ein kleines Symbol war – ich hab es nicht erfunden – die Fahrt in den Kosovo: dass ich dort bei den Menschen sein konnte, bei den Soldaten des Bundesheeres. Das war keine Bekehrungsreise, sondern das war für mich ein Stück Weg mit Leuten, die in einer besonderen Situation sind, und mit einem Land, das in einer besonderen Situation ist. Das ist mir wichtig, dass die Kirche in solchen Situationen nicht daneben steht, sondern da ist."

Vertraut mit den Menschen

Die Kirche im Volk

Johann Weber hat das Volk Gottes schon erfunden, bevor es im Zweiten Vatikanischen Konzil offizielle Lehre wurde. Was den Glauben von Menschen betrifft, sieht Weber das Glas im Zweifelsfall immer halb voll, nie halb leer. Kirche sein heißt für ihn: Mut zur Artenvielfalt. Das Wort „katholisch“ bedeute, „dass sehr vielfältige Leute beisammen sind“. Weber will keine Kirche „wie eine preußische Armee“, sondern „eine Vielfalt, die aus dem Vertrauen untereinander kommt und vom Herrn, der uns beseelt“. Der Glaube ist für ihn eine Gabe, „die nicht mit erhobenem Zeigefinger und verkniffenem Gesicht deutlich gemacht werden kann“. Er will in einer zweifachen Aufmerksamkeit immer beides sein: aufmerksam für das Evangelium und aufmerksam für das Leben der Menschen.

Diese Zusammenschau von Botschaft und Lebenswirklichkeit unterscheidet Johann Weber wohltuend von Bischöfen, die am liebsten ausgrenzen und exkommunizieren, die einem Menschen bei jeder Gelegenheit an den Kopf sagen: Sie glauben diese oder jene Wahrheit nicht, also sind Sie nicht mehr in der Kirche! „Solche Bischöfe“, sagt ein Grazer, „die sich gerne kantig geben, haben wir genug. Weber ist anders, er verurteilt nicht, er richtet auf.“ Weber stellt nicht hinaus und grenzt nicht ständig ab, sondern zieht herein und integriert, so viel wie möglich und wo immer ein Wille dafür erkennbar ist. Er geht davon aus, dass bei den Menschen eine grundsätzliche Bereitschaft vorhanden ist, sich mit dem Glauben auseinander zu setzen. Er betont bei jeder Gelegenheit, die Kirche müsse einen Blick haben für das ganze Volk, nicht nur für einen wie immer gearteten „heiligen Rest“ von Auserwählten.

„Wenn es so ist“, sagt Johann Weber, „dann ist eine Ursache dafür, dass ich nie in einem dichten katholischen Milieu gelebt habe, weder in der Familie noch in den Wohngebieten meiner Familie. Ich war in zwei Industriestädten Kaplan, dann in Graz. Das wird wohl ein Grund dafür sein, dass ich mit diesen Menschen leben und ihnen die Treue halten möchte.“ Bei der Jahrestagung der Katholischen Aktion im April 1991 hat der Bischof dieses Milieu beschrieben: „Im Jahr 1931 ist meine Familie ganz in die Nähe von St. Martin gezogen. Dort gibt es eine längere Straße mit Einfamilienhäusern. Vor dem Krieg sind aus dieser ganzen Straße drei erwachsene Personen in die Kirche gegangen: das waren eine gewisse Frau Groß, meine Mutter und meine große Schwester. Während des Krieges sind aus dieser ganzen Straße drei Personen in die Kirche gegangen: das waren meine Mutter, meine große Schwester und die Frau Groß. Nach dem Krieg sind aus dieser ganzen Straße drei Erwachsene in die Kirche gegangen: das waren die Frau Groß, meine Schwester und meine Mutter.“

Zu dieser persönlichen Erfahrung kam die Prägung durch die Katholische Arbeiterjugend, die KAJ – vor allem durch jenen „genialen Cardijn“, wie Weber sagt: der belgische Priester Joseph Cardijn (1882–1967), der 1912 die „Jeunesse Ouvrière Chrétienne“ gründete, um die Arbeiter für Religion und Kirche zurückzugewinnen. In seiner flämischen Muttersprache prägte Cardijn, der 1965 Kardinal wurde, den Begriff der „massa“ – für Weber „ein faszinierendes Wort“ dafür, dass das Evangelium sich an alle richte. Damit diese Botschaft wirksam werde, müssten die Aktivisten der KAJ das Salz in der Suppe sein, hat Bischof Weber in seiner pastoralen Kinderstube gelernt.

Eine weitere Quelle für den Blick auf alle ist bei Weber der sehr bewusste Kontakt ohne Berührungsscheu mit den damals nicht herkömmlich katholischen Schichten: die Sozialistische Partei, die Gewerkschaft, die Liberalen. „Da habe ich viel von meinem Vorgänger gelernt.“ Schon der steirische Bischof Josef Schoiswohl hatte Diskussionen veranstaltet, an denen Pfarrer Johann Weber teils als Podiumsredner mitgewirkt hat. Aus dieser Zeit ergab sich „eine Anfreundung mit manchen Leuten“. Quer durch die politischen Lager, nicht immer zur Freude der ÖVP in der Steiermark. Weber hat sich an das Wort eines Kurienkardinals gehalten, der über den Kontakt zu

Muslimen gemeint hatte: Das Christentum kann nichts durch Bekehrungsversuche erreichen, „aber wir müssen Freundschaften schließen". „Freundschaften schließen", sagt Johann Weber, „das war möglich. Dadurch bin ich auch als Bischof vielen nahe gekommen, die nicht aus dem kirchlichen Bereich waren, mit denen mich aber eine große gegenseitige Ernstnahme verbindet. Ich könnte da jetzt eine Menge Namen aufzählen ... Hinter einem vorschnellen Bild des kirchlich Uninteressierten steht ein konkretes Gesicht, ein konkretes Schicksal." An solchen Aussagen wird Webers grundsätzlich offener Zugang in der Seelsorge greifbar:

>>> *Ist Ihnen der Begriff Fernstehende suspekt?*
Weber: Ich gebrauche den Begriff Fernstehende überhaupt nie. Wenn, dann eher negativ, dass wir als Kirche kein Recht haben, andere als Fernstehende zu bezeichnen. Die Alternative ist aber nicht die österreichische Heurigenstimmung ‚Wir kommen alle, alle, alle in den Himmel', sondern die Überzeugung, dass Christen Salz der Erde sein sollten. Ich habe das in meiner Familie von Kindheit auf erlebt, in der es sehr fern Stehende gab, wie man heute sagen würde. Auch die Stadtpfarre St. Andrä hat mich sehr geprägt. Von 16.000 Bewohnern waren rund 12.000 katholisch ...
Eine Volkskirche gab es damals nicht, die gibt es heute aber erst recht nicht. Ich hänge nicht dem Bild einer Volkskirche nach, unter der man in der herkömmlichen Weise einen Milieukatholizismus versteht: bei uns ist man katholisch, geht in die Kirche, lässt sich nicht scheiden. Ich meine vielmehr diese Kirche im Volk, mit dem Volk und für das Volk. Gewiss, viele leben sehr vergnügt und ruhig ohne Kirche dahin. Dennoch sind diese Existenzfragen da: Woher komme ich, wohin gehe ich, was ist es um Leid, Unglück, Krankheit?

>>> *Haben Sie kein Problem mit der kleinen Schar, die immer kleiner wird? Sie kommen in eine Pfarre, da leben 5000 Menschen, beim Gottesdienst in der Kirche sind 350.*
Weber: Ich bin nie verwöhnt worden. Ich weiß, wenn ich nach Birkfeld zur Visitation komme, marschiert alles auf: Vereine,

Bürgermeister und Firmlinge. Aber ich habe ein ganz großes Solidaritätsgefühl mit Pfarrern und Mitarbeitern, die sagen: wir haben alles probiert, von der ansprechenden Messgestaltung bis zur Pfarrbefragung, und die Gottesdienstteilnehmer sind trotzdem weniger geworden. Dieses Geheimnis des Glaubens ist nicht machbar. Es gibt kein Rezept, die Kirchen zu füllen. Keiner hat die Methode dafür.

>>> *Es gibt die Schreckensvisionen, dass das Christentum in Europa ausstirbt. Das hat quantitativ etwas für sich. Sie haben offenbar nicht die Angst, dass die Möglichkeit von Kirche, mit Menschen in Kontakt zu kommen, ganz abreißen könnte. Wo sollen Kinder, die von ihren Eltern und Großeltern nichts mehr von kirchlichem Humus mitbekommen, wieder einmal auf Kirche stoßen?*

Weber: Ich weiß, dass es ganze Regionen gibt wie Nordafrika, wo das Christentum aufgehört hat. Trotzdem möchte ich sagen, das ist für mich nicht die zähneklappernde Angst. Ich glaube, dass die Fragen der Menschen nicht aufhören. In den Sechzigerjahren gab es den ungeheuren Weltoptimismus, den Vorstoß in das Weltall und in das Atom. Und jetzt? Ich möchte nicht nur Feuerwehr sein dann, wenn es den Menschen schlecht geht. Ich glaube, dass die Intensität, der ganze Bogen des Evangeliums nicht in Pension geschickt werden kann. Wir sollten das tun, was wir können. Eine meiner liebsten Bibelstellen ist: der Sämann mag schlafen oder wachen, die Saat wächst. Wir sollen nicht in eine Hektik verfallen. Ich meine, dass die biblische Stellvertretung eine ganz große Bedeutung hat, diese Wache der Priester im Tempel, die Stellvertretung für das Volk. Wenn wir beim Beispiel der Pfarre bleiben: Bei Zusammenkünften hat oft jemand gejammert: Ich bin der einzige von unserem Hochhaus oder von unserer Straße.‘ Darauf habe ich immer gesagt: Und es hat doch einen Sinn. Ihr kennt die Leute, ihre Freude und Hoffnung, ihre Trauer und Angst. Dieses Sein bei den Leuten und das stellvertretende Dasein für sie beim Gottesdienst, das halte ich unbeugsam hoch, auch wenn es nicht in zahlenmäßi-

Juni 2000 (Foto: Gery Wolf, Graz)

Juni 2000 (Foto: Helmut Utri, Graz)

April 2000 (Foto: Stefan Amsüss, Graz)

Diözesanwallfahrt, Israel, Oktober 1994. (Foto: Big Shot/Christian Jungwirth, Graz)

Diözesanwallfahrt, Israel, Oktober 1994. (Foto: Big Shot/Christian Jungwirth, Graz)

Diözesanwallfahrt – Brotvermehrungskirche in Tabgha, Israel, Oktober 1994.
(Foto: Big Shot/Christian Jungwirth, Graz)

30 Jahre Bischof von Graz-Seckau, Großer Minoritensaal, Graz, Juni 1999.
(Foto: Big Shot/Christian Jungwirth, Graz)

Festgottesdienst – 30 Jahre Bischof von Graz-Seckau, Stadtpark Graz, 19. Juni 1999.
(Foto: Big Shot/Christian Jungwirth, Graz)

gen Erfolgen, in einer Zunahme der Gottesdienstteilnehmer zu messen ist.

>>> *Schwierig wird dieser offene Ansatz, wenn es um die Sakramentenspendung geht.*
Weber: Seelsorge heißt für mich, die Hand am Puls haben. Wenn Eltern, die lange nicht in der Kirche zu sehen waren, ihr Kind zur Taufe bringen, dann sagen sie damit: ein Segen soll dabei sein, und sie meinen wohl eine Anwesenheit Gottes. Das ist gut so. Ich bin dagegen, dass man bei den Sakramenten die Latte immer höher legt. Wir haben früher gesagt: mit der Firmung bist du Streiter Gottes, mit der Firmung musst du dich für Christus entscheiden. Aber wer kann das schon von sich sagen: ich habe mich für Christus entschieden. Wir sind alle auf dem Weg. Wir dürfen diese Berührungen Gottes, die die Menschen oft selbst nicht ausdrücken können, nicht verscheuchen. Wir dürfen sie nicht als Brauchtum abwerten. Zu sagen, wir spenden nur denen die Firmung, die jeden Sonntag in die Kirche gehen, oder wir taufen nur die Kinder von sehr gläubigen Eltern, das ist nicht der Weg der Kirche.

>>> *Es fällt auf, dass Sie immer von der Pfarre sprechen, nie von der Gemeinde.*
Weber: Ich habe mich nie ganz anfreunden können mit der Idee der Gemeinde. Der Begriff ist richtig, aber die Gemeinde bleibt oft zu sehr unter sich. Ihre Probleme sind nicht die Probleme der Masse. Da habe ich immer eine Reserve gehabt. Ich gebrauche bis heute selten das Wort Gemeinde, ich sage lieber Pfarre. Das ist ein geographisch-juridischer Begriff, und das heißt, da gehören alle dazu. Bei Gemeinde klingt bewusst oder ungewollt mit: das sind die, die jeden Sonntag da sind, die man kennt, mit denen man sich trifft.

>>> *Es gibt heute mehr als vor 20 Jahren das Phänomen, dass etwa die Firmung für viele Jahre eine singuläre Berührung mit der Kirche bleibt.*

Die Intensität der Beziehung zur Kirche hat sich stark verändert, zumindest quantitativ. Wieweit haben einzelne Anknüpfungspunkte einen tieferen Sinn?
Weber: Den haben sie, vorausgesetzt sie werden schön gefeiert. Das ist bei einem Betriebsjubiläum oder einer Maturafeier nicht anders, und es stellt hohe Anforderungen – ganz anders als jene Taufe, an die ich mich aus meiner Kaplanszeit in Kapfenberg erinnere. Da kam die Hebamme mit einem Neugeborenen in die Kanzlei und sagte: Taufen Sie es, in 20 Minuten geht der Bus. Mir hat einmal jemand nach der Firmung gesagt: Sie haben das so herzig gemacht. Dieses Wort klingt ein wenig niedlich, aber wahrscheinlich war doch eher gemeint: diese Feier ist mir zu Herzen gegangen. Es gibt so viel Berührung. Es wäre sehr schade, wenn von der Masse der Menschen her oder auch von uns das gefördert würde: es geht nur mehr um die ganz Entschiedenen. Wir brauchen diesen Humus des Volkes. Das ist im ganzen Evangelium drinnen: Tausende werden gespeist, auch wenn sie dann wieder gegangen sind.

>>> *Derzeit gehen in Österreich jedes Jahr mehr als 30.000 Menschen ganz weg. Die katholische Decke im Land ist dünner geworden.*
Weber: Durch die Entwicklung der Mobilität haben viele, auch religiöse Gewohnheiten aufgehört, aber die Intensität hat – wenn ich mein ganzes Leben überschaue – ungeheuer zugenommen. Nicht nur dadurch, dass so viele, auch Laien, Theologie studiert haben, sondern das Interesse ist größer, der Informationsgrad. Laien bereiten auf die Erstkommunion vor. Das ist eine Intensität der Reflexion, die höchst beachtenswert ist. Ich weigere mich zu sagen, es ist besser oder schlechter geworden. Es ist radikal anders geworden. Wir müssen aufpassen, dass wir nicht krampfhaft an traditionellen Formen festhalten und furchtbar frustriert sind. Zum Beispiel: der Mensch lebt heute in der Region. Wir können nicht mehr in jeder Pfarre das ganze Ensemble, die ganze Ausstattung haben, sondern: dort gibt es eine gute Jugend, beichten geht man

zu den Franziskanern, und das Katholische Bildungswerk ist in einer anderen Pfarre vorbildlich entwickelt.
Die Grundfrage ist: Wie können wir selbst als Menschen von heute glauben?

Johann Weber ist von einer großen Unruhe getrieben, das Evangelium zu verkünden, etwas dafür zu tun, dass es in die Welt kommt. Andererseits blitzt immer wieder das Vertrauen durch, es werde schon nicht ganz schief gehen. Der Bischof erinnert sich an einen Christusfilm, in dem Jesus im Schnellschritt dargestellt wurde. Seine Assoziation dazu: dieser Drang, der auch in den Paulusbriefen vorkommt. Er hat mit abenteuerlichen Mitteln die halbe damalige Welt durchreist. Weber zitiert wieder Cardijn: Wir müssen die jungen Arbeiter erobern, und er übersetzt dieses heute fremd klingende Wort: Ich kann Punkte setzen wie die Erstkommunion, das Begräbnis, die Firmung.
„Es gibt kein direktes Vererben des Glaubens, wie ich meinem Kind ein Haus vererben kann", sagt der Bischof. Die Rede von der „Weitergabe des Glaubens" sei nicht treffend. Der Glaube müsse in jeder Generation neu erworben werden. „Bei den Visitationen in den Pfarrgemeinderäten heißt es beinahe rituell: keine Kinder, keine Jugend; das sei kein Wunder, wenn die Eltern auch nicht in die Kirche gehen. Das stimmt und stimmt nicht. Denn im Pfarrgemeinderat sitzen auch Eltern. Deren Kinder sind trotzdem nicht da." Am ehesten könne es so etwas wie Weitergabe des Glaubens auf der horizontalen Ebene geben: von Freund zu Freund, von Nachbar zu Nachbar. Aber in der Senkrechten, von Generation zu Generation, funktioniere das nicht. Wieder kommt das Wort von der „Stellvertretung", die „ungeheuer wichtig" sei. „Wenn die Leute merken: ich habe einen Bekannten oder im Betrieb ist jemand, der nimmt das Ganze sehr ernst. Da kann man nicht immer aufrechnen, wie sehr der anders lebt. Es macht viel aus, wenn da jemand ist, der von etwas berührt ist. Jesus sagt, ich bin der Weg, nicht, ich bin das Rasthaus. Du bist unterwegs, du weißt nicht, wie das ausgeht, aber du musst unterwegs bleiben."
Vom Advent 1999 bis Ostern 2000 hat sich die katholische Kirche in der Steiermark selbst auf den Weg gemacht. Mehr als 10.000 ehrenamtliche

Mitarbeiterinnen und Mitarbeiter waren bei der Aktion „Grüß Gott 2000" in die 500.000 steirischen Haushalte unterwegs. Nicht um zu missionieren, um Unterschriften oder Geld zu sammeln, auch nicht um jemandem ein religiöses Gespräch aufzudrängen, sondern um „ein Zeichen des Glücks- und Segenswunsches der Kirche zu bringen".
Johann Webers Grundmodell der Seelsorge heißt Begegnung schaffen und Zeichen setzen. Im Idealfall mündet das in religiöse Zeichen, in eine verdichtete Verknüpfung von Kirche und Welt, von Glaube und Leben. Am 21. Oktober 2000 führt der Bischof das in einem Vortrag vor dem Ennstaler Kreis aus:

» Jede wirkliche Begegnung nimmt Gestalt an. Und das ist mit Kirche gemeint, denn das Wort ist Fleisch geworden. Diese Gestalt stellt sich vielfach dar und so möchten wir in unserer Diözese eine großflächige Suche beginnen, hin zu einem einhelligen Grundbestand religiöser Zeichen und Verhaltensweisen. Solche Zeichen, die man nicht vorschnell belächeln sollte, geben den Menschen oft mehr Heimat in der Kirche als alle guten und richtigen Worte. Immer ist sie eine Kirche des Denkens, ebenso der Gestalt. ‚In Wahrheit reicht eine Gebärde von der Hand bis ins Herz zurück.' (Guardini).
Es gibt drei Urzeichen: Segnen – Stille – Singen des Volkes. Ehrfurcht vor dem Heiligen und Ehrfurcht vor dem Leben – vom Ungeborenen bis zum Unheilbaren, zu scheinbar Erfolglosen, Nutzlosen und Schwierigen sind voneinander untrennbar, eines bedingt das andere. Denn jede Würde und Identität des Menschen kommt letztlich vom lebendigen Gott. So füge ich dem Urzeichen des Glaubens hinzu: Habe ich Freunde bei den Armen? Weiß ich, welch großes Zeichen die Treue ist?
Sakramente können auch verdorren, und das werden wir nicht einfach hinnehmen. Wenn die Beichte der Erwachsenen beinahe erloschen ist, so ist doch die Antwort ausgeblieben, was machen wir mit persönlicher und gesellschaftlicher Schuld, wo können wir sie niederlegen, über die notwendige und doch nicht genügende

Dimension der Entschuldigung voreinander. Ich bin sicher, dass wir jetzt diesen Dialog brauchen: Sakramente warum und wie? Was ist also mit ihnen gemeint und wie können sie dem heutigen Menschen zugänglich werden, ohne zu einem harmlosen Betätigen ‚religiöser Gefühle' zu verkümmern?

Zeichen, Sakramente, das sind für Johann Weber Berührungspunkte mit den „drei Grundwahrheiten" im Leben des Menschen: „Die Gewissheit von Geburt und Tod, die Hoffnung, erwünscht zu sein, sowie für die einen die Gewissheit und für die anderen das Gerücht, dass wir erwartet werden." Die Sakramente seien die „innigsten Zeichen", die aber eingebettet sein müssten in den Alltag, sagte der Bischof im April 1991 in einem Vorbereitungsreferat auf den Tag der Steiermark:

» Die Sakramente sind so etwas wie ein Berg. Sie wissen, welche Hochform in Wirklichkeit die Ehe ist. Dass Menschen heiraten mit dem festen Versprechen, ich werde mein Leben lang treu sein. Das ist ein hoher Anspruch. Daher brauchen diese hohen Berge der Sakramente eine Hügellandschaft. Das sind die vielfachen Gepflogenheiten, Bräuche. Warum gehen die Leute zur Fleischweihe und nicht zur Osternachtfeier? Wir sind Puritaner geworden, wir sind hartherzig geworden, wenn wir sagen: diese blöden Bräuche. Es sind Zeichen des Lebens. Wir reden jetzt groß von Laienapostolat. Vor hundert Jahren haben die Menschen keinen Pfarrer benötigt zum Felderbeten oder zum Maiandachten-Halten. Ich möchte Sie sehr auf diese Spur setzen!

Zellen des Glaubens

Johann Webers prägende Erfahrung in der Seelsorge ist das organisierte Laienapostolat der Fünfziger- und Sechzigerjahre. Dass der Verbandkatholizismus weggebrochen ist, bedeutet für ihn einen „eminenten Verlust". Der Bischof spricht von einer „Laienklerikalisierung", die sich nach dem Zweiten Vatikanischen Konzil verbreitet habe – im Unterschied zum Laienapostolat vor dem Konzil. „Damals haben die Laien in der KAJ das

Ruder selbst in die Hand genommen, auch wenn das immer gemeinsam mit dem zuständigen Seelsorger geschehen ist. Heute heißt es sofort: Herr Bischof, wir haben keine Jugendgruppen in der Pfarre, Sie müssen uns einen Jugendleiter geben."

Der langjährige Generalvikar Leopold Städtler, einer der engsten Mitstreiter Johann Webers, erinnert sich an die prägenden Jahre der KAJ-Zeit. „Wir waren damals 80 bis 90 Kapläne, in Graz und in der Obersteiermark, die von der Idee der KAJ begeistert waren." Weber war in dieser Szene wohl bekannt und punktete in der Diözese zusätzlich durch seine Arbeit als geschäftsführender Vorsitzender des Priesterrates. Als es um die Nachfolge von Bischof Josef Schoiswohl ging, war für Städtler klar: „Wir wollen als Bischof einen Steirer und einen Pfarrer, der unmittelbar aus der Seelsorge kommt und gesprächsbereit ist. Promovierter Theologe muss er nicht sein, dafür haben wir die Theologische Fakultät."

Weber ist auf Grund seiner KAJ-Arbeit überzeugt, dass es zur Verankerung und Tradierung des Glaubens organisierte Formen braucht, und nennt als Kronzeugen dafür Cardijn. „Es ist ganz wichtig, dass ich als Mutter, Vater, Nachbar, Arbeitskollege meine Glaubensüberzeugung habe. Aber mich hat Cardijn sehr geprägt, der sagt: Einer allein geht verloren. In meiner Studentenzeit, in der Heimatpfarre und als KAJ-Kaplan habe ich erlebt, was es heißt, irgendwo dazu zu gehören: mit Abzeichen, mit Ausweis, mit eigener Zeitung, mit den Aktivistenrunden, mit dem Leitmotiv ‚Sehen, urteilen, handeln', mit dem Lesen der Bibel. Das war als seelsorgliches Konzept eine geniale Erfindung. Heute treffe ich Leute, die sagen: Ich war damals dabei, ich bin heute geschieden, aber das hat mir etwas gegeben für mein ganzes Leben."

Das ein wenig nostalgisch verklärte Verbands- und Vereinsideal des Bischofs lässt daran denken, dass das II. Vatikanum die Kirche als Communio entdeckt hat, als Gemeinschaft der Gläubigen. Dennoch sind die Intensivgemeinschaften des straff organisierten Laienapostolates aus den Pfarren ausgewandert. Gruppen, deren Mitglieder eng miteinander verbunden sind, trifft man heute eher bei den Movimenti und geistlichen Bewegungen außerhalb der Pfarre. Dadurch sei der Mensch, der bewusst gläubig sein will, von seinem Lebensplatz zurückgetreten, meint Weber. Das Bild von einem „guten Katholiken" habe sich verschoben: „Wenn man heute sagt, jemand ist ein engagierter Katholik, dann fällt einem ein: der ist im Pfarrgemeinderat, Lektor, Kommunionspender, Tischmutter oder Firmhelfer. Aber dass diese Frau, dieser Mann zuerst Mutter und Vater ist, dass er in einem Wohnviertel wohnt, dass er Betriebskollegen hat, dass er berufen wäre, der erste Katechet der Kinder zu sein, das kommt viel zu wenig in den Blick."

Für Weber hat ein Glaube, der gesellschaftlich sichtbar und wirksam wird, viel zu tun mit KAJ-Begriffen wie Parole oder Zelle. Er gerät heute noch ins Schwärmen, wenn er von „dieser stolzen Parole" spricht: „Eroberung der Betriebe". Selbstverständlich habe sich das in der Praxis nicht so abgespielt, „aber es gab eine Vorgabe, ein Ziel, ein ganz deutliches Wollen". Ein Wollen, das sich soziologisch manifestierte im Modell der „Zelle": jede KAJ-Aktivistin und jeder KAJ-Aktivist sollte in seinem Umkreis Zellenfreundinnen oder Zellenfreunde haben, die er animiert und – „das war ganz wichtig" – am Sonntag in den Gottesdienst mitbringt. In der Aktivistenrunde kam die Bibelauslegung von den jungen Leuten, nicht vom Kaplan. Im Vordergrund stand die Frage: Was sagt mir das für mein Leben? Im „Film der Woche" wurde berichtet und diskutiert: Was hast du erlebt, wie ist es dir ergangen? Als Blick voraus wurde die Aufgabe der Woche formuliert, zum Beispiel: ich werde bewusst meine Arbeitskollegin, meinen Arbeitskollegen grüßen. Webers Fazit: „Die Zuordnung des Glaubens zu dem, wo und wie du lebst, war ganz stark."

Der Laie als Revolutionär des Glaubens in der Alltagswelt, als Fisch der Kirche im Strom der Gesellschaft. Am 25. Jänner 1970, im ersten Bischofsjahr Johann Webers, stand zum Thema Seelsorge und Laien in der steirischen Kirchenzeitung „Sonntagsblatt" ein Zitat von Johann Wolfgang von Goethe zu lesen: „Jeder Mensch hat einen bestimmten Kreis, in welchem er auf eine unnachahmliche Weise wirken kann, je kleiner sein Reich, desto konzentrierter seine Kraft."

Nachdrücklich mahnt Johann Weber konkrete Formen in der Pfarrseelsorge ein. Am 11. Oktober 1978 wirft der Bischof in der Dechantenkonferenz die Frage auf, was an die Stelle der früheren Christenlehre getreten sei. Weber nennt die Sakramente als begleitende Katechese; den Pfarrgemeinderat und seine Ausschüsse; die Predigt, die auch katechetisch sein soll, indem sie dogmatische Fragen nach einem systematischen Konzept aufgreift; und den Religionsunterricht inklusive Begleitung durch Eltern und Pfarre.

Am 6. März 1979 verfolgt der Bischof diese Linie vor seinen Dechanten weiter und spricht über die „Grundausrüstung in jeder Pfarre": „Es scheint immer notwendiger, dass wir ein Grundprogramm für jede Pfarre erarbeiten, also seelsorgliche Aufgaben festhalten, die auch in schwächeren Pfarren erbringbar und daher auch verlangbar sind. Ich glaube, dass dies im Effekt auch für den Seelsorger eine innere Entspannung bringen könnte."

Im Zusammenhang mit den Vorbereitungen auf den Steirischen Katholikentag 1981 drängt der Bischof auf konkrete seelsorgliche Initiativen: die Erneuerung des Sonntags mit dem Ziel, dass der Gottesdienstbesuch nicht aus Pflicht, sondern aus Freude geschieht; die Schaffung von bleibenden Zeichen in der Pfarre wie zum Beispiel die Erneuerung von Bildstöcken, Marterln und Wegkreuzen; Treffen und Einkehrtage mit den Politikern aller Parteien; Tage der offenen Tür zur Förderung der geistlichen Berufe; neue Überlegungen zu Wallfahrten und Fronleichnamsprozessionen; den Glauben an Orten der Dynamik (damit sind vor allem die Städte und Industriezentren gemeint) sichtbar machen.

Johann Weber bleibt, wenn er ein seelsorgliches Ziel vor Augen hat, mit Nachdruck und Ausdauer am Ball. Schon am 30. Mai 1979 greift er die „Grundausrüstung der Pfarre" neuerlich auf: „Seit längerer Zeit wird überlegt, wie man die Arbeit in einer Pfarre theologisch richtig ordnen und ihre Prioritäten finden könnte. Es scheint sich immer deutlicher herauszukristallisieren, dass in der Mitte die Konzentration auf den Sonntag mit all seinen Dimensionen stehen muss. Den zweiten Kreis bildet die Sakramentenpastoral und daran schließen sich dann Pfarrgemeinderat, Katechese und Gruppenarbeit. Es geht nicht um ein Minimalprogramm, sondern um eine theologisch richtige Einordnung nach der Wichtigkeit. Darüber muss ausführlich geredet werden."

Eine Kurzformel für die führenden österreichischen Bischöfe in den Neunzigerjahren des 20. Jahrhunderts hätte lauten können: Kardinal Christoph Schönborn, der Spirituelle, Bischof Egon Kapellari, der Intellektuelle, und Bischof Johann Weber, der aktive Seelsorger. Man würde dabei aber übersehen, dass Johann Weber ein tief spiritueller Mensch ist. Manche sprechen in diesem Zusammenhang sogar von einem Hauch Fundamentalismus. Nicht im kirchenpolitischen Sinne, sondern in Hinblick auf die Spannung von actio und contemplatio, von Aktion und Betrachtung. Weber habe immer allergrößten Wert darauf gelegt, dass die geistliche Dimension nicht zu kurz komme, nicht im Aktivismus erstickt werde.

Fritz Csoklich, langjähriger Präsident der Katholischen Aktion in der Steiermark und Chefredakteur der „Kleinen Zeitung", erinnert sich an ein frühes Erlebnis mit dem KAJ-Seelsorger Johann Weber: „Der Schriftleiter des Sonntagsblattes, Anton Franz Maria Fastl, der in der Steiermark eine große Rolle gespielt hat und der ein Weinliebhaber besonderer Art war, ist jedes Jahr mit einer Gruppe von Jugendlichen nach Südtirol gefahren. Da hat es immer am Abend Wein gegeben, und es war ein Hallo, eine Gaudi. Einmal, als Fastl wieder zu einem gemütlichen Abend eingeladen hat, stand Weber auf und sagte: Da muss ich mich entschuldigen, wir von der KAJ haben heute eine Andacht."

Csoklich deutet diese Einstellung Webers als „eine Haltung, die besagt, dass man die wesentlichen Dinge wach halten muss". Diesen spirituellen Zugang zum Glauben habe Weber auch als Stadtpfarrer von Graz-St. Andrä gepflegt. „Ich habe ihn als Pfarrer sehr geschätzt", erzählt Csoklich. „Er hat die Menschen derart angesprochen, dass Leute aus ganz Graz zum Sonntagsgottesdienst nach St. Andrä kamen, in eine Kirche, in der vorher auch am Sonntag gähnende Leere geherrscht hatte." Am Ernst und am hohen Anspruch der sonntäglichen Versammlung der Christen habe Pfarrer Weber aber keinen Zweifel gelassen. „Wir hatten drei Kinder und sind fallweise auch zu spät zum Gottesdienst gekommen", sagt Csoklich. „Eines schönen Sonntags finden wir an der Kirchentür ein Plakat vor mit der mahnenden Frage: Mussten Sie heute schon wieder zu spät kommen?"

Diese Strenge ging einher mit einer in den Sechzigerjahren keineswegs selbstverständlichen Offenheit für schwierige Lebenssituationen. „In unserer Kirche gab es ein Ehepaar, das geschieden und wiederverheiratet war", erinnert sich Csoklich. „Denen hat Weber – damals schon – die Kommunion gegeben. Selbstverständlich, obwohl es überhaupt nicht selbstverständlich war und obwohl er später als Bischof in dieser Frage viel zurückhaltender geworden ist." Weber sei nie fundamentalistisch im Sinne einer vatikanischen oder sonstigen kirchenpolitischen Linie gewesen. „Wenn, dann war er ein Fundi der spirituellen Linie des Neuen Testaments und der KAJ. Von den Bibellesungen in der KAJ hat er immer geschwärmt. Das war eine Spiritualität, die sich nicht in ein enges innerkirchliches Ghetto eingeschlossen hat, sondern sehr offen war für die Welt."

Johann Weber hatte immer ein Gespür und ein Auge dafür, was die Bedürfnisse und die Möglichkeiten der Menschen sind. Gleichzeitig hat er immer ohne jeden Zweifel „das ganze, ungestüme, fordernde Evangelium" eingemahnt. Beim Gottesdienst anlässlich der Vollversammlung des Österreichischen Cartellverbandes im Grazer Dom im Mai 1998 wies der Bischof ein „Auswahl-Evangelium" zurück, das nur jene Texte beachten wolle, „die uns gerade angenehm sind". Wahre Erneuerung gebe es nur mit dem ganzen Evangelium, mit der ganzen Kirche und nicht an den Bischöfen vorbei. Der Christ müsse anders leben, als es im Trend liege, schließlich gehe es darum zu entdecken: Wo ich lebe, bin ich die Kirche.

Die Kirche gern haben

Der Bischof ist sich bewusst, dass dieses seelsorgliche Modell der KAJ vom Kolorit der Zeit geprägt war, von den Fünfziger- und Sechzigerjahren, „in denen es nicht viel Verlockung gab, sich in sein Privatleben zu absentieren". Die Aktivistenrunde war der wöchentliche gesellschaftliche Treffpunkt. Darüber hinaus gab es wenig Möglichkeiten, sich die Freizeit zu vertreiben. Das Angebot der Kirche hat gut mit den gesellschaftlichen Rahmenbedingungen zusammengepasst. Heute tut man sich wesentlich schwerer, solche adäquate Formen zu finden. Ist der Begriff der „Zelle" noch übersetzbar? Wäre sie heute in der Familie zu finden, die Weber immer wieder in Predigten und Stellungnahmen beschwört? Oder wo sonst? Der Bischof geht tiefer, wenn er bei der Formel ansetzt „Christen leben anders":

» Ich getraue mich nicht zu sagen, dass ein Christ edler sei, dass er sich zum Beispiel dadurch unterscheidet, dass es bei ihm keine Scheidung gibt. Aber das Wesentliche, das Unterscheidende scheint mir zu sein, dass ein Christ die Kirche mag, dass er aus einer liebenden Bindung an die Kirche lebt, dass ihm die Kirche am Herzen liegt. Ich getraue mich nicht zu sagen, ob die Familie diese Zelle sein kann. Im Zentrum steht für mich der Gedanke, dass Menschen auf Nachbarn, Bekannte, Freunde treffen können, die ohne Frömmelei die Kirche gern haben. Primär wird sich das im Gottesdienstbesuch oder in der Übernahme einer Arbeit in der Pfarre zeigen. Was ich mag, dafür bin ich auch bereit, etwas zu tun, meine Fähigkeiten und meine Zeit dafür einzusetzen.

Weber illustriert an zwei Beispielen, wie er sich solche Alltagsbegegnungen mit dem Phänomen Christsein vorstellt. Sie sind nicht mehr von Parole und Aktion geprägt, sondern eher vom Gedanken des Kairos, der günstigen Gelegenheit, bis hin zum scheinbaren Zufall. „Eine Bekannte von mir", erzählt der Bischof, „war Tischmutter und hat Kinder auf die Erstkommunion vorbereitet. Sie fuhr täglich kurz nach sieben Uhr ins Büro. Da wurde sie in der Tram von einer Frau angesprochen, die sagte: Meine Tochter hat bei Ihnen doch diese Stunden. Dass Sie das tun?! Sie fahren ja jeden Tag mit derselben Tram wie ich?!"

Dieser gewöhnliche Mensch, dieser Alltagsrevolutionär des Christentums, der Fisch im Wasser, der sei verloren gegangen, meint Weber. Sein zweites Beispiel ist aus der Welt der Mobilität entnommen, aus einer Reihenhaussiedlung, in die junge Familien eingezogen sind. „Ein Dechant von Vorau deutete auf eine neue Siedlung mit zwölf Häusern. Die Menschen dort seien alle aus dem Ort, aus der Pfarre. Seit sie übersiedelt seien, gehe niemand mehr in die Kirche." Da werde der Pfarrer wenig Chance haben, sagt Weber, „wenn es nicht zwei, drei Leute dort gibt, die als Menschen der Kirche erkennbar und ansprechbar sind".

Auffallend spricht der Bischof in diesem Zusammenhang immer davon, dass ein Christ die Kirche gern haben müsse. Wird da nicht das Mittel, das Werkzeug, das „Sakrament Kirche" mit der Sache des Glaubens an sich gleichgesetzt? Geht es nicht darum, Christus zu lieben und den Glauben zu leben, und ist die Kirche dafür nicht nur Instrument? Weber wehrt sich gegen diese Trennung der Botschaft vom Gefäß, in dem diese daherkommt: „Ich habe immer sehr bewusst gesagt: Ich mag die Kirche. Das ist weniger pathetisch als zu sagen, ich liebe die Kirche. Aber ich glaube, so etwas wie ein Treueverhältnis zur Kirche ist notwendig. Das ist wie die Treue zu meiner Frau, zu meinen Kindern, wo mir auch oft viel nicht passt, wo es Leidenszeiten gibt, aber wo man sagt: Das ganz Innerste meiner Liebe zu dir wird von mir durchgetragen, das ist nicht in Frage gestellt."

Hier zeigen sich die Grenzen der großen Offenheit, mit der Weber auf die Menschen zugeht und in der er ihnen den Glauben zutraut. Mit der Formel „Ich brauche keine Kirche, ich bete im Wald" kann der Bischof nichts anfangen, ja er hält sie „in gewisser Weise für einen Selbstbetrug". Glaube brauche Gemeinschaft, davon ist Weber zutiefst überzeugt, und aus dieser Überzeugung heraus lässt er im Letzten nichts über seine Kirche kommen. Denn: „Allein gelassen geht der Mensch verloren, nicht nur glaubenstechnisch, sondern vom innersten Sinn her. Wir sind keine addierten Einzelnen, wir sind nicht leblos zusammengewürfelte Monaden, sondern wir sind aufeinander bezogen, wie die Glieder eines Leibes, wir sind Volk Gottes, Leib Christi."

Johann Weber provoziert geradezu den Vorwurf eines überhöhten Kirchenverständnisses, er fordert den Einwand heraus: Ist es mit der Kirche nicht wie mit der Musik? Ein Instrument ist notwendig, um Musik hervorzubringen, aber die Liebe gehört der Musik, nicht der Geige. Der Bischof entgegnet: „Aber eine Geige musst du haben, sonst gibt es keine Musik." Er hält mit Zähigkeit, ja mit einer kindlich naiven Gläubigkeit daran fest, dass Kirche sein soll und dass es Kirche geben soll. „Ja", sagt Weber, „daran halte ich mit einer großen Überzeugung fest." Keineswegs zufällig kommt an dieser Stelle eine Erinnerung an die Mutter ins Spiel. „Meine Mutter ist am Schluss ihres Lebens sehr mühsam geworden, sie ist praktisch erloschen. Es hat alles aufgehört. Aber dass sie mich geboren hat und mich geprägt hat, das ist davon völlig unberührbar." Ist es also richtig, von einer kindlichen Anhänglichkeit des Johann Weber an seine Kirche zu sprechen? „Ja, da bin ich mit mir völlig im Reinen. Ich könnte wahrscheinlich noch mehr Fehler der Kirche erzählen als andere, weil ich mehr weiß. Aber da bin ich wirklich mit mir im Reinen."

Wie Johann Weber mit den Schattenseiten der römisch-katholischen Kirchengeschichte umgeht, dokumentiert seine Stellungnahme im März 2000 vor dem steirischen Diözesanrat. Anlass ist das Schuldbekenntnis, das Papst Johann Paul II. am ersten Fastensonntag in Rom abgibt. Dieses Schuldbekenntnis über die Vergehen der Kirche sei, so Weber, ein „historisches Ereignis höchsten Ranges". In einer Zeit, in der sich die Menschheit schwer tue, um Vergebung zu bitten, setze der Papst ein Zeichen, an dem sich Kirchen, Wissenschaft und Politik ein Beispiel nehmen könnten. Zwar gebe es so etwas wie subjektive Schuld, zugleich existiere aber auch eine gemeinsame objektive Verantwortung. Im selben Atemzug unterstreicht Weber, dass die positiven Leistungen der Kirche nicht außer Acht gelassen werden dürften. Es sei eine „kindische" und „von Unkenntnis" geprägte Betrachtungsweise, würde man die Kirche „als bloße Addition von Inquisition, Hexenverfolgung und Korruption sehen".

Johann Webers Verständnis von Kirche ist von „der Aufregung der Auferstehung als Kennzeichen und Impuls der Christen" geprägt. „Zugleich gibt es von Anfang an die Versuchung, es sich einfach zu richten und Glauben und Kirche als eine ganz passable Lebensbegleitung zu haben. Doch wir sind keine fanatischen Sektierer. Unserer Kirche ist auch immer etwas von Gelassenheit, ja Schlampigkeit zu eigen – sicher aus menschlicher Schwäche, aber auch aus dem Grundvertrauen, dass nicht wir sie bauen, am Leben erhalten und steuern. Bei allen notwendigen Bemühungen wissen wir, dass wir nicht die Hausherren der Kirche sind, die lärmend und misstrauisch dieses Haus in Betrieb halten. Vielmehr ist es der Geist Gottes, der nach der Verheißung Jesu uns tröstet und antreibt zugleich."

Die Stunde der Laien

„Ich plädiere leidenschaftlich für eine Kirche zu Fuß. Da sind die vielen, die an die Tür klopfen, das Pfarrblatt überbringen, die Kinder auf die Erstkommunion vorbereiten, die für die Agape Brot streichen, die im Pfarrgemeinderat mit ihrem Pfarrer nachdenken, die alle eines haben: es liegt ihnen die Kirche am Herzen. Ihre Zahl ist sehr groß, ihre Herzensgröße ist riesig. Sie werden medial kaum beachtet, aber sie sind wie gesunde Lungen für den Atem des Glaubens in unserem Land. Sie sind Hüter der Weisheit."

In solchen Aussagen, wie am 21. Oktober 2000 vor dem Ennstaler Kreis, wird die große Wertschätzung Webers für die Laien spürbar. Dabei kann und will der Bischof den Unterschied zwischen Geweihten und Nicht-Geweihten nicht aufheben. Es bewegt sich alles im Rahmen des institutionell Vorgedachten und römisch-katholisch Erlaubten. Die Differenz zwischen Laien und Amtsträgern bleibt. Aber Johann Weber unterstreicht die prinzipiell gleiche Würde aller Getauften in der ihm eigenen Art: die Wertschätzung für jede und jeden einzelnen.

Johann Weber sah sich schon früh mit der Frage konfrontiert, wie er es mit den Laien im Allgemeinen und mit der Katholischen Aktion im Besonderen halten werde. Unter dem Titel „Kirche der Hoffnung oder hoffnungslose Kirche" schreibt der Bischof in den Mitteilungen der Katholischen Aktion für die Diözese Graz-Seckau einen Grundsatzbeitrag, der eine durchgängige Weber-Strategie erkennen lässt: Reden wir nicht immer darüber, wer was und wie in der Kirche darf, sondern fragen wir nach dem Grund unserer Hoffnung. Das „Sonntagsblatt" zitiert am 1. Februar 1970 aus dieser Stellungnahme zur Katholischen Aktion:

> ›› Es wird mir oft die Frage gestellt, ob der neue Bischof eine Katholische Aktion überhaupt noch wünsche. Es wird gefragt, ob man nicht die überkommenen Formen über Bord werfen solle, ob man sich nicht frei machen solle von Papier, Arbeitsbesprechungen, Studientagungen usf. Ich meine, hinter dieser Frage steht nicht so sehr eine Unsicherheit über Organisationsformen, welche durch andere Formen ersetzbar wären, sondern dahinter steht eine viel tiefere Frage: Hat die Kirche überhaupt noch etwas zu sagen? Bei einer Zusammenkunft von Priestern, bei der mein Leitwort behandelt wurde, hat einer der Seelsorger in die Stille hinein gefragt: Haben wir überhaupt eine frohe Botschaft?
>
> Man könnte nun sehr viele Argumente nennen. Man könnte einen

feurigen Aufruf erlassen. Man könnte sagen: Nun erst recht, tun wir mehr, machen wir es besser! Ich glaube aber eher, dass jetzt eine Stunde der Wahrheit gekommen ist. Lange Jahre hat man nun debattiert über Strukturfragen der Kirche. Viele Menschen, die sich wirklich Sorge um die Kirche machen, haben stürmisch und leidenschaftlich wesentliche Änderungen gefordert. Abbau der Autorität, Aufhebung des Zölibats, einen neuen Stil in der Verkündigung. Auf einmal aber merkt man – aber nicht nur bei uns, sondern in verschiedenen Abstufungen auf der ganzen Welt – , dass diese Strukturfragen und Methodenfragen immer mehr verblassen. Es kommt auf uns zu: Was glauben wir, wie leben wir als Christen? Diese Frage haben wir uns nun zu stellen. Wir haben nicht einmal mehr das Recht, uns auszuruhen auf dem Kissen der Reform der Kirche in äußeren Belangen. Es geht heute um den Glauben.
Völlig falsch erscheint mir nun die Lösung, die viele Menschen voll redlichen Bemühens ansteuern: Man müsse mit Verketzerungen, mit Unterschriftensammlungen, mit Treuegelöbnissen und Schweigen diese Probleme aus der Welt schaffen. So geht das nicht. Viel mehr täte eine Neuorientierung an der Bibel, am Leben Jesu Not!
Es scheint mir, dass zwei Dinge in der letzten Zeit viel zu kurz gekommen sind, die aus der Hl. Schrift jedem deutlich ins Auge springen: Zunächst ist der Herr Jesus ein Mann des Gebetes und der Hingabe. Ich vermag kein Patentrezept anzubieten, wie man heute betet, wie man heute opfert. Viele dazu berufene Menschen machen sich darüber Gedanken, schreiben Bücher darüber – das sind uns wertvolle Hilfen. Es bleibt aber keinem erspart, die Form seines ganz persönlichen Gebetes, den Anruf seines persönlich verlangten Opfers zu finden.
Und das Zweite: In der Bibel wird immer wieder neu gezeigt, wie Jesus seine Freunde aussendet. Zu den Verlorenen und Verlassenen, zu den Selbstsicheren und Etablierten. Man könnte oft den Eindruck haben, dass wir an der Kirche ein großes Schild hängen haben: ‚Wegen Reparatur geschlossen.' Tüchtige Kaufleute jedoch hängen ein anderes Schild aus: ‚Trotz Umbaus ungestörter Verkauf!'

> Man verzeihe mir den banalen Vergleich. Doch es geht um sehr Ernstes: Nur eine Kirche des Apostolates ist eine Kirche Christi, nur ein Christ des Apostolates wird zu einem unverkürzten Glauben gelangen können. Es ist Sünde gegen das Evangelium, wenn die Kirche sich von den Strukturen des Lebens in Politik, Wirtschaft, Kunst und Wissenschaft abmeldet, weil Kirchenelend und Kirchenkonzepte unser ganzes Interesse besetzen.
> Damit habe ich die eingangs gestellte Frage bereits beantwortet. Als neuer Bischof sage ich unverblümt: Katholische Aktion – ja! Wir sind uns nicht immer sicher über die richtigen Methoden. Deshalb freie Bahn den Versuchen, den Experimenten, wenn sie aus reinem Herzen kommen! Das heißt, es ist nicht maßgebend, ob ich etwas riskiere, um modern zu sein, sondern ich riskiere etwas, weil ich hoffe, so die Menschen mit Christus besser bekannt machen zu können. Allen Mitarbeitern möchte ich daher sagen: Haben Sie keine Angst! Es liegt nicht an einem düsteren Schicksal, wie stark oder wie schwach die Botschaft der Kirche ist. Es liegt an uns selber, ob Jesus Christus wieder als Zeichen der Hoffnung für alle Völker sichtbar wird.

Der Auslöser für dieses demonstrative Bekenntnis zur Katholischen Aktion dürften Bedenken gewesen sein, die dem neuen Bischof aus der KA entgegen gebracht wurden. Die Katholische Aktion stand politisch der Krainer-Dynastie nahe. Diese wiederum hatte nicht Weber, sondern einen anderen Kandidaten als Bischof favorisiert. Als Johann Weber ernannt wurde, legten einige Funktionäre und Mitarbeiter der KA ihre Ämter nieder.
Insgesamt zeichnet die katholischen Laien in der Steiermark ein starkes Selbstbewusstsein als mitgestaltende Kraft in Kirche und Gesellschaft aus. Das kommt beispielhaft im „KAB-Blickpunkt 1980“ zum Ausdruck. Die Katholische Arbeiterbewegung kündigt eine Reihe von Bildungsveranstaltungen an, denn: „Vom Laien in der Kirche wird in Zukunft – besonders auch im industriellen Bereich – noch mehr verlangt sein. Er muss nicht nur befähigt sein, in den kommenden demokratischen Gremien der Kirche seinen Platz auszufüllen. Er muss auch befähigt werden, den

Dialog mit außerkirchlichen Gruppierungen und Institutionen zu führen – im besonderen mit der Gewerkschaft – und Aufgaben im öffentlichen Leben als Christ zu übernehmen. Um dieses Ziel zu erreichen, sollen intensive Bildungsbemühungen zur Erneuerung und zum Ausbau eines Teams von Verantwortlichen, besonders aus den Reihen der jüngeren Arbeiterschaft, unternommen werden. Diese Bildungsarbeit soll die Voraussetzungen schaffen für die Aufgaben in Kirche und Welt. Sie befasst sich daher nicht nur mit kirchlichen Fragen und Glaubensfragen, sondern auch mit menschlichen und gesellschaftlichen Problemen, die mit dem Leben des Arbeiters zusammenhängen.“ Der Bericht in der Kirchenzeitung ist mit Bildern von den Gesprächen mit politischen Funktionären illustriert: Alexander Götz, FPÖ, Heinrich Neisser, ÖVP, und Adalbert Sebastian, SPÖ.

Wie ging es den Laien, namentlich der Katholischen Aktion, aus ihrer Sicht in der Weber-Diözese? Der frühere Generalsekretär und jetzige Präsident der Katholischen Aktion in der Steiermark, Josef Wilhelm, schildert das Verhältnis von Johann Weber zur Katholischen Aktion als der organisierten Laienorganisation der Diözese:

>>> *Als Außenstehender hat man den Eindruck, dass die Katholische Aktion in der Steiermark eine größere Rolle spielt als in anderen Diözesen.*
Wilhelm: Bischof Weber hat die Katholische Aktion immer gefördert. Man hatte zuerst geglaubt, die Pfarrgemeinderäte lösen die Katholische Aktion ab. Dann kam die Bewegung der spirituellen Gruppen, die wichtig sind und in der Kirche ihren Platz haben sollen. Aber man hat erkannt, dass ein öffentliches Wirken, ein Wirken nach außen, in die Gesellschaft hinein, einen wichtigen Stellenwert hat. Das war immer Webers Linie, auch wenn er dazu die KA nicht immer namentlich erwähnt hat. Wir sind immer, auch in Zeiten der innerkirchlichen Sparmaßnahmen, ordentlich dotiert gewesen, wir haben immer unsere Möglichkeiten gehabt, er hat uns nie eingeschränkt, wir haben immer öffentlich Position beziehen können, so wie wir das wollten. Er hat das sogar sehr stark forciert.

>>> *Weber hat die Laien gern an der gesellschaftlichen Front, weniger gern an der Kirchenfront gesehen.*
Wilhelm: Das ist durchaus richtig. Wir bemühen uns, beides zu tun. Aber die Tendenz zur Verinnerkirchlichung der Laien, zur Klerikalisierung der Laien, ist eine große Gefahr. Daher ist das Hineinwirken in die Gesellschaft unser besonderes Anliegen.

>>> *Das Amt für die Kirche, die Laien für die Welt. Da kommt bei Weber manchmal durch: Eigentlich sind es die Priester, und dann gibt es auch noch die Laien.*
Wilhelm: Es lag beim Diözesanrat im März 2001 der zweite Entwurf für die Leitlinien vor, der wesentlich von der Katholischen Aktion ausgearbeitet wurde. Der Erstentwurf hatte tatsächlich amtstheologisch und in der ganzen Begrifflichkeit viel stärker das Amt betont und war in diesem Sinne ein wenig verkrustet. Wir haben die Gemeinsamkeit von Priestern und Laien in den Vordergrund gestellt. Unsere Position ist: alle sind die Gemeinschaft der Getauften.

>>> *Muss das in der Steiermark noch so ausdrücklich betont werden?*
Wilhelm: Ich denke doch, dass die Laien in der Steiermark sehr selbstbewusst sind, insbesondere die Katholische Aktion. Auch was die innerkirchliche Mitbestimmung betrifft.

>>> *Ist der Klerus in der Steiermark klerikaler als anderswo in Österreich?*
Wilhelm: Bischof Weber ist es durch die Pfarrerwochen und die jährlichen Fortbildungswochen in Freising gelungen, die Spannungen innerhalb des Klerus auszugleichen und abzubauen. Weber hat eine große Fähigkeit, zusammenzuhalten und Gastgeber für alle Strömungen zu sein. Es gibt jetzt in der Weststeiermark eine kleine Priestergruppe, die ich am rechten Rand des theologischen und politischen Denkens ansiedeln würde. Das ist bedauerlich.

>>> *Weber lässt keinen Zweifel, wie wichtig der Priester ist. Hat man als Laie das Gefühl, gleich wichtig zu sein?*
Wilhelm: Ich habe durchaus dieses Gefühl. Weber hat nie einer Klerikalisierung der Priester das Wort geredet. Seine Sorge ist der

mangelnde Priesternachwuchs. Das ist eine berechtigte Sorge. Aber er hat immer gesagt, dort, wo es gute, engagierte Laien gibt, die sich mit der Kirche identifizieren, dort ist auch der beste Boden für den Priesternachwuchs.

Johann Weber selbst greift das Thema Laien bei der öffentlichen Feier zu seinem 30-Jahre-Jubiläum als Bischof groß auf: „Das Christenleben beginnt mit der Taufe, die nie erlischt", sagt Weber. „Kein Priester, kein Bischof, niemand, der Religion unterrichtet, ist mehr getauft als alle anderen. Die neue Aussaat beginnt schon morgen: in den Gotteshäusern und Klassenzimmern und ebenso in unserer täglichen Welt. Liebe Frauen, Männer und Jugendliche. Das Evangelium ist nicht allein in meine Hand, es ist in die Hände aller gelegt! Schließt es nicht ein, lasst es nicht verstauben! Lasst spüren, wie euch die Kirche am Herzen liegt! Seid sicher: Vertrauen hat einen längeren Atem als die Angst, als Missmut und Jammern."
Programmatisch hat Weber seine Vorstellung vom „Laienapostolat in der österreichischen Gegenwart" in der Festrede zur Verleihung der Opilio-Rossi-Medaille am 5. Mai 2000 an den Ordinarius für Kirchengeschichte an der Katholisch-theologischen Fakultät der Universität Graz, Universitätsprofessor Maximilian Liebmann, zum Ausdruck gebracht:

» Ohne Laien keine Kirche, ohne Apostolat kein Glaube in der Spur des Evangeliums. Dem Glauben wohnt das Weitergehen inne.
Jesus erzieht die Seinen durch das Gehen. Er ermuntert Maria, über die Berge zu eilen, sendet Magdalena zu den verschreckten Männern, die offenbar gerade mit einer Krisensitzung befasst sind. Er schickt die Jünger mit den Brotkörben herum, führt den Paulus bis an die Grenzen der Erde.
Das Gehen geschieht mit verschiedenen Schuhen, auf verschiedenen Wegen, mit verschiedenen Zielen. Eines ist gleich: Ich mag die Kirche! Doch die in ihr das Sagen haben, sollen es niemandem zu schwer machen: Dialog und Vertrauen, sonst kann ja auch keine Ehe, kein Priesterberuf, kein Bischofsamt bestehen. Das Zauberwort heißt: Ich brauche dich, und nicht: Ich gebrauche dich.
Der Priestermangel würgt uns. Das beste Mittel sind „gute Laien".

Was heißt gut? Laut Evangelium ist nur einer gut: Gott. Der dreifaltige Gott ist jener, der das Leben möglich macht, das Kreuz trägt, das Feuer entzündet. Der Laie ist einer, der bezeichnet ist mit der Dreifaltigkeit und ein Zeichen für die Dreifaltigkeit ist, denn jeder ist getauft. Damit es aber gute Laien gibt, braucht es gute Priester, besser: Kleriker aller Etagen. (Die Diakone können eine besondere Brücke sein, sie sollten nicht in einen Klerikalismus entschweben.) Umfassende Sorge für geistliche Berufe gehört zur Identität des selbstbewussten Laienapostolates. „Gute Kleriker“: sie brauchen nicht lustig, aber sie sollen fröhlicher sein. Wer sorglos Daumen dreht, wird traurig. Ebenso wer atemlos stets hinter Häresieverdacht nachläuft.

Das Laienapostolat in Österreich ist ein bunter Garten mit bunter Geschichte. Manche Rose scheint misstrauisch auf die Lilie im anderen Beet hinzuschauen und umgekehrt. Das sollte sie ruhig zur Qualitätsverbesserung und nicht zur Verhöhnung anderer aneifern. Verdächtig wird es mir, wenn in einer Gemeinschaft kein Gedanke darauf verschwendet wird: Wer ist morgen Bürgermeister oder Bürgermeisterin? Wie lebst du morgen als Mutter, Vater, Reicher, Armer, Professor, Unternehmer, Gewerkschafter, Chef und Angehöriger des Fußvolkes? Das hat nichts mit Postenschacher zu tun, sondern Österreich braucht wie Brot Menschen des Glaubens in der Kirche und ebenso in den Fabriken, Werkstätten, Büros, Rathäusern und Parteizentralen – überall.

Allein gelassen gehen sie zu Grund – so sprach Josef Cardijn, einer der genialsten Inspiratoren des Laienapostolates. So soll es weiter verschiedenste Formen von Gemeinschaften geben, auch oft im Rechtsstatus verschieden. Allerdings: Permanente Umarmungen, absolute Befehlsgewalt von Erleuchteten, immer währendes Lächeln füreinander halten weniger zusammen, als man es meint und beteuert.

Die Pfarren sind der Raster des Glaubens in Österreich. Mit einem Schub entstanden vor etwa 30 Jahren die Pfarrgemeinderäte, das große neue Laienapostolat. Viele tausend Frauen und Männer nehmen sich um die Erstkommunion, um die Firmung an. Zugleich kam die Frage auf: Wer hat was und wem anzuschaffen? Dennoch: die Konflikte halten sich in Grenzen, wenn es auch immer wieder einmal Menschen mit einem großen Talent grundsätzlicher Unzufriedenheit gibt – Kleriker und Laien.

Ein guter Platz für Frauen

Betriebsräte haben in manchen österreichischen Diözesen keinen leichten Stand. Die Kirche sei schließlich kein „Betrieb“ wie jeder andere, wird ihnen entgegen gehalten, und das Argument, dass mit dem Geld der Kirchenbeitragszahler sparsamst gewirtschaftet werden müsse, wird fallweise auch als moralisches Druckmittel bei Gehaltsverhandlungen benützt.

In der Diözese Graz-Seckau ist Maria Irnberger, ausgebildete Religionslehrerin und Diözesansekretärin der Katholischen Frauenbewegung, Vorsitzende des Betriebsrates. Wie war das Arbeitsklima im Allgemeinen und insbesondere für die Frauen unter einem Bischof, der selbst aus der Katholischen Arbeiterjugend gekommen ist? „Man hat diese Herkunft des Bischofs bei vielen Gelegenheiten gespürt, wo es um die Arbeitssituationen in der Diözese ging“, sagt die Betriebsratsvorsitzende. „Er hat gewusst, was Arbeit ist. Das hat er nicht nur betont und gesagt, sondern er hat es uns spüren lassen als Betriebsrat. Ich glaube, dass in der Diözese Steiermark der Betriebsrat deshalb einen so guten Stand hat, weil es Bischof Weber ganz wichtig war, dass das Arbeitsverhältnis in Ordnung ist und dass es eine gute Vertretung der Mitarbeiterinnen und Mitarbeiter gibt. Wir sind nicht in allen Gremien vertreten, in denen wir etwas zu sagen hätten, aber grundsätzlich sind wir unhinterfragt. Wir müssen uns nicht überall nur hineindrängen oder hineinkämpfen, bei Gehaltsverhandlungen oder bei Betriebsvereinbarungen, sondern wir sind selbstverständlich dabei.“

Ist das Los der Frauen, die hauptamtlich in der Diözese Graz-Seckau mitarbeiten, besser als von Frauen in anderen Diözesen? Maria Irnberger unterscheidet zwischen österreichischen Diözesen und meint, in der Steiermark sei die Position der Frauen ähnlich wie in Wien oder Linz. „Wir Frauen haben uns Bereiche geschaffen, in denen wir stark sind und gut leben können. In einem Netzwerk sind alle Fraueneinrichtungen vertreten. Das macht uns unheimlich stark. Wir informieren uns gegenseitig, wir wissen sehr vieles. Wenn dann etwas ansteht, sind wir schnell parat." Generell habe man als Frau in der steirischen Kirche „gute Chancen, gehört zu werden, wenn man mutig ist und klar weiß, was man will".

Eitel Wonne herrscht aber naturgemäß auch bei den Frauen in der steirischen katholischen Kirche nicht. „Worunter wir leiden, ist, dass bei uns bezüglich Diakonat der Frau überhaupt nichts weitergeht", sagt Irnberger. Während sich in Linz ein Kreis von Frauen zusammengefunden hat, die prophylaktisch eine Ausbildung für die Diakoninnenweihe machen, hat es Johann Weber in der Steiermark nicht so weit kommen lassen. „Der Bischof hat solche Vorhaben immer eingedämmt und ausgleichend und harmonisierend gewirkt. Wir haben in der Steiermark eine eigene Linie entwickelt: Keinen Sonderweg gehen, sondern gemeinsam mit dem Bischof vorgehen und miteinander im Gespräch bleiben." Festgeschrieben wurde diese Linie bei der Diözesanratssitzung im November 1999. Eine Mehrheit stimmte dafür, einen Ausbildungsweg für Diakoninnen in der Diözese Graz-Seckau erst dann einzurichten, wenn auf Ebene der Weltkirche eine Entscheidung für das Diakonat der Frau und sein theologisches Profil gefallen sei.

Die ausgebildeten Theologinnen, die als Pastoralassistentinnen in einer Pfarre tätig sind, lebten im Bewusstsein „um ihre begrenzten Möglichkeiten", sagt Irnberger: „Das sind gestandene Frauen, aber sie kennen ihre Grenzen. Sie müssen die Frustration ertragen, dass sie das Pfarrleben gestalten, dass sie de facto eine Pfarre leiten, aber dass sie dann immer wieder in ihre Position zurückgestoßen werden. Das auszuhalten ist schlimm. In der Pfarre Kalsdorf bei Graz haben wir zum Beispiel zwei Frauen, die je zur Hälfte – ich sage das jetzt so – die Pfarre leiten. Eine ist Lehrerin, die andere war früher Pfarrsekretärin. Sie kümmern sich um alle Bereiche der Seelsorge. Sie machen das ganz hervorragend. Ich habe mit ihnen gesprochen und sie haben gesagt, es sei schon frustrierend, wenn der Pfarrgemeinderat zusammentritt und intensiv dafür betet, dass die Pfarre wieder einen Pfarrer bekommt – in einer Situation, in der die beiden Frauen Pfarre gestalten und sich bemühen, dass die Laien aktiv werden und sich einbringen. Da gibt es einen großen Frust."

Insgesamt habe aber „von Anfang an“ eine positive Grundstimmung für die Frauen geherrscht, erinnert sich Rosa Illek, die seit 1953 in hauptamtlichen und ehrenamtlichen Funktionen in der Diözese Graz-Seckau tätig ist und in der Katholischen Frauenbewegung die drei Jahrzehnte unter Bischof Weber aktiv mitgestaltet hat. „Man hat gewusst, der Bischof schätzt die Frauen und er hat sie auch in allen pastoralen Gremien drinnen haben wollen. Es hat auf verschiedensten Ebenen in der Diözese sehr viele Möglichkeiten gegeben, dass Frauen mitwirken und auch mit entscheiden können. Wir haben gewusst, der Bischof steht hinter der Katholischen Frauenbewegung, die mit 22.000 Mitgliedern im Jahr 2000 die größte kirchliche Organisation ist.“ Bischof Weber habe den Frauen in der Diözese „immer das Gefühl vermittelt, dass er unsere Arbeit schätzt“.

Im Unterschied zu anderen Diözesen wie etwa Wien gibt es in der Steiermark im Jahr 2001 keine Frau als Amtsleiterin. Nur kurze Zeit hatte es in der Jugendstelle, die in Graz-Seckau als Amt gilt, eine leitende Frau gegeben. Johann Weber sieht das im Rückblick selbst als Mangel, hinter dem allerdings keine grundsätzliche Ablehnung von Frauen in solchen kirchlichen Positionen gesteckt sei. „Ich hätte sehr gern Frauen als Amtsleiterinnen gehabt“, sagt der Bischof. „Wir hatten Brigitte Krenn als Amtsleiterin der Jugendstelle. Aber von diesem einen Fall abgesehen ist es schon richtig, dass wir Frauen als Amtsleiterinnen nicht zusammengebracht haben. Es ist zu wenig zu sagen: Weil die eine Frau ist, soll sie es werden. Wir haben es nie geschafft. Aber das hatte keinen ideologischen Hintergrund.“ Dass er sich den Rat von Frauen am liebsten von Ordensfrauen geholt habe, ist nach Ansicht des Bischofs keine richtige Beobachtung. „In der pragmatischen Lenkung der Diözese haben Ordensfrauen keine so große Rolle gespielt. Einmal wollte ich eine Ordensfrau als Kanzlerin haben, aber dazu ist es nicht gekommen.“

Die Katholische Frauenbewegung hatte die Sympathie des Bischofs nicht zuletzt deshalb, weil sie einem seelsorglichen Grundprinzip Johann Webers entsprochen hat: hinein zu wirken in die Gesellschaft. Rosa Illek zählt spontan eine Reihe von Initiativen der Katholischen Frauenbewegung auf, die in dieses Bild passen: die Frauenbewegung hat sich am Haus für geschlagene Frauen beteiligt, sie hat schon 1968 eine Frauenbildungsstelle aufgebaut, beim Steirischen Katholikentag setzte sich ein Frauenforum mit der feministischen Theologie auseinander, das Haus der Frauen konnte als Bildungszentrum für Frauen errichtet werden, obwohl kein Mangel an Bildungshäusern herrschte, Selbstbewusstseinsseminare wurden im kirchlichen Raum zu einem wesentlichen Element der Emanzipation, das Müttererholungswerk ist bis dato eine anerkannte Einrichtung. „Vieles ist bei uns in der Katholischen Frauenbewegung entstanden, was wir dann an öffentliche Träger oder Vereine weitergegeben haben", unterstreicht Rosa Illek. „Die Tagesmütter zum Beispiel sind auf kirchlichem Boden gewachsen."

Die katholischen Frauen in der Steiermark standen unter Bischof Weber immer in der Spannung zwischen hoher Wertschätzung und kirchenpolitischer Zurückhaltung. Das Vordringen von Ministrantinnen in den Altarraum hat der Bischof lange Zeit ungern gesehen. Wenn es um die Frage der Diakoninnenweihe und ähnliche Konflikte ging, erinnern sich Frauen auch an manchen Stoßseufzer des Bischofs: „Was wollt ihr denn noch alles. Frauen können doch so viel in der Kirche tun." Was dem Oberhirten in der offenen Gepflogenheit der steirischen Dialog-Kirche die Erwiderung einbrachte: „Herr Bischof, Sie können uns nicht vorschreiben, worunter wir leiden sollen."

Im Mai 1994 erschien das päpstliche Rundschreiben, das die Priesterweihe der Frau in der römisch-katholischen Kirche ausgeschlossen hat: die katholische Kirche habe keinerlei Vollmacht, Frauen die Priesterweihe zu spenden; das müssten alle Gläubigen „endgültig" akzeptieren. Die Katholische Frauenbewegung in der Steiermark wurde zwar sofort um eine Begutachtung gebeten. Vor der steirischen Presse hat dann allerdings der Generalvikar zur jüngsten Order aus Rom Stellung bezogen. Ein öffentlicher Auftritt von KFB-Frauen, die möglicherweise in ihrer steirischen Geradlinigkeit die römische „Schluss der Debatte"-Erklärung nicht kritiklos hingenommen hätten, stand nicht auf der bischöflichen Wunschliste. „Von oben gestoppt" wurde auch eine Initiative im Zusammenhang mit der Diskussion um den Zölibat und die Weihe von bewährten verheirateten Männern zu Priestern. Die Katholische Frauenbewegung wollte sich Gedanken darüber machen, was das für die betroffenen Frauen bedeuten würde und was die Ehepartnerin eines geweihten Amtsträgers an Voraussetzungen und Fähigkeiten mitbringen sollte.

Zur Weihe von Diakoninnen kamen von Bischof Weber teils positive, teils zögerliche Signale. „Mich hat sehr bewegt", sagt Frauenvertreterin Maria Jurschitsch, „was Bischof Weber 1998 im Sonntagsblatt geschrieben hat. In den Frauen liege viel Kraft, und er persönlich trete für das Frauendiakonat ein. Diese Meldung in der Kirchenzeitung habe ich mir ausgeschnitten. Ich glaube ihm das, dass er selber die Diakoninnenweihe möchte. Aber er ist in der Bischofskonferenz nur einer. Da empfindet er eine gewisse Ohnmacht. Da hat er gesehen, dass er nicht so dran bleiben kann, wie er wollte und wie wir es erhofft hatten. Daher hat er im Diözesanrat auch den Beschluss abgeblockt, dass eine Ausbildung für Frauen eingerichtet werden soll, die die Diakonatsweihe anstreben."

Vorangegangen war eine zweijährige Ausschussarbeit im Diözesanrat, die der Dogmatikprofessor Anton Schrettle geleitet hatte. „Der Ausschuss Frauendiakonat hat toll gearbeitet. Letztlich ist dann eine Ordensfrau, die dem Ausschuss angehörte, zum Bischof gegangen und hat ihm die Ergebnisse unserer Arbeit vorgelegt. Sie ist sehr deprimiert von diesem Gespräch zurückgekommen. Der Bischof habe sehr viele Reserven gezeigt und es sei überhaupt keine Rede davon gewesen, dass er für die Diakonatsweihe der Frauen eintrete. Auf der anderen Seite hat er zu einigen Frauen ganz persönlich gesagt, er könnte sich konkret ihre Weihe zur Diakonin vorstellen. Das war sehr ambivalent."

Schlussendlich hat der Ausschuss seinen Antrag, einen Ausbildungskurs für Frauen einzurichten, die am Diakonat interessiert wären, im Diözesanrat gar nicht eingebracht. „Da gab es eine große Enttäuschung bei uns in der Jugend", sagt Jugendvertreter Helmut Kirchengast. „Bis hin zur Fassungslosigkeit, dass es nicht einmal zu einem Antrag gekommen ist, weil Bischof Weber von vornherein gesagt hat, dem könne er auf keinen Fall zustimmen. Das war ein ungeheurer Dämpfer."

In der Steiermark wurde damit ein Thema auf Eis gelegt, das den Diözesanrat mehrfach befasst hatte. Schon bei der Sitzung am 3. und 4. November 1973 wurde nicht nur die Einführung des Ständigen Diakonates in der Diözese beschlossen. Mit nur zwei Stimmenthaltungen hieß es da-

mals auch: „Frauen sollen zum Ständigen Diakonat zugelassen werden.“ Am 6. und 7. November 1987 machte der steirische Diözesanrat einen neuerlichen Vorstoß: die österreichische Bischofskonferenz wurde „ersucht, die Frage des Diakonates der Frau entsprechend den heutigen theologischen Erkenntnissen zu prüfen“. Dieser Beschluss wurde ohne Gegenstimmen bei neun Enthaltungen angenommen.
Jüngstes und hoffnungsvolles Kind in der Geschichte der Frauen in der Diözese Graz-Seckau ist die diözesane Frauenkommission. Maria Jurschitsch erinnert sich an den Einstandsbesuch Johann Webers. „Der Bischof hat gesagt, wir sind ein Gremium zur Beratung des Bischofs. Das ist es.“ Ein wesentliches Ergebnis dieser Beratungen sei ein Frauenförderplan. „Jetzt geht es um die Umsetzung, zum Beispiel, dass Frauen in leitende Positionen in der Diözese kommen.“ Jurschitsch beschreibt die Vorsitzende der Frauenkommission als „eine sachliche Person, die vorsichtig agiert und ein gutes Einvernehmen mit dem Bischof hat“. Das sei gut so, auch wenn manchen Frauen an der Basis dieser Konsenskurs zu wenig reformorientiert sei. „Aber ein forsches Vorpreschen mit Forderungen, das bringt's nicht“, weiß Jurschitsch aus langjähriger Erfahrung mit dem offenen, aber stets auch auf Konsens ausgerichteten Stil, den Johann Weber zu einem Markenzeichen der katholischen Kirche in der Steiermark gemacht hat.
In der Summe ist die Diözese Graz-Seckau in der Ära Johann Weber zu einem guten Platz für Frauen geworden. Zu den Frauen, die dem Bischof mit kritischem Wohlwollen begegnet sind und als solche ihrerseits seinen Respekt gefunden haben, gehört Anna Pfleger. Die 40-jährige Akademikerin leitet das „Haus der Frauen“, ein Erholungs- und Bildungshaus, und hat damit eine führende Frauenposition in der Diözese Graz-Seckau inne. Im Gespräch über die Frauen in der steirischen katholischen Kirche unterstreicht Pfleger die weibliche und mütterliche Seite in der Seele des Johann Weber:

>>> *Frau Pfleger, Sie haben mit dem Haus der Frauen einen großen Wirkungskreis in der Diözese Graz-Seckau. Was konnten, was durften Frauen unter Bischof Weber?*

Pfleger: Ich komme aus der Katholischen Jugend Land. Meine

christlichen Wurzeln liegen in der tief religiösen Oststeiermark. Wir haben 1984 die erste Frauengruppe in der Katholischen Jugend Land gegründet. Ich habe von Anfang an miterlebt, was einer Frau in der katholischen Kirche nicht möglich ist. Ich war als Jugendführerin ehrenamtliche Mitarbeiterin in der Pfarre Vorau. Die ehrenamtlichen Männer waren am Gründonnerstag als Apostel zur Fußwaschung geladen. Der Prälat hat ihnen die Füße gewaschen, uns Frauen aber nicht. Das habe ich schon als 17-Jährige schlichtweg ungerecht empfunden. Ich habe Benachteiligungen von Frauen in meiner klaren Sprache formuliert, und Bischof Weber hat mir dabei wohl eine jugendliche Direktheit zugestanden.

>>> *Im Diözesanrat wurde die Diakoninnenweihe für Frauen mehrfach zum Thema gemacht. Aber letztlich ohne erkennbaren Erfolg.*
Pfleger: Im Arbeitskreis „Frau in Kirche und Gesellschaft" haben wir schon Mitte der Achtzigerjahre diskutiert, dass das Diakonat der Frau selbstverständlich sein soll und dass Frauen zu Wortgottesdienst-Leiterinnen ausgebildet und berufen werden sollen. Ich hatte den Eindruck, dass Bischof Weber das sehr ernst genommen hat.

>>> *Weber hätte sich Diakoninnen vorstellen können?*
Pfleger: Diakoninnen hätte sich Bischof Weber von seiner seelsorglichen Erfahrung her durchaus vorstellen können. Ich meine, für ihn wäre das kein unheimliches Bild: die Frau im Altarraum. Ganz im Gegenteil. Im Grunde habe ich den Bischof selbst im Altarraum sehr weiblich erlebt. Wie er einfühlsam zelebrierte und formulierte. Er hat es aber in seiner Funktion als Bischof nicht geschafft, das auch laut zu vertreten.
Die Haltung von Bischof Weber zum Diakonat der Frau sehe ich auf dem Hintergrund seines Frauenbildes, das stark von seiner Mutter geprägt war. Der Bischof hat oft von seiner Mutter gesprochen. Wenn er Frauen in ihrer Umsichtigkeit, in ihrer Sorgsamkeit und in ihrer mütterlichen Rolle erlebt hat, dann ist es Bischof Weber gut mit ihnen gegangen. Ich denke, das ist ein entscheidender Grund, warum er so viele Frauen als Anhängerinnen hat.

>>> *Hat er das?*

Pfleger: Absolut. Das hörte ich nach seinem Rücktritt immer wieder. Einzelne Frauen erzählen mir, in welchen Momenten ihres kirchlichen Engagements sie unvergessliche Wertschätzung von Bischof Weber gespürt und erfahren haben. Er hat die Frauen sehr persönlich angesprochen und durch seine Nähe erreicht. Wenn der Bischof zu einer Frau hingegangen ist, hat er ihr nicht nur eine Hand gereicht, sondern hat immer noch die zweite Hand dazu gegeben, in dieser beschützenden, sich zuwendenden, auch segnenden Art. Diese Geste hat sicher viele Frauen positiv berührt. Auch sein offener Blickkontakt, dieses wirkliche Dich-Ansehen, das viele andere Priester Frauen gegenüber nicht können. Bischof Weber hat seine Hochachtung vor jeder und jedem einzelnen bis ins Letzte gelebt, wenn er beim Abschied ein Danke gesagt hat, wenn er dich würdigend umarmt hat oder dir ein Kreuzzeichen auf die Stirn gemacht hat. Das war nichts Angelerntes, da habe ich ihn sehr mütterlich erlebt, in seiner ganz ursprünglichen weiblichen Wesensart.

>>> *Wie Sie es schildern, hatte Bischof Weber ein unbefangenes Verhältnis zu Frauen.*

Pfleger: Ja und nein. Diesen einfühlsamen, wertschätzenden Zugang hat der Bischof vor allem zu Frauen gefunden, die diese vielen Aufgaben in den Gemeinden erfüllen: vom Schmücken der Kirche über Besuchsdienste von Kranken und Alten bis zu seelsorglichen Diensten wie die Vorbereitung von Erstkommunion oder Firmung. Da hat er immer wieder betont, dass Frauen in solchen Aufgaben die Priesterin in der Familie sind, auch in der Pfarrfamilie.

In dieser mütterlichen, dienenden Art hat Bischof Weber Frauen ohne jeden Vorbehalt wertgeschätzt und sie spüren lassen, dass er als Bischof diese Dienste sieht und dass er dankbar dafür ist. Da sind wir Frauen in seinem Bewusstsein ganz vorne gewesen, da haben wir bei ihm einen guten Platz gehabt. Das Sehen und das

Bedanken machte Weber zu diesem Bischof, den so viele Menschen geschätzt haben.
Es gab aber auch seine Ängstlichkeit, mit seinen Entscheidungen jemand zu verletzen. Eine Haltung, die oft Frauen zugeschrieben wird. Gerade deshalb haben Frauen den Bischof gut verstehen können und nicht sehr viel Energie investiert, um für etwas zu kämpfen, wo sie ihn hätten fordern müssen.

>>> *Besonders am Herzen lagen Bischof Weber die Ordensfrauen. Er hat für die Pfarrseelsorge in Gemeinden ohne Priester Ordensfrauen gerufen.*
Pfleger: Viele Ordensfrauen verkörpern für mich genau den Typ von Frauen, die Bischof Weber gut in der Kirche ansiedeln kann und die er sehr gern im Seelsorgedienst sieht. Der Bischof hat erkannt, dass diese Frauen große Stärken haben: ihre Achtsamkeit, ihre Fürsorglichkeit, ihre Gesprächskompetenz und ihre Belastbarkeit. Diese notwendigen Qualitäten für die Seelsorge hat er bei den Ordensfrauen gesehen, im Gemeindedienst genauso wie in der Krankenhausseelsorge, wo sie absolut gute Seelsorgerinnen sind. Bischof Weber hat mit großer Wachsamkeit gesehen, wo Seelsorge am Menschen nötig ist und wo christliche Botschaft lebbar wird. Aber die vielen Strukturdebatten waren für ihn lähmend. Er brauchte selbst die Sicherheit einer vorgegebenen Ordnung und er tat sich nicht leicht, Strukturen zu verändern. Die Frau als Gemeindeleiterin hat er nicht forciert.

>>> *Weber tat sich schwer, wenn Frauen ihren Anteil an Leitungsaufgaben in der katholischen Kirche eingefordert haben.*
Pfleger: Für mich als Frau war interessant, mit welchen Männern Bischof Weber sich umgeben hat. Er wollte selbst sein Amt nicht in Verbindung mit Macht definieren, daher ist einigen seiner Mitarbeiter in ihrer Position diese Macht zugekommen. In der Frauenfrage in der Kirche spielt ja die Frage der Macht mit: Frauen möchten nicht nur an der Arbeit teilhaben, sondern auch an Leitungsaufgaben. Da hat Bischof Weber öfters gesagt: es geht mir als Bischof nicht um Macht und es darf auch den Frauen in der Kirche

nicht um Macht gehen. Weber hat stark sein Charisma gelebt. Er hat aber vielleicht zu wenig gesehen, dass er in der Position als Bischof auch Macht hat. Überall dort, wo er diese Kompetenz nicht wahrgenommen hat, taten es andere für ihn. Denen gegenüber fühlten wir Frauen uns vom Bischof nicht laut genug vertreten, wenn es um die Beteiligung an Entscheidungen ging.
Bischof Weber hatte als einer der Ersten die Forderung des Kirchenvolksbegehrens nach einer diözesanen Frauenkommission begrüßt. Er stand innerlich als Mensch dazu, er hat das als Johann Weber befürwortet und gewollt, aber er hat seine Autorität als Bischof für solche Frauenanliegen nicht in die Waagschale gelegt. Zuletzt merkte man einige Schrammen, die er vom Kirchenvolksbegehren und als Sprecher der Bischofskonferenz abbekommen hatte. Daraus kam wohl seine Vorsicht, sich nicht zu weit hinaus zu lehnen.
Daher gibt es auch in unserer Diözese Frauen, die unruhig geworden sind. Sie haben der Kirche nicht den Rücken gekehrt, weil sie sich in ihr beheimatet wissen. Aber wenn diese Frauen Unzufriedenheiten und Veränderungswünsche artikulieren, werden sie von der Kirchenleitung als bedrohlich erlebt. Zum Teil denke ich, dass Bischof Weber kritische Frauen, die Leitungskompetenz ausgestrahlt haben, zu wenig an sich heran gelassen hat. Wir Frauen hatten wenig Chance, als Lobbyistinnen für die Frauen zum Bischof zu kommen.
Johann Weber war ein Volksbischof, aber kein Frauenbischof.

>>> *Was ist da der Unterschied?*
Pfleger: Mich erinnert das an unsere Landeshauptfrau Waltraud Klasnic. Die sagt, sie ist Landeshauptmann für alle Steirerinnen und Steirer, aber es sei völlig unwichtig, dass sie dies als Frau sei. Weber schätzt die Frauen an der Basis, aber er hat sie nicht auf die nächsthöhere Ebene gebracht, wo Weichen gestellt werden. Frauenbischof hätte für mich geheißen: auf das Fehlen von Frauen bei Entscheidungsprozessen aufmerksam machen, das strukturell

verändern und danach trachten, dass fähige Frauen führende kirchliche Positionen einnehmen und sich für solche Aufgaben qualifizieren können.

>>> *Das Haus der Frauen besteht aber.*
Pfleger: Das Haus der Frauen feiert im Jahr 2002 den 20. Geburtstag. Es wäre aber nicht zustande gekommen, wenn nicht die Gründerin Gusti Wögerer als Ordensfrau der Gemeinschaft von Batschuns einen so guten Zugang zum Bischof gehabt hätte. Sie hat ihm immer wieder gesagt: Wir brauchen das und es kostet ohnehin nicht viel Geld. Sie hat versucht, den Bischof von der Not der Frauen zu überzeugen und daher von der Notwendigkeit, für die Frauen etwas zu schaffen. Da hatte Weber ein offenes Ohr und ein offenes Herz. Da war er erreichbar. Wenn der Bischof etwas geschenkt bekommen hat, bei einem Fest oder einer Firmung, hat er das öfters Frauenprojekten zukommen lassen. Das war sein beständiges Zeichen, seine ganz persönliche Art zu zeigen, dass er an diese Einrichtungen für Frauen denkt und dass er sie unterstützt. So hat er auch mich bei jeder Begegnung gefragt, wie es im Haus der Frauen geht.

>>> *Sie sind beim Kirchenvolksbegehren engagiert und hatten trotzdem ein sehr gutes Verhältnis zum Bischof.*
Pfleger: Ich war ganz sicher, dass der Bischof mich wegen meines Engagements für das Kirchenvolksbegehren niemals als Leiterin im Haus der Frauen abberufen hätte. Was Bischof Weber geschätzt hat, ist ein ehrlicher Umgang miteinander und dabei ein gewisses Einfühlungsvermögen.

>>> *Dieses Sich-einfühlen-Können, das Sie als eine weibliche Wesensart des Bischofs geschildert haben, das brauchte er auch umgekehrt.*
Pfleger: Es hat ihm gut getan zu hören: ich verstehe, dass Sie nicht auf die Straße gehen und das Diakonat der Frauen fordern oder dass Sie nicht in Jubel ausbrechen über das Kirchenvolksbegehren. Aber man konnte immer im zweiten Satz dazu sagen: es wäre

trotzdem fein, wenn Sie solche Anliegen als Bischof öffentlich unterstützen würden. Damit konnte man ihm signalisieren, dass man seinen guten Willen, den er zweifellos gehabt hat, erkennt. Dadurch konnte sich so vieles für die Frauen in der steirischen Kirche entfalten, das weit über die Ära Weber hinaus wirksam bleiben wird. Anlässlich des 30-Jahre-Jubiläums Bischof Johann Weber im Jahr 1999 wurde das Netzwerk aller Frauen „Mit der Kraft der Frau" gegründet. Das ist ein richtungweisendes Signal für die Zukunft der Frauen in der katholischen Kirche in der Steiermark.

Johann Weber selbst unterstrich unter anderem an zwei herausragenden Punkten seiner Amtszeit als Vorsitzender der Bischofskonferenz das Recht der Frauen, in der katholischen Kirche gehört zu werden und ihren guten Platz zu finden. Der erste Anlass war die offizielle Stellungnahme zum Ergebnis des Kirchenvolksbegehrens, das dem Vorsitzenden am 7. Juli 1995 übergeben wurde. Dabei sagte der Bischof: „Es geht vor allem um glaubwürdige Zeichen der Achtung des Beitrags der Frauen im Leben der Kirche (u. a. auch der Ordensfrauen). Sie brauchen Ermutigung. Die Diakonatsweihe halten viele für möglich und nötig." Die zweite Gelegenheit ergriff Weber beim ersten gesamtösterreichischen Versuch, nach der Erschütterung durch das Kirchenvolksbegehren das Gemeinsame vor das Trennende zu stellen. In seiner Predigt bei der „Wallfahrt der Vielfalt" am 8. September 1996 in Mariazell sagt Weber: „Frauen und Männer sind Ebenbilder Gottes. Die Frauen brauchen nicht das Gefühl, gerade geduldet zu sein, sondern es steht ihnen ihr voller Platz zu für ihr Reden, ihr Leben und ihren Glauben."

Der Blick über den Zaun

Die Laienorganisationen haben in der Diözese Graz-Seckau weit mehr Widerstandskraft gegen den kirchlichen Erosionsprozess bewiesen als in anderen österreichischen Diözesen. Ein Grund dafür scheint, dass der Diözesanrat in der Steiermark zu einem phasenweise sehr wirksamen Instrument in zweierlei Hinsicht entwickelt wurde: zum einen konnten die

Laien in diesem Gremium das Gefühl haben, dass ihre Stimme zur internen Entwicklung der katholischen Kirche Gewicht hatte. Zum anderen hat Bischof Weber im Diözesanrat nicht locker gelassen mit seinem Grundanliegen, dass die katholische Kirche nicht ständig nur um ihre eigenen Probleme kreisen dürfe, sondern sich um die Menschen und die Welt, in der sie leben, annehmen müsse. Der Blick über den Zaun wurde in der Steiermark zu einem geflügelten Wort kirchlichen Handelns, und der Diözesanrat wurde dafür zu einem wesentlichen Instrument.

Die Konflikte um die innerkirchliche Rolle und die „demokratische Mitbestimmung" sind im Protokoll der Konstituierenden Sitzung vom 17. und 18. Oktober 1970 deutlich spürbar: „Bei der Aussendung des Entwurfes (der Geschäftsordnung, Anm.) habe es harte Auseinandersetzungen und auch Klarstellungen gegeben. Am Anfang habe es ausgesehen, dass mit diesem Gremium ein Leitungsgremium geschaffen werde. ‚Diözesanrat' scheine ein zu weiter Begriff zu sein, so dass man auch die Ausdrucksweise des Bischofsdekretes aufgreifen müsse (Seelsorgerat, beratendes Gremium). Da das Bischofsdekret beachtet und damit ein Seelsorgerat eingerichtet werde, sei die Selbstfindung gegeben. Das Neuartige daran sei, dass nicht nur Seelsorger von Beruf, sondern auch Laien die Sorge um die Kirche teilen wollen, also kein Leitungsgremium, keine Regierung, sondern Seelsorgerat."

Von Anfang an war auch die Sorge präsent, die sich im Laufe von drei Jahrzehnten als durchaus begründet herausstellte, dass der Diözesanrat zu einem innerkirchlichen Überbau werden könnte, dem es an Umsetzungsvermögen an der Basis fehle: „Übereinstimmend wird festgestellt, dass eine gedeihliche Arbeit nur dann möglich ist, wenn zum neu konstituierten Diözesanrat und zur Wahlmännerversammlung in den Pfarren auch Pfarrgemeinderäte errichtet werden. Ist ein Pfarrgemeinderat oder eine ähnliche Einrichtung nicht vorhanden, besteht auch kaum die Möglichkeit, entweder von unten etwas an den Diözesanrat heranzutragen, noch umgekehrt nach einer Beschlussfassung für den Vollzug besorgt zu sein. Es wird sicher auch sehr viel an den Delegierten liegen, die nunmehr offizielle Vertreter ihres Gebietes sind, mit den Pfarren Kontakt aufzunehmen, mit den Pfarren die Probleme sinnvoll zu erörtern und auch selbst um die Errichtung eines Pfarrgemeinderates bemüht zu sein. Wenn das nicht geschieht, laufen wir Gefahr, nur eine zusammenkommende Gruppe zu sein, ohne dass die im Diözesanrat behandelten Dinge Allgemeingut werden."

Bereits in seiner zweiten Sitzung am 27. und 28. Februar 1971 drängt der Diözesanrat auf eine breite Öffentlichkeit. „Jährlich dreimal ist eine fixe Pressekonferenz einzurichten ... Weiters wird der Bischof gebeten, unmittelbar nach Ereignissen, die erhöhte Aufmerksamkeit in der Öffentlichkeit erregen, eine Pressekonferenz einzuberufen und die Sachlage aufzuschlüsseln." Johann Weber selbst mahnt in der vierten Sitzung am 4. und 5. Dezember 1971, nicht im eigenen Kreis zu bleiben und über dem Drang, die Kirche durch immer neue Beschlussfassungen zu erneuern, die Frage der Umsetzung nicht zu vergessen: „Versuchen wir bei uns eine Gefahr zu vermeiden, der so viele kirchliche Institutionen derzeit erliegen: Gebrauchen wir eine Sprache, die wirklich verstanden wird, die die Menschen bewegt. Seien wir nüchtern, richten wir nicht so viele Sitzungen und Ausschüsse ein, dass wir die Arbeit einfach nicht mehr überschauen können. Seien wir sparsam in der Zahl der Beschlüsse. Hüten wir uns vor ideologischen Zuspitzungen, üben wir die Tugend der vertrauensvollen, einander wohlwollenden Nachdenklichkeit."

Eine Sprache, die die Menschen bewegt, eine Sprache, die hinausdringt in die Welt. Dieses Anliegen Johann Webers kommt nicht nur in seinem Wahlspruch „Den Armen die Frohe Botschaft bringen" zum Ausdruck, es hat sein ganzes Streben und Trachten in der Diözese geprägt. So stark, dass das Wort vom „Dialog" österreichweit in der kirchlichen Szene zu einem Synonym für den steirischen Katholizismus wurde. Der bischöfliche Freund Webers und Vorsitzende der deutschen Bischofskonferenz, der Mainzer Bischof Kardinal Karl Lehmann, hat das am 6. Dezember 1990 in einer programmatischen Rede bei der Startveranstaltung zum „Tag der Steiermark" auf den Punkt gebracht: Dienst und Dialog als Vollzugsweisen der Kirche, die aber nicht um sich selbst kreisen, sondern zur Grundlage haben, dass das Evangelium zu allen Menschen gesagt ist. Ausgehend von der Erfahrung des Zweiten Vatikanischen Konzils sagte er bei der Veranstaltung, die unter dem Motto „Dialog" stand:

„Dienst ist nicht bloß eine Beschreibung der letzten Zielsetzung des kirchlichen Amtes, sondern ist zuvor eine Grundkategorie im Verständnis des Handelns der Kirche in der Welt. Die Kirche ist nicht um ihrer selbst willen da, sondern besinnt sich auf ihre ureigene Aufgabe, ‚Instrument' des Heils für die ganze Welt zu sein. Dieser Dienst kann nur Früchte bringen, wenn ein unheilvoller Gegensatz zwischen dem Amt und den Laien überwunden wird, selbstverständlich ohne den jeweils eigenen Auftrag preiszugeben. Das zweite Stichwort heißt Dialog. Dialog ist niemals als harmlose Weltverbrüderung und naives Sich-Anpassen an die Welt gedacht. Dialog ist auch kein unverbindliches Gerede. Im Unterschied zum Wort ‚Gespräch' dient der Dialog dem gemeinsamen Finden und Anerkennen der Wahrheit und – und dies ist nun das Wichtigste – benutzt zu diesem Zweck auch institutionalisierte Verfahrensweisen. Ein Dialog ist also entschieden zielgerichtet und auf einen herzustellenden Konsensus bezogen. Der Dialog strebt nach einer Einigung, die einem zuvor bestehenden Missverständnis oder einem Streit ein Ende macht, mindestens sucht er eine Verständigung, welche aufgetretene Gegensätze ausgleicht. Dabei können auch problematisch gewordene Geltungsansprüche zum Thema gemacht und auf ihre Berechtigung hin untersucht werden.
Diese durch Argumentation gekennzeichnete Form der Kommunikation wird im neueren philosophischen Denken auch ‚Diskurs' genannt. ‚Dialog' ist etwas weiter gefasst, hat aber eine ähnliche Struktur. Er zielt auf eine Einigung in einer strittigen Sache, wobei es nicht bei nächster Gelegenheit wieder ausbricht. Andere Formen des Gesprächs haben eine lockere Fügung, sind direkt auf die Sache bezogen, wobei sich die angestrebte Einigung mehr auf verborgene Weise vollziehen kann. Der Dialog verläuft, wenn er sich selbst recht versteht, nach den Prinzipien der Wahrheit und der Freiheit. Im gemeinsamen Dialog hat jeder Teilnehmer gleiche Chancen. Das Gespräch gelingt nur durch die Antizipation, dass beide Parteien auf der Ebene grundsätzlicher Gleichberechtigung und Freiheit in voller Offenheit miteinander zu sprechen bereit sind. Das erfordert

nicht nur, dass derjenige, der es eingeht, diese Voraussetzungen bei sich selber realisiert, sondern das hängt auch davon ab, ob der Partner auf ein unter diesen Voraussetzungen geführtes Gespräch einzugehen bereit ist. Das Eingehen des Gesprächs ist also immer ein Wagnis und erfordert von den Beteiligten Mut und Überwindung der natürlichen Selbstbezogenheit. Äußere Überlegenheit und der Zwang des Mächtigeren dürfen bei der Wahrheitsfindung des Dialogs keine Rolle spielen. Wer sich auf einen Dialog einlässt, muss ferner ein gewisses symmetrisches Verhältnis von Hören und Sprechen zu wahren wissen und auf jede Form von ‚Gewaltanwendung' außer der Kraft der Argumente verzichten. Damit ein solcher Dialog überhaupt gelingen kann, muss eine hohe Solidarität vorausgesetzt werden. Ein wirklicher Dialog ist also recht anspruchsvoll, wird allzu leicht verletzt und gelingt darum gar nicht so oft, wie man vielleicht denkt.

Dienst und Dialog als Vollzugsweisen des Kircheseins kreisen nicht um sich selbst. Sie verdoppeln nicht einfach das, was die Welt schon selber weiß. Sie bringen eine eigene Botschaft. Wir nennen heute mit einem biblisch-theologischen Grundbegriff den Inhalt und auch die Form der Vermittlung dieser Botschaft Evangelium, die Einladung zum Glauben an Gottes geschichtliche Nähe in Jesus Christus ...

Das Evangelium ist zu allen Menschen gesagt. Es lebt zwar in der Kirche und hat hier so etwas wie eine angestammte Heimat. Hier wird es elementar gehört und bewahrt, verkündigt und ausgerichtet. Aber das wirkmächtige Wort des Heils soll an alle gehen. Die Einladung ist unbeschränkt. Eine andere Sache ist es, wer diese Einladung wirklich im Leben annimmt. Es liegt auf der Hand, dass die Kirche, auch wenn sie die angestammte Heimat des Evangeliums ist, sich mit diesem nicht einfach deckt. Das Evangelium ist selbst auch das Maß für die Kirche, der kritische Maßstab, an dem sie selbst gerichtet wird. So wird es bis zur Vollendung der Welt ein stetiger Prozess sein, dass die Kirche über sich hinausgeht und immer wieder allen Menschen diese Frohbotschaft verkündet.

> Kirche gibt es nur unter diesem Auftrag und in dieser Sendung, das Evangelium allen Menschen zu verkünden. Man kann von der Kirche nicht reden, ohne sie als Botin und Zeugin des Evangeliums für alle Welt darzustellen. Man kann aber auch vom Heil schaffenden Wort Gottes nicht reden, ohne die Kirche als konkret verantwortliche Trägerin dieser Botschaft im Auge zu behalten.

Die Vorbereitungsjahre auf den „Tag der Steiermark", der am 26. Juni 1993 begangen wird, stehen im Zeichen dieses Dialogs in der Kirche und „über den Zaun". Es finden Gesprächsrunden mit allen steirischen Abgeordneten zum Nationalrat statt sowie mit allen im Nationalrat vertretenen politischen Parteien. Gemeinderäte und Pfarrgemeinderäte kommen zusammen, auf Bezirksebene gibt es Gespräche zwischen Gewerkschaft und Kirche zum Thema Solidarität, die Enquete „Armut in Graz", ein Kinderparlament und Kinderkonferenzen der Katholischen Jungschar bringen gesellschaftspolitische Anliegen auf die Tagesordnung.
Zu diesem dialogischen Blick über den Zaun gehören auch Hinausgeh-Versuche zu allen Steirerinnen und Steirern wie die Aktion „Grüß Gott 2000", der Bischof-Weber-Fonds für Studenten aus den ost- und südosteuropäischen Ländern oder die Partnerschaft der Diözese Graz-Seckau mit der koreanischen Diözese Masan. Jährlich wird in den steirischen Kirchen im Juni der „Tag von Masan" begangen, um den Aufbau der Mitte der Sechzigerjahre errichteten Diözese in Korea zu unterstützen. Es sind die Siebzigerjahre, in denen die ehemaligen Missionsgebiete als junge Partnerkirchen ins Bewusstsein treten. 1970 erging der Hilferuf des Korea-Missionars Rudolf Kranewitter an die Katholische Frauenbewegung in Österreich, die Auswirkungen des Koreakrieges (1950–53) lindern zu helfen: Lepra, Hunger und Wohnungsnot. Die Erzdiözese Salzburg geht eine Partnerschaft mit der koreanischen Diözese Taegu ein. 1970 werden Graz-Seckau und die 1966 neu gegründete koreanische Diözese Masan Partner. 1976, zur Zehn-Jahre-Feier von Masan, besucht Bischof Weber die Partner im Fernen Osten.
Im Mai 2001 wird in steirischen Pfarren mit der Ausstellung „Ein Fenster zur Weltkirche" die 30 Jahre bestehende Partnerschaft mit Masan began-

gen. Aus der einseitigen – finanziellen – Abhängigkeit der jungen koreanischen Kirche hat sich Gegenseitigkeit im Geben und Nehmen entwickelt. Zum „Tag von Masan“ in der Steiermark kommt in Korea der „Tag von Graz-Seckau“. Seminaristen aus Masan absolvieren in Graz ihren zweiten Studienabschnitt und werden zu Brückenbauern zwischen der katholischen Kirche in der alten Welt und der jungen Kirche in Korea.
Die anderen bleiben aber nicht nur im katholischen Rahmen im Blick. Die steirischen Katholiken pflegen eine ökumenische Gesinnung, die ebenfalls am „Tag der Steiermark“ mit dem gemeinsamen Gottesdienst auf dem Hauptplatz ihre größte symbolische Ausdruckskraft erfährt. Aber schon am 1. Februar 1970 berichtete das katholische Sonntagsblatt sehr wohlwollend über eine Auszeichnung für den evangelischen Altsuperintendenten: „Landeshauptmann Krainer überreichte am Freitag, dem 23. Jänner 1970, in der Grazer Burg dem Altsuperintendenten der evangelischen Kirche in der Steiermark, Leopold Achberger, den Ehrenring des Landes Steiermark, eine würdige Parallele zur Auszeichnung von Erzbischof Dr. Josef Schoiswohl im Jahr davor. Über diese Ehrung freuen sich auch die Katholiken der Steiermark, die das vornehme brüderliche Wesen von Superintendent Achberger im Laufe eines Vierteljahrhunderts aufrichtig schätzen gelernt haben. – Auch das Sonntagsblatt gratuliert herzlich.“
Bereits 1966 wurde an der Karl-Franzens-Universität das erste Ökumenische Universitätsinstitut gegründet, 1967 im Grazer Dom der erste ökumenische Gottesdienst gefeiert. Dem „Interkonfessionellen Arbeitskreis Ökumene in der Steiermark“ gehören katholische, evangelische, orthodoxe, methodistische, koptische und altkatholische Christen an. Im Juni 1971 wenden sich die christlichen Kirchen der Steiermark in einem gemeinsamen Hirtenbrief zur Abtreibungsfrage an die Öffentlichkeit. Superintendent Martin Kirchschlager für die evangelische Kirche, Archimandrit Agathangelos Papageorgiou für die griechisch-orthodoxe Kirche, Pfarrer Kurt Spuller für die altkatholische Kirche und Bischof Johann Weber für die römisch-katholische Kirche bezeichnen neues Leben als eine Gabe Gottes, „über die wir kein absolutes Verfügungsrecht besitzen“. Das müssten vor allem diejenigen bedenken, „in deren Händen die Neuformulierung von Gesetzen liegt“. Der Hirtenbrief ist aber

nicht nur ein Appell, sondern nimmt auch die Kirchen selbst in die Pflicht. Sie wollen „notfalls für die Vermittlung von Adoptiv- und Pflegeplätzen sorgen".

Am 31. Oktober 1996 nimmt Johann Weber als erster katholischer Bischof in Österreich an einem Festgottesdienst anlässlich des Reformationstages in der evangelischen Heilandskirche in Graz teil. Er stellt wieder ein gemeinsames ethisches Anliegen in den Mittelpunkt: die Euthanasie. „Nachdem wir die Wahrheit verspielt haben, dass das Kind vor der Geburt ein Lebensrecht hat, könnten wir nun auch die Wahrheit vom Sterben verspielen. Können wir es uns leisten, zu Ende leben zu lassen?"

Am 7. Mai 1996 begehen Vertreter von fünf Glaubensgemeinschaften aus Österreich in Sarajevo den „Weg des Friedens". „Wir sind nicht gekommen, weil wir neugierig sind", sagt Johann Weber, „sondern weil wir miteinander in Demut nachdenken wollen und miteinander die Hoffnung suchen wollen." Das kleine Österreich wolle auch weiterhin dazu beitragen, dass in Bosnien-Herzegowina „die Wunden geheilt, die Hungernden verpflegt, Flüchtlinge wieder beheimatet und zerstörte Häuser wieder aufgebaut werden".

Schwieriger als in dieser ethischen Grundsatzfrage finden die christlichen Kirchen in Glaubensthemen zueinander. In seiner Jugendzeit, sagt Johann Weber, wäre es ganz „undenkbar" gewesen, dass das Kirchengesangsbuch „Gotteslob" auch Lieder der evangelischen Kirche enthalten hätte. Nach 30 Jahren Erfahrung als katholischer Oberhirte legt Weber Wert auf gegenseitige Fairness: „Man kann sich nicht hinstellen und sagen: Liebe Katholiken, wenn ihr es nicht mehr aushaltet in eurer Kirche, kommt doch zu uns. Das ist geschehen, und das ist nicht in Ordnung." Gleichzeitig plädiert er für eine große Gelassenheit: „Man sollte keine Konkurrenzangst haben, dass andere nächtlicherweise einige Schafe von uns über den Zaun treiben. Man kann gegenüber den anderen eine freundliche Skepsis haben, aber jede Konfession und Religion ist ein Anstoß, um diesen Gott zu ringen. Am leichtesten fällt uns das bei den Juden: dieses großartige Zeugnis, das sie mit ihrem Glauben an den einen Gott geben, an den Gott Abrahams, Isaaks und Jakobs, den Gott der Väter, der auch der Gott ist, den Jesus Abba, lieber Vater, nennt."

Johann Weber tritt für eine redliche Auseinandersetzung mit den unterschiedlichen Zugängen zum Evangelium ein und für eine „redliche Suche nach Christus – im Mut, ihm nachzufolgen". In einer „leisen und stetigen Ökumene" solle die Gemeinsamkeit der Christen wachsen. Junge Menschen hätten an die Kirchen tiefere und ernstere Fragen als die, die in vordergründigen Auseinandersetzungen „mit viel Getöse besprochen und beschrieben werden".

In dieser Gesinnung bekommt die Ökumene in Graz schließlich ihr Großereignis und ihr großes Fest, wie es dem steirischen Brauch entspricht: die Zweite Europäische Ökumenische Versammlung, an der vom 23. bis 29. Juni 1997 mehr als 10.000 Menschen aus Europa Ost und West teilnehmen. 1400 Delegierte befassen sich in 30 Arbeitsgruppen mit dem Versammlungsthema „Versöhnung". Darüber hinaus präsentiert sich in den Hallen der Grazer Messe eine Vielzahl von Versöhnungsinitiativen und Basisgruppen; es finden weit mehr als 300 Hearings, Workshops und kulturelle Veranstaltungen statt. Im Zentrum stehen die Themen „Versöhnung", „Interreligiöser Dialog", „Soziale Gerechtigkeit", „Konfliktlösung", „Ökologie" und „Gerechter Austausch mit anderen Weltreligionen". Neben Treffpunkten für spezielle Zielgruppen wie etwa das Frauenzentrum in der Heilandskirche gibt es ein „Welthaus", ein „Haus der Gastfreundschaft" und, im Minoritenzentrum, das „Friedenshaus". Unter den 44 teilnehmenden Ländern nimmt mit knapp 1000 Anmeldungen Rumänien den ersten Rang ein, gefolgt von Deutschland, Österreich und Italien.

Ein Höhepunkt im Plenarsaal ist die Ansprache von Frère Roger Schutz, dem Begründer des ökumenischen Klosters von Taizé. Der weiße Mönch aus Burgund hält ein leidenschaftliches Plädoyer für Gottvertrauen statt „geistlicher Überheblichkeit". Es sei für die christlichen Kirchen höchste Zeit, „die Epoche des Misstrauens" zu beenden. Damit junge Menschen die Glaubwürdigkeit der christlichen Botschaft erkennen könnten, müssten die Kirchen die Türen des Vertrauens, des Verzeihens und des Mitleidens weit öffnen.

Die Konferenz Europäischer Kirchen (KEK), in der 123 Kirchen – Altkatholiken, Anglikaner, Baptisten, Lutheraner, Methodisten, Othodoxe, Pfingstler und Reformierte – zusammengeschlossen sind, wurde durch ihren Präsidenten John Arnold vertreten. Dieser begrüßte die Teilnehmer gemeinsam mit dem katholischen Erzbischof von Prag und Präsidenten des Rates der Europäischen Bischofskonferenzen (CCEE), Kardinal Miloslav Vlk. Der russisch-orthodoxe Patriarch Alexij II. von Moskau und ganz Russland, der katholische Erzbischof von Mailand, Kardinal Carlo Maria Martini, und der Katholikos aller Armenier, Karekin I., waren weitere hohe Würdenträger bei der Versammlung in Graz. Der Vatikan war durch Kurienkardinal Edward Idris Cassidy, dem Vorsitzenden des Päpstlichen Rates für die Einheit der Christen, vertreten.

Die Ereignisse rund um die Ökumenische Versammlung zeigten aber auch die Grenzen des Miteinanders auf. Der Ökumenische Patriarch von Konstantinopel, Bartholomaios I., sagt seine Teilnahme ab, nachdem das geplante Gipfeltreffen von Patriarchen der Orthodoxie mit dem Patriarchen der westlichen Kirche, dem Papst, gescheitert ist. Der formell höchstrangige Würdenträger der Orthodoxie musste nach eigenen Worten dieses „schmerzliche Opfer“ bringen, „um noch größeren Schaden zu vermeiden und um den Geist der Versöhnung zu fördern“.

Die Versammlung wird auf der Passamtswiese im Stadtpark mit einem großen Sendungs- und Segnungsgottesdienst beendet. Als öffentliches Zeichen wird die Parkfläche vor dem Passamt im Jänner 1998 „Platz der Versöhnung“ genannt.

Im November 1999 tritt im Grazer Landhaus das neu gegründete „Ökumenische Forum christlicher Kirchen in der Steiermark“ in die Öffentlichkeit. „Uns scheint die Gleichheit vor dem Gesetz bedroht zu sein, weil es in Österreich zum ersten Mal Regelungen gibt, die ausländische Bürger bewusst benachteiligen“, heißt es in einer Grundsatzerklärung. Die im Forum vereinten sechs christlichen Kirchen – die römisch-katholische, evangelische, methodistische, altkatholische, griechisch-orthodoxe und koptisch-orthodoxe Kirche – unterstreichen, dass sie sich „in herzlicher Weise“ mit dem Judentum und mit den muslimischen Mitbürgern verbunden wüssten. Anknüpfend an die Zweite Europäische Ökumenische Versammlung wird die gegenseitige Verpflichtung zu tatkräftiger Zusammenarbeit im Zeichen der Versöhnung unterstrichen.

In Graz geht der Dialog auch über den christlichen Raum hinaus. Das unterstreicht eine Begegnung der Religionen am 27. Juni 1995. Bischof Weber gibt für Tenzin Gyatso, Seine Heiligkeit den 14. Dalai Lama, ein Mittagessen im Palais am Bischofsplatz. Weber nennt den buddhistischen Würdenträger einen „beachtenswerten und verehrungswürdigen Mann". Am späteren Nachmittag findet eine „Interreligiöse Meditation" von Christen, Juden, Buddhisten und Moslems auf dem Schlossberg statt. Für den Buddhismus spricht der Dalai Lama über „Mitgefühl und Weisheit". Der Präsident der Israelitischen Kultusgemeinde, Kurt David Brühl, hat das Thema „Nächstenliebe ist Gottesliebe" gewählt. Der Beitrag der christlichen Kirchen, „Evangelium ist Freiheit", kommt vom evangelischen Superintendenten Ernst-Christian Gerhold. Für die Islamische Glaubensgemeinde referiert Mohammed E. Gowayed über „Vergebung und Anerkennung".

Nach einem Schlusswort von Bürgermeister Alfred Stingl sprechen die vier Repräsentanten der Religionen Segenswünsche. Zusammenfassend wird festgestellt: „Hier in Graz, getragen vom Frieden dieses Landes, vereinten sich Vertreter aller vier Weltreligionen zu einer gemeinsamen Demonstration ihres guten Willens. Die Bedeutung dieser Handlung kann gar nicht genügend gewürdigt werden. Ihr Geist wird sich ausbreiten, davon sind alle daran Beteiligten überzeugt. Indem sich hier Menschen über religiöse und kulturelle Grenzen hinweg die Hände reichen, sind Toleranz, Friede, Freiheit, Nächstenliebe, Mitgefühl und Anerkennung mehr als leere Worte. Die von den Religionsgemeinschaften verkündeten Inhalte wurden Realität und stehen für das, was eines Tages für die gesamte Menschheit gelten wird."

Mehr als andere Diözesen hat Graz-Seckau die Verbindung mit dem Judentum in der Steiermark gesucht. „Ich habe den ungarischen Judenzug gesehen, das ist ein unauslöschlicher Eindruck, der mich mein Leben lang nicht mehr loslässt", sagt Johann Weber. „Meine Schwester hat bei einem jüdischen Geschäftsmann gearbeitet und die Plünderungen miterlebt. Ich selbst habe als Schulbub die Synagoge brennen gesehen. Ich bin froh, dass wir in Graz bei der Wiederherstellung des jüdischen Friedhofes und bei der Wiedererrichtung der Synagoge wesentlich mitwirken konnten."

In beiden Fällen waren engste Vertraute des Bischofs als Geschäftsführer des Bauausschusses maßgeblich an der Konkretisierung der Projekte beteiligt. 1991, bei der Wiederherstellung der Zeremonienhalle, erfüllte der damalige Generalsekretär der Katholischen Aktion, Franz Küberl, diese Funktion. Geschäftsführer im Bauausschuss für die Wiedererrichtung der Synagoge, die im Jahr 2000 – 62 Jahre nach der Zerstörung der alten Synagoge – ihrer Bestimmung übergeben werden konnte, war der stellvertretende Leiter des Pastoralamtes, Herbert Beiglböck.

In seinem Baubericht unterstreicht Beiglböck das Bemühen, die Grazer Bevölkerung für das Synagogenprojekt zu gewinnen: „Spontan und wie selbstverständlich stellte die Stadt Graz nach der Übergabe der Zeremonienhalle 1991 noch einmal die Frage der Wiedererrichtung der Synagoge. Ohne Drängen und ohne Forderungen hat die Israelitische Kultusgemeinde diesen Entscheidungsprozess zugelassen ... Im Frühjahr 1998 war die Übereinstimmung so weit gewachsen, dass an die Realisierung dieses für Graz historischen Projektes gegangen werden konnte. Die Gründung eines Kuratoriums unter Vorsitz von Altlandeshauptmann Josef Krainer, Bürgermeister Alfred Stingl und Präsident David Brühl, die Baugenehmigung und die Bereitstellung der finanziellen Mittel durch Stadt, Land und Bund erfolgten noch im selben Jahr. Die notwendigen Beschlüsse wurden von allen politischen Parteien in Stadt und Land einstimmig getroffen. Dieses gemeinsame Wahrnehmen von geschichtlicher Verantwortung und die konstruktive Zusammenarbeit im Kuratorium haben wesentlich dazu beigetragen, dass die Wiedererrichtung der Synagoge auf breite öffentliche Zustimmung stieß und – was manche befürchtet hatten – keinerlei antisemitische Provokationen auslöste ... Die Gestaltung der Übergabe der Synagoge als Feier für die Israelitische Kultusgemeinde, an der auch möglichst viele Bürgerinnen und Bürger sollten teilnehmen können, war gewissermaßen der krönende Abschluss der Bemühungen, die neue Synagoge nicht nur baulich, sondern auch geistig in der Stadt zu verankern. Das Bild vom überfüllten Zelt bei der Synagoge, in dem mehr als 1000 Menschen ergriffen und aufmerksam der Übergabezeremonie beiwohnten, wird als stilles Gegenzeichen zu den Ereignissen von 1938 in Erinnerung bleiben.“

Johann Weber verließ am 9. November 2000 vorzeitig die Herbstsession der

Bischofskonferenz, um an der Eröffnung der neuen Synagoge in Graz teilnehmen zu können. Er sei „zutiefst betrübt“, so der Grazer Bischof in seiner Ansprache, über den Hass, die Verfolgungen und alle antisemitischen Akte, die Christen gegen Juden verübt hätten.

Wir wissen um die abgründige innere und äußere Friedlosigkeit des Menschen seit Anbeginn der Geschichte“, ebenso wie „um den frevlerischen Missbrauch sogar von Religion zur Legitimierung und Entfachung von Feindschaften und Gewalt“.

Weber nimmt Zuflucht zur symbolischen Kraft seiner Sprache und beschließt sein Grußwort mit dem Friedensgruß in hebräischer Sprache: Shalom alechem, der Friede sei mit euch!

Tage der Steiermark

Das Gespenst der Spaltung

Am 10. Juni 1969 ernennt Papst Paul VI. den damaligen Stadtpfarrer von St. Andrä und Geschäftsführer des Priesterrates Johann Weber zum 56. Bischof von Graz-Seckau. Weber übernimmt seine Diözese in einer Zeit der großen Um- und Aufbrüche in der katholischen Kirche. Das Zweite Vatikanische Konzil (1962–65) entfaltet jetzt seine Früchte. 1968, ein Jahr vor der Ernennung Webers, findet in der Erzdiözese Salzburg die für Österreich erste nachkonziliare Diözesansynode statt. Es werden unter anderem die Pfarrgemeinderäte eingeführt. 1970 folgt die Linzer Synode. Die steirische Kirchenzeitung zeigt die 289 Delegierten mit Abstimmungskarten. Der Linzer Weihbischof Alois Wagner wird mit den Worten zitiert: „In der Kirche gibt es keine Klassen. Durch die Taufe sind wir Brüder und tragen gemeinsam Verantwortung. Das Prinzip der Gleichheit und Brüderlichkeit soll auch ein Grundsatz für unsere Synode sein. Gott gibt aber verschiedene Gaben. Der Unterschied zwischen den Getauften kommt von der Berufung und Funktion. Das Prinzip der Ungleichheit hat Gott ebenso in die Kirche und menschliche Gesellschaft hinein gelegt. Würde dieses Prinzip nicht gewahrt, so würde die menschliche Ordnung missachtet und die Kirche in einem Wesenspunkt getroffen."

In Deutschland wird die erste deutsche Professorin für katholische Theologie und Religionspädagogik ernannt. Uta Ranke-Heinemann, 42 Jahre alt, Tochter des Bundespräsidenten Gustav Heinemann. Die katholische Kirche in Holland ist in Aufruhr. Die österreichischen Bischöfe Franz Zak, St. Pölten, Johann Weber, Graz, und Alois Wagner, Weihbischof in Linz, brechen im März 1970 zu einer Informationsreise auf. Die Kirchenzeitung zieht das Resümee: „Die drei Gäste aus Österreich finden sich nach ihrer Heimkunft in der übereinstimmenden Erklärung: Sie glauben nicht an eine Kirchenspaltung in Holland. Wer würde nicht wünschen, dass sie Recht behalten!“

Das „Sonntagsblatt“ bringt am 27. September 1970 in großer Aufmachung auf der ersten Seite Auszüge aus dem neuen Buch von Joseph Ratzinger „Glaube und Zukunft“. Der spätere Präfekt der Glaubenskongregation zeichnet drei Entwicklungslinien: „Die Kirche wird mit der Zahl der Anhänger viele ihrer Privilegien in der Gesellschaft verlieren. Sie wird sich sehr viel stärker gegenüber bisher als Freiwilligkeitsgemeinschaft darstellen, die nur durch Entscheidung zugänglich wird. Sie wird als kleine Gemeinschaft sehr viel stärker die Initiative ihrer einzelnen Glieder beanspruchen. Sie wird auch gewiss neue Formen des Amtes kennen und bewährte Christen, die im Beruf stehen, zu Priestern weihen. In vielen kleineren Gemeinden bzw. in zusammengehörigen sozialen Gruppen wird die normale Seelsorge auf diese Weise erfüllt werden. Daneben wird der hauptamtliche Priester wie bisher unentbehrlich sein.“

Behelfe der Katholischen Männerbewegung in der Steiermark dokumentieren die Spannungen in der Kirche und die Auseinandersetzung mit der Welt: Revolution in der Kirche – Kritik der kirchlichen Amtsstrukturen; Was heißt glauben? – Glaubensverständnis in einer säkularisierten Welt; Christliche Ehe ohne Zukunft? – Ihre Rolle in der modernen Gesellschaft; Verdirbt Religion den Menschen? – Marxistischer und christlicher Humanismus.

Die steirische Kirchenzeitung berichtet über die Erneuerungsbewegungen in der Liturgie: „Mit Gedanken aus Michel Quoists ‚Herr, da bin ich‘ wurde in der St.-Vinzenz-Kirche, Graz-Eggenberg, ein Jazz-Kreuzweg gestaltet, der bei den zahlreichen jungen und älteren Anwesenden sichtlich ankam. – Bei einem rhythmischen Gottesdienst trat am 1. März in Pischelsdorf eine neu gebildete Band vorteilhaft in Erscheinung und erfüllte insbesondere die Menschen mit Genugtuung, die ihre Aufstellung ermöglicht hatten. Das mutige Unternehmen verdient weitere Förderung.“

In der Weltkirche machen sich Spekulationen über einen Rücktritt von Papst Paul VI. breit. Pia Maria Plechl, Kirchenexpertin der Tageszeitung

„Die Presse“ und enge Vertraute von Bischof Weber, schreibt in einem Kommentar, den das Sonntagsblatt am 29. März 1970 zitiert:

> »Weiß oder will man einen Papst-Rücktritt? Mit schöner Regelmäßigkeit wird alle paar Wochen berichtet, Papst Paul VI. gedenke demnächst zurückzutreten. Die Regelmäßigkeit der Meldungen macht stutzig, vor allem seitdem man gehört hat, es gebe so etwas wie ‚Manipulierung‘, gezielte Meldungen also, bei denen der Wunsch der Vater des Gedankens ist.
> Diesmal ist das weltberühmte US-Magazin Life in der Lage, von solchen Rücktrittsabsichten aus allervertraulichster Quelle zu berichten. Nebenbei wird auch noch bemerkt, dieser Montini-Papst sei eine Art ‚Versager‘, verhält er sich, was ‚Antibabypille‘ und Zölibat betrifft, nicht so, wie sich das gewisse Kreise, teils aus Gründen des Fortschritts – wie sie ihn verstehen –, teils aus politischen oder kommerziellen Interessen wünschen. Welcher Reiche wünscht sich schon, dass sich farbige Habenichtse vermehren?
> Die Kampagne, diesen Papst vom Thron zu heben, findet natürlich den uneingeschränkten Beifall aller jener, die keine Zeit mehr haben, weil sie nämlich schon demnächst heiraten wollen oder es ihnen überhaupt Zeit scheint, die christlichen Tabus zu liquidieren. Solche Meinungen zu haben ist jedermanns Recht, nur sollte man sich dann demaskieren und nicht die Weltöffentlichkeit an der Nase zu führen versuchen. Es soll nämlich noch Leute geben, die glauben, Wahrheit sei mehr, als was in der Zeitung steht. (p.m.p.)

Auch in der Steiermark sind die innerkirchlichen Unruhen groß. Als Johann Weber am 28. September 1969 im Dom zu Graz die Weihe empfängt, übernimmt er eine tief gespaltene Diözese. Dieses Gespenst der Spaltung wird prägend für seine Amtsführung. Einheit stiften und bewahren ist Johann Webers größte Sorge. Nichts ist ihm so zuwider wie offener Streit in der Kirche oder gar unter Bischöfen.
Der Rücktritt von Bischof Josef Schoiswohl war für die Diözese Graz-Seckau wie aus heiterem Himmel gekommen. „Das war unbeschreiblich“, erinnert sich ein Beobachter der kirchlichen Entwicklung der Steiermark.

„Das Jubeljahr des 750-jährigen Bestandes der steirischen Diözese überraschte in seinen letzten Stunden die heimische Bevölkerung mit einem schmerzlichen Ereignis", schreibt am 5. Jänner 1969 die Kirchenzeitung „Sonntagsblatt". „Fast überfallsartig wurde ihr durch den Rundfunk bekannt gegeben, dass Papst Paul VI. ein Rücktrittsgesuch von Bischof Dr. Josef Schoiswohl angenommen habe. Er selber hat dem Domkapitel gegenüber seinen Rücktritt als unumstößliche Tatsache bestätigt. Die angegebenen Begleitumstände verbieten jeden voreiligen Kommentar. Wohl aber muss man einem tiefen Bedauern Ausdruck geben."
Bis heute sind die Hintergründe für den Rücktritt Schoiswohls am 31. Dezember 1968 nicht völlig geklärt. Allgemein wird eine Begründung in der Einsicht des Bischofs gesehen, dass er nicht mehr das Vertrauen der jungen Priester genieße. Es sind die Jahre unmittelbar nach dem Zweiten Vatikanischen Konzil (1962–65), in denen ganze Gruppen von Priestern aus dem Dienst ausscheiden. Ihre Hoffnungen auf eine rasche Aufhebung des Zölibatsgesetzes sind enttäuscht, zu langsam gehen ihnen die Reformen voran. Die Steiermark hat österreichweit den größten Aderlass durch Amtsniederlegungen zu verzeichnen. Im Priesterrat stehen einander die konservative Gruppe Österreichs Priester sammeln sich (ÖPS) und die progressive Solidaritätsgemeinschaft Engagierter Christen (SOG) unversöhnlich gegenüber.
Das „Sonntagsblatt" rätselt über „Gründe und Abgründe" für den Rücktritt von Bischof Schoiswohl und beschreibt die tiefen Klüfte, die sich in der nachkonziliaren Kirche aufgetan haben: „Sind es die gottgewollten Wehen einer neuen kirchengeschichtlichen Epoche, welche selbst die apostolischen Grundfesten so erzittern lassen? Oder walten auch anarchisch virulent gewordene Kräfte, die sich als Kollektive dem verbindlichen Gespräch entziehen und einen geordneten nachkonziliaren Aufbau fraglich machen?"
Johann Weber lässt rückblickend an dem Schrecken, der ihn damals erfasst hat, keinen Zweifel: „Wohl. Der Anfang war sehr schlimm. Da standen wie aus dem Nichts heraus zwei große organisierte Gruppen einander gegenüber: SOG und ÖPS. Das war für mich so unvorstellbar (ringt die Hände): die Priesterschaft ist gespalten!" Ein Name, der in diesem Zusammenhang

bei Gesprächen in Graz immer wieder fällt, ist Helmut Grieß. Er ist zugleich Symbolfigur für die harten Auseinandersetzungen jener Jahre und für die Art und Weise, wie Bischof Weber die Kluft im Klerus überwunden hat. Grieß fand nach seinem Weggang aus dem Priesterberuf Beschäftigung als Journalist und hat als solcher der katholischen Kirche und dem Bischof keine Kritik erspart. Johann Webers Methode, Frieden zu stiften, beschreibt Helmut Grieß so: „Er nimmt seine Gegner so lange an die Brust, bis er sie überzeugt hat oder ihnen die Luft ausgeht."

Fritz Csoklich, der die drei Jahrzehnte Bischof Weber als Chefredakteur der „Kleinen Zeitung", als Mitglied des KA-Präsidiums und schließlich als Präsident der Katholischen Aktion in der Steiermark begleitet und mit getragen hat, unterstreicht das Bemühen und die Fähigkeit des Bischofs, von Anfang an ein persönliches Verhältnis zu seinen Priestern aufzubauen. Weber habe versucht, inhaltliche und strukturelle Konflikte auf dieser Ebene aufzuheben, wenn sie schon nicht in jedem Fall lösbar waren. „Man konnte jederzeit zum Bischof kommen und mit ihm alles bereden", sagt Csoklich. Weber habe nicht strategisch gearbeitet, sondern versucht, den Priestern seine persönliche Wertschätzung zu vermitteln und sie dadurch in seine Verantwortung als Bischof einzubinden. Webers „Strategie" war: Du bist mein Priester, ich bin dein Bischof; wir gehören im Presbyterium der Diözese zusammen, daher kann es keine persönliche Gegnerschaft zwischen uns geben.

Die Grenze war für Johann Weber immer dann überschritten, wenn Gruppierungen mit ihren kontroversiellen Meinungen in die Öffentlichkeit gegangen sind. Am 19. Februar 1972 gab Weber dazu im Diözesanrat eine Erklärung ab: „In der letzten Zeit sind verschiedene Nachrichten weitergegeben worden. Meine persönliche Stellungnahme dazu: Seit meinem Amtsantritt war es meine Linie, dass ich die Bildung von formierten Gruppen nicht begrüße, wenn ich sie auch nicht verhindern kann. Auch bei gutem Wollen führen sie zu Fraktions- und Machtkämpfen. Eine besondere Sache sind die Schritte in die Öffentlichkeit. Die Gefahr ist groß, dass wir zu einem Schauspiel werden, von dem sich die Menschen mit Erstaunen und Enttäuschung abwenden, zumal der Ton des Auftretens die Liebe vermissen lässt. Es ist auch nicht nötig, mit Solidaritäts- und Loyalitätserklärungen für den Bischof zu operieren. Solidarität und Loyalität dem Bischof gegenüber müssten für jeden Katholiken der Steiermark so selbstverständlich sein, dass sie keiner öffentlichen Erklärung bedürfen."

Für Johann Weber war die Priesterschaft seiner Diözese so etwas wie die Artusrunde, in der sich jeder auf jeden verlassen kann. Eine Anmerkung im Protokoll der Dechantenkonferenz vom 16. Mai 1994 zeigt, dass die Spannungen im Presbyterium in der Steiermark, wie in anderen Diözesen auch, nie ganz aufgelöst werden konnten: „Jüngere Priester fühlen sich frustriert. Anliegen wurden vielfach aus Solidarität mit dem Bischof zu wenig ausgesprochen und dadurch zugedeckt. In den Fragen um die Ehe (Ehescheidung und Wiederverheiratung, Anm.) wird die Diskussion dadurch hintangehalten, dass man dem Bischof nicht in der Öffentlichkeit in den Rücken fallen möchte."

Am Ende der Ära Weber gab es in Graz-Seckau nur mehr eine verhältnismäßig kleine, aber einflussreiche Gruppe von Priestern, die den offenen, auf Dialog und Konsens ausgerichteten Kurs des Bischofs nicht mitgetragen haben. Aus ihrer Sicht hat der Bischof zu vieles in der Schwebe gelassen. Das klingt im Gespräch mit Pfarrer Friedrich Weingartmann (Straden) durch, das zu einem Zeitpunkt geführt wurde, als Webers Nachfolger noch nicht bekannt war.

>>> *Bischof Weber hat den Priesterberuf immer sehr gefördert. Haben Sie das persönlich auch so erlebt, gespürt?*
Weingartmann: Bischof Weber ist ein sehr menschenfreundlicher Typ, das möchte ich gar nicht auf das Priestertum einschränken. Er hat alles gefördert, in seiner Weise, was gut ist. Alle Menschen guten Willens.

>>> *Er mahnte die Pfarrgemeinden ständig, sich um den Priesternachwuchs zu sorgen. Haben Sie also einen starken Rückhalt als Priester?*
Weingartmann: Doch, aber Weber hat die Mitverantwortung der Laien nicht weniger gefördert. Bischof Weber ist nicht der Typ der inhaltlichen Vorgaben, der das Lehramt strapaziert. Ich glaube, er hatte ein großes Vertrauen in seine Mitarbeiter, dazu zählte ich mich auch.

>>> *Manche machten ihm das zum Vorwurf, dass er inhaltlich zu wenig vorgegeben habe.*
Weingartmann: Ich möchte das nicht beurteilen, das kann man auch schwer beurteilen. Aber Faktum ist, dass er die Dinge nicht groß vorgegeben hat, so und so habe es zu geschehen. Das ist nicht sein Naturell.

>>> *Wie ist das Verhältnis Priester und Laien in der Steiermark?*
Weingartmann: Insgesamt sehr positiv. Es ist aber nicht nur eine theologische, sondern eine praktische und menschliche Frage. Da ist es von Pfarre zu Pfarre verschieden. Entscheidend wird sein, dass wir klare Leitlinien haben, auch was das Amt und die Leitungsfunktion in den Gemeinden angeht. Da muss man Klarheit haben, sonst schürt man Spannungen. Wenn Dinge nicht klar sind in der Kompetenz und Verantwortung, werden Spannungen geschürt.

>>> *Was würden Sie sich als Priester vom Nachfolger Webers erwarten?*
Weingartmann: Die Wahrheit in Liebe verkünden. Das ist nicht immer leicht zu verbinden, dass man das, was unsere Fundamente sind, deutlich sagt, aber doch verständlich zu machen versucht. Beides gehört zusammen, gerade in einer Zeit, die auch innerkirchlich so stark vom Pluralismus geprägt ist. Wenn wir als Kirche der Gesellschaft gegenübertreten, sind klare Konturen notwendig. Die müssen aber nicht lieblos verkündet, lieblos hingeworfen werden, sondern ich kann jemandem in die Wahrheit hineinhelfen, wie ich ihm in einen Mantel hineinhelfe.

>>> *Haben andere Bischöfe als Johann Weber die Wahrheit besser vertreten?*
Weingartmann: Man kann niemanden in eine Rolle zwingen, die er nicht erfüllen kann. Die Buntheit unter den Bischöfen soll auch da sein.

>>> *Würde Graz einen Bischof brauchen, der inhaltlich klarere Konturen hat?*
Weingartmann: Ich persönlich neige eher dazu. Ich komme aus der

Wirtschaft, meine Berufung ist nicht im warmen Nest der Mutter Kirche gewachsen, sondern ich war Bautechniker von Beruf. Allein von dieser Vorbildung her bin ich geprägt von einem Milieu, in dem es deutliche Vorgaben gegeben hat. Das ist kostbar, vor allem auch in einer Zeit, in der so viel in Bewegung ist, wo so viel Unsicherheit da ist bei den Menschen, bei den Seelsorgern. Die Leute wissen oft nicht mehr, wie und was in verschiedenen Fragen des Lebens gilt. Die meisten bekommen ja nur das mit, was über die Medien transportiert wird. Sie bekommen nur mit, wenn ein Bischof im Fernsehen auftritt. Daher darf dieser Ort der Verkündigung nicht ohne Konturen sein.

>>> *Ein Bischof, der mehr Konturen zeigt, müsste sich wohl sehr genau an das halten, was Rom vorgibt. Andernfalls würde erst recht Verwirrung entstehen.*
Weingartmann: Richtig, vor dieser Schwierigkeit stehen wir, dass es keine Einheit im Episkopat der katholischen Kirche in Österreich gibt. Daher hat die Kirche in der Öffentlichkeit auch nicht diese Kraft. Es fehlt die Einheit, die eine Stimme. Das ist ja ein großer Vorteil der katholischen Kirche, dass sie mit einer Stimme sprechen kann.

>>> *In der Frage des Zölibats hat Weber es nie an Klarheit fehlen lassen.*
Weingartmann: Richtig, ja.

>>> *Während er etwa Fragen wie die Sakramente für wiederverheiratete Geschiedene oder die Diakoninnenweihe immer ein wenig in der Schwebe gehalten hat.*
Weingartmann: Ja. Was heute sehr wichtig ist, selbst schon in der Schule, das ist die Begründung. Jedes Kind fragt heute schon: Herr Pfarrer, warum? Dass man Dinge nur hinstellt und sagt, das ist so, diese Zeiten sind, Gott sei Dank, vorbei. Das Ringen um ein Argument, die Sorge um ein Argument ist sehr wichtig. Das schließt aber Klarheit nicht aus, sondern Klarheit erfordert auch das intensive Ringen darum, dass etwas annehmbar und lebbar wird.

Es ist nicht mit einer Antwort abgetan. Es braucht das Mitfühlen mit dem Lebensgefühl der Menschen heute. Das ist sehr anspruchsvoll. Das Evangelium ist nicht harmlos.

>>> *In der Wirtschaft, so haben Sie durchblicken lassen, gibt der Chef eine klare Linie vor.*
Weingartmann: Das ist das Milieu, in dem ich geprägt wurde. In der Kirche ist das so nicht möglich, und die Kirche ist in der Praxis auch weit davon weg und muss weit davon weg sein. Ihr geht es um den Menschen, nicht um irgendwelche Interessen.

>>> *Herrscht nicht bei den Wiederverheirateten ein echter Argumentationsnotstand? Wie würden Sie das Verbot des Kommunionempfanges argumentieren?*
Weingartmann: Ich wehre mich dagegen, dass man die Frage des Kommunionempfanges nur auf diese Gruppe zuspitzt. Man muss die Frage der Disposition für den Kommunionempfang prinzipiell stellen. Heute ist es doch so, man sitzt in der Kirchenbank, und man geht eben auch zur Kommunion. Das bewusste Überlegen, was diese innige Vereinigung mit Christus voraussetzt, muss man prinzipiell anstellen. Wenn man das nur auf die wiederverheirateten Geschiedenen beschränken würde, käme zum Ausdruck, als ob es nur eine schwere Sünde gegen das sechste Gebot geben würde. Ich kann gegen jedes Gebot schwer verstoßen. Wie schaut mein Leben aus, wenn ich jahrelang mit meinem Nachbarn verfeindet bin und mich nicht um die Nächstenliebe bemühe. Es ist natürlich oft schwierig, weil die Dinge sich im Einzelnen sehr unterschiedlich darstellen. Das ist unser Problem in der globalen Verkündigung via Medien. Da kann man etwas nur prinzipiell sagen. Ich versuche, schwierige Situationen in Einzelgesprächen zu klären. Nur zu sagen: geh zur Kommunion und es passt, ist noch nicht die Lösung für das persönliche Problem. Wichtig ist, dass man die Menschen begleitet, ihre Not kennt, sie hereinnimmt in die Kirche. Wir neigen im deutschsprachigen Raum dazu, dass wir alles gelöst haben wollen. Wir tun uns schwer, Vorgaben und Leben in eins zu bringen. Es gibt

Dinge, die kann man nicht lösen, da bleiben Wunden und Narben. Man muss auch, wie Kardinal Joseph Ratzinger immer sagt, in Entwicklungen denken. Es können sicher heute nicht alle eins zu eins mitziehen, wenn ich heute Eheleuten die katholische Ehelehre verkünde. Aber ich darf auch nicht ausschließen, dass ein Mensch in seinem Glaubensleben wachsen kann, sich entwickeln kann, reifen kann. Um das zu ermöglichen, braucht es auch Ziele, oder wie es Bischof Egon Kapellari einmal gesagt hat: Wir brauchen diesen Stern am Horizont, auch wenn der Nebel ihn manchmal verdunkelt. Ich glaube, wenn ich mich nicht mehr getraue, Ziele zu benennen – die Frage ist immer, wie ich es mache –, dann würde das auch die Entwicklung hemmen. Wir neigen eher dazu zu sagen: das, was hier und heute praktiziert wird, sei schon die Norm.

>>> *Sie wünschen sich, dass die Norm klarer gesagt wird.*
Weingartmann: Die Norm ist da, die muss man nicht neu erfinden. Aber notwendig ist, dass man darum ringt und sie im Mitfühlen, im Mitgehen mit den Menschen sagt.

>>> *Sie wünschen sich einen Bischof, der so menschlich ist wie Weber, aber in der Darstellung des Glaubensgutes ein wenig klarer.*
Weingartmann: So könnte man das sagen, ja.

Selbstverständlich blieben auch der Steiermark die Konflikte um das Verhältnis von Priestern und hauptamtlichen Laien in der Seelsorge nicht erspart. Als in den Siebzigerjahren die ersten „Laientheologen“ ihr Theologiestudium beendeten und als akademisch ausgebildete Pastoralassistenten in die Seelsorge kamen, spitzte sich die Frage nach dem Rollenverständnis von geweihten Amtsträgern und nicht geweihten, aber theologisch voll ausgebildeten hauptamtlichen Laien zu.
Am 12. November 1980 liegt in der Dechantenkonferenz eine ausführliche Stellungnahme der Berufsgemeinschaft der Laientheologen zum Personalplan 1980–1990 vor. Demnach solle der Dienstpostenplan „von der pastoralen Not der Menschen“ ausgehen und nicht vom Vorhandensein von Priestern. Jede Gemeinde brauche eine Leitung und jemanden,

der diese Pfarrgemeinde repräsentiert. Insgesamt würden die nichtpriesterlichen kirchlichen Berufe „zu einseitig nur als Hilfestellung für den Priester betrachtet". In dasselbe Horn stößt der Diözesanrat in seiner achten Sitzung am 13. und 14. März 1982: „Der Einsatz von hauptamtlichen pastoralen Laienberufen ist als ein unverzichtbarer und eigenständiger Beitrag für die Erfüllung des kirchlichen Sendungsauftrages zu verstärken."

Bei einem Teil der Priester sind aber die Zweifel, wie weit akademisch ausgebildete Pastoralassistentinnen und -assistenten in der Pfarrseelsorge hilfreich sein könnten, auch zehn Jahre später noch nicht ausgeräumt. In der Diskussion um den Personalplan 1990–2000 bei der Dechantenkonferenz am 7. März 1990 wurde betont: „Es sollen keine Leute in den Dienstpostenplan aufgenommen werden, die die Dekanate nicht haben wollen. Der Personalplan ist eine starke Stütze für die hauptamtlichen Laienmitarbeiter, für die Priester weniger." In einer weiteren Debatte am 16. Mai 1990 wird in der Dechantenkonferenz die Meinung vertreten, akademische Pastoralassistenten sollten „eher vermindert" werden. Allerdings wird auch die gegenteilige Meinung laut, dass diese theologisch voll ausgebildeten Laien aus seelsorglicher Sicht zu begrüßen wären. Ihr Einsatzgebiet wird jedoch weniger in den Pfarren als auf einer mittleren Ebene gesehen: „Das Problem ist ihre volle theologische Ausbildung, die im pfarrlichen Bereich nicht unbedingt benötigt wird, ja manchmal sogar eher hinderlich ist. In den Dekanaten und in der Bildungsarbeit wäre ein akademischer Pastoralassistent dringend."

Zwischen den Lagern

Johann Weber hat im Sinne von Kardinal Franz König viel beigetragen zur Versöhnung von katholischer Kirche und Sozialdemokratie. Dazu gehörte, dass er keineswegs von vornherein und einseitig die Politik der ÖVP in der Steiermark gestützt oder mit getragen hätte. Wenn es ab den Sechzigerjahren des 20. Jahrhunderts so etwas wie eine neue Gesprächsbasis und ein neues Verhältnis von Nähe und Distanz der katholischen Kirche in Österreich zu den politischen Lagern gegeben hat, dann war und ist die Steiermark dafür ein Modellfall. Schon bei der ersten Dechantenkonferenz, die am 12. November 1969 unter seiner Leitung einberufen wird, lässt Weber keinen Zweifel. Er mahnt die leitenden Priester seiner Diözese: „Es stehen mehrere Wahlen vor der Tür. Man hüte sich davor, irgendwelche Stellungnahmen parteipolitischer Natur abzugeben. Die Kirche ist mit keiner Partei verheiratet."

Diesem Grundtenor entspricht die Feststellung eines politischen Beobachters: „In der Steiermark hieß es in allen Parteien, bis hin zu den Freiheitlichen: mit dem Bischof Weber kann man gut auskommen." Diese positive Grundstimmung der politischen Kräfte hält auch den Antiklerikalismus in Schach, den es in der traditionell liberalen Steiermark durchaus gibt. Zwar kämen in jeder Diskussion antikirchliche Argumente „wie das Amen im Gebet", sagt ein Kenner der Situation, doch werde der öffentliche Konflikt auf Grund des Rückhaltes, den die Kirche in der Steiermark weithin habe, gemieden.

Johann Weber hat es nach den Erfahrungen mit dem politischen Katholizismus der Zwischenkriegszeit „als unendlich gut erlebt, dass wir nach dem Zweiten Weltkrieg nicht mehr an eine politische Partei gebunden waren, wenn auch die Nähe zu den einzelnen Parteien unterschiedlich war." Das persönliche Verhältnis Webers zu den politischen Parteien war geprägt durch die Kaplansjahre in den Industriegemeinden Kapfenberg und Köflach und die anschließende Zeit als Seelsorger der Katholischen Arbeiterjugend. Als neu geweihter Priester war Johann Weber 1950 bis 1953 Kaplan im obersteirischen, zur damaligen Zeit „tief roten" Kapfenberg. Danach folgten von 1953 bis 1956 Kaplansjahre im weststeirischen Industriegebiet Köflach. „Dadurch hatte ich meine Erfahrungen von der sozialistischen Seite her, die auch oft sehr schwierig war", sagt der Bischof. Als der Vorgänger, Bischof Josef Schoiswohl, ab 1967 Diskussionen über das Verhältnis von Kirche und Sozialismus initiiert, ist Pfarrer Weber häufig als Podiumsteilnehmer dabei.

Es hängt mit diesem Werdegang von Johann Weber zusammen, dass es im Unterschied zu anderen österreichischen Diözesen nie ein enges oder gar die anderen ausschließendes Verhältnis zwischen der katholischen Kirche in der Steiermark und der regierenden ÖVP gegeben hat. „Ich habe selbst auch keine existentielle Erfahrung mit dem Bauerntum", ergänzt Weber. „Mein Vater war noch stark davon geprägt, aber ich selbst habe nie auf dem Land gelebt. Das Bauernleben, das Landleben habe ich nie am eigenen Leib erfahren." Engere Berührungen mit der ÖVP gab es durch Vorträge, die Pfarrer Weber beim Wirtschaftsbund oder in der Industriellenvereinigung hielt. „Ich habe mich bemüht, ohne Berührungsängste überall hinzugehen, ohne zu sagen, das sei meine Partei oder meine politische Richtung."

Der Vorwurf des „roten Bischofs" – so wie es in Wien gegenüber Kardinal Franz König den Vorwurf des „roten Kardinals" gegeben hat – wurde in der Steiermark nie laut. Weber war aber, als es um die Nachfolge von Bischof Schoiswohl ging, weder der Wunschkandidat von Landeshauptmann Josef Krainer noch ist es später zu einem besonderen Naheverhältnis zur Landes-ÖVP gekommen. Bischof Weber sei nie der Krainer-Linie zuordenbar gewesen, sagen Beobachter des Verhältnisses von Kirche und Politik in der Steiermark. Johann Weber selbst differenziert: „Es war vielleicht nicht einmal so sehr die Krainer-Linie als persönliche Linie, zu der ich auf Distanz war. Was mich viel mehr gestört hat, war diese Steireranzug-Ideologie. Die Ökonomieräte waren in der ÖVP ein sehr starker Faktor. Das war mir ein wenig fremd."

Weber ist kein Mann der Wirtschaft, sondern fühlt sich von seiner Herkunft und seinem Werdegang her eher in Arbeiterkreisen zuhause. Er erinnert sich, dass in seiner Volksschule die meisten Kinder im Februar barfuß in den Unterricht gekommen sind. „Als Sohn eines Gendarmen gehörte ich da sogar zu den Reichen. Trotzdem habe ich auch selbst erst mit elf Jahren mein erstes eigenes Gewand bekommen. Dass mein Vater für unsere Familie ein kleines Haus erworben hat, war eine enorme Kraftanstrengung."

Dazu kam eine unterschiedliche Erfahrung in den Jugendbewegungen. Während Weber von der Katholischen Arbeiterjugend geprägt war, kamen Leute, die Landeshauptmann Krainer sehr nahe standen, aus dem Neulandbund, zu dem Weber „keinen Zugang gefunden" hat. Außerdem gab es Auseinandersetzungen zwischen der allgemeinen Katholischen Jugend, die ÖVP-nahe war, und der KAJ. „Das waren sehr verschiedene Ansätze. Da gab es starke Spannungen", sagt Weber. Weder der Cartell-

verband – „nur irgendein Ehrenband musste ich einmal annehmen“ – noch jene politischen Zirkel der ÖVP, die aus der Hochschuljugend hervorgegangen sind, waren Johann Webers Heimat.
Das alles hat in manchen ÖVP-Kreisen dann doch tiefe Spuren hinterlassen. Noch bei einer informellen Begegnung mit führenden Landespolitikern der steirischen ÖVP im Jahr 2000 kam es zu eruptiven Vorwürfen gegen die angeblich zu SPÖ-freundliche Linie der katholischen Kirche in Österreich insgesamt. Die alte Wunde der ÖVP brach voll auf: dass die katholische Kirche unter der ÖVP-Alleinregierung nicht einmal eine Indikationenlösung bei Abtreibungen akzeptiert habe, dann aber die von der SPÖ eingeführte Fristenregelung mehr oder weniger hingenommen habe. Auf steirischer Ebene erwähnt Weber von sich aus nur einen heftigen Konflikt zwischen Bischof und ÖVP. Dieser hatte sich an dem Plakat „Arbeit für alle“ entzündet. Abgebildet waren der Präsident der Arbeiterkammer und der Präsident der Wirtschaftskammer in der Steiermark mit Bischof Weber in der Mitte. „Da gab es eine helle Missstimmung in der ÖVP, die sehr deutlich geäußert wurde, nicht in der Öffentlichkeit, aber persönlich“, erinnert sich der Bischof.
Die Aktion „Arbeit für alle“ war ein klassisches Beispiel für das ständige Bemühen der katholischen Kirche in der Steiermark, insbesondere der Katholischen Aktion (KA), in den öffentlichen, gesellschaftspolitischen Bereich hinein zu wirksam zu werden. „Drei große gesellschaftliche Kräfte – Arbeiterkammer, Wirtschaftskammer und Katholische Aktion – haben sich zusammengetan, um gemeinsam ein deutliches Zeichen gegen die hohe Arbeitslosigkeit in der Steiermark zu setzen“, hieß es in der Einladung des Leiters der Pressestelle der Diözese Graz-Seckau, Hannes Labner, zur gemeinsamen Pressekonferenz von Wirtschaftskammerpräsident Franz Gady, Arbeiterkammerpräsident Erich Schmid und KA-Präsident Heiner Herzog. Bei diesem konzertierten Schritt in die Öffentlichkeit im Frühjahr 1994 haben die drei Partner teils durchaus konträre Standpunkte vertreten. Als Grundlage des kirchlichen Engagements diente der Sozialhirtenbrief der katholischen Bischöfe Österreichs aus dem Jahr 1990, in dem es hieß: „Wir dürfen die Arbeitslosigkeit nicht als gegeben hinnehmen und unser Vertrauen allein auf den Marktmechanismus setzen. Die gesellschaftlichen

Kräfte und der Staat sind dazu verpflichtet, wirtschaftliche Voraussetzungen zu schaffen, aufgrund derer der Mensch Arbeit finden kann."

Die Katholische Aktion steuerte folgende Thesen zum Aktionsmonat, dem Mai 1994, bei: der generellen Verkürzung der Arbeitszeit kommt eine Schlüsselrolle bei der gerechten Verteilung von Arbeit zu; dem Wunsch der Wirtschaft nach Flexibilisierung stehen berechtigte Anliegen der Arbeitnehmer gegenüber; die Gestaltung der Lohnkurve und ihre Steigerung nach Arbeitsjahren sind zu überdenken; ein Grundeinkommen ohne Arbeit ist voranzutreiben; der Faktor Arbeit ist steuerlich zu entlasten; die rasche Vergabe von Großbauprojekten kann Arbeitsplätze schaffen, ebenso aber sinnvolle Beschäftigungen in den Bereichen Soziales, Bildung, Ökologie oder Gemeinwesenarbeit; gleicher Lohn für gleiche Arbeit von Männern und Frauen sowie Mindestlohn von 12.000 S; Lebens- und Arbeitsstil, der den Ansprüchen der Umwelt und weltweiter Gerechtigkeit entspricht.

„Arbeitslosigkeit ist ein Problem, das nicht nur davon Betroffene zutiefst berührt – es geht uns alle an", sagte Johann Weber dazu in einem Interview in der „Kleinen Zeitung" vom 30. April 1994. „Dieses Klima der Solidarität wollen wir mit dieser Aktion schaffen. Gleichzeitig wollen wir konkrete Schritte auskundschaften, damit die Dinge nicht einfach so weiterlaufen." Solche Schritte waren unter anderem eine Lehrstellenbörse und eine Jobbörse, die über die Bezirksstellen von Arbeiterkammer und Wirtschaftskammer, über das Arbeitsmarktservice und über die steirischen Pfarren bekannt gemacht wurden.

Arbeit und Arbeitslosigkeit seien mehr als bloße Erwerbs- und Wirtschaftsfaktoren, sie rührten an die innersten Wurzeln des Menschen, stellte der Bischof in dem Interview weiter fest. „Die Kirche kann gewiss nicht Fabriken gründen, aber sie möchte als Partner die ethischen Grundlagen stützen, damit das Problem und die Menschen nicht weggeschoben werden. Dabei soll nicht verschwiegen werden, dass allein in der Steiermark mehr als 6000 Menschen auf dem Boden der Kirche eine Verdienstmöglichkeit haben." Wie so oft, lässt Weber auch in diesem Interview eine persönliche Betroffenheit erkennen, die seinen Aussagen hohe Glaubwürdigkeit verleiht: „Ich bin in den Dreißigerjahren in Graz-Eggenberg aufgewachsen und habe das Elend der Arbeitslosigkeit mit einer Wucht erlebt, die mein ganzes Leben gezeichnet hat."

In anonymen Schreiben wurde Johann Weber wegen der Zusammenarbeit mit der Arbeiterkammer heftig angegriffen. Das Engagement der Kirche wurde aber auch positiv registriert, wie der Brief eines Maturanten an den Diözesanbischof vom 6. Juli 1994 zeigt: „Sehr geehrter Herr Bischof! Seit Mai sehe ich durch die Plakataktion ‚Arbeit für alle', dass Sie Schwerpunkte für Arbeitslose setzen wollen. Ich erlaube mir, mich deshalb an Sie um Hilfe zu wenden, da ich seit einem Jahr auf der Suche nach einem Dauerarbeitsplatz bin und trotz intensivster Bemühungen nur Absagen bzw. Vertröstungen erhalten habe. Ich bin Maturant, 23 Jahre, verheiratet, und habe zur Zeit ein mit September befristetes Dienstverhältnis. Vielleicht können Sie mir helfen oder mich weiter empfehlen. Ich bitte gleichzeitig um die Möglichkeit eines Gesprächstermins. Es sollte ja nicht nur beim Dialog bleiben, sondern konkrete Hilfe wäre angebracht."

Insgesamt ist Weber überzeugt, dass er in seinen mehr als 30 Bischofsjahren davon zehren konnte, was Kardinal König und Bischof Schoiswohl durch ihre Schritte einer Aussöhnung mit der SPÖ erreicht haben. In der Steiermark selbst sei auch der langjährige Generalvikar Leopold Städtler ein Bahnbrecher gewesen. „Zu meiner Zeit war das keine aufregende Neuigkeit mehr, dass ich als Bischof in die Otto-Möbes-Schule zu den Betriebsräten eingeladen wurde. Ich habe mich auch bemüht, alle Großbetriebe in der Steiermark zu besuchen," sagt Weber.

Für den Bischof war und ist das Verhältnis der katholischen Kirche in der Steiermark zu den politischen Parteien „eher unkompliziert". Landeshauptmann Josef Krainer sen. sei „ein Urgestein" gewesen, sein Sohn Josef Krainer aus der Katholischen Aktion gekommen. „Die Basis von Landeshauptmann Josef Niederl war sein großer Wahlsieg. Frau Landeshauptmann Waltraud Klasnic war als bekennende Katholikin Mitglied im Pfarrgemeinderat, bevor sie in die Politik gegangen ist." Eine „herzliche Verbindung" hatte Weber zum Landesparteivorsitzenden der SPÖ, Hans Groß. Nicht nur als völlig ungetrübt, sondern wohl eher als gegenseitige Freundschaft ist das Verhältnis zum Grazer Bürgermeister Alfred Stingl zu bezeichnen.

Der Grazer Bischof spielt im Verhältnis zur Politik seine persönliche Stärke aus: da sein, einladen, hingehen und hinhören. Die Spitzenfunktionäre aller Parteien werden zu den kirchlichen Großereignissen eingeladen, auch die, die erst nachfragen müssen, wann man beim Gottesdienst steht, sitzt oder kniet. Als die österreichischen Bischöfe 1990 ihren Sozialhirtenbrief veröffentlichen, geht Weber persönlich zu den Spitzen der steirischen Politik und übergibt das gesellschaftspolitisch bedeutsame Schreiben.

„Ich habe wenig Talent, zu Empfängen zu gehen und bei den Prominenten zu stehen", sagt Johann Weber. „Aber ich bin zugleich froh, dass sich vieles an Freundschaften entwickelt hat. Dass man einander über politische und ideologische Grenzen hinweg persönlich vertraut. Dass man einander mag." Fritz Csoklich bewundert diese Offenheit Webers im Kontrast zu seiner privaten Zurückgezogenheit. „Das ist sehr auffallend bei Weber, einerseits die Kontaktscheu auf privater Ebene und andererseits diese Beziehungen zu Politikern aller Parteien, mit denen er immer eine Gesprächsbasis hatte." Dabei habe der Bischof auch Mitarbeiter gehabt, „die das zum Teil kunstvoll durchexerziert haben". Auf die Bemerkung, dass es auch darauf ankomme, diese Leute mit großem Vertrauensvorschuss arbeiten zu lassen, sagt Csoklich: „Ja, genau das hat Weber immer getan."

„Es gibt Herzlichkeit", sagt der sozialdemokratische Langzeitbürgermeister Alfred Stingl über sein Verhältnis zum Langzeitbischof Johann Weber. Katholische Kirche und Stadtregierung seien „zu einem Miteinander zusammengewachsen". Der Bischof hat dem Bürgermeister Anfang der Neunzigerjahre das Du-Wort angeboten. „Es ist ein respektvolles Du, das wir in der Öffentlichkeit nicht ausspielen." Dieses Du-Wort ist keinem taktischen Kalkül entsprungen. Es hat seinen Sitz im Leben von zwei Persönlichkeiten, die einander bei aller Diskretion achten und schätzen. Einmal soll Weber, so wird in Graz erzählt, bei einem öffentlichen Anlass bemerkt haben, dass der Bürgermeister besorgt sei. Er bekam vom Bischof einen kleinen handgeschriebenen Zettel zugesteckt: „Herr Bürgermeister, ich habe das Gefühl, Ihnen geht es nicht gut. Alles Gute! Johann Weber."

Bürgermeister Stingl hat „die Einfachheit des Menschen Johann Weber schätzen gelernt" und einen Bischof, „der die Würde seines Amtes ausstrahlt, aber keinerlei Pomp". Webers Buch „Bei den Leuten" kann Stingl immer wieder lesen, es sei menschlich bewegend und von einem gesunden Humor geprägt. Beeindruckt hat Stingl mehrfach, wie Weber Kinder ansprechen und in wenigen Augenblicken in Bann ziehen kann. „Ich habe das bei keinem anderen Menschen in dieser Weise erlebt, weder in der Politik noch in der Kirche." Nur ein Name fällt Stingl ein: Rudolf Kirchschläger. Der österreichische Bundespräsident der Jahre 1976 bis 1986 sei in ähnlicher Weise unkompliziert, spontan und ohne jeden Anflug von Inszenierung auf die Menschen im Allgemeinen und Kinder im Besonderen zugegangen.

Am 18. Juni 1999 verleiht die Stadt Graz an Diözesanbischof Dr. h. c. Johann Weber die vom Gemeinderat einstimmig beschlossene Ehrenbürgerschaft. Bürgermeister Stingl spricht von „einem Tag der Anerkennung, des Respekts und der Zuneigung für unseren Bischof Dr. Johann Weber". Der Bischof habe „ein Stück steirischer Geschichte geprägt – und zwar unaufdringlich, aber dafür nachhaltig – einfach durch sein Menschsein, durch seine spürbare Zuneigung zu Menschen, durch seine Bereitschaft zum Zuhören, zum Reden mit den Leuten und im Tiefgang seiner in einprägsame und begreifbare Worte gekleideten Gedanken bei den großen Anlässen der Kirche genauso wie bei einem Kindergottesdienst für die Sternsinger." Der sozialdemokratische Bürgermeister attestiert dem römisch-katholischen Diözesanbischof theologische Weite und Dialogfähigkeit, eine ökumenische Gesinnung der Ehrlichkeit, ein Suchen nach Sinn und Zukunft in einer oft trivialisierten Welt. „Für viele aber von uns immer am beeindruckendsten: Der Bischof weiß viel vom konkreten Leben der Menschen, von den kleinen Nöten und großen Sorgen." Johann Webers Buch „Bei den Leuten" sei eine Quelle des Verständnisses für Menschen. „Also für uns mit unseren kleinen und größeren Schwächen, für Fehler, denen das Verzeihen zur Seite gestellt wird; für das Widersprüchliche im Menschen." Zum Credo des Bischofs gehöre das Mutmachen, im Geflecht des Negativen suche er das Gute, die Wende zum Positiven, zum Hoffnungsvollen. „An Bischof Johann Weber wird die Liebe zu den Menschen nicht zuletzt darin spürbar, wie seine Sorgen und seine Freude Ausdruck finden: in ernster Nachdenklichkeit, einem demütigen Wort, aber auch in einem fröhlichen Lachen."

„Ernste Gespräche“ habe es „klarerweise“ während der Auseinandersetzungen zwischen katholischer Kirche und SPÖ wegen der Fristenregelung gegeben, erzählt Stingl. Es gab einerseits öffentliche Diskussionen „als Zeichen, dass wir trotz gegensätzlicher Auffassungen kultiviert miteinander reden können“. Er habe aber mit Bischof Weber auch das persönliche Gespräch unter vier Augen gesucht mit dem Ziel, gemeinsame Initiativen für Frauen in Notsituationen zu setzen. „Weber war auch in dieser kritischen Auseinandersetzung ganz unaufdringlich“, sagt Stingl, „aber er machte ohne jeden Zweifel klar, dass eine Abtreibung aus der Sicht der Kirche ein Eingriff in werdendes Leben sei.“

Diese Haltung Webers klang bei der Dechantenkonferenz am 9. Mai 1973 an. Der Bischof macht keine Abstriche vom Prinzip, mahnt aber mit großem Nachdruck einen humanen Stil in der Auseinandersetzung ein: „Am vergangenen Sonntag wurde der Hirtenbrief der österreichischen Bischöfe bezüglich Abtreibung verlesen. Halten wir in allen Diskussionen immer neu fest: Es geht uns nicht um die Bestrafung, sondern es geht uns um die grundsätzliche Frage, was in unserem Lande und Volke vom menschlichen Leben gehalten werden soll. Ich bitte, dass die Auseinandersetzung, besonders auf der Kanzel, immer in einem Ton des Maßes und der echten Sorge geführt wird. Polternde Kraftmeierei ist gerade hier nicht am Platz.“

In einer Stellungnahme zum Volksbegehren der Aktion Leben beschwor Johann Weber am 1. Dezember 1974 das gesellschaftspolitische Konsensklima in der Steiermark: „Das Volksbegehren ist von vornherein überparteilich und überkonfessionell angelegt. Daher sind Menschen verschiedener christlicher Kirchen im maßgeblichen steirischen Gremium ebenso vertreten wie politisch Engagierte aller im Landtag vertretenen Parteien. Es ist eine glückhafte Eigenart unserer steirischen Heimat, dass dies möglich ist. Darüber hinaus haben maßgebliche steirische Politiker versichert, alles zu tun, um ihrerseits Radikalisierungen und unfaire Auseinandersetzungen zu verhindern. Es ist für uns selbstverständliche Pflicht, diese Versicherung anzunehmen und uns ebenso zu verhalten.“ Die Erklärung des sozialistischen Landeshauptmannstellvertreters Adalbert Sebastian – „Ich als Katholik werde nichts für das Volksbegehren, aber auch nichts gegen das Volksbegehren tun“ – nimmt Weber „dankbarst“ entgegen. Der Bischof

verteidigt den Politiker gegen den Verdacht, dieser habe seine Erklärung nur aus Taktik abgegeben.
Der Bürgermeister der Kulturstadt Graz hat an Bischof Weber schätzen gelernt, „dass er in der Kirche offene Rahmenbedingungen für die freie Entfaltung der Kunst geschaffen hat". Entgegen kam Stingl – „Ich bin getauft, gehöre aber keiner Kirche an" – die ökumenische Offenheit Webers. Graz konnte sich als Plattform für die Zweite Europäische Ökumenische Versammlung präsentieren und den Ruf als offene, gastfreundliche, aufgeschlossene Stadt pflegen. Die christlichen Kirchen ihrerseits fanden im Bürgermeister und in der Stadtgemeinde Partner, wie sie sich ein Veranstalter eines internationalen Symposiums nur wünschen kann. Der Wiederaufbau der jüdischen Synagoge in Graz erfolgte in engster Zusammenarbeit und gegenseitigem Bemühen von Stadt und Diözese.
Hat das offensichtliche Naheverhältnis von Weber und dem sozialdemokratischen Bürgermeister Stingl die Kontakte zu den anderen Parteien beeinträchtigt? Nein, meint der Präsident der Katholischen Aktion in der Steiermark, Josef Wilhelm. „Ich glaube, dass Bürgermeister Stingl als großer Humanist von Bischof Weber sehr geschätzt wird. Umgekehrt schätzt Stingl den Bischof als den, der den Ausgleich schafft, der eine seelsorgliche und kirchenpolitische Linie vertritt, die sich um die sozialen Außenseiter und die sozialen Schwachstellen kümmert. Da gibt es eine Affinität von den Themen her, aber nicht von den Parteien her."
Wilhelm verweist auf Gespräche mit allen Parteien, einschließlich der Freiheitlichen, mit denen es einen „eher konfliktreichen" Vormittag gegeben habe. Aber: „Wir haben keine Parteipräferenzen. Wir richten uns in der Nähe und Distanz nach unseren Inhalten und nach den Inhalten der Parteien. Wir reden mit den Freiheitlichen genau so wie mit den Grünen, weil wir ja unsere Anliegen durchbringen wollen. Wir sind durchaus froh, dass es in der Steiermark diese scharfen Töne der Ausländerfeindlichkeit bei den Freiheitlichen nicht gibt – weder in der Steiermark noch in Graz in den Wahlkämpfen. Das wirkt mit zu einer Stabilität des Klimas in diesem Land."
Der KA-Präsident erinnert sich „an einen kleinen Konflikt mit der ÖVP unter meinem Vorgänger". Aber sehr viele katholisch geprägte Leute, ins-

besondere aus der Katholischen Aktion, würden in der ÖVP mitarbeiten. Der Vizepräsident der Katholischen Aktion sei Funktionär bei den Grünen in Graz. „Wo wir verstärkt Kontakt suchen müssen, ist zu den Sozialdemokraten im Land. Die sind selber auf der Suche. Aber inhaltlich hat zum Beispiel die Katholische Arbeitnehmerbewegung das Thema der sozialen Treffsicherheit sehr deutlich formuliert, bei einer Tagung, an der auch SPÖ-Funktionäre teilgenommen haben."

Aus der Sicht des steirischen ÖVP-Politikers und Landeshauptmannes der Jahre 1980 bis 1996, Josef Krainer, war der Beschluss der Fristenregelung durch die SPÖ-Alleinregierung und die Haltung der Kirche dazu „eine herbe Sache". Die ÖVP habe zuvor als Regierungspartei gegen den gesellschaftlichen Trend einer Freigabe der Abtreibung versucht, „die kirchliche Linie zu halten". Unter der SPÖ habe die Kirche dann aber „die Fristenregelung hingenommen". Dennoch meint auch Krainer, dass dies in der Steiermark nicht zu einer Entfremdung zwischen katholischer Kirche und ÖVP geführt habe. Die steirische Kirche habe sich „durch eine besondere Art offener Katholizität" ausgezeichnet. „Vorherrschend war das Prinzip, dass die katholische Kirche eine Kirche der Begegnung bleiben muss." Aber auch die „Durchlässigkeit" zwischen den politischen Lagern sei in der Steiermark größer gewesen als in anderen Bundesländern.

„Johann Weber ist nie in den Geruch gekommen, ein ÖVP-naher Bischof zu sein, aber auch nicht umgekehrt", sagt Josef Krainer. „Ich weiß auch gar nicht, was Weber gewählt hat. Ich habe ihn nie gefragt. Ich habe mich gefreut, dass er ein gutes Verhältnis zu den anderen Parteien hatte. Es gab ja auch bei uns Leute, die keine klerikale Nähe wollten." Der Landeshauptmann hat in seiner aktiven Zeit den Diözesanbischof von Graz-Seckau mit „Bischof Johann" angesprochen. Den Unterschied zu Webers Vorgänger Schoiswohl charakterisiert Krainer so: „In der Ära Schoiswohl sind aus der katholischen Kirche in der Steiermark prominente Politiker hervorgegangen. In der Ära Weber sind prominente Führungspersönlichkeiten der Caritas hervorgegangen. Das ist sicher in gewisser Weise eine Sache des Kairos, der günstigen Verhältnisse, aber es ist auch bezeichnend für die Identität von Johann Weber."

Bei Anton Schrettle, Professor an der Religionspädagogischen Akademie, hat sich die politische Katalysatorwirkung Johann Webers in einem Bild verdichtet. „In der Politik hat er es geschafft, einerseits mit Landeshauptmann Josef Krainer, ÖVP, und andererseits mit Bürgermeister Alfred Stingl, SPÖ, in Graz gemeinsam aufzutreten und Allianzen zu schmieden. Ich habe ein Bild in Erinnerung: nach dem Tag der Steiermark haben sich der schwarze Landeshauptmann Krainer und sein sozialdemokratischer Stellvertreter Schachner beim Bischof eingehängt, auf dem Hauptplatz in Graz, und Weber ist mit Krainer und Schachner Arm in Arm über den Hauptplatz gegangen. Das hat schon beinahe an die Friedensvision beim Propheten Jesaja erinnert, Kapitel 55. Es war eine tolle Szene und eine markante Botschaft: Kirche ist der Ort, wo man zusammenfindet und zusammenkommt und das Trennende beiseite stellt. Mit Weber haben im Grunde alle gekonnt."

Im Juli 2000 überreicht Landeshauptmann Waltraud Klasnic (ÖVP) dem Diözesanbischof die höchste Auszeichnung des Landes, das Große Goldene Ehrenzeichen der Steiermark mit Stern. Johann Weber positioniert in seinem Dank die katholische Kirche mit ihren 400 Pfarren und vielfältigen Einrichtungen durchaus selbstbewusst als moralischen, religiösen, kulturellen, sozialen und bildungspolitischen „Reichtum für dieses Land". Diesen Reichtum zu hüten, zu pflegen und zu stärken sei die Aufgabe aller, denn: „Wir sind nicht ein Nebensektor in diesem Land, sondern mittendrin."

Die Frau Landeshauptmann unterstreicht ihrerseits, dass die Worte von Bischof Weber in der steirischen Öffentlichkeit zählten, weil er „über das redet, was die Menschen zutiefst bewegt". Weber habe immer wieder Zeichen gesetzt, dass sich Kirche und Politik der materiellen Nöte, aber auch der geistigen Nöte gemeinsam anzunehmen hätten. Der Bischof, der „das Lächeln des Herzens im Gesicht trägt", verstehe es, auf allen Ebenen Netze des Vertrauens zu weben.

Als am 19. Juni 1999 auf dem Platz der Versöhnung in Graz mehr als 16.000 Menschen das Jubiläum 30 Jahre Bischof Weber feiern, unterstreicht Bürgermeister Stingl die Gefühle „der Zuneigung, des Respekts und des Miteinanders". Frau Landeshauptmann Klasnic dankt dem Bischof für Fröhlichkeit, Nachdenklichkeit und gute Gespräche, für das gemeinsame Tragen von Freud und Leid. „Seine Pfarre ist die Steiermark", sagt Klasnic. Die katholische Presseagentur befragt einen Grazer Kirchen-Insider nach dem Erfolgsgeheimnis des besonderen steirischen Klimas zwischen Kirche und politischer Öffentlichkeit und bekommt zur Antwort: „30 Jahre harte Arbeit und eine Auffassung vom Bischofsamt, die sich an der doppelten Treue zum Evangelium und zum Leben der Menschen orientiert."

Eine besondere Rolle hat in der Steiermark das Verhältnis zwischen Katholischer Aktion (KA) und Cartellverband (CV) gespielt. Der Leiter des Pastoralamtes, Heinrich Schnuderl, erklärt das so: „Die Steiermark war ähnlich wie Kärnten sehr national. In Kärnten hat nach dem Zweiten Weltkrieg die SPÖ die nationalen Kreise aufgesogen, in der Steiermark sind viele ehemals Nationale auch zur ÖVP gestoßen. Der VP-Obmann Gorbach war selbst im KZ, aber er meinte, man dürfe die Mitläufer in einem national gesinnten Land nicht draußen vor der Tür lassen. Auch die katholische Kirche hat diese Haltung mit getragen. Um aber diese Leute einbinden zu können, hat man im Land den CV nicht sehr groß werden lassen. Viele CVer haben in der NS-Zeit ihren Posten als Beamte verloren. Nach dem Krieg hatten sie gemeint, jetzt sei ihre Stunde gekommen. Aber das war dann nicht so: Die CVer wurden nicht in so bedeutende politische Positionen hineingesetzt, wie sie es erwartet hatten. Hochschulseelsorger Reichenpfader war kein Freund des CV. Bischof Pawlikowski hatte zwar ein Ehrenband des CV, aber mehrere seiner unmittelbaren Mitarbeiter kamen aus der Neulandbewegung, die lehnten das Verbandswesen des CV ab. Es gab dann ein paar Anlässe, wo die Mitglieder des CV plenis coloribus in Erscheinung treten wollten, zum Beispiel die Fronleichnamsprozession. Dagegen haben sich deren Gegner ausgesprochen. Diese Kontroversen aus den Jahren nach dem Krieg werden auch heute noch immer aufgetischt.

Bischof Schoiswohl hat sich bemüht, einen neuen Kontakt zur Sozialdemokratie aufzubauen. Auch das wurde vom CV sehr kritisch beobachtet. Schoiswohl war CVer und Neuländer. Der CV hatte daher gemeint, er könne dem Bischof personelle Auflagen machen. Dazu war Schoiswohl aber nicht bereit. So kam es zu einer starken Entfremdung zwischen dem steirischen CV und Bischof Schoiswohl.

Dazu kam die Rolle von Karl Maria Stepan, der vor dem Krieg Landeshauptmann war und nach dem Krieg Generaldirektor der Styria. Er war ein glühender CVer. Nach dem Krieg hat er aber zu einer Distanz der katholischen Kirche zum CV geraten. Er wollte, dass es nach 1945 im Verhältnis der Kirche zur Politik zu einem Neuanfang kommt. Auch der Großteil der Bischöfe hat nach 1945 gesagt, fahren wir nicht da fort, wo wir vor dem Krieg aufgehört haben, sondern fangen wir neu an: wir fangen auch seelsorglich neu an, wir setzen nicht mehr auf die katholischen Vereine, sondern wir bauen eine eigenständige kirchliche Laienorganisation auf. Das hat zu einer tiefen Entfremdung zwischen dem CV und der Katholischen Aktion geführt."
Bei der Dechantenkonferenz am 19. April 1989 wird in einem Visitationsbericht aus dem Dekanat Leibnitz das Verhältnis von Kirche und Politik so eingeschätzt: „Das Dekanat ist seit 1918 Grenzland, über viele Wunden und Gräuel im Zweiten Weltkrieg spricht man nicht. Politisch ist Leibnitz aus geschichtlichen Gründen national und liberal. Die ÖVP hat alles aufgesogen, die FPÖ spielt keine Rolle. Die Bürgermeister und Schuldirektoren sind in der Mehrzahl keine bewussten Christen mehr, sie müssen die ganze Breite verkörpern. Die Vereine spielen eine große Rolle. Das Verhältnis zwischen ihnen und der Kirche ist meist spannungsfrei."
Immer wieder hat der Diözesanrat durch aktuelle gesellschaftspolitische Stellungnahmen aufhorchen lassen. Diese 30 Jahre lange ungebrochene steirische Tradition wurde bereits in der 2. Sitzung am 27. und 28. Februar 1971 eingeleitet. „Der Diözesanrat begrüßt die Bestrebungen, den Alternativdienst in Österreich gesetzlich einzuführen." Damit war ein Thema angeschnitten, das noch zu schwerwiegenden Auseinandersetzungen führen sollte. Bereits in der folgenden Diözesanratssitzung am 12. und 13. Juni 1971 werden drei Anträge über den Alternativdienst abgestimmt. Ein grundsätzlicher Antrag zum Frieden wird mit 44 Stimmen bei nur einer Enthaltung angenommen: „Frieden ist ein wesentliches christliches Anliegen. Alle Initiativen, welche die Erhaltung des Friedens bzw. seine Wiederherstellung zum Ziele haben, sind auf das Entschiedenste zu fördern." Antrag 2, dass die Jugend „Überlegungen für einen umfassenden Friedensdienst anstellen und entsprechende Initiativen ergreifen soll", wird

mit 41 Pro- und drei Gegenstimmen bei vier Enthaltungen angenommen. Antrag 3, der Bischof möge eine geeignete Person betrauen zur Information der Jugendlichen über den Friedensdienst und zur seelsorglichen Betreuung während des Alternativdienstes, bekam nur mehr 29 Pro- bei drei Gegenstimmen und 13 Enthaltungen.

Neun Jahre später, bei der dritten Sitzung der dritten Funktionsperiode des Diözesanrates am 15. und 16. März 1980 kommen die Themen Zivildienst und soziale Landesverteidigung wieder ausführlich zur Sprache. Hintergrund sind die schweren gesellschaftspolitischen Konflikte um Bundesheer und Zivildienst und die innerkirchliche Auseinandersetzung um die Rolle der katholischen Jugendorganisationen in der Friedensbewegung.

Der Diözesanrat bleibt sich treu und bekräftigt seine 1971 vertretene Auffassung zum Alternativdienst. Dann wird betont, dass es zwei Formen des „Friedensdienstes" gebe: die bewaffnete Landesverteidigung und den Alternativdienst; zu diesem werden Dienste zum Abbau sozialer, rassischer und nationaler Konfliktstoffe sowie Entwicklungshilfe, Dienst in einem Friedenskorps, Friedensforschung und andere gleichzusetzende Aktivitäten gezählt. Alle Formen des Friedensdienstes – bewaffnete Landesverteidigung und Alternativdienst – werden als gleichwertig angesehen. „Für welche dieser Formen des Friedensdienstes sich der Mensch entscheidet, ist Gewissenssache."

Der Diözesanrat nimmt 1980 die Gesetzeslage – „1975 wurde vom Gesetzgeber die Möglichkeit des Zivildienstes als Ersatzdienst geschaffen" – zur Kenntnis und unterstützt mit 37 Prostimmen bei 16 Enthaltungen „vollinhaltlich die bisherigen Aussagen der Kirche und des Gesetzgebers." Mit einer Enthaltung mehr, aber ebenfalls ohne Gegenstimmen, erachtet „der steirische Diözesanrat folgende Initiativen der Arbeitsgemeinschaft Katholische Jugend für wichtig und unterstützenswert: den Antragstellern auf Anerkennung zum Zivildienst und den Zivildienern selbst beratend zur Seite zu stehen; an einem Konzept für eine gewaltlose Verteidigung mitzuarbeiten, zusammen mit anderen Organisationen und Einrichtungen". Darüber hinaus appelliert der Diözesanrat „an die verantwortlichen Stellen im Innenministerium, die von verschiedensten Stellen immer wieder geforderten Einrichtungen zur Schulung der Zivildiener in Methoden der gewaltfreien Aktion und sozialen Verteidigung einzurichten". Große Bedenken wurden allerdings erkennbar, als es um die frühzeitige Information der Jugend über den Zivildienst ging, was nach damaliger Sicht des Bundesheeres eine „Abwerbung" der Jugend bedeutete. Der Antrag im Diözesanrat, „dass das Unterrichtsministerium auch dafür Sorge trägt, dass die Schüler über den Zivildienst ausreichend informiert werden", erhält nur 27 Prostimmen bei 26 Enthaltungen.

Bei der Sitzung am 9. und 10. März 1984 ging es um einen kritischen Beitrag jener kirchlichen Kräfte, die in der Friedensbewegung engagiert waren. Der Antrag zielte darauf, eine Veranstaltung zum Thema „Rüstung – Umrüstung" im Rahmen der Landesausstellung „Erz und Eisen" in Eisenerz durchzuführen. Als „einer der möglichen Partner" sollte der Österreichische Gewerkschaftsbund gewonnen werden. Dieser Antrag wurde mit 34 Prostimmen bei vier Gegenstimmen und 16 Enthaltungen angenommen.

Bemerkenswert an den Beschlüssen des Diözesanrates zu Wehrdienst und Zivildienst, Landesverteidigung und Rüstungsindustrie ist eine unverkennbare Grundsatztreue bei gleichzeitiger realpolitischer Nüchternheit. Anstatt allgemeine ethische Appelle von sich zu geben, mit denen sich die Kirche leicht dem Vorwurf eines weltfremden Idealismus aussetzt, stellte sich der steirische Diözesanrat der konkreten Situation. In der Sitzung am 9. und 10. November 1984 beschließt das Gremium, „dass die Katholische Kirche in der Steiermark die Rüstungsindustrie weder direkt noch indirekt unterstützt." Man ist sich aber der schwierigen Lage der Arbeiter in den steirischen Industriebetrieben bewusst: „Die Katholiken in der Steiermark, besonders jene, in deren Umgebung Rüstungsindustrie existiert, werden ermutigt und sollen selbst ermutigen, dass über die Probleme, die die Existenz von Rüstungsproduktion mit sich bringen, diskutiert wird. Insbesondere sollten auch die moralischen Fragen in diesem Zusammenhang angesprochen werden, wie auch die Gewissensprobleme von Arbeitern in Rüstungsbetrieben."

In der Sitzung vom 28. Februar und 1. März 1986 greift der Diözesanrat den Zwiespalt zwischen angespannter Arbeitsplatzsituation und Arbeitsplatzsicherung durch die Herstellung von Rüstungsgütern auf. In einer

Resolution zur Lage „in steirischen Krisengebieten“ unterstreicht der Diözesanrat „die uneingeschränkte Solidarität mit den Menschen, deren Arbeitsplätze gefährdet sind“. Es sei „alles zu unternehmen, dass Arbeitsplätze gesichert werden“ – allerdings mit zwei Einschränkungen: „Arbeitsplatzsicherung und Umweltbelastung dürfen nicht gegeneinander ausgespielt werden.“ Und „keinesfalls“ dürfe die Sicherung von Arbeitsplätzen „durch einen weiteren Ausbau eines betriebswirtschaftlich riskanten, neutralitätspolitisch bedenklichen und moralisch unverantwortlichen Rüstungsexports versucht werden.“

Als permanenten Tagesordnungspunkt hat der Diözesanrat von Graz-Seckau den umfassenden Schutz des Lebens behandelt. Bereits in der Sitzung am 12. und 13. Juni 1971 wird ein Dringlichkeitsantrag zum Schutz des ungeborenen Lebens einstimmig angenommen. „Ohne ein generelles Votum gegen die beabsichtigte Strafrechtsreform abgeben zu wollen, bekennt sich der Diözesanrat als die repräsentative Vertretung der Katholiken in der Steiermark zur diesbezüglichen Stellungnahme der österreichischen Bischofskonferenz vom 8. Juni 1971 bezüglich des Schutzes des ungeborenen Lebens. Den weithin sichtbar gewordenen Versuchen, alles in einen wertfreien Raum zu stellen und Lebensprobleme bloß nach Opportunität zu regeln, muss der katholische Christ auf Grund seiner Überzeugung entgegenwirken. Einen unverrückbaren Platz in der christlichen Wertordnung nimmt das menschliche Leben – auch das ungeborene – ein. Der Verzicht des Staates auf Strafverfolgung bedeutet noch keineswegs moralische Rechtfertigung. In der verantwortlichen Sorge um die Würde des Menschen wendet sich der Diözesanrat an alle, insbesondere an die in diesem Lande mit der politischen Willensbildung befassten Personen und Institutionen, mit dem dringlichen Ersuchen, unverantwortlichen Bagatellisierungstendenzen in der öffentlichen Meinungsbildung und der Beschlussfassung über die geplante Strafrechtsreform entgegenzutreten. Gleichzeitig wollen wir alle in ihrer Gewissenspflicht bestärken, ungeborenes Leben auch dann zu schützen, wenn dies mit großen persönlichen Opfern verbunden ist. Damit sich niemand in seiner Entscheidung und in den sich ergebenden Konsequenzen allein gelassen fühlt, bietet die Diözese Graz-Seckau in christlichem Bruderdienst ihre Hilfe an. Über die bereits bestehenden Möglichkeiten der Beratung und Unterstützung hinaus verpflichtet sich die Diözese, je nach Wunsch im Einvernehmen mit den zuständigen Behörden entsprechende Pflegeplätze oder Adoptiveltern zu vermitteln."

Diese Resolution findet ein breites politisches Echo, „vom Bundeskanzler über den Bundesminister für Justiz, vom Abgeordneten zum Nationalrat und Landtag bis zum Präsidenten der Ingenieurkammer". Der „umfassende" Schutz des Lebens bleibt im Diözesanrat kein Lippenbekenntnis. Es kommen unter diesem Titel neben Abtreibung und Fristenregelung auch andere Fragen des Lebensschutzes in den Blick und es wird nicht übersehen, dass die Kirche nur dann glaubwürdig ethische Grundsätze einmahnen kann, wenn sie einen eigenen Beitrag zur Bewältigung von schwierigen Lebenssituationen leistet. So heißt es in einem Beschluss des Diözesanrates: „Um staatlichen Stellen eine fundierte Maßnahme für positive Hilfe vorschlagen zu können, sollte die Kirche eine empirische Untersuchung über die tatsächlich vorhandenen Motive zur Abtreibung durchführen lassen." Bei der Acht-Jahre-Bilanz des Gremiums im März 1979 werden folgende Initiativen aufgezählt: Ehe-, Familien- und Lebensberatung ausgebaut, Hilfen für das Heim der offenen Tür, Wohngemeinschaft der Mütter im Karenzjahr errichtet, mit dem Film „Die ersten Tage des Lebens" landauf, landab gezogen, Projekt Tagesmütter weitergeführt, familienpolitische Initiativen im Jahr der Familie.

Mit Stolz wird berichtet, dass die Vertreter der Steiermark die Linie der Aktion Leben Österreich wesentlich mitbestimmt hätten: „Die Linie der Aktion Leben war von steirischen Delegierten bei der Österreich-Synode durchgesetzt worden: Es genügt nicht, um den strafrechtlichen Schutz der Ungeborenen allein zu kämpfen. Es geht auch nicht bloß um die juridische Verfügungsgewalt über menschliches Leben. Mütter, die aus welchen Gründen auch immer in Not und scheinbar ausweglose Situationen geraten sind, dürfen von ihrer Familie, von der Gesellschaft und auch von christlichen Gemeinschaften nicht im Stich gelassen werden."

Gesellschaftspolitische Forderungen insbesondere im Jahr des Kindes stützen bei der Sitzung des Diözesanrates am 10. und 11. November 1979 die Aktivitäten der Aktion Leben ab. Das Beratungsgremium der Diözese

macht sich Forderungen der Katholischen Jungschar zum Jahr des Kindes zu eigen, die 22 Jahre danach, im Jahr 2001, höchst aktuell anmuten: Ausdehnung der Karenzzeit für einen Elternteil bis zum dritten Lebensjahr des Kindes, Einführung eines Erziehungsgeldes für den zu Hause bleibenden Elternteil aus dem Familienlastenausgleichsfonds sowie Einberechnung der Erziehungsarbeit in den Pensionsanspruch, Neuregelung der Gesetzeslage zur Unterbringung eines Kindes in einer Pflegefamilie.
Im November 1981 tritt der steirische Diözesanrat für „eine familiengerechte Steuer-, Einkommens- und Lohnpolitik ein, die besonders die Situation der Alleinverdiener verbessert". Nicht zuletzt aus familienpolitischen Gründen tritt der Diözesanrat gegen eine Ausdehnung der Arbeitswoche auf den Plan: „Der Diözesanrat lehnt entschieden die Ausweitung der Einführung des ‚gleitenden Wochenendes' ab. Die Realisierung dieses Vorschlages wäre familienfeindlich, unsozial und widerspricht unserer Auffassung vom Sonntag."
Ebenfalls vor dem Hintergrund des Schwerpunktes umfassender Schutz des Lebens setzt sich das Gremium der steirischen Kirche am 7. und 8. November 1986 in einem Sechs-Seiten-Beschluss mit der Sterbehilfe auseinander. Die wesentlichen Passagen lauten: „Aktive Sterbehilfe als Beschleunigung des Sterbens durch gezielte und direkte Lebensverkürzung mit Einverständnis (sogenannter Tötung auf Verlangen) oder, wenn nicht mehr möglich, ohne Einverständnis des Betroffenen, ist ... grundsätzlich und in jedem Fall sittlich zu verwerfen. Passive Sterbebegleitung als Verzicht auf künstliche Lebensverlängerung im irreversiblen Sterbeprozess ist sittlich vertretbar. Die indirekte Sterbehilfe (die Verabreichung schmerzstillender Mittel mit wahrscheinlicher Lebensverkürzung als Nebeneffekt) ist bei Abwägung aller zur Entscheidung anstehenden Umstände sittlich vertretbar, wenn auf andere Weise schweres Leiden nicht gebannt werden kann."
In der Sitzung vom 7. und 8. Juni 1980 bekräftigt der Diözesanrat seine Beschlüsse zur Atomenergie vom März 1978. Ausgehend vom christlichen Menschenbild müsse darauf geachtet werden, die gesellschaftliche Ordnung nach dem Maß des Menschen zu gestalten. „Wir glauben, dass die Abhängigkeit von undurchschaubaren Großtechnologien dieser Zielset-

zung zuwiderläuft. Der Diözesanrat lehnt daher eine neuerliche Abstimmung über die Inbetriebnahme des Kernkraftwerkes Zwentendorf ab."
In der Herbstsitzung am 15. und 16. November 1980 wird in provokanter Weise der parteipolitische Einfluss im Schulsystem zum Thema gemacht und kritisiert: „In der Institution Schule, in der Demokratie entstehen und vorgelebt werden soll, bestehen oft keine glaubwürdigen demokratischen Bedingungen. So werden die Beziehungen zwischen Lehrern und den politischen Parteien durch die Tatsache belastet, dass bei Anstellung und vor allem bei den Aufstiegsmöglichkeiten der Lehrer nicht in erster Linie die Qualifikation ausschlaggebend ist, sondern fast ausschließlich die Zugehörigkeit zu einer der politischen Parteien, die sich die Besetzung vieler Stellen reserviert haben. So ist es zum Beispiel unerträglich, wenn in unserem Schulsystem alle leitenden Positionen nach dem Parteienproporz vergeben werden. Es ist gewiss zu begrüßen, wenn sich Lehrer auch politisch betätigen, aber sie müssen ihre persönliche Entscheidung für eine bestimmte Partei vollkommen frei und ohne Angst vor nachteiligen Folgen treffen können."
Besorgt zeigte sich der Diözesanrat darüber hinaus über die zunehmend weiten Schulwege: „Im Zuge der Errichtung von Zentralschulen wurde das Pendeln bereits auf viele Kinder ausgedehnt. Andererseits fördern die Zentralschulen die Anonymität von Lehrern und Schülern und die daraus folgenden negativen Erscheinungen. Der DR ersucht die dafür zuständigen Stellen, der Schulkonzentrierung durch Wiederbelebung kleinerer Pflichtschulen zu begegnen."
Beispielhaft für gesellschaftspolitische Beschlüsse des Diözesanrates, die sich vornehmlich an die eigene Adresse der Kirche richten, ist eine Resolution zur angespannten Lage auf dem Arbeitsmarkt am 7. und 8. März 1981: „Der Diözesanrat hat die Lage auf dem Arbeitsmarkt mit großer Sorge und Betroffenheit registriert. Er begrüßt alle Bemühungen der politisch zuständigen und verantwortlichen Stellen, die Probleme solidarisch zu lösen. Der Diözesanrat fordert alle Katholiken unseres Landes auf, in der jetzigen Situation an diesen Fragen und Problemen der Betroffenen nicht tatenlos vorüber zu gehen. Neben der Behandlung in kirchlichen Gremien ist es sicher notwendig, auch auf Pfarrebene in Eigeninitiative christliche Brüderlichkeit in die Tat umzusetzen. Wir meinen, dass die auf uns zukom-

menden wirtschaftlichen Schwierigkeiten nur durch eine verstärkte solidarische Gesinnung aller zu lösen sein werden."

Im Juni 1985 steht eine Spezialdebatte „Brot und Arbeit teilen" auf der Tagesordnung. „Alle Pfarren mit ihren Pfarrgemeinderäten in der Steiermark sind aus Gründen der Solidarität aufgerufen, dem Büro des Diözesanrates zur Schaffung von zusätzlichen Arbeitsplätzen für arbeitslose Jugendliche und Erwachsene bis längstens Ende September bekannt zu geben, ob der Einsatz eines ständigen Pfarrmitarbeiters notwendig bzw. möglich ist (als Sozialhelfer für die Altenbetreuung, als Kindergartenpraktikant, für die Kinderbetreuung, für eine Lernbetreuung oder anderes)." Während in Teilen der politischen und medialen Öffentlichkeit diskutiert wird, wie man „Sozialschmarotzer" von staatlichen Leistungen fernhalten könnte, tritt der Diözesanrat dafür ein, „dass die vorgesehenen Hilfen unseres Sozialstaates durch Information und Ermutigung von den Arbeitslosen voll ausgenützt werden können und dass die Lasten eines rückläufigen Wirtschaftswachstums durch verschiedene gesellschaftspolitische Maßnahmen gerechter verteilt werden." Schließlich kommt auch die Arbeitszeitverkürzung aufs Tapet. Gefordert wird eine „grundsätzliche Abschaffung aller dauernden Überstunden bei gleichzeitiger Förderung der Betriebe, dafür neue Arbeitsplätze zu schaffen." Die Arbeitszeit solle bis zur 35-Stunden-Woche verkürzt werden, und zwar jedes Jahr in dem Maße der ausgehandelten Lohnerhöhung; anstatt der Lohnerhöhung soll die Arbeitszeit entsprechend kürzer werden.

Im November 1987 legt der steirische Diözesanrat den Finger auf den wunden Punkt bei den staatlichen Sparpaketen: „Der Diözesanrat anerkennt die Notwendigkeit von Sparmaßnahmen im Bundesbudget. Es besteht allerdings die große Gefahr, dass die Sparmaßnahmen in den sozial schwächeren Schichten der Bevölkerung die schon bestehende Not verschärfen."

Ein Bischof, der ankommt

Johann Weber kann Menschen ganz unmittelbar und ohne jeden falschen Missionseifer spüren lassen, dass er sie mag. Je schlechter es ihnen geht, desto mehr. Bei keinem anderen wäre der Wahlspruch „Den Armen die frohe Botschaft bringen" besser gedeckt als bei Bischof Weber. Schon am 1. Februar 1970, wenige Monate nach seinem Amtsantritt, unterstreicht der neue Oberhirte in einem Aufruf im „Sonntagsblatt", dass ihm mit seinem Wahlspruch Ernst ist: „Die Caritas-Haussammlung, die jedes Jahr in unserer Diözese durchgeführt wird, ist keine Routineangelegenheit, keine bloße Geldbeschaffung für die Erfordernisse der Caritas, sondern eine besondere Chance für uns alle, unsere besten menschlichen und christlichen Kräfte wieder anzufordern und zu betätigen. Vergessen wird doch nicht, wie viel Not es noch in unserem Lande gibt. Wir sind dankbar für alle Fortschritte, die unser Vaterland machen durfte. Aber ungezählte Menschen gibt es, die das Leben nicht bewältigen. Die Gründe sind oft sehr verschieden, aber Hunger tut jedem weh. Darüber hinaus ist es notwendig, Institutionen zu erhalten – seien es Kindergärten, Altersheime, Schülerheime usw. –, die ein so gutes Angebot für viele unserer Mitbürger darstellen, dass sie dankbar und zahlreich benützt werden. Aber auch sie können nicht kostendeckend geführt werden. So ist es notwendig, dass das ganze Volk Gottes der Steiermark dazu beiträgt, diese echten Zeichen der Kirche deutlicher und besser zu machen."

Manchen in der katholischen Kirche scheint dennoch nichts verdächtiger als ein Bischof, der bei seinen Leuten ankommt. Schnell sind sie da mit dem Verdacht der Anbiederung und der Anpassung. Ein Bischof, der beliebt ist, gebe wohl allzu sehr dem sogenannten Zeitgeist nach und opfere den Ernst und den Anruf des Evangeliums auf dem Altar der Beliebigkeit. Johann Weber zu 30 Jahren Bischofsein in der Steiermark:

>>> *Viele Steirer sagen: bei diesem Bischof bleibe ich noch in der Kirche, aber wenn da ein ganz anderer kommen sollte, dann trete ich aus. Das ist ein persönlicher Erfolg für Sie, aber andererseits sollten die Steirer nicht allein wegen Johann Weber in der Kirche bleiben.*
Weber: Das ist ein scheußlicher Zwiespalt.

>>> *Weil Sie möchten, dass die Menschen der Kirche die Treue halten, nicht einem bestimmten Bischof.*
Weber: Für mich war die lange Zeit, die ich Bischof in der Steiermark war, ein Problem. Du musstest in der Steiermark 50 Jahre alt

sein, damit du bewusst einen anderen Bischof in Erinnerung hast. Man war den Weber gewohnt. Ich habe bei mehr als 1000 Visitationen keine einzige in halb krankem Zustand machen müssen. Das ist reines Glück. Da war auch viel Glück dabei, dass uns manches gelungen ist, der Katholikentag, der Tag der Steiermark. Aber wenn der Glaube vom Ankommen des Bischofs zu stark abhängt, ist es nicht gut.

>>> *Sie können das gute Gefühl haben, ein beliebter Bischof gewesen zu sein.*
Weber: Ja, schon.

>>> *Ohne schmuseweich zu sein und es allen recht machen zu wollen.*
Weber: Naja, es gibt die bekannten Flügel. Die charismatisch betonten Leute oder Menschen wie Kardinal Stickler sagten, von dem Bischof Weber hat man nichts zu erwarten. Ich habe mich daher auch immer gewehrt gegen das Stempelchen „liberal“, das mir dort und da von den Medien aufgedrückt wurde. Ich hätte viel lieber das Wort „aufmerksam“. Denn liberal heißt doch im Allgemeinen, er schaut überall weg und lässt alle fünf gerade sein. Auf der anderen Seite gab es die Aufforderung, ich hätte die Fahne des Kirchenvolksbegehrens ergreifen müssen. Aber diese Ränder sind schmal, dazwischen ist eine gute breite Mitte.

>>> *Sie haben ein ausgesprochenes Harmoniebedürfnis.*
Weber: Sicher, das Harmonisieren, etwa bei Pressekonferenzen nach einer Bischofskonferenz, das habe ich schon sehr strapaziert.

>>> *Bis hin zum Rand der Notlüge. Warum?*
Weber: Da ist sicher eine Portion Feigheit dabei. Ich habe keine unbedingte Begierde nach Konflikten. Zweitens ist es mir immer darum gegangen, das Ganze doch irgendwie zusammenzuhalten.

Zusammenhalten ist ein Schlüsselwort für den Stil von Johann Weber. Und eine Unruhe, die ihn dazu treibt, immer etwas in Gang zu bringen, einen Stein ins Wasser zu werfen, der Kreise zieht, eine Aktion zu initiieren, die durchaus einen Touch von Aktionismus haben kann. Der Bischof führt das auf seine Urerfahrung mit Kirche zurück: Der tüchtige Pfarrer und die jungen Kapläne in seiner Jugendpfarre haben immer etwas erfunden, da war immer etwas los – eine Aussage, die spätere Mitarbeiterinnen und Mitarbeiter wörtlich über den KAJ-Kaplan wiederholen. Elisabeth Unger, Mitstreiterin aus der Zeit des KAJ-Seelsorgers Weber, muss bei diesem Gedanken noch heute hellauf lachen: „Er kam in der Früh ins Büro und sagte: Leute, mir ist da etwas eingefallen. Leute, hört her, ich habe eine Idee. Beinahe jeden Tag war das so, das hat mir imponiert. Was ihm durch den Kopf gegangen ist, hat er uns dargelegt, und dann ist bei den Arbeitsgesprächen oft etwas daraus geworden. Am Schluss hatten wir immer das Gefühl, wir haben miteinander etwas auf die Wege gebracht."

Weber selbst bejaht die Frage, ob die Kindheits- und Jugenderfahrung einer „aktiven Pfarre" seine Überzeugung geprägt habe, dass in der Kirche „immer etwas los sein muss". Weber gehört nach dem Krieg dem Jung-Reichsbund an und hat sein „zweites Urerlebnis", was Aktiv-Sein in der Kirche heißt, als Pfarrjugendführer. „Das hat uns gefallen: Jugendgruppe, Jugendbanner, Jugendtag. Wir waren auch sehr erfindungsreich, nicht immer zur Freude des Pfarrers." Es gab Auseinandersetzung um die Liturgie und es wurde viel Theater gespielt. Ein Kumpane Webers war Johann Steinböck, ein späterer Direktor der Styria. Es war die Zeit der Mysterienspiele. „Mit dem Apostelspiel sind wir sogar auf Tournee gegangen in Graz, da waren wir sehr stolz."

Ideen unters Volk werfen, aus denen im intensiven Hin-und-her-Wälzen mit den Mitarbeiterinnen und Mitarbeitern konkrete Ziele und greifbare Aktionen entstehen – dieser Arbeits- und Führungsstil prägt Johann Weber auch während seiner Bischofsjahre. Er ist nicht der große Planer und Stratege, Details und „Durchführungsbestimmungen" beschäftigen ihn nur am Rande. Johann Weber ist kein Theoretiker, die Pastoraltheologie interessiert ihn im praxisorientierten Zugang der Linzer Theologen Wilhelm Zauner. Weber ist ein Mann der Praxis, der Seelsorger, nicht der Stratege, der Animator und Wegbegleiter, der eine Richtung mehr andeutet als vorgibt. Das schlägt sich dort als Stärke nieder, wo er Mitarbeiterinnen und Mitarbeiter etwas auf den Weg bringen lässt, ohne sie durch zu enge Direk-

tiven in ihrer Suche, in ihrem Sich-Vorantasten einzuschränken und zu behindern. In der Diözese von Johann Weber herrscht eine große Freiheit der Gedankenspiele und Programmentwürfe, der Annäherungen an eine gegenwärtige und künftige Gestalt von Kirche, auch auf dem Weg von trial and error, von Versuch und Irrtum.
Der Nachteil dieses Führungsstils ist, dass fallweise zu lange im Dunkeln getastet werden muss, weil die Zielvorgaben ungenau sind, weil die bildreiche Sprache des Bischofs im Widerspruch steht zu jenen Managementkategorien, denen auch Kirche als soziale Wirklichkeit sich nicht verschließen kann: Effektivität und Kriterien, die eine Evaluation und Qualitätsprüfung ermöglichen, definierte Wegmarken, an denen die eingeschlagene Richtung überprüft werden kann.
Weber ist Sämann. Er hat ein Faible für Keime, für das, was erst im Kern sichtbar ist. Man kann sich den fest und gedrungen gebauten Mann gut als Landwirt vorstellen, der mit großzügigen, großflächig ausholenden Bewegungen seiner Hände den Samen in den Acker streut, immer in der Zuversicht, dass ihm wenigstens dieselbe Erfolgsquote gegönnt sei wie dem Sämann im Gleichnis des Evangeliums: „Und er sprach lange zu ihnen in Form von Gleichnissen. Er sagte: Ein Sämann ging aufs Feld, um zu säen. Als er säte, fiel ein Teil der Körner auf den Weg, und die Vögel kamen und fraßen sie. Ein anderer Teil fiel auf felsigen Boden, wo es nur wenig Erde gab, und ging sofort auf, weil das Erdreich nicht tief war; als aber die Sonne hochstieg, wurde die Saat versengt und verdorrte, weil sie keine Wurzeln hatte. Wieder ein anderer Teil fiel in die Dornen, und die Dornen wuchsen und erstickten die Saat. Ein anderer Teil schließlich fiel auf guten Boden und brachte Frucht, teils hundertfach, teils sechzigfach, teils dreißigfach. Wer Ohren hat, der höre!“ (Mt 13,3-9).
Mehr als einmal in den kritischen Achtziger- und Neunzigerjahren gab es für katholische Christen in Österreich nur einen Hoffnungsschimmer: „Dem Weber wird schon etwas einfallen.“ Oft fiel ihm etwas ein, etwas Riskantes wie der „Dialog für Österreich“, etwas zu Riskantes wie der „Weisenrat“ zur Aufklärung der Causa Groër oder auch etwas von geradezu naiver katholischer Schlichtheit wie die „Wallfahrt der Vielfalt“ in das steirische Marienheiligtum Mariazell. Man muss sich das vorstellen: Da sagt

einer, machen wir eine Wallfahrt – nona, wir sind ja katholisch! Und wohin soll's bitte gehen? Nach Mariazell. Aha, zur Magna Mater Austriae – wohin sonst! Und alle tun mit und sind angetan und freuen sich wie Kinder, dass den Katholikinnen und Katholiken in Österreich endlich etwas gemeinsam gelungen ist.

In der Steiermark herrscht ein sehr offener Geist, aber die Leute wissen sehr genau, was der Bischof möchte. Keine Uniformität, aber in wesentlichen Fragen eine einheitliche Linie. Johann Weber nennt zwei Gründe: „Erstens, dass ich sehr lange Bischof war. Die Pfarrerwochenreferate zeigen: Irgendwo zieht sich etwas durch. Zweitens: Ich hatte die Freude, einen Stab von Mitarbeiterinnen und Mitarbeitern zu haben, die mitgedacht haben. Wir haben auch viel miteinander getan, die sogenannte Postsitzung am Dienstag, zwei Stunden, war eine starke Abstimmung aufeinander. Die Mitarbeiter haben auch immer wieder meine springenden Böcke eingefangen und gesagt: Wir sind da dran. Ich selbst habe zugesehen, dass ich nicht ins letzte Detail gehe. Manchmal habe ich einen Anfall bekommen, dass ich am liebsten auch die Adressen selbst schreiben wollte."

Die geistlichen Berufungen

Aus der Zeit unmittelbar nach der Weihe von Johann Weber zum Bischof wird eine Anekdote berichtet. Der frisch gebackene Oberhirte der Diözese Graz-Seckau nimmt als einer der Vertreter Österreichs an einer Konferenz der europäischen Bischöfe in Chur teil. Es sind die aufgeregten Zeiten Ende der Sechziger-, Anfang der Siebzigerjahre. Viele junge Priester hatten in der Hoffnung ihr Amt angetreten, dass die Freistellung des Zölibats nur mehr eine Frage weniger Jahre sein könne. Sie sind jetzt enttäuscht und organisieren parallel zur Bischofsversammlung in Chur eine Gegenveranstaltung. Es sind auch Österreicher dabei, die Johann Weber teils aus seiner Pfarrerzeit und seinen Österreich-Verbindungen als KAJ-Seelsorger kennt. Weber trifft diese Priester, noch nichts ahnend, dass das jetzt, wo er Bischof ist, einen völlig anderen Charakter bekommt als eine Begegnung mit Priesterfreunden. „Es gab", so erzählt der Bischof die Episode, „zur

Versammlung der europäischen Bischöfe eine Parallelversammlung von stürmischen Priestern, zu einem guten Teil mit Freundinnen. Manche hatte ich gekannt aus der KAJ-Zeit. Diese Gruppe hatte den Ausgang besetzt, wir mussten bei der Hintertür hinaus. Das war eine wüste Geschichte. Ich bin da hineingeraten."

Keine andere österreichische Diözese musste so viele Amtsniederlegungen von Priestern hinnehmen wie Graz-Seckau. Für Johann Weber ist das eine der Wunden seiner dreißig Bischofsjahre. Das „Sonntagsblatt" erscheint am 5. April 1970 mit dem Titel „Der Schrei nach dem Priester" und zitiert dazu aus der Gründonnerstag-Ansprache von Bischof Weber: „Der Priester muss seinen Fleiß einsetzen, seine Beharrlichkeit, die wunderbare Skala seiner Gefühle, sein stetes Streben nach Bildung und schließlich die königliche Kraft, auch nein sagen zu können ... Das Wirken des Priesters verlangt immer Neues. Wir wollen nicht bloß bewahren. Einem Priester, der seine Gemeinde liebt, wird auch etwas einfallen. Neues macht froh ... Der Priester trägt dazu bei, dass die Menschheit vor einem Rausch der Harmlosigkeit bewahrt wird."

Der Bischof bringt seine Betroffenheit über die vielen Amtsniederlegungen unter anderem bei einer Regionalkonferenz der Frauenorden am 16. Februar 1971 zum Ausdruck: „In unserer Diözese haben in den vergangenen drei Jahren 22 Priester ihr Amt aufgegeben. Besonders hart war es im Jahre 1970, als an einem Tag vier weggegangen sind in einem einzigen Gebiet. Das war sehr, sehr schlimm. Dabei war die Zölibatsfrage, die Begegnung mit einer Frau, nur die auslösende Ursache. Die Wurzeln sind tiefer gelegen. Sie waren vor allem in einem Misstrauen zur Kirche, zum Papst, zu den Bischöfen gelegen. ‚Mit dieser Kirche kann ich mich nicht mehr identifizieren', war der Hauptslogan von vielen."

Der steirische Diözesanrat befasst sich bei seiner Sitzung am 12. Juni 1971 mit der bevorstehenden Bischofssynode über das Priesteramt in Rom und votiert mit Zweidrittelmehrheit für die Aufhebung des Zölibats und die Zulassung von bewährten verheirateten Männern zur Priesterweihe. Der Beschluss schlägt derartige Wellen, dass die diözesane Kirchenzeitung erst am 29. August, zweieinhalb Monate später, darüber berichtet. Die Begründung: „Tatsächlich hatte das Sonntagsblatt in dieser Angelegenheit Hemmungen zu überwinden. Sie mögen als Entschuldigung unserer Säumigkeit angesehen werden.“ Neben technischen Hindernissen werden Hemmungen psychologischer Natur und Hemmungen inhaltlicher Natur genannt: „Man überlegt es sich dreimal, ob man nicht durch die öffentliche Weitergabe scharf gegensätzlicher Meinungen unter den Katholiken zu einem Multiplikator emotioneller Verstimmungen wird. Oder ist es nicht überraschend, wenn nicht schockierend, was der Diözesanrat als repräsentative Vertretung des Volkes Gottes in der Steiermark mit seinen in knapp drei Stunden durchgepeitschten Meinungsbeschlüssen dem Bischof mit Zweidrittelmehrheit vorschlägt?“

Die Vorschläge, die der Diözesanrat dem Bischof mit nach Rom geben wollte, waren in der Nacht vor der Sitzung im „roten Papier“ formuliert worden. Die drei Zusatzanträge lauteten: „Der Diözesanrat wolle beschließen, der Herr Diözesanbischof wird gebeten, der Bischofssynode in Rom folgende Anträge zur Beschlussfassung vorzulegen:

1. Die Diözesanbischöfe werden ermächtigt, aus pastoralen Gründen auch verheiratete Männer zu Priestern zu weihen, die ihren ursprünglichen Beruf beibehalten können.
2. Die Diözesanbischöfe werden ermächtigt, Priester, die lediglich aus zölibatären Gründen aus dem Amt geschieden sind und mit Dispens geheiratet haben, wieder in das Priesteramt einzusetzen.
3. Die Diözesanbischöfe werden ermächtigt, von der Zölibatsverpflichtung zu dispensieren.“

Am 12. Oktober 1971 gibt Johann Weber im Namen der österreichischen Bischofskonferenz bei der Synode in Rom ein Votum für die Weihe von Viri probati ab und begründet dies so: „Die Kirche hat das Recht, von ihren Priestern ein besonderes Unterpfand des gelebten Glaubens und der Fähigkeit zur Hingabe zu verlangen. Der Mann, der den Zölibat auf sich nimmt, legt dadurch ein hohes Zeugnis für Christus ab. Ein bewährter, verheirateter Mann muss auf das Zeugnis einer durch Jahre in Christus gelebten Ehe hinweisen. Das Erbringen dieses Zeugnisses hat in unserer Zeit einen hohen Rang ... Es ist zu hoffen, dass durch diese verheirateten Männer ein neuer Zweig des apostolischen Wirkens entsteht ... Die christliche Ehe verlangt von Menschen großmütige Leistungen. Durch die Viri probati wird das Bewusstsein geweckt, dass sich auch Amtsträger nicht von den Lasten der Eheleute distanzieren. Überdies wird so ein besonderes Zeichen der Solidarität der Priester mit den anderen Gliedern des Volkes Gottes gegeben."

Die Bischofssynode entscheidet dagegen. Ausschlaggebend, so berichtet der steirische Oberhirte, seien nicht zuletzt Wortmeldungen der Bischöfe aus dem damaligen Ostblock gewesen. Diese hätten gewarnt, dass Priester mit Familie leichter vom Staat abhängig und erpressbar wären. Zu Hause hofft Weber auf ein Abflauen des Zölibatsproblems: „Durch die eindeutige Entscheidung der Bischofssynode hat sich für viele – das kann ich mit Dankbarkeit merken –, die in persönlichen Schwierigkeiten waren oder sind, doch eine Erleichterung ergeben. Sie sagen: ‚Ich weiß jetzt, wie man dran ist. Auf dieser Basis will ich wieder neu beginnen.' Das ist schon sehr, sehr gut."

Die Hoffnung, dass die Auseinandersetzungen um den Zölibat damit aus der Welt wären, erwies sich aber als trügerisch. Die Anfrage nach anderen Zugängen zur Priesterweihe sollte Johann Weber 30 Bischofsjahre lang begleiten – so wie die ganze römisch-katholische Kirche nach dem Zweiten Vatikanischen Konzil. Der steirische Bischof zeichnete sich aber durch einen sehr sorgsamen Umgang mit den betroffenen Menschen aus. Ein Beschluss der Bischofskonferenz, den das „Sonntagsblatt" am 29. März 1970 zitiert, war ihm Leitlinie. „Auf die Frage nach der Weiterverwendung aus dem Amt geschiedener Priester berichtete Bischof Weber, dass jene ausgeschiedenen Priester, die weiterhin in Einheit mit der Kirche leben wollen, auch im kirchlichen Dienst – Religionsunterricht, aber auch Seelsorge etc. – weiter verwendet werden können. Selbstverständlich dürften sie nicht die Messe feiern und die Beichte abnehmen. Die Bischöfe seien aber der Ansicht, dass mit Rücksicht auf die Gemeinde die ausgeschiedenen Priester nicht in derselben Gemeinde wirken sollen, in der sie als Geistliche tätig gewesen sind."

>>> *Sie reagierten sehr enttäuscht, wenn ein Priester sein Amt niederlegte. Hängt das damit zusammen, dass die Berufung zum Priester für Sie eine so unzweifelhafte Sache ist?*
Weber: Das hat viele Gründe. Sicher spielt meine Lebensgeschichte mit. Das zweite ist: Das Presbyterium ist ein sehr starker Faktor in der katholischen Kirche. Ich habe mehr als 200 Männer zu Priestern geweiht. Es ist ein persönlicher Verlust, wenn einer weggeht aus dem Amt. Außerdem leide ich sehr mit den betroffenen Pfarren, dort ist nirgendwo Jubelstimmung. Vielleicht spielt auch mit, dass ich in meiner Verwandtschaft sehr viel Scheidung erlebt habe. Vom Priesteramt wegzugehen ist eine Trennung, die tiefe Schmerzen verursacht. Ich bin sehr stolz darauf, dass bei uns kein einziger Weltpriester in materielle Not gekommen ist und dass zu allen, die es wollten, ein gutes Verhältnis besteht, auch wenn sie zum Teil ganz andere Wege gegangen sind, etwa dass sie evangelisch wurden. Einer wollte partout evangelischer Pfarrer werden.
Wir haben die höchste Quote an Amtsniederlegungen; kein Mensch weiß warum. Die Steiermark war fast völlig evangelisch mit vielen sozialen Hintergründen. Die Gegenreformation ist relativ gewaltlos, aber auch sehr oberflächlich geschehen. Da hat der Bischof einmal gepredigt und gesagt: jetzt seid ihr wieder katholisch, und sie haben gesagt: Aha. Graz war der Hort der Aufklärung in der ganzen Monarchie, und wir haben Bischöfe gehabt, die voll auf der josephinischen Linie waren. Dadurch ist bei uns alles ein wenig dünn geworden.

>>> *In den Pfarren sind die Reaktionen nicht mehr eindeutig, wenn ein Priester aus dem Amt ausscheidet. Es gibt zunehmend Katholiken, die sagen, der könnte doch bleiben, wir möchten ihn auch, wenn er heiratet.*
Weber: Unser sehr gescheiter Diözesanvisitator Herbert Thoman hat einmal gesagt: die Leute stützen nicht den Zölibat; bei einer Abstimmung unter den Katholiken würde eine große Mehrheit dafür sein, den Priestern die Lebensform freizustellen. Auf der anderen Seite seien aber viele doch sehr traurig, wenn ein Priester

den Zölibat nicht halte. Es ist richtig, dass die Reaktionen unterschiedlich sind. Ein innerer Kreis, der oft sehr in der theologischen Diskussion steht, reagiert eher so, wie Sie gesagt haben: Der könnte doch auch als Verheirateter unser Priester bleiben. Dann gibt es aber auch die mehr oder weniger regelmäßigen Kirchgänger; bei denen ist die Reserve oft sehr groß. Schließlich wäre noch zu fragen, was das übrige Volk in der Gemeinde denkt. Da gibt es wohl auch eine große Skepsis, wenn einer den Zölibat aufgibt."

>>> *In der Frage der Viri probati haben Sie Ihre eher positive Haltung von 1971 deutlich revidiert.*
Weber: Ja, ich bin 1971 aus persönlicher Überzeugung und mit dem Votum der österreichischen Bischofskonferenz nach Rom gefahren. Bis auf zwei Bischöfe hatten in der Bischofskonferenz alle für die Möglichkeit plädiert, bewährte verheiratete Männer zu Priestern zu weihen. Die Abstimmung in Rom ist aber dagegen ausgegangen. Meine Entwicklung hat dann – und zwar nicht aus Gründen der Kirchendisziplin, das möchte ich betonen – mit der Erfahrung der vielen Priesteraustritte eingesetzt, die in der Steiermark sehr zahlreich waren. Zudem sind mir dann auch theologische Fragen gekommen.

>>> *Sie haben befürchtet, wenn die zölibatäre Lebensform der Priester ständig in Frage gestellt werde, würden noch mehr aus dem Amt ausscheiden.*
Weber: Ja, auch das. Man kann nicht dauernd damit leben, dass die eigene Lebensform immer wieder grundsätzlich in Frage gestellt wird. Das hat mich viel Kraft gekostet und Substanz, dass so viele Priester aus ihrem Amt ausgeschieden sind. Wobei ich dann schon auch erkannt habe, dass die Gründe meist vielschichtig waren, dass oft vieles mitgespielt hat.

>>> *Die Meinung in der österreichischen Bischofskonferenz wäre heute wohl anders als 1971. Maximal würde vielleicht noch die Hälfte der Bischöfe für die Weihe von verheirateten Männern plädieren.*

Weber: Lassen wir Abstimmungsergebnisse beiseite. Ich vermute, es würden relativ viele von uns sagen: Ich kann es mir vorstellen, wenn es eingeführt wird, aber ich bin nicht sehr dafür. Für mich persönlich würde ich sagen: Ich bin kein Fahnenträger für die Viri probati. Für die Situation der katholischen Kirche in Mitteleuropa würde ich sagen, dass das die tiefere Frage zu wenig berührt: Wie ist das Verhältnis zum lebendigen Gott, wie kann ich mein Leben dafür einsetzen? Ich könnte mir vorstellen, dass der Preis sehr, sehr hoch wäre, wenn man sagt, eine Dimension der evangelischen Räte verblasst oder verschwindet.

Auf die Wahlfreiheit halte ich nicht viel, weil jemand, der sich dann zum Zölibat bekennt, leicht in ein falsches Ansehen geraten würde.

\>>> *Bei den Orden allein wären die evangelischen Räte zu wenig gut aufgehoben?*

Weber: Ja, diese Ehelosigkeit „um des Himmelreiches willen" muss in alle Verästelungen der Kirche hinein reichen. Was mich sehr stört, ist das Gefühl, dass man den Rückgang der Priester als unumkehrbaren Trend zur Kenntnis nimmt. Zumindest probieren sollte man es doch, dass es wieder mehr Geistliche gibt. Und nicht nur sagen: es kommen keine mehr, aus.

Johann Weber hat nach der Bischofssynode 1971 „über vieles anders gedacht". Den Grundgedanken des zölibatären Priestertums legt er immer wieder dar, unter anderem am 21. Oktober 2000 vor dem Ennstaler Kreis: „Also etwas zu tun und zu sein, was nicht zur unbedingten Regel gehört, aber doch das unruhige und abenteuerliche Herz des Menschen beantwortet, über das Alltägliche und Allseitige hinauszugehen. Es sind dies die freiwillige Ehelosigkeit, die Armut und der Gehorsam. Sie fließen aus der Taufe, die nach unserem Verständnis eine Wesens- und Herzensbindung an Christus, den Gekreuzigten und Auferstandenen ist. Diese Evangelischen Räte müssen in der Kirche gewahrt bleiben und legitimiert werden, das geschieht in der Entschlossenheit zum geistlichen Beruf, der Priesterweihe und der Ordensgelübde. Dass es solche in erschreckendem Maß hierzulande wenig gibt, ist nicht zuerst eine Anfrage nach Rom, sondern eine Anfrage an die Katholiken, Laien und Priester, unseres Landes. Die erste Frage heißt nicht: Warum gibt es so wenige, sondern: Warum werden sie so wenig gewollt? Die Strapaze einer wirklichen Antwort auf diese Frage sollten wir uns nicht ersparen."

Bei der Bischofssynode über die Viri probati war Weber in einer ähnlichen Situation, wie es der Salzburger Erzbischof Karl Berg bei der Sondersynode zu 20 Jahre Konzilsende im Dezember 1985 sein sollte. Berg hat als Vorsitzender und im Auftrag der österreichischen Bischofskonferenz in der Synodenaula in Rom vorsichtig angedeutet, die katholische Kirche sollte die Frage der Sakramente für wiederverheiratete Geschiedene neuerlich überdenken und „Wege der Barmherzigkeit" suchen. Die Stellungnahme aus Österreich ging als Aufsehen erregender Reformvorschlag durch die Weltpresse. Rom ließ Erzbischof Berg spüren, dass seine Äußerungen nicht willkommen waren.

Weber nennt es einen Irrtum zu meinen, wenn man über etwas nicht redet, sei das Problem beseitigt. „Das ist eine trügerische Hoffnung. Rede- und Denkverbote haben meistens schlimme Folgen. Es gibt Dinge, wo man sagt, das ist schon so oft beredet worden und es gibt gute Gründe für die Entscheidung. Also stellen wir das bis auf weiteres zurück, ruiniert euch nicht selber. Aber Denk- und Redeverbote sind kein Weg."

Seit dem Zweiten Vatikanischen Konzil hat die katholische Kirche unter den zwei Konflikten zu leiden, die auf dem Konzil unerledigt mit einem Redeverbot beendet worden waren: der Zölibat und die sogenannte künstliche Empfängnisverhütung. In diesen Fragen würde Weber vorschweben, dass ein Konzil nicht sagt: Jetzt ist Schluss! Vielmehr sollte die Diskussion unter den neuen Gegebenheiten neu aufgegriffen werden. „Es muss eine Fortschreibung geben. Die Verhütung war damals ein Problem, heute haben wir das Problem der vielen Abtreibungen, des Klonens, des Eingriffs in die Erbsubstanz. Die Probleme galoppieren. Hier bräuchte es eine Fortführung durch einen laufenden Gedankenaustausch. Es muss ein echtes freudiges, freundschaftliches Spiel miteinander geben. Das hätte die Bischofssynode werden sollen als eine Art Senat der Weltkirche. Aber es ist dann doch eher eine Jahreshauptversammlung geworden, bei der schon vorher alles im Rechenschaftsbericht steht und die Beschlüsse schon gefasst sind."

Als Bischof, „der in der Diözese den Laden zusammenhalten muss", hat Weber ein großes Mitgefühl mit Rom. „Ich könnte etwa in der Frage der Ökumene auch nicht zu einem Pfarrer sagen: du kannst ohne weiteres interzelebrieren. Wenn das einer tut, muss ich zusehen, dass ich die Sache zusammenhalte. Auf Weltebene gehen die Meinungen ebenso durcheinander in diesem ungeheuren Spannungsfeld von Uniformität oder Ausfächerungen. Der allgemeine Trend geht zur Uniformität, nicht nur in der katholischen Kirche. Alle tragen Bluejeans."

Auffallend ist bei Johann Weber, dass er die Sorge um den Priesternachwuchs immer in einem Atemzug nennt mit dem Blick auf die Frauenorden und deren Nachwuchsprobleme. Der steirische Bischof bezeichnete es als sein Bemühen von Anfang an, „dass wir die Ordensfrauen übersiedeln vom Nebengebäude ins Hauptgebäude der Kirche. Frauenorden sind nicht ein Anhängsel der Diözese, sondern sie stehen mitten drin." Das Bibelwort „Er sandte sie zu zweit aus" hat Weber so interpretiert: es gibt die Diözese und es gibt die Frauenorden. Beide sollen in der Seelsorge nicht nebeneinander stehen, sondern miteinander an derselben Aufgabe arbeiten, ob auf dem öffentlichen Feld der Pfarre oder zurückgezogen in einem Karmel.

„Abgepaust von Brasilien" hat Weber, was er im Jahr 1971 in der Steiermark begonnen hat: jeweils zwei oder drei Ordensfrauen eine Pfarrgemeinde ohne Priester am Ort anzuvertrauen. Am Ende der Ära Weber sind es 13 Pfarren, in denen zwei oder drei Schwestern die Seelsorge als Gemeindeassistentinnen tragen. „Wir haben in allen Pfarren die allerbesten Erfahrungen gemacht", resümiert der Bischof. Nicht zuletzt deshalb, „weil die Frage der Weihe der Frau sich bei diesem Seelsorgemodell kaum gestellt hat".

In der Kategorie „Unerledigt" verbucht Weber, „dass es mir nicht gelungen ist, die Frauenorden in der Diözese zum Thema zu machen. Ich hatte noch in einer Zeit als Kaplan gearbeitet, in der viele junge Frauen Ordensfrauen geworden sind. Jetzt ist der Rückgang der Eintritte in Frauenorden rasanter als der Rückgang bei den Priestern. Dabei geht es nicht einmal so sehr um die einzelnen Dienste. Kranke können von anderen Menschen auch gepflegt werden, da sind Ordensfrauen heute nicht mehr unerlässlich. Aber für die geistige Architektur einer Diözese dürfen wir auf die

Schwestern nicht vergessen. Wenn wir uns drei Mal umdrehen, gibt es – nach dem jetzigen Lauf der Dinge – bald keine Schwestern mehr."

Sr. Andrea Eberhart gehört in der Diözese zum engsten Kreis derer, die sich mit Bischof Weber Gedanken über die Zukunft der Schwesternorden gemacht haben. „Die Schwestern in den Pfarren sind seine Erfindung. Eine gute Erfindung", sagt die Ordensfrau. „Sein Grundanliegen in diesen Pfarren war, dass jemand da ist. Die Frau kann das oft sehr gut: das Herdfeuer muss brennen, es muss ein Ort sein, wo man daheim sein kann. Das können Frauen vielleicht sogar besser als Männer, die einsam irgendwo in einer Pfarre sitzen. Noch dazu sind die Schwestern immer zu zweit oder zu dritt, also gibt es eine Minimalform von Gemeinschaft."

Die Diskussion um die Weihe von Frauen sei allerdings auch an diesem steirischen Modell der Ordensfrauen als Gemeindeassistentinnen nicht spurlos vorübergegangen. „Das ist durch viele Jahre wunderbar gelaufen und wurde geschätzt. Aber in Zeiten wie diesen, wo der Priestermangel so stark wird, schlägt das auch auf diese Pfarren durch. Auch sie bedürfen eines Priesters, um Eucharistie feiern zu können. Für die Sakramente macht eine Ordensfrau in der Pfarre die Vorbereitung, aber zur Spendung der Sakramente kommt der Priester aus einer anderen Pfarre. Irgendwann fragen dann die Leute: Warum darf unsere Schwester das nicht? Die Zeit hat sich so weiterentwickelt, dass heute auch die Schwestern fragen: Warum darf ich keine Sakramente spenden? Diese Frage hat sich mit der Emanzipation, mit der feministischen Theologie gestellt, mit dem neuen Denken der Frauen."

Sr. Andrea möchte für sich persönlich „nicht die Spur einer Weihe". Aber sogar in sehr traditionellen Frauenorden werde die Frage gestellt, warum eine Schwester in der Krankenhausseelsorge nicht beauftragt werden könne, die Krankensalbung zu spenden. „Da sagen sogar unsere konservativen Orden klipp und klar: Ich müsste als Schwester im Krankenhaus zumindest die Beichte hören und die Krankensalbung spenden können. Übrigens sagt das heute auch Bischof Weber."

Ganz zu Beginn seiner Bischofsjahre hatte Johann Weber sogar die Priesterweihe für Frauen nicht grundsätzlich ausgeschlossen. Dies geht aus seinem Bericht von der Bischofssynode 1971 hervor: „Auf der Bischofssynode ist auch die Frage nach der Priesterweihe der Frau sehr scharf angeschnitten worden. Diese Frage muss meines Erachtens von den Emotionen befreit werden. Es gibt ausgesprochen militante Frauen, die – ich bekomme manchmal solche Briefe – uns Bischöfen alles Böse prophezeien, wenn wir nicht bald die Priesterweihe der Frau durchsetzen. Und es gibt solche, die die Hände ringen, wenn sie das Wort nur hören. Ich glaube, man wird sehr nüchtern daran gehen müssen. Es spricht kein theologischer Grund dagegen, wohl aber die geschlossene Tradition der Kirche von Anfang an. Wenn es Gott gefällt, dass es richtig ist, dann wird es werden!"

Das Fest als Lebenselixier

„Bei Weber ist alles, was sich in ein Fest verwandeln lässt, absolut vorrangig. Wenn du aus einer schwierigen Dialog-Situation eine Wallfahrt der Vielfalt machen kannst, ist das super. Wenn du eine Delegiertentagung mit spirituellen Elementen praktisch in einen Einkehrtag verwandeln kannst, ist das ideal." So schildert Harald Baloch, einer der engsten Mitarbeiter bei „Weber-Events" in der Steiermark und auf gesamtösterreichischer Ebene, Johann Webers Verhältnis zu dem, was man als Lebenselixier des Bischofs bezeichnen kann: das Fest.

Weber selbst sagt, er habe nicht viel übrig für private Feste wie Geburtstage. „Das geht mir nicht ab, da bleibe ich nicht gerne lange sitzen." Etwas anderes sei das Fest im kirchlichen Rahmen. „Es ist ein großer Schatz unserer Kirche, dass bei einem Fest die ganze Buntheit des Volkes zusammenkommt. Da gehen der Universitätsprofessor und der Hilfsarbeiter nebeneinander zur Kommunion." Der Grundklang eines kirchlichen Festes ist für Weber, „dass es mit Auferstehung zu tun hat", ohne Unterschied, ob das nun in Form einer Messe gefeiert werde oder auf andere Weise. In der Kulturgeschichte sei die höchste Mitteilungsform nicht die Rede, nicht das Schreiben, sondern das Feiern. „Bei der Sonnenwende, beim Erntedank, bei Geburt, Hochzeit und Tod möchte der Mensch durch ein Fest zum Ausdruck bringen: hier geschieht etwas Entscheidendes, das wir letztlich nicht in der Hand haben."

In der Steiermark habe sich diese Festkultur in besonderer Weise herausgebildet. „Und ich muss als Bischof eine große Verneigung machen vor allen jenen, die das getragen und gemanagt haben“, sagt Weber. Den Einwand, dass der Steirische Katholikentag 1981 oder der Tag der Steiermark 1993 für viele nur ein „Event“ gewesen sei, wo man hingeht und dabei ist und das, was gefeiert wird, nur am Rande eine Rolle spielt, lässt Weber nicht gelten. „Das stört mich nicht. Die andere Möglichkeit ist, aufeinander Steine zu werfen. Niemand kann sich doch heute vorstellen – ein kecker Gedanke – Israeli und Palästinenser würden ein großes Fest miteinander feiern. Dahin wäre ein unendlich weiter Weg.“ Selbst wenn junge Leute „nur“ zu einem Open-Air-Konzert hinströmen, will Weber das nicht sofort „mit dem erhobenen Zeigefinger beurteilen“. Da kämen Menschen mit Freude zusammen, „wahrscheinlich, weil in einem solchen Fest tiefere Sehnsüchte zum Ausdruck kommen“.

Johann Weber erinnert sich an den Beginn des Diözesanrates in den Siebzigerjahren. „Die Sitzungen haben meist zwei Tage lang am Wochenende stattgefunden. Am Anfang war da die Messfeier irgendwie schlampig dazu geklebt, nicht recht vorbereitet. Man hatte manchmal fast das Gefühl, dass das eine kleine Krankheit von Bildungshäusern ist, dass auf die Kapelle bis hin zu den liturgischen Kleidern nicht sehr geachtet wird. Das dürfte nicht sein. Das Fest soll sicher in den meisten Fällen nicht allein eine Eucharistiefeier sein, aber es soll in jedem Fall ein Ausdruck sein, dass von diesem Feiern etwas ausgeht.“

Allerdings: Auch in der Steiermark hat sich erwiesen, dass der Schwung eines Festes nicht in den Alltag mitgenommen werden kann. Der Tag der Steiermark war, aber was war dann? Weber legt gegen diese Frage „heftigen Widerspruch“ ein. Denn: „Das Ereignis kann ich nicht auslöschen.“ Der Bischof erinnert sich an Exerzitien, die er für Ehepaare gehalten hat, die schon länger verheiratet waren. „Ich habe ihnen gesagt: jetzt geht ihr spazieren und sprecht über das, was ihr euch bei der Hochzeit versprochen habt. Das war der grauenhafteste Spaziergang ihres Lebens. Das ist nun einmal so. Aber das Ereignis kann man nicht auslöschen.“

„Noch heute sagen Leute: mein Gott, der Katholikentag, das war etwas“, erzählt Weber und unterstreicht, wie lange die Erinnerung daran offenbar lebendig geblieben sei: „Man muss bedenken: der Katholikentag war 1981, das ist schon 20 Jahre vorbei. Trotzdem ist er noch im Gedächtnis, weil etwas war, was bei den Leuten hängen geblieben ist." Auch wenn nach jedem Fest der Alltag einkehre, ist der Bischof überzeugt, „dass man Ereignisse setzen muss". Die Taufe, die Hochzeit – „das hat sich ereignet, einmal, an einem ganz bestimmten Punkt im Leben". Dieser Gedanke ist für Johann Weber auch ein Trost in Hinblick auf die Salzburger Delegiertenversammlung 1998, die die Bischofskonferenz im Nachhinein im Sand hat verlaufen lassen. „Trotzdem hat der Delegiertentag stattgefunden. Das kann man nicht abstreifen und sagen: es war nichts. Nein: Es war etwas, was immer nachher gewesen oder nicht gewesen ist."

In keiner anderen österreichischen Diözese gab es in den Achtziger- und Neunzigerjahren Großereignisse von der Quantität und Qualität, wie es der Steirische Katholikentag 1981 und der „Tag der Steiermark" 1993 waren. Dass manches dabei mehr pragmatisch – „Wir müssen als Kirche etwas tun und uns sichtbar machen" – als theologisch tiefgründig vor sich ging, hat nicht einmal die Kritiker kirchlicher Großveranstaltungen wirklich irritiert. Die katholische Kirche in der Steiermark hat mit ihren „Großtaten" österreichweit von sich reden gemacht und den anderen Diözesen eine hohe Latte an „Volksbewegung" gelegt. Besser als sonst wo im österreichischen Katholizismus hat die Diözese Graz-Seckau erkannt, dass seit den Achtzigerjahren ein neues Bedürfnis nach dem Fest, nach dem Zusammenkommen, gewachsen ist, das nicht mehr leichtfertig als „Event"-Mode abgetan werden konnte.

Schon in den ersten Überlegungen zum Katholikentag 1981, die Weber bei der Dechantenkonferenz am 29. November 1977 vortrug, unterstrich der Bischof den Festcharakter: „Dieser Katholikentag – wobei ernstlich zu überlegen ist, ob man nicht eine bessere Bezeichnung finden sollte – ist ein Fest und keine Manifestation oder Demonstration." Das Programm solle sich von unten her, von den Dekanaten her entwickeln. „Fest der Brüderlichkeit" war nicht ein Motto des Katholikentages 1981, sondern sein Name, der in einem sprechenden Symbol Ausdruck fand: Das Herz, dessen Flügel wieder zwei Herzen bilden. Steirischer Katholizismus heißt katholisch sein mit Herz, Hirn und Hand. Bei der Dechantenkonferenz im März 1980 führte der Bischof vier Gründe für das Herz als Katholikentagssymbol an: Es sei ein Zentralsymbol des Menschen, ein Kürzel für Brüderlichkeit, es spreche Leute über die Kirche hinaus an, und – da war er wieder ganz der pragmatische Pfarrer und Bischof – es sei drucktechnisch vielfältig verwendbar. Theologisch füllte Weber das Herzsymbol mit der Sonntagsmesse als Herzschlag der Kirche und mit der Fastenzeit als Umkehr der Herzen.

„Katholikentag mit drei Herzen und tausend Händen", verkündete die Kirchenzeitung „Sonntagsblatt" nach den zentralen Großereignissen des Katholikentages vom 26. bis 28. Juni 1981 in Graz. „Ein regennasser Eröffnungsabend ließ Schlimmes befürchten. Dann aber war dem Steirischen Katholikentag ein so wohlmeinendes Sonnenwetter beschieden, dass es Zehntausende als ein unerwartetes Gottesgeschenk empfanden. Aber selbst dann, wenn es drei Tage lang Bassgeigen geregnet hätte, wäre dieser Katholikentag der drei Herzen ein Erfolg gewesen – wegen der ‚tausend Hände', die ihn jahrelang vorbereitet haben."

Das Titelbild des Sonntagsblattes zeigte Johann Weber in vollem Bischofsornat mit Stab und Mitra bei der Predigt vor rund 80.000 Gläubigen im Grazer Stadtpark. Der Bischof, wie er leibt und lebt, wie er das Leben liebt und den Glauben zelebriert. Bezeichnend dazu das Bild, mit dem das „steirische Klima" dokumentiert wird: ein schwarz-rotes Lächeln von Landeshauptmann Josef Krainer (VP) und Rupert Gmoser (SP). In der Predigt der unaufhörliche Ruf des Bischofs: „Das Evangelium zu allen! Das Evangelium im ganzen Land! Wir brauchen nicht zu fürchten, wir hätten zu wenig Kräfte. Wenige Brote haben gereicht, um Tausenden zu essen zu geben. Ein paar Apostel haben die Welt verändert. Und das Samenkorn, das in die Erde fällt und sich preisgibt, bringt hundertfache Frucht."

„Mit uns geht die Erinnerung an den Katholikentag", unterstreicht Johann Weber in seinem Schlusswort. „Wir konnten heute vormittag 40.000 Kreuze verschenken. Das dreifache Herz, in vielen Hunderttausenden in der Steiermark sichtbar, wird so schnell nicht verschwinden. Beide sind Urkennzeichen der Kirche: ihr mütterliches, geduldiges Herz, die kleine und große Brüderlichkeit ihrer Glieder, umfasst von der endlosen Liebe Jesu Christi. Er trägt das Kreuz mit den Menschen, es ist das Zeichen der Hoffnung und der Zuversicht. Gehen wir nun in Frieden nach Hause.

Grüßen Sie alle, die bei Ihnen sind, zumal die Mühseligen und Beladenen, aber ebenso auch jene, die Jesus Christus aus dem Blick verloren haben. Vielleicht merken sie nur nicht, dass er in ihrer Seele geblieben ist. Gott schütze unsere Heimfahrt, und er bewahre unsere Freude: Selig, die den Frieden des Evangeliums stiften, denn sie werden Kinder Gottes genannt werden!"

In der Kirchenzeitung zog der damalige Hochschulseelsorger Egon Kapellari unter dem Titel „Und nach dem Katholikentag?" eine Bilanz: Die Jahre der Vorbereitung und das Ereignis selbst hätten „innerhalb und außerhalb der Kirche manchen Skeptiker vom Dienst verstummen lassen oder gar bekehrt". Kapellari sah beim Katholikentag eine vielfältige steirische Kirche: eine brüderliche Kirche – Konflikte am Rande konnten nicht übersehen lassen, dass das Herzsymbol kein verlogener Anspruch war; eine fröhliche Kirche – Graz erlebte drei südlichere Tage ..., ohne dass die Probleme der großen und kleinen Welt verdrängt worden wären; eine festliche Kirche – die Gottesdienste und das Stadtfest seien weder prunkvoll noch farblos gewesen; eine nachdenkliche Kirche – neben der Herzarbeit wurde in 14 Diskussionsforen viel Hirnarbeit getan; eine betende Kirche – während in 14 Sälen doziert und diskutiert wurde und man auf allen Plätzen der Altstadt ein Stadtfest feierte, sammelten sich unablässig Beter in den Kirchen und den Räumen des geistlichen Zentrums; eine Weltkirche – zugegen waren Christen aus mehreren Kontinenten und die steirischen Missionare.

Nicht zuletzt habe der Katholikentag ein Netz gebildet, schrieb der Hochschulseelsorger: „Tausende haben das Fest der Brüderlichkeit vorbereitet und begleitet: Tief Gläubige und bisher eher ferne Stehende, Junge und Alte, Intellektuelle und Praktiker, Künstler und Handwerker. Sie haben das Netz Kirche, das vielfach zerrissen war, neu geknüpft, erweitert. Dieses Netz muss bleiben, muss erweitert werden: Kirche als Einladung, als Halt, als Heimat. Jene, die dabei waren, sind gerufen, der Kirche dazu auch in den kommenden Jahren mit Hirn, Herz und Hand beizustehen."

Diese Frucht des Katholikentags versucht Bischof Weber im Anschluss an das Großereignis durch ein „Jahrzehnt des Evangeliums" zu vervielfachen. In einer Orientierung für die Zeit danach deutet er das Motto Brüderlichkeit im November 1980 vor den Dechanten in eine dreifache Richtung: Brüderlichkeit heiße, Christen leben anders, zum Beispiel durch ihre Fastenordnung oder ihre Auffassung von Ehe und Familie; Brüderlichkeit bedeute das Gespräch über den Zaun, zum Beispiel durch die Neuerrichtung von Aktivistenrunden in der Katholischen Aktion; Brüderlichkeit zeige sich in der Erneuerung des Sonntags.

Jede Pfarrgemeinde lädt der Bischof ein, sich in einem Zehn-Jahre-Plan eine Grundordnung der Seelsorge vorzugeben. Johann Weber hält in der Seelsorge nichts von allgemeinen guten Vorsätzen. Er will für den „Aufbruch in das neue Jahrzehnt" konkrete Punkte festmachen: sensibel werden für Politik, Kultur, Wissenschaft; keine Abstriche bei der Verbindung der Diözese mit der Gesamtkirche; die Stärkung des Amtes, denn der Priester sei nicht ein hochqualifizierter Sozialhelfer; schließlich der Dienst der Einheit: den Dialog pflegen in der Kirche und über die Kirche hinaus.

Im März 1985 zieht die Dechantenkonferenz eine Halbzeitbilanz des Jahrzehnts des Evangeliums und notiert Erfolge: die Pfarrgrenzen wurden aufgeweicht, man schaut schon über den Zaun; ich kann mich als Christ sehen lassen; Kirche ist nicht mehr nur Sache des Pfarrers; mehr Mitarbeiter wurden gefunden, die sich verantwortlich fühlen; die sogenannten „Jahresknoten" geben eine Richtung für einen gemeinsamen Akzent im Dekanat an.

Am Horizont steigt bereits die Idee zum nächsten Fest auf: Es soll in ökumenischer Offenheit und unter Einbindung aller gesellschaftlichen Kräfte begangen werden, das Steirische und das Christliche Hand in Hand. „Dialog" ist das Motto und die Grundhaltung, „Tag der Steiermark" dokumentiert den weit über den katholischen Rahmen hinaus gehenden Anspruch. Höhepunkt ist der 26. Juni 1993, der mit biblischen Impulsen zum Dialog in den Grazer Innenstadtkirchen anfängt. Dialogpunkte, eine gastfreundliche Begegnung zu Mittag und eine kulturelle Begegnung am Nachmittag münden in die abschließende Großveranstaltung um 17 Uhr auf dem Hauptplatz in Graz. Die Feier beginnt mit Grußworten des Präsidenten der Israelitischen Kultusgemeinde in Graz, Konsul Kurt David Brühl, des Repräsentanten der Islamischen Gemeinde in Graz, Mohammed E. Gowayed, und der Vertreter der Öffentlichkeit: Bürgermeister Alfred Stingl, Landeshauptmann Josef Krainer, Bundespräsident Thomas Klestil.

Der ökumenische Gottesdienst wird mit einem Manifest des Lebens eröffnet, das die vorangegangenen Dialoge mit einzelnen, mit kirchlichen Gruppen und mit Vertretern des öffentlichen Lebens zusammenfasst. Das einleitende ökumenische Gebet wird von der römisch-katholischen Kirche, der evangelischen Kirche A. B., der altkatholischen Kirche, der evangelisch-methodistischen Kirche, der griechisch-orthodoxen Kirche und der koptisch-orthodoxen Kirche in der Steiermark gestaltet. Die Predigt halten der evangelische Superintendent Ernst-Christian Gerhold und der römisch-katholische Diözesanbischof Johann Weber.

Knapp 16 Jahre später, am 19. Juni 1999, ist das Diözesanfest „30 Jahre Bischof Johann Weber" Anlass für ein ökumenisches Mittagsgebet in der Heilandskirche, bevor am Nachmittag im Grazer Stadtpark der Festgottesdienst gefeiert wird. Die steirischen Kirchenfeste sind aber nicht nur ein öffentliches Ereignis. Immer geht ein längerer Prozess in Kirche und Gesellschaft voraus. Bei einem offenen Studientag des Diözesanrates werden die Ergebnisse zahlreicher Regionalveranstaltungen präsentiert, die sich mit vier auf Bischof Johann Weber zugeschnittenen Themenkreisen befasst hatten: Evangelizare pauperibus – den Armen die Frohe Botschaft bringen; Koalition der Nachdenklichen; Wie und wo werden wir morgen leben?; Konturen einer Kirche der Zukunft.

Die Liste der Regionalveranstaltungen, die in Hinblick auf das Bischofsjubiläum vom 8. April bis 11. Juni 1999 durchgeführt worden waren, dokumentiert: das große diözesane Fest – der Katholikentag 1981, der Tag der Steiermark 1993, das Bischofsjubiläum 1999 – ist immer der Abschluss eines längeren Programms, in dem die steirische Kirche versucht hat, mit der Gesellschaft ins Gespräch zu kommen. Die Palette der Themen umfasste alle Lebensalter und Lebensbereiche: Neue Formen offener Arbeit mit Kindern (Stainz); Lebt der Bauer – lebt das Land! (Dekanat Radkersburg); Kirche in der Stadt (Pfarre Schutzengel); Wann und wie beginnt der Lebensabend? (Leoben); Fromm sein – wie geht das? (Benediktinerabtei Seckau); Zukunft der Demokratie – Koalition der Nachdenklichen in der Politik (Mariazell); Kirche in der Schule von morgen (Pädagogisches Zentrum Graz); Gibt es noch ein Familienleben, wenn Väter pendeln? (Grafendorf); Der Mensch auf der Suche nach Sinn (Rognerbad

Blumau); Bausteine für eine neue Gestalt von (Pfarr-)Kirche (Weiz); Mit der Kraft der Frauen – Frauen in der steirischen Kirche (St. Johann/Herberstein); Caritas – Nächstenliebe von Mensch zu Mensch (Köflach); Haben sich Medizin und christliche Ethik noch etwas zu sagen? (Universität Graz); Zukunft der Arbeit – Arbeit der Zukunft (Kapfenberg); Missio im Spannungsfeld von Uniformität und Universalität (Mariatrost).
Zum festlichen Anlass gibt es Zuspruch aus Rom. Johannes Paul II. wünscht dem Bischofsjubilar „gute Gesundheit, frischen Mut und die Kraft des Ausgleichs". Weiters heißt es im Grußwort des Papstes: „Mit der Botschaft des Zweiten Vatikanischen Konzils im Rücken und ausgestattet mit der Gabe geduldiger Leidenschaft, ist Bischof Weber für das pilgernde Gottesvolk in der ihm anvertrauten Diözese und in ganz Österreich zu einem verlässlichen und treuen Wegbegleiter geworden."
Der Steirer Alois Kothgasser, Bischof von Innsbruck, würdigt Johann Webers Prinzipien: das „Gespräch über den Zaun" und die „Koalition der Nachdenklichkeit". Die Stadt Graz stellt sich mit der Ehrenbürgerschaft ein. Bei einer Festakademie an der Karl-Franzens-Universität hält der bischöfliche Freund und Vorsitzende der deutschen Bischofskonferenz, Kardinal Karl Lehmann, den Festvortrag über eines der großen Sorgenthemen Webers: „Was die Gesellschaft zusammenhält".

Die „Kleine Zeitung" vom 20. Juni 1999 lässt in ihrem Resümee das steirisch-kirchliche Feiern hoch leben:

» Es ist die den kirchlichen Feiern so eigene Heiterkeit, die sich an diesem Juniabend wie eine schwingende Glocke über das Viertel um den Grazer Dom gelegt hat. Päpstliche Fahnen, Lederhosen, Dirndln, Festtagskleidung, Ordenstrachten, römische Kollare und frohe Gesichter. In der Hofgasse, auf dem Freiheitsplatz, rundum sind Standeln aufgebaut, an denen die einzelnen steirischen Pfarren die Feiernden mit regionalen Schmankerln verköstigen.
Nach dem geistigen ist nun auch fürs leibliche Wohl gesorgt – mens sana in corpore sano –, nach der offiziellen ist nun die erdige Steiermark am Wort. „Grüß Gott, die Damen, wie wär's mit einem Achterl Schilcher?", dröhnt Dechant Engelbert Buc aus Kainach

und dirigiert einen Trupp Bäuerinnen zum Stand des Dekanates Voitsberg. „Beim Fest für unseren Bischof trifft sich die ganze Steiermark“, sagt Hannes Höfler, Pfarrgemeinderatsvorsitzender in Köflach. In der Grazer Burg, dort, wo sonst Autos parken, ist eine Bühne aufgebaut, „Singt Gott zum Lobe“, hebt die Jugendschola Fernitz in sanftem Mehrklang zu singen an, und beinahe schon fühlt man sich an Franco Zeffirellis berühmte Franziskus-Verfilmung erinnert, wäre da nicht die Gruppe „Ur“, die als Gast der Katholischen Arbeiterjugend wenig später etwas markigere Saiten aufzieht.

„Heute ist einmal ein anderes Zeichen von Kirche gesetzt worden. Man sieht, welche Vielfalt an kirchlichen Gruppen die Diözese Graz-Seckau beherbergt. Dieser Tag hat Symbolcharakter“, stellt Sepp Wilfing, Pfarrer von Hausmannstätten, fest, der vor dem Priesterseminar in der Bürgergasse mit einem Priesterkollegen Position bezogen hat. Viele wollen sich im Gratulationsbuch eintragen: Kreuzschwestern, Schulschwestern und Benediktinerinnen, Pfarrgemeinderäte, ergraute Professoren, Bäuerinnen, Kinder und Franziskaner – sie alle stellen sich an, um ihre Unterschrift auf die Listen zu setzen, die in einem Saal der ehemaligen Jesuitenuniversität aufliegen. „Wir sind so stolz auf unseren Herrn Bischof“, schwärmt eine Frau.

Der Jubilar selbst lässt noch auf sich warten. Dafür quert einer seiner längsten Wegbegleiter, der ehemalige Generalvikar Leopold Städtler, den Weber 1970 ins Amt berufen hatte, die Straße vor dem Seminar: „Für mich ist der heutige Tag ein Freudentag. Voll Dankbarkeit hab ich ihn mitgefeiert“, meint Städtler schlicht.

Gleich hinter ihm bahnt sich Kardinal Franz König den Weg durch die Menge. Immer wieder muss er innehalten, Hände schütteln, Dank- und Ehrbezeigungen entgegennehmen. „Der kurze Gang vom Stadtpark zum Dom hat mir gezeigt, wie lebendig diese Diözese ist“, sagt König. Nicht um eine „Wortspende“ – wie er es selbst gewählt ausdrückt – verlegen ist auch Königs Nachfolger im Amt, Kardinal Christoph Schönborn, dessen hohe, leicht gebeugte Gestalt aus einer kleinen Menschentraube vor dem Schauspielhaus aufragt:

„Dieser Tag ist ein kraftvolles Zeichen für die Festtagskultur in der steirischen Kirche", sagt Schönborn, bevor er sich einer Frau zuwendet. „Endlich sehe ich Sie einmal live", meint diese mit etwas rauhem Charme und wird von Schönborn mit einem milden Lächeln bedankt.

Eine wohl bestellte Diözese

Johann Weber hat seinem Nachfolger Egon Kapellari eine wohl bestellte Diözese übergeben. Rom hat den Nachbarbischof aus Gurk-Klagenfurt am 13. März 2001 überraschend auf den Bischofsstuhl von Graz-Seckau transferiert. Wiewohl beide gebürtige Steirer sind und sich seit Jahrzehnten gut kannten, sind sie als Personen und in ihrem Zugang zu Seelsorge und Bischofsamt grundverschieden. Kapellari ist geprägt von seiner Zeit als Hochschulseelsorger in Graz. Das Verhältnis, das zwischen dem intellektuellen und kulturbeflissenen Studenten- und Professorenpfarrer und dem damaligen „Pfarrer der Diözese", Bischof Johann Weber, herrschte, beschreiben Kenner als „korrekt". Die Anrede „Exzellenz", die in Kärnten für Bischof Kapellari durchaus gepflegt wurde, war in der Steiermark für Weber völlig unüblich; er hätte sie allenfalls mit einem verschmitzten Lächeln als nette Schmeichelei zur Kenntnis genommen.
Johann Weber übergab seinem Nachfolger eine katholische Kirche, die in der Steiermark einen außerordentlichen Stellenwert hat. Das unterstreicht auch Heinrich Schnuderl, den Weber von der Hochschulseelsorge in der Leechgasse als Leiter des Pastoralamtes in die Diözesanzentrale geholt hat. Ein Bilanzgespräch über drei Jahrzehnte Bischof Weber:

>>> *Herr Pastoralamtsleiter: 30 Jahre Weber als Seelsorger der Diözese. Was bleibt?*

Schnuderl: Das Gesamtklima gegenüber der Kirche ist in der Steiermark sehr wohlwollend, nach wie vor, obwohl es mehr Kirchenaustritte gibt. Wenn man an die Kirche in der Steiermark denkt, denkt man an Weber, und „Weber" ist für viele weit über die Grenzen der Kirche hinaus ganz positiv besetzt. Das bleibt in jedem Fall.

Das Zweite: wir haben einen Klerus, der bei weitem nicht so zerklüftet ist wie in anderen Diözesen. Zu Beginn der Weber-Ära gab es zwei Lager im Klerus: die SOG und die ÖPS. Die Aussöhnung dieser Lager ist ihm gelungen. Er hat das nicht ausgesessen, sondern sich ganz gezielt gesorgt, dass gegensätzliche Standpunkte und Leute einander wieder finden und dass Gräben zugeschüttet werden. Das übergibt er seinem Nachfolger. Die Diözese ist wohl bestellt.

>>> *Auf der anderen Seite ist die große Sorge: wir haben beinahe ein leeres Priesterseminar. Es ist Weber trotz aller Anstrengungen und Bemühungen nicht gelungen, den Trend aufzuhalten und neue Impulse für Priesterberufe zu setzen. Obwohl es kaum eine Ansprache von ihm gibt, wo das Bemühen um Priesternachwuchs nicht zur Sprache käme.*
Schnuderl: Dieses ständige verbale Einmahnen erregt auch Überdruss. Es müsste uns etwas Neues einfallen. Ich glaube, dass man das Priesteramt nicht isoliert sehen kann von der Situation der Gemeinden und von den Bedürfnissen der Gläubigen. Wir werden nicht mehr Priester bekommen, wenn nicht gleichzeitig der Identifikationsgrad der Gläubigen mit ihrer Kirche wächst. Vielleicht ist das Problem, das wir haben, dass Weber mehr als 30 Jahre Bischof war. Das ist natürlich kein Vorwurf gegen den Bischof. Die Diözese braucht aber neue Impulse.

>>> *Die Aktivität der Laien, auch der Katholischen Aktion, ist in der Steiermark vergleichsweise intensiv.*
Schnuderl: Das ist erstaunlich, weil Bischof Weber zunächst eine stärkere Distanz zur Katholischen Aktion signalisiert hat. Er hat zur KA erst im Lauf der Jahre eine bessere Beziehung gewonnen: mit den Generalsekretären, die mit ihm konnten. Seine anfängliche Reserve war stark personell bedingt: zu Joschi Krainer und seiner Gruppe – teils sehr intellektuelle Leute. Diese Gruppe hatte gegenüber der KAJ, in der Weber groß geworden ist, ihre Vorbehalte. Krainer hat auf die Landjugend und die Akademiker gesetzt. Der Sozialkatholizismus der KAJ war nicht Sache des Josef Krainer. Als

Weber kam, war klar: Er wird nicht so zur KA stehen wie Schoiswohl. Das hat sich aber später verändert.
Aus der Katholischen Aktion ist eine Reihe von Politikern hervorgegangen, die etwas zu sagen hatten. Auch jetzt gibt es in der KA Leute, die mit öffentlichen Stellen – als Laien, nicht im unmittelbaren Auftrag und nicht als Laufburschen des Bischofs – einen unverkrampften Umgang pflegen. Das macht die Stärke der KA in der Steiermark aus.
Aber die KA ist schwach geworden auf der pfarrlichen Ebene, als Mitgliederorganisation hat sie sich noch nicht erholt.

>>> *Hat Weber nicht ein Laienbild, das stark aus seiner KAJ-Zeit geprägt ist: Aktivisten, die ausführen, was sich Priester ausgedacht haben?*
Schnuderl: Weber hat mehrfach gesagt, er lasse die Katholische Aktion an der langen Leine. Das war aus seiner Sicht als Zeichen des Wohlwollens gedacht, wie frei die kirchliche Laienorganisation in der Steiermark agieren kann. Ich meine aber: Das Amt darf die Laien nicht so betrachten, dass sie an der Leine sind, wenn auch an einer langen. Dieses Bild ist nicht angemessen, auch wenn es von Weber absolut positiv gemeint ist. Er wollte damit ausdrücken: Die Nabelschnur zum Amt muss da sein.
Aber in seinen Bischofsjahren ist er in dieser Hinsicht großzügiger geworden. Er hat großes Vertrauen gefunden zu Leuten, von denen er wusste, dass sie nicht isoliert von ihm agieren, dass sie ihn aber auch nicht in allem und jedem verantwortlich machen. In der Steiermark war es nicht üblich, dass man als KA, als Laienorganisation den Bischof immer gefragt hat: Was dürfen wir in Ihrem Auftrag unternehmen? Die Aufgabe des Generalsekretärs der KA war es immer, den Bischof gut zu informieren, damit er nicht von etwas überrascht wird, und ihn so zu informieren, dass er das akzeptieren kann, am besten als etwas, was er ohnehin auch wollte. Oder aber dass er genügend weiß, um im Fall, dass etwas nicht ganz in seinem Sinne sein sollte, auf Distanz bleiben zu können. Ich glaube, es gab nirgendwo in einer anderen österreichischen

Diözese ein so enges Vertrauensverhältnis des Bischofs zu den Generalsekretären der Katholischen Aktion wie in der Steiermark: zu Josef Wilhelm, Franz Küberl oder Herbert Beiglböck. Die gehörten im Grunde zum engsten Stab des Bischofs.

>>> *Mit der Rätedemokratie hat Weber sich immer schwer getan.*
Schnuderl: Er hat den Diözesanrat oder den Pfarrgemeinderat sicher nicht erfunden, er hat diese aber zugelassen. Was bei uns in der Steiermark sicher gefehlt hat: es hat nach dem Zweiten Vatikanischen Konzil keine Diözesansynode gegeben. Weber hat sehr rasch den Diözesanrat eingesetzt und gesagt: Das ist Synode in Permanenz, also brauchen wir keine eigene Synode.

>>> *Die Synode hätte er als Instrument eher gefürchtet.*
Schnuderl: Wir haben mehrmals mit ihm darüber gesprochen, aber er war nie dafür. Denn die Vorbereitung einer Diözesansynode hätte offenbar gemacht, dass die Meinungen in der Diözese doch mehr auseinander klaffen, als es den Anschein hat. Das hat der Bischof selbst auch wahrgenommen, dass er in seiner Person sehr vieles an Konflikten zudeckt, weil die Leute sagten: Das wollen wir dem Weber nicht antun. Es hatte zwischendurch eine Phase gegeben, wo Weber die Vorschläge für eine Synode sogar positiver aufgegriffen hat, aber seine engste Umgebung hat dagegen opponiert und ihm gesagt: Du bist nur mehr einige Jahre Bischof, tu das dir und deinem Nachfolger nicht an. Denk an Rottenburg-Stuttgart, wo Bischof Moser eine Synode gemacht hat, dann gestorben ist, und das hatte alles dann sein Nachfolger Walter Kasper auszubaden.

>>> *Warum hat Weber dann auf Österreich-Ebene die Salzburger Delegiertenversammlung betrieben?*
Schnuderl: Das war keine Synode, auch die Themen wurden schon von der Vorbereitung her stark eingeschränkt. Es war alles in sehr geordnete Bahnen gelenkt. Aber es war immerhin der Versuch, höchst unterschiedliche Positionen an einen Tisch zu bringen und ein Nachdenken über das Gemeinsame in der Kirche anzuregen.

>>> *Wie weit ist Webers Zugang zur Seelsorge in den 30 Jahren jeweils der Zeit angemessen gewesen?*
Schnuderl: Dreißig Jahre sind eine lange Zeit, in der sich vieles verändert hat. Bischof Weber hat in dieser Zeit auch dazugelernt. Ich erinnere mich an eine Arbeitseinheit bei einem Priesterfortbildungskurs in Freising, wo er sagte: Jetzt geht mir das erst auf! Es ging um die Bedeutung von Tagesordnung oder Sitzungsleitung. Oder dass er zugibt: Man braucht doch auch eine pastorale Planung. Das hat er früher eher mit Misstrauen betrachtet, zuletzt aber wiederholt eingefordert.
Wogegen Weber seine Vorbehalte hatte, das war die akademische Pastoraltheologie. Wir haben eine theologische Fakultät mit einem pastoraltheologischen Institut, aber es ist von der Diözese kaum dafür genutzt worden, dass der Bischof gesagt hätte: Wir haben dieses oder jenes Problem in der Seelsorge, bitte arbeitet uns aus dem Kenntnisstand der heutigen Pastoraltheologie einen Lösungsvorschlag aus. Sehr schätzen gelernt hat Weber den Linzer Pastoraltheologen Wilhelm Zauner. Er mag den Wiener Pastoraltheologen Paul M. Zulehner, aber vor der soziologischen Methode von Befragungen und Statistiken hat er eine Scheu.

>>> *Ein Freund von Johann Weber, der Salzburger Weihbischof Jakob Mayr, hat in diesem Zusammenhang oft gesagt: Ich glaube nicht an Statistiken, ich glaube an den Heiligen Geist.*
Schnuderl: Weber würde sagen: Das eine ist die Statistik, das andere ist das, was die Menschen bewegt. Trotzdem hat sich Weber zuletzt auf den Prozess 2010 in der Diözese eingelassen, inklusive aller statistischen Berechnungen, weil er letztlich seinem Generalvikar Helmut Burkard vertraut hat, dass das notwendig ist.
Es hat Bischof Weber immer ausgezeichnet, dass er ein großes Gespür dafür hatte, was der Kirche hier und jetzt Not tut und was den Leuten hilft. Die Umsetzung in konkrete Aktionen war manchmal ein wenig unbeholfen. Aber da hat ihm wieder sein Grundvertrauen in seine Mitarbeiter geholfen. Er hat sich raten lassen und seine Leute arbeiten lassen.

Zu den engsten Mitarbeitern Webers in der Diözesanleitung gehörte auch der Leiter des Amtes für Schule und Bildung, Willibald Rodler. Der angesehene Priester zieht eine steirische Bilanz, die zweite:

>>> *Herr Schulamtsleiter, was bleibt von der Ära Weber?*
Rodler: Man muss bei der Grundstimmung im Land beginnen, beim Klima, in dem Bischof Weber gewirkt hat. Die Steiermark ist an sich ein liberales Land auf Grund ihrer Geschichte. Wir sind die einzige Diözese, die keinen Heiligen hervorgebracht hat. Weber hat, und seine Mitarbeiter mit ihm – er betonte ja immer wieder, dass er in Gemeinschaft mit uns unterwegs war – ein paar Worte gefunden, um auf diese Liberalität zu antworten.

>>> *Zum Beispiel Dialog.*
Rodler: Ja, oder das „Über-den-Zaun-Schauen", das Sich-Aussetzen den Menschen und der Situation, oder wie das Buch von Weber heißt: „Bei den Leuten".
Ein Zweites: Er hat versucht, die Menschen, wie sie sind, mit ihren Begabungen und mit ihren Grenzen auf die Spur Jesu zu bringen. Er war nie einer, der das Hundertfünfzigprozentige verlangt hat.

>>> *Er hat immer das Glas halb voll gesehen, nie halb leer.*
Rodler: Ja, auch im Kontext unseres Landes. Wie oft hat er gesagt: Wir müssen die Hinkenden und alle, die sich schwer tun, und alle, die Zerbrochenes in den Händen haben, auch mitnehmen auf dem Weg. Das war auch der Grund, warum er in meinem Bereich, dem Religionsunterricht, gesagt hat: Du warst Pfarrer, geh verantwortlich mit denen um, bei denen etwas zerbrochen ist, also etwa mit Religionslehrern, deren Ehe zerbrochen ist.

>>> *Hat Weber dann Ihre Entscheidungen auch konkret mit getragen?*
Rodler: Er hat gesagt: Mach du das, das ist deine Verantwortung. Er hat sein Bischofsamt so verstanden, dass er uns Amtsleitern gesagt hat: Ihr habt Verantwortung. Es muss eine Gemeinsamkeit geben, gemeinsame Dinge, die im Hinterkopf da sein müssen, aber das, was das Besondere ist im jeweiligen Amt, das entscheidet ihr. Ich

habe daher die Möglichkeit gehabt, einen pastoralen Weg zu finden, etwa wenn ein Religionslehrer geschieden war und wieder geheiratet hat. Man könnte sagen, Weber hat eine lange Leine gelassen. Aber der Bischof war immer informiert, wir haben ein sehr dichtes Informationsnetz gehabt. Wir sind jeden Dienstag zusammengekommen. Das war bei aller Selbständigkeit und Freiheit überhaupt keine Frage. Weber war ein Mann des Dialogs, des Gesprächs. Direkte Weisungen hat er nicht gern gegeben, außer in wenigen Situationen, wo seine Sorge aus ihm heraus gebrochen ist und er dann sehr deutlich geredet hat. Da wurde gerungen, mit großem Respekt voreinander. Aber das war das Sympathische, dass es ein Ringen war.

\>>> *Wo hätten Sie gerne etwas getan, wo er nicht mit konnte?*
Rodler: Er hat die Generallinie unentwegt eingefordert. Diese Generallinie ist der Weg der Kirche im Gesamten, der Weg der steirischen Kirche in selbstverständlicher Verbindung mit Rom. Aber immer war es so, dass wir Lösungen gesucht haben, die den Menschen eine Hoffnung gelassen haben. Wir waren unserer Kirche und ihrem Weg zutiefst verpflichtet. Wenn jemand etwas anderes sagt, stimmt das nicht.

\>>> *Wenn die steirische Kirche allzu offensichtlich ein wenig ausscherte, hat der Bischof spüren lassen: Leute, das könnt ihr nicht tun, da komme ich in Schwierigkeiten.*
Rodler: Eine Auseinandersetzung, die bis heute auf dem Tisch liegt, ist die: Wie sagen wir im Religionsunterricht den Glauben weiter, wie sprechen wir? Die Religionspädagogen haben ja keine ausgewählten Gruppen vor sich, die haben alle. Bei uns in der Steiermark gibt es insgesamt nur drei Prozent Abmeldung vom Religionsunterricht.

\>>> *Webers Erwartungshaltung an den Religionsunterricht als Instrument der Katechese und der Verbindung zur Kirche war sehr hoch.*
Rodler: Ja, da hat er uns immer ermahnt: Wir müssen uns hinauslehnen, um diese Menschen zu erreichen, die wenig mit Kirche zu

tun haben. Der Religionsunterricht hat nicht ganz die Ergebnisse, die Weber erwartet hat.

>>> *Er war der Meinung, wenn die Kirche mehr als 2500 Religionslehrer in den steirischen Schulen hat, müsste mehr herausschauen.*
Rodler: Diese Erwartung war da, aber da hat er sich inzwischen korrigiert, da hat er zur Kenntnis genommen, was heute nicht mehr geht.

>>> *Was hätten Sie persönlich in der Diözese anders gemacht?*
Rodler: Ich habe ihm ein paar Mal gesagt: Wir sind eine der ganz wenigen Diözesen in der Welt, die nach dem Zweiten Vatikanum keine Synode gehabt haben. Unsere letzte Synode war 1960 zum Thema „Der Laie in der Kirche", die war sehr vorausschauend und hat gleichsam schon etwas vom Konzil vorweggenommen. Aber nach dem Konzil hatten wir keine Synode mehr. Weber begründete das so, dass er sagte: Wir haben den Diözesanrat, das ist unsere Dauersynode. Aber eine Synode ist mehr, eine Synode ist ein geistlicher Vorgang mit einem ganz tiefen Sitz in der Kirche. Die Kirche ist synodal verfasst. Das kann ein Diözesanrat beim besten Willen nicht leisten.

>>> *Was hat ihn gehindert? Die Angst, dass die Gegensätze zu sehr aufbrechen könnten?*
Rodler: Das könnte sein. Aber vielleicht hätte man gerade das tun müssen: zulassen, dass die vorhandenen Gegensätze offen und hart ausgetragen werden. Das wollte Weber nicht, aus der Erfahrung der ersten Jahre heraus, in denen die Gegensätze ganz schlimm waren. Aus dieser Erfahrung heraus hat er sich bemüht, die Diözese zusammenzuweben. Er hat oft gesagt: Mein Name verpflichtet, ich muss zusammenweben, zusammenführen. Ich hätte mir gewünscht, dass die Probleme härter ausgetragen werden, dass sie offen auf den Tisch gelegt werden.

>>> *Durch eine Synode hätte Weber sich später viele Auseinandersetzungen im Diözesanrat ersparen können.*

Rodler: Ich bilde mir das ein, ob es stimmt, weiß ich nicht. Vor allem geht es mir auch darum, dass die synodale Verfasstheit unserer Kirche erlebt und sichtbar wird.

>>> *Weber hat bei aller seiner Offenheit doch das Bischofsamt sehr betont.*
Rodler: Ja. Erst in den letzten Jahren sagte er: Wir legen zu großes Gewicht auf den Bischof. Aber das hat er selber sehr massiv gepflegt. Er hat immer wieder gesagt: Ich bin so gerne Bischof.

>>> *Leise Anflüge einer Weber'schen Eitelkeit?*
Rodler: Vielleicht, ich weiß es nicht.

>>> *Das Bad in der Menge hat ihm gefallen.*
Rodler: Gefeiert hat er gern, die Massen hat er gern gehabt.

>>> *Das Feiern war seine große Kunst. Die Frage stellte sich fallweise, was hängen blieb.*
Rodler: Wir haben das immer wieder eingemahnt: Wie können wir die Feier, das Fest, das stark von der Emotion getragen war, durch ein intellektuelles Gerüst stützen und tragen? Das Fest verpufft, wenn es nicht untermauert wird, wenn es nicht theologisch gestützt wird.

>>> *Das war der Versuch mit dem Jahrzehnt der Evangelisierung nach dem Katholikentag 1981. Aber eine solche Nacharbeit funktioniert nur sehr bedingt.*
Rodler: Ja, diese intellektuelle, theologische Untermauerung muss vorher passieren. Aber da tat Weber sich schwer. Er hat starke emotionale Formulierungen geprägt, aber dass sie einsinken, dass sie prägende Gestalt und Kraft bekommen bis hinunter, das erfordert eine intellektuelle und theologische Anstrengung. Weber hatte – wir sind eine Universitätsstadt mit 40.000 Lehrenden und Studierenden – zur Universität, zu den Intellektuellen in Graz einen schwierigen Zugang.

>>> *Was wünschen Sie sich von seinem Nachfolger?*
Rodler: Ich würde meinen, die gute Grundstimmung, die in einer

großen Breite da ist, die aber sehr emotional ist, die müsste man festigen. Ich könnte mir vorstellen, dass ein synodaler Prozess dafür eine gute Möglichkeit wäre, ein Nachdenken, das mit der Formulierung der neuen Leitlinien und deren Beschluss im Diözesanrat schon begonnen ist. In der Spiritualität wünsche ich mir einen „Normalen". Es darf jeder seine Spiritualität haben, aber ein Pfarrer oder ein Bischof muss eine normale, eine weite, eine katholische Spiritualität haben, in der vieles Platz hat. Der Bischof soll nicht festgelegt sein auf einen einzigen geistlichen Weg.

Mehr als in anderen Diözesen Österreichs hat in der Steiermark der Diözesanrat das innere Leben der katholischen Kirche und ihre Wirkung nach außen mit geprägt. Diese „ständige Synode" sollte, so war es die Idee Johann Webers, die einmalige, punktuelle Diözesansynode ersetzen. Ein Beispiel dafür, wie im Diözesanrat um das Bild der Kirche gerungen wurde, war die Entstehung der Leitlinien für die Seelsorge im Rahmen des „Prozesses 2010". Ein erster Entwurf, der auf dem Titelblatt das Gnadenbild von Mariazell, einen Kirchturm sowie einen historischen und einen neuen Gottesdienstraum zeigte, wurde abgelehnt. Anstatt der Kirche aus Stein plädierte der Diözesanrat für Menschen, die Kirche sind.

Vor der Beschlussfassung der Leitlinien am 10. März 2001 wurde besonders um die Ausformulierung des Verhältnisses von Priestern und Laien zueinander gerungen. Im vorliegenden Entwurf standen „das Amt der Geweihten", das „in der Sendung Christi steht und ein Dienst an der Einheit" ist, und „das Zeugnis des Glaubens in der Welt", das „vor allem durch Laien sichtbar wird", unvermittelt nebeneinander. Die Diskussion im Diözesanrat führte schließlich zu einer Formulierung, die grundsätzlich von dem einen Volk Gottes ausgeht und erst in zweiter Linie die unterschiedlichen Aufgaben von Laien und Amtsträgern auffächert.

„Alle Getauften", so heißt es im beschlossenen Text, „haben Anteil an der Sendung Jesu Christi und am Auftrag der Kirche. Laien, Ordensleute, Diakone und Priester bilden gemeinsam mit dem Bischof das Volk Gottes. Wir alle, Frauen und Männer, stärken und fördern einander in unserer jeweils besonderen Berufung und machen das Zeugnis des Glaubens in der Welt sichtbar. Die Laien geben den Glauben weiter in der Familie, als Nachbarn, als Mitbürger im Alltag des Lebens und in den verschiedenen Milieus, Berufen und Lebensbereichen. Durch die Weihe zum Diakon, Priester oder Bischof und durch das Ordensleben wird ein besonderer Dienst an den Menschen begründet. Das Amt der Geweihten ist ein Dienst an der Einheit und repräsentiert die Zuwendung Gottes zu den Menschen. Es nimmt diese Aufgabe öffentlich, auf Dauer, für die gesamte Gemeinde verbindlich und sakramental wahr. Die Sorge für Berufungen zum Priestertum, Diakonat und Ordensleben ist ein Auftrag an die ganze Kirche und jede Gemeinde."

Für eine Bilanz der Ära Weber stellten sich drei Mitglieder der 7. Funktionsperiode des Diözesanrates dem Gespräch: Anton Schrettle, Professor für Dogmatik an der Religionspädagogischen Akademie und Mitarbeiter des Kirchenvolksbegehrens, Maria Jurschitsch, Vertreterin der Katholischen Frauenbewegung aus Hausmannstätten, und Helmut Kirchengast, der für die Katholische Jugend im Diözesanrat sitzt:

>>> *Die Weber-Kirche in der Steiermark lebt von der Fiktion: Wir gehören alle dazu, auch wenn wir bei weitem nicht alle in die Kirche gehen. In der Ära Weber konnte das gerade noch funktionieren. Was ist das Bleibende davon, worauf kann man aufbauen?*

Jurschitsch: Die Frauen in der KFB sind sehr vom Glauben getragen. Auch jüngere Frauen und junge Familien. Wenn Bischof Weber zu Veranstaltungen gekommen ist und eine Ansprache oder Predigt gehalten hat, dann war das sehr ansprechend. Er war ein Vorbild im Glauben. Das hat die Frauen beeindruckt, die doch noch sehr auf den Priester und Bischof hören, trotz aller Emanzipation.

Kirchengast: Ich glaube, dass die steirische Kirche sehr von der Person Bischof Weber lebt, von einer Person mit der Gabe, zu integrieren, auszugleichen, das Andere, das Fremde ehrlich wertzuschätzen. Die Vorstellung „Wir Steirer sind ein Volk, ein Land" war für Weber keine Fiktion, sondern eine reale Wahrnehmung. Er nahm diese steirische Bevölkerung so wahr. Weber ist – ich sage das jetzt einmal theologisch, er selbst würde es nicht so theologisch formulieren – von seinem Leben her Schöpfungstheologe. Für ihn ist alles wertvoll, alles was lebt, was wächst, was Mensch ist. Da gibt es keinen Unterschied, ob einer ein Linker ist oder ein Rechter, ein Progressiver oder ein Konservativer, ein Moslem, Jude oder Christ. Es gibt Orte und Anlässe, wo das differenziert ist, aber grundsätzlich hat Weber eine große Offenheit für jeden Menschen. Das hat ihm naturgemäß – weil jede Stärke auch eine Schwäche ist – den Vorwurf eingebracht, dass Weber es an klaren Standpunkten missen lasse.

>>> *Weber nahm die Steiermark als Einheit wahr, er wandte sich dem ganzen Volk zu. Galt das auch umgekehrt?*
Kirchengast: Das glaube ich nicht. Der Liebende liebt nicht in der Erwartung, in demselben oder gar in größerem Ausmaß wieder geliebt zu werden. Weber lebte aus großer Liebe zu diesem Land und zu den Menschen in diesem Land. Das schlug ihm nicht eins zu eins entgegen. Aber – ich habe viel mit Leuten in den Pfarren zu tun – es gab eine sehr, sehr große Hochachtung vor Bischof Weber. Nicht, weil er Bischof war, sondern weil er „der Weber" war. Das hat durch seine Person gelebt.

>>> *Was ist von dieser Form der Weber'schen Volkskirche noch tragfähig?*
Schrettle: Das Kommunikative als Grundprinzip von Kirche ist etwas, was man auch in Zukunft stark leben müsste. Da habe ich Weber von zwei Seiten erlebt: Die Möglichkeit eines gemeinsamen Feierns, die Einladung zu einer gemeinsamen Plattform, das war etwas, das die steirische Öffentlichkeit geprägt hat. Vor seinem 30-Jahre-Bischofsjubiläum im Stadtpark gab es eine panische Angst seiner engsten Mitarbeiter, dass das ein Flop werden könnte, dass nur wenig Leute kommen könnten. Und dann war es doch ein Fest, eine Gemeinschaft von Tausenden, die mitgefeiert haben. Das hat Weber unverrückbar in die steirische Welt gesetzt. Da kann keiner dahinter zurück. Das bleibt, dieser Geist. Auf der anderen Seite habe ich bei manchen kirchenpolitischen Fragen erlebt, dass es Weber ganz recht war, wenn er von einzelnen Vorgängen nichts

gewusst hat. Aber wenn er es gewusst hat, dann war er in manchen Fällen, das sage ich ganz hart, auch nicht sehr barmherzig.
Was bleibt? Ich schätze diese kommunikative Stärke. Die kann in dieser Form wohl kein Nachfolger leisten. Aber es bleibt, dass die mediale und gesellschaftliche Öffentlichkeit die Gesprächsbereitschaft mit der steirischen Kirche identifizieren und nicht nur einzelne inhaltliche Positionen.

>>> *Von der Steiermark weiß man, es gab den Katholikentag, den Tag der Steiermark. Aber die Frage, die man sich von außen stellte, war: Wie weit sind diese Hochfeste im Alltag der Kirche in der Steiermark gedeckt?*
Jurschitsch: Ich finde, bei den Frauen ist das schon weitgehend im Alltag gedeckt. Natürlich ist das bei den jüngeren Frauen anders. Sie stellen ihre Zeit für die Mitarbeit in der Kirche eher punktuell, phasenweise zur Verfügung, zum Beispiel für die Erstkommunionvorbereitung, wenn ihre eigenen Kinder betroffen sind.

>>> *Bei Weber gibt es diesen Zwiespalt: die große Offenheit für jede und jeden, und andererseits der hohe Anspruch an die Aktivisten, an den Kern der Pfarre, an die, die immer da sind, nicht nur, wenn ihr eigenes Kind betroffen ist. Das Bild von der Passantenkirche, von der Möglichkeit, dass einige ein Stück Weges mit gehen und dann wieder weg sind, ist kein Weber-Ideal.*
Schrettle: Das stimmt, dazu hat er nicht ermuntert oder dazu, sich wirklich zu bemühen, auch denkerisch Experimente zu entwickeln. Da ist Weber zu stark vom Priesterbild her geprägt, und das heißt für ihn: Radikalität, Zölibat. Das hat sich auch ausgewirkt auf sein Konzept von Pfarre.
Jurschitsch: Trotzdem, viele Frauen sagen: Wie gut haben wir es gehabt unter Weber. Heute sind die Frauen so selbstbewusst, dass sie sich auch von einem völlig konservativen Bischof nicht mehr alles würden sagen lassen. Wir haben viele junge, starke Frauen, die auch schon viel besser ausgebildet sind.
Kirchengast: Innovation oder Ermutigung habe ich schon ein wenig

vermisst. Was die Jugend betrifft, hatte Weber ein sehr realistisches Bild vom Umfeld der jungen Leute, von ihren Werten, von den Trends. Zugleich habe ich es schade gefunden, dass er in entscheidenden Gremien – in einer Dechantenkonferenz oder Pfarrerwoche – diesen wichtigen Leuten, die unsere Partner in der Jugendarbeit sind, nicht klar gesagt hat: Leute, so und so stehen die Dinge, und deshalb könnt ihr von euren Mitarbeiterinnen und Mitarbeitern in der Jugend nicht verlangen, dass die mit dem Finger schnipsen und dann ist am Sonntag die Kirche voller junger Leute.

Wenn wir nicht ganz daneben gelegen sind, konnten wir in der Jugendarbeit alles machen, angefangen von priesterlosen Gottesdiensten mit Technomusik. Da gab es keine Widerstände, keine Einwände. Aber es gab auch nicht die gezielte Ermutigung, die Wertschätzung dieser Arbeit, dass der Bischof gesagt hätte: Das ist ein wertvoller neuer Weg, und das ist auch ein Teil des Ganzen. Eher hatten wir das Gefühl, der Bischof denkt: Es ist nicht schlimm, was die Jugend da macht. Da habe ich manchmal die Zusage vermisst: Das ist sehr gut, was ihr da macht.

Wenn ich mich am Bild des Hirten orientiere, würde ich sagen, der Hirte ist der, der weiß, wo er mit seiner Herde hingehen muss, damit sie etwas zu fressen hat. Diese Führung habe ich bei Johann Weber ein Stück vermisst. Die einen gehen eben in die Richtung und das passt, und die anderen gehen in eine andere Richtung und das passt auch. Ich habe nie den Eindruck gehabt, dass er das, was wir gemacht haben, mit dieser vollen Unterstützung mit getragen hätte, dass er gesagt hätte: Ja, genau das ist der richtige Weg, dahin geht es, da macht weiter, da investiert eure Kraft. Seine große Offenheit war eben auch damit verbunden, dass er nicht diesen starken Rückhalt bieten konnte, den man manchmal erwartet hätte.

>>> *Hatte Weber Angst, dass er andere verlieren würde, wenn er einen Weg als den richtigen bezeichnen würde?*

Schrettle: Ich würde genau das sagen: Negativ formuliert war es seine Grundangst, jemanden auszuschließen, positiv formuliert

Bischofsweihe durch Erzbischof Dr. Andreas Rohracher, Salzburg und
Altbischof Dr. Josef Schoiswohl, 28. September 1969, Grazer Dom. (Foto: Gerhard Ohrt, Graz)

Katholikentag, Stadtpark Graz, 28. Juni 1981. (Fotos: Gery Wolf, Graz)

Schlusswort des Bischofs, Katholikentag, Hauptplatz Graz, 28. Juni 1981. (Foto: Gerhard Ohrt, Graz)

Tag der Steiermark – Abschlussveranstaltung, Hauptplatz Graz, 26. Juni 1993 (Foto: Big Shot/Christian Jungwirth, Graz)

Weg des Friedens, Sarajevo, 6. bis 8. Mai 1996. (Foto: Gerhard Ohrt, Graz)

Eröffnungsveranstaltung der II. Europäischen Ökumenischen Versammlung, Freiheitsplatz Graz, 23. Juni 1997. Am Rednerpult der griechisch-orthodoxe Metropolit Michael Staikos und Bischof Johann Weber. (Foto: Gerhard Ohrt, Graz)

Festgottesdienst – 30 Jahre Bischof von Graz-Seckau, Stadtpark Graz, 19. Juni 1999; Johann Weber und Diözesanbischof Alois Kothgasser. (Foto: Franz Josef Rupprecht, Salzburg)

Festgottesdienst – 30 Jahre Bischof von Graz-Seckau, Stadtpark Graz, 19. Juni 1999. (Foto: Josef Fantic, Graz)

Im Gespräch mit Franz Kardinal König und Karl Kardinal Lehmann. (Foto: Franz Josef Rupprecht, Salzburg)

Das Domkapitel im März 1993. Von links nach rechts, 1. Reihe: Domkustos Gottfried Lafer, Dompropst Leopold Städtler, Bischof Johann Weber, Domdechant Johann Reinisch, Stadtpfarrpropst Karl Hofer. 2. Reihe: Josef Bierbauer, Ägidius Leipold, Daniel Kern, Willibald Rodler, Josef Jamnig. (Foto: Stefan Amsüss, Graz)

Pfarrvisitation Graz/Münzgraben, Oktober 1985. (Foto: Diözesanarchiv, Graz)

Sternsingertreffen, Köflach, Jänner 2001. (Foto: Josef Fantic, Graz)

Bischofsstabübergabe, Grazer Dom, 22. April 2001; Erzbischof Dr. Georg Eder, Salzburg, Diözesanbischof Dr. Egon Kapellari, Altbischof Johann Weber.
(Foto: Big Shot/Christian Jungwirth, Graz)

war es die Vision oder auch die Illusion einer Einheit. Die Angst, dass die Kirche auseinander bricht, war für Weber eine panische. Aus diesem Grunde hat er es vermieden, eindeutige inhaltliche Akzente zu setzen, und hat seine ganze Stärke darin verwirklicht, niemanden aus dem Boot der Kirche hinausfallen zu lassen. Es gab in der letzten Zeit der Ära Weber nur mehr einige ganz wenige Priester in der Diözese, die traditionalistisch orientiert sind und sich Weber in den Weg gesetzt haben.

>>> *Wie war Webers Verhältnis zu den Vertretern des Kirchenvolksbegehrens in der Steiermark?*
Schrettle: Im ersten Jahr, nachdem die erste Welle vorüber gewesen ist, gab es ein Treffen in Mariatrost mit der steirischen Gruppe des Kirchenvolksbegehrens. Weber ist gekommen, war freundlich, hat sich alles angehört, hat selber kaum etwas gesagt. Dann hat es im Grunde Stillschweigen gegeben. Es gab keine Kontakte. Vor drei Jahren waren die österreichweit führenden Initiatoren aus Innsbruck, Thomas Plankensteiner und Marta Heitzer, in Graz und wir haben es geschafft, dass Weber ihnen einen Termin gab. Das war das einzige Mal, dass das Kirchenvolksbegehren offiziell einen Termin beim Vorsitzenden der Bischofskonferenz bekommen hat. Aber auf die Bitte, dass man doch regelmäßig zusammenkommen möge, halbjährlich oder wenigstens jährlich, hat er sehr deutlich gesagt, das möchte er nicht.
Weber hat das Kirchenvolksbegehren gegenüber manchen durchaus verteidigt und die positiven Anliegen herausgehoben. Aber den Aktivisten selber hat er nie besondere Anerkennung gezollt. In dem Gespräch kam für mich klar heraus, dass er sagte: Sie hätten nur einen Satz im Kirchenvolksbegehren drinnen haben müssen, einen Ausdruck der Hochschätzung der zölibatären Lebensform des Priesters. Aber da die Forderung nach freier Wahl der Lebensform des Priesters erhoben worden sei, hätten die Priester das als Angriff auf den Zölibat empfunden. Damit habe sich das Kirchenvolksbegehren die Priester zu Gegnern gemacht. Wir haben erwi-

dert, dass das nicht richtig sei, weil viele Priester das Kirchenvolksbegehren unterstützen würden, sogar aktiv in der Plattform ... Aber wie auch immer: Weber hat das Kirchenvolksbegehren nicht schlecht gemacht, so wie Bischof Kurt Krenn es ständig getan hat.

>>> *In den letzten Jahren der Ära Weber scheint die Aufbruchstimmung im steirischen Diözesanrat abgeflaut zu sein. Man wollte dem Bischof nicht mehr alles abverlangen, weil die Steirer im Grunde gewusst haben, dass sie froh um ihn sein mussten.*
Schrettle: Ganz richtig. Ich habe das im Diözesanrat so erlebt, dass die Sache mit dem Frauendiakonat ein gewisser Einschnitt war. Es wurde deutlich, dass man im Grunde keine Chance hat. Eine gewisse Resignation in Bezug auf die Möglichkeit und den Erfolg des eigenen Redens und Tuns im Diözesanrat ist seither da. Wir sitzen oft am Abend beisammen und viele sagen: Wir kommen schon, aber was sollen wir uns aufregen, den Bischof mögen wir, und die Grenzen, die wir nicht überschreiten können, sind klar. Der Diözesanrat als Ort der Konfliktaustragung ist nicht mehr da.

>>> *Weber stellte sich eher vor, der Diözesanrat soll die Speerspitze der Kirche in die Gesellschaft hinein sein.*
Schrettle: Ja, aber das würde auch heißen, dass man selber Konflikte austragen kann und dadurch Modell ist. Wir haben keine Konfliktkultur, und ohne die geht es in der heutigen Gesellschaft nicht. Was mich betroffen macht, ist die Resignation sehr vieler, dass sie sagen: in die Öffentlichkeit mag ich nicht gehen, es bringt nichts, und dem Bischof will ich auch nicht weh tun.
Kirchengast: Das ist diese Dynamik, die da passiert. Wie kann das sein, dass ich dann, wenn ich ehrlich meine Meinung sage, dem anderen weh tue und dass ich mich deshalb schuldig fühlen muss? Das kann doch nicht mein Problem sein, wenn meine Sicht der Dinge dem anderen weh tut. Das muss ich aushalten, und der andere muss es auch aushalten.
Schrettle: In den vergangenen Jahren ist noch eine Vorsicht bestimmter diözesaner Kreise dazugekommen – zum Beispiel wenn

es um eine öffentliche Diskussion der Bischofsnachfolge gegangen ist – die gesagt haben: Macht das lieber nicht, damit nicht in Rom ein falsches Licht auf den Bischof fällt und die Nachfolge dann erst recht negativ entschieden wird. Diese Konfliktscheu kam nicht nur und oft nicht einmal unmittelbar vom Bischof, sondern es ist in den letzten Amtsjahren Webers im Ordinariat ein Klima entstanden, dass man sozusagen einen Schutzmantel um den Bischof gelegt hat. Das machte sich auch im Diözesanrat bemerkbar. Da sind wir von der demokratischen Konfliktkultur, die vor zehn Jahren im Diözesanrat geherrscht hat, weit entfernt. Die haben damals wirklich heftig gestritten und die Konflikte ausgetragen, etwa über Frauenpriestertum oder über Demokratie und Mitbestimmung.
Kirchengast: Wir sind auch in der Jugend heute lammfromm.

>>> *Wenn Weber mit jungen Leuten diskutieren müsste? Was wäre seine Stärke, wo würde er Schwierigkeiten haben?*
Kirchengast: Seine Stärke wäre, dass die jungen Leute gar nicht so schräg sein könnten, dass er sich mit ihnen nicht zusammensetzen würde und er ihnen nicht zuhören und sie auch verstehen würde. Schwierigkeiten hätte Weber, wenn sie konkrete Forderungen stellen würden zum Beispiel für die Jugendliturgie, wie sich Jugend in der Kirche platzieren darf. Wenn es um das Konkrete geht, in die Tat hinein, da wird es schwierig. Vom Sandler unter der Murbrücke bis zum Landeshauptmann, da gibt es niemanden, für den er sich zu schade wäre, ihn zum Essen einzuladen. Da würde er sich mit und für niemanden genieren. Da versteht er sich wirklich als christlicher Mensch, der in der Nachfolge Jesu für alle da ist. Da gibt es für Weber keine Grenzen, dass er sagen würde, du darfst mir nicht näher kommen, ich bin Bischof.
Wenn es aber konkret darum ging, dass der Sandler unter der Brücke sagte: Was tut die Kirche für mich, da wurde es mit Weber schwieriger. Das hört man auch von verschiedensten engagierten Vereinen und Gremien, dass es eine große ideelle Unterstützung gab, vom Gefühl her, vom Zuhören, vom Reden. Aber wenn es

darum ging, zu sagen: Ich bin Bischof, und weil ich Bischof bin, darum sage ich, das machen wir jetzt und das trage ich mit euch auch gegen Widerstände durch, dann hat sich Weber selbst schwer getan und andere mit ihm.

Johann Weber hat am 5. Februar 2001 bestätigt, dass er sein Rücktrittsgesuch in Rom eingereicht habe und ihm eine Annahme zugesagt sei. Die „Kleine Zeitung" begab sich am „Tag danach" zum Lokalaugenschein in das Ordinariat am Bischofplatz. Im Bericht vom 7. Februar 2001 heißt es:

» Nichts am ‚Bischofplatz' schien gestern darauf hinzudeuten, dass sich eine ganze Ära ihrem Ende zuneigt: Dieselben Personen, die die engen Couloirs entlang eilen, dieselben Gesten, dieselben Handlungsabläufe. Tatsächlich können Gebäude ähnlich Personen eine gewisse Verlässlichkeit ausstrahlen und das Bischöfliche Ordinariat in Graz ist so ein Haus. Gestern, da war dann aber doch vieles anders: ‚Heute', sagte ein hoher katholischer Laienfunktionär, ‚heute ist der Tag eins danach.' Keine 24 Stunden zuvor hatte Bischof Johann Weber seine Ablöse bekannt gegeben – ein Schritt, der von vielen, freilich ohne den genauen Zeitpunkt zu kennen, vorausgeahnt worden war. Andere wiederum, vor allem die ländliche Bevölkerung, erreichte die Nachricht auf stehendem Fuß. Fast allen Steirern aber ist eines gemein: Sie verbinden die Geschicke der Diözese seit Jahrzehnten mit ihrem Hirten, der jetzt müde geworden ist.

‚Bischof Weber hat mein Priestersein so geprägt, wie er das mit dieser Diözese tat', sagt Wolfgang Posch, Pfarrer in Köflach, der es ‚einem 74-Jährigen von Herzen gönnt, in Pension gehen zu können'. Ein ‚umsichtiger Bischof' sei ihm Weber gewesen, einer, der ‚bei den Menschen war'. Daher wünscht sich Pfarrer Posch einen Nachfolger, der wie Weber ‚als Integrationsfigur mit Elan die Zukunft in Angriff nimmt'.

‚Bischof Weber', bilanziert indes der ehemalige KA-Präsident und langjährige Wegbegleiter des Hirten, Fritz Csoklich, ‚hat das Kunststück zusammengebracht, der Kirche in einem so heterogenen und teils antiklerikal geprägten Land wie der Steiermark ein neues Gewicht zu verschaffen'. Bleibendes Verdienst des Bischofs sei es, in all den Jahrzehnten immer ‚Wortführer der Öffnung' und nicht der ‚ängstlichen Abkapselung' gewesen zu sein, hofft Csoklich, dass Webers Nachfolger keiner ‚innerkirchlichen Verengung' das Wort redet, sondern ‚die Laien stärkt'.

‚Bewunderung' bringt Karl Schauer, Superior in Mariazell, dem scheidenden Bischof entgegen. Dieser habe es geschafft, die Grundlinien des Zweiten Vatikanischen Konzils in der Steiermark zu verankern. Webers große Gabe sei es, mit Geduld zuhören zu können. ‚Er ist immer einer gewesen, den ich ohne jede Scheu um Rat gebeten habe', sträubt sich Schauer jedoch dagegen, ‚einen Abgesang anzustimmen'. Denn: ‚Noch ist Johann Weber Bischof', sagt der Pater Superior, ‚und bleibt das auch, bis Rom die Nachfolge geklärt hat.'

Jahre der Erschütterung

Gesellschaftspolitische Konflikte

Als Johann Weber 1969 Bischof wird und zum ersten Mal an der Bischofskonferenz teilnimmt, sind alle – mit Ausnahme jener, die am Germanikum in Rom studiert haben – per Sie. Man tritt in vollem Talar auf. Ein Durchbruch im Umgang miteinander waren die ersten gemeinsamen Exerzitien, die auf Initiative des damaligen Linzer Weihbischofs Alois Wagner mit Pater Lombardi zustanden kamen. „Damals kamen diese gruppendynamischen Prinzipien in Mode", erinnert sich Weber. „Damit hat Pater Lombardi erreicht, dass wir alle per Du wurden."
Die Positionen in der Bischofskonferenz seien schon damals sehr verschieden gewesen. „Aber es gab ein Grundvertrauen. Das Klima war gut, man ist gern hingefahren. Ein Motor war Weihbischof Wagner, er hatte immer Ideen und war sehr für Gremien." Den ersten schweren Bruch erlebte Weber vor der Bischofssynode 1971 beim Thema Viri probati. Da gab es keine Einstimmigkeit mehr, aber eine sehr bedeutende Mehrheit dafür. Nur zwei Bischöfe sprachen sich gegen die prinzipielle Möglichkeit aus, bewährte verheiratete Männer zu weihen.
„Zweitens, da war ich sehr betroffen als Jugendbischof, kam die Sexualrevolution. Ich saß in Bibione am Strand und wurde angerufen: Da gibt es eine Frauenberger Erklärung, die gegen die Sexualmoral der Kirche verstößt. Na frage nicht, was da los war." Vom 6. bis 13. Juli 1974 hatte im Bildungshaus Frauenberg an der Enns die zweite Frauenberger Studentenwoche der Katholischen Studierenden Jugend Österreichs getagt. Zum Abschluss formulierten 32 Teilnehmerinnen und Teilnehmer eine Resolution, in der es hieß: „Die Unterzeichneten kamen zur Überzeugung, dass

voreheliche sexuelle Beziehungen unter Jugendlichen nicht abzulehnen, sondern zu akzeptieren sind! Information über die Verwendung von Verhütungsmitteln ist nötig. Wir glauben, dass keine Autorität das Recht hat, in eine sich entwickelnde Freundschaft zwischen Burschen und Mädchen reglementierend einzugreifen, um den sexuellen Bereich davon auszuschließen. Die spätere Partnerschaft zwischen Mann und Frau sowie die Verantwortung füreinander muss auch im Sexuellen erst langsam gelernt werden."

Jugendbischof Weber muss Feuerwehr spielen und nimmt zunächst aktuell Stellung. „Die vor kurzem unter dem Namen der KSJ veröffentlichte Stellungnahme bezüglich der vorehelichen Beziehungen ist nach Inhalt und Zielsetzung abzulehnen. Dazu kann noch festgestellt werden, dass diese Stellungnahme keine offizielle Stellungnahme der KSJ darstellt, vielmehr hat anlässlich einer offenen Studentenwoche ein nicht autorisierter Arbeitskreis diese Resolution verabschiedet."

Der Bischof reagiert darüber hinaus aber noch mit einer „Erfindung, auf die ich heute noch stolz bin. Ich habe angefangen, mit Symposien zu arbeiten, wo ich versucht habe, die verschiedenen Standpunkte an einen Tisch zu bringen. Über die Sexualität haben wir in Seggauberg ein Symposium gemacht. Das war eine gute Sache. Ich kann mich heute noch erinnern, dass Bischof Stöger, der einen markanten Standpunkt gegen die Frauenberger Erklärung hatte, dann gesagt hat: Die sind ja gar nicht so arg, diese jungen Leute ..."

Etwas später war der Schwenk der Katholischen Arbeiterjugend zum politischen Engagement, geprägt von der Befreiungstheologie, mit heftigen Zusammenstößen verbunden. „Das hat vor allem den Innsbrucker Bischof Paul Rusch schwer verletzt. Er hatte sich immer als ein Schutzpatron für die KAJ verstanden und wurde jetzt bei einer Tagung in Innsbruck ausgepfiffen." Umgehend folgte der Konflikt um die Schließung des Kripp-Heimes in Innsbruck. Dazu kamen Streitigkeiten um Bundesheer und Gewaltlosigkeit. „Da hat Bischof Franz Zak heftig reagiert, weil die Katholische Jugend stark auf der Seite der Friedensbewegung war." Weber war wie die Bischöfe Zak, Alois Wagner und Jakob Mayr im Zweiten Weltkrieg eingerückt gewesen und hatte Verständnis für die Einwände gegen die friedensbewegte Jugend. „Jugendbischof sein war sehr fordernd", resümiert Weber. „Ich sehe mich heute noch, wie ich nach Kärnten gefahren bin zu Bischof Egon Kapellari und ihm als neuen Jugendbischof zwei große Wäschekörbe Ordner übergeben habe ..."

In der kritischen Zeit, als die SPÖ die Fristenregelung einführte, war Weber Referatsbischof für Kirche und Gesellschaft. „Da hatte ich die Methode, dass ich zur Vorbereitung einen Kreis von zwei Dutzend führenden Leuten wie Eduard Ploier zusammengerufen und mich mit ihnen beraten habe. Ich habe Priester und Laien um Material und Stellungnahmen gebeten. Das hat dann, zusammengegossen, ein Gesicht gehabt."

An der Front stand Kardinal Franz König selbst. Beim Österreichischen Katholikentag 1974 saßen Bundeskanzler Bruno Kreisky (SPÖ) und König mit steinernen Mienen nebeneinander . In der Bischofskonferenz hatte der Kardinal absoluten Rückhalt für seinen Kurs. Der Vorwurf des „roten Kardinals" fand keinen Widerhall. „Kardinal König war in der Bischofskonferenz völlig unbestritten", sagt Weber, der gleichzeitig Verständnis hat für „die Wehmut, die es damals bei der ÖVP gab". Das sei eine Geschichte vom verlorenen Sohn gewesen.

Die gesamte Strafrechtsreform des sozialistischen Justizministers Christian Broda hat die Bischofskonferenz sehr beschäftigt, in der Ahnung, dass da ein Damm geöffnet werde und dass eine Ära des engen Verhältnisses von Kirche und Staat, die über Jahrhunderte gedauert hatte, zu Ende gehe. „Allerdings", gesteht Weber, „hat keiner von uns eine Antwort gehabt auf die Frage, ob wir denn wollen, dass Frauen wegen einer Abtreibung gestraft werden sollen oder nicht. Rückblickend muss ich sagen – mir ist das sehr bewusst aus einer Veranstaltung mit Frau Johanna Dohnal in Erinnerung –: Es ist uns nie gelungen, über die Rampe zu bringen, was wird da abgetrieben: ein Zellhaufen oder ein Mensch, ein werdender Mensch? Einen Wunsch habe ich dann durchgebracht: dass ich sehr bitte, dass es bei der Abstimmung im Parlament keinen Applaus gibt. Das war dann auch so."

Unter dem Strich befürchtete Weber, dass die katholische Kirche in Österreich aus dem Konflikt um die Fristenregelung geschwächt hervorgegangen sein könnte. Am 17. März 1976 zog der Bischof unter dem Titel „Die

Schale der Gesellschaftskirche Österreichs ist angesprungen“ diese Bilanz: „Es scheint die Zeit vorüber zu sein, in der es eine gewisse gesellschaftliche Selbstverständlichkeit war, katholisch zu sein, die Kinder in den Religionsunterricht zu schicken und die Kirche zu schonen. Nun wird in verschiedenen Abstufungen der Ruf laut: Die Kirche ist ja gar nicht so groß, sie ist ja gar nicht so bedeutend, sie ist gar nicht so wichtig. Vielleicht hat ungewollt auch das Ergebnis des Volksbegehrens ein wenig beigetragen, bei dem vorher manche Leute völlig illusionäre Erwartungen von einer oder mehr Millionen Unterschriften hatten. Die Attacken gegen den Religionsunterricht haben wahrscheinlich fruchtbareren Boden gefunden, als man annimmt. Die Aktion zur Trennung von Kirche und Staat in Graz findet erstaunlichen Widerhall. Vor allem hat sich ein völliger Wandel im Fernsehen angebahnt.“

Trotz dieser pessimistischen Analyse lässt Johann Weber nie locker, das Christliche in und für Österreich einzumahnen. Beim Kärntner Ordenstag im Oktober 2000 fordert der Grazer Bischof die unteilbare Menschenwürde für In- und Ausländer ein. Österreich brauche wieder „eine Gewissheit“, die sich in keinem Regierungsprogramm festschreiben lasse: „Dass Gott die Welt erschaffen hat und daher jeder Mensch ein Geschöpf und Ebenbild Gottes ist. Würde und Identität des Lebens kommen letztlich von Gott.“

Beschädigung des Bischofsamtes

Die „Verdunstung von Kirchlichkeit“ wird ab der Mitte der Achtzigerjahre durch binnenkirchliche Vorgänge beschleunigt, die das Ansehen der katholischen Kirche in Österreich insgesamt und das Bischofsamt im Besonderen beschädigen. Johann Weber wird am 6. April 1995, in der Zeit der größten Not, zum Vorsitzenden der österreichischen Bischofskonferenz gewählt und führt die katholische Kirche des Landes bis 30. Juni 1998. In seiner Amtszeit als Vorsitzender der Bischofskonferenz musste er sich mit der schwersten Krise der österreichischen Kirche seit 1945 auseinander setzen: den Vorwürfen gegen den damaligen Wiener Erzbischof, Kardinal Hans Hermann Groër, wegen sexuellen Missbrauchs von Jugendlichen. In

Webers Amtszeit als Vorsitzender fielen aber auch das Kirchenvolksbegehren und der Beginn des „Dialogs für Österreich“ – ein enormes Pensum an Konfliktmanagement im Verhältnis zu den nur gut drei Jahren, in denen Johann Weber den Vorsitz führte.

\>>> *Es gab zwei kritische Phasen in Ihrer Bischofszeit: ganz am Beginn der heftige Streit in der Priesterschaft Ihrer Diözese; und gegen Ende die drei Vorsitzjahre in Wien, die Sie sehr hergenommen haben, bis hin zum Körperlichen.*
Weber: Ja, das war so.

\>>> *Was hat Sie so irritiert: die Erfahrung, dass Mitbrüder im Bischofsamt der Kirche Schaden zufügen?*
Weber: Erstens schon die ganzen Umstände, die uns zum Gespött gemacht haben. Das hält keiner gern aus, obwohl viele Anlässe dazu gegeben wurden. Zweitens: dass wir in der Bischofskonferenz nicht entscheiden konnten. Du warst nicht Herr im Haus. Wobei ich dazu sage: Ich bin nicht der große Entscheider. Aber ich musste da mit sehr vielen Unbekannten leben. Drittens: die Entfernung von Wien. Einmal Wien fahren ist ein ganzer Tag, der dir in deiner Diözese fehlt. Du kannst dich nicht verabschieden von der eigenen Diözese.

\>>> *Es ist Ihnen gelungen, Ihre Diözese zu befrieden. In der Bischofskonferenz konnten die Gräben nicht überbrückt werden.*
Weber. Mir geht es sehr nahe, wenn ich mit jemandem zerkracht bin und der ist beleidigt oder gekränkt. Ich möchte gerne meinen Seelenfrieden stärken und das wegbringen, ich kann schwer solche Konflikte wegstecken.

\>>> *Ihre Haltung „Lösch den glimmenden Docht nicht aus“ ist manchmal ein Hemmschuh, das Notwendige zu tun.*
Weber: Ja, und dazu kam in der Zeit, als ich den Vorsitz in der Bischofskonferenz innehatte, die Unberechenbarkeit der Lage. Ich habe mich manchmal in der Früh schon gar nicht mehr die Zeitung aufschlagen getraut: Was ist wieder, was sagt Bischof Krenn schon

wieder? Oder dann die Causa Groër; der Kardinal war eine ganz eigene Persönlichkeit.

>>> *Die Jahre 1995 bis 1998: Was wollten Sie als Vorsitzender der Bischofskonferenz weiterbringen?*
Weber: Der erste Schub waren die ersten Tage und Wochen, in denen wir von der Causa Groër in Bann gehalten wurden. Ich hatte da die Idee mit dem Weisenrat, worauf ich feststellen musste, dass das auch kirchenrechtlich so nicht möglich ist. Aber es war alles so hektisch. Und immer wieder der Versuch, es möge doch Klarheit geschaffen werden.
Dann ist im April 1995 das Kirchenvolksbegehren gekommen, für das im Juni österreichweit Unterschriften gesammelt wurden. Die Auseinandersetzung in der Bischofskonferenz war heftig, der Vorwurf: Das sind alles Häretiker. Das war sehr kraftraubend. Meine persönliche Bedrängnis war: Die katholische Kirche in Österreich driftet auseinander, die Kirchenaustritte steigen. Was tun? Da kam dann die Idee mit der Wallfahrt der Vielfalt, mit dem Slogan: streiten und beten. Diese Wallfahrt hat nicht alles gebracht, aber einige Dinge sind phänomenal gelungen, zum Beispiel das Treffen mit Bischof Kurt Koch aus Basel. Es war aufs Ganze gesehen ein Signal: die österreichischen Katholiken wollen miteinander.

>>> *Es gab parallel die Studientagung in Gösing. Wie haben sich die Wallfahrt der Vielfalt, die Ihre Idee war, und die Gösinger Tagung, hinter der vor allem Kardinal Christoph Schönborn stand, zueinander verhalten?*
Weber: Gösing war in der Federführung und Gestaltung des Sekretärs der Bischofskonferenz, Monsignore Michael Wilhelm. Es war in vollem Einvernehmen mit mir. Aus der Steiermark war einer meiner engsten Mitarbeiter und Ideengeber, Harry Baloch, maßgeblich beteiligt. Das war eine sehr ordentliche Sache. Da waren Leute beisammen, die etwas zu sagen hatten. Natürlich waren manche Bischöfe als steinerne Gäste da. Bischof Kurt Krenn hat sich kaum zu Wort gemeldet.

>>> *Die Wallfahrt der Vielfalt oder der Dialog für Österreich: Wie entstehen solche Weber-Ideen?*

Weber: Das weiß ich nicht. Der Steirische Katholikentag ist mir bei einem Haferfeld in Steinerkirchen eingefallen. Psychisch ist das bei mir zunächst eine Idee. Dann klopfe ich sie ab.

>>> *Das Stichwort Dialog für Österreich haben Sie öffentlich zum ersten Mal in einer „Zeit im Bild 2" ins Volk geworfen, in einer direkten Konfrontation mit dem Vorsitzenden des Kirchenvolksbegehrens, Thomas Plankensteiner. Am gleichen Tag hatte es am Vormittag eine Pressekonferenz im Anschluss an die Bischofskonferenz gegeben, bei der Sie wenig Konkretes zur Weiterbehandlung des Kirchenvolksbegehrens hatten vorweisen können.*

Johann Weber: Wie da der Ablauf genau war, weiß ich nicht mehr. Aber bei uns in der Steiermark war Dialog ein gängiges Wort. Der Tag der Steiermark im Juni 1993 war nicht ein Katholikentag für Katholiken, sondern von uns getragen, aber mit den Parteien, mit Kammern und Gewerkschaften und mit den anderen Kirchen. Der Vorsitzende der deutschen Bischofskonferenz, Kardinal Karl Lehmann, hat im Kammersaal einen Vortrag über den Dialog gehalten. Dialog war bei uns ein geflügeltes Wort. Dann haben wir entdeckt, dass es in der Antrittsenzyklika von Papst Paul VI. „Ecclesiam suam" eine sehr wertvolle Passage über den Dialog gibt.

>>> *Sie haben aber den Dialog für Österreich als Ihr Vorhaben kundgetan, ohne dass das in diesem Augenblick von der Bischofskonferenz gedeckt war.*

Weber: Ja, das war so. Aber ich hatte damals schon gerechnet, dass der allgemeine moralische Stand der Truppe Bischofskonferenz so lausig ist, dass wahrscheinlich alle froh sind, wenn jemandem etwas einfällt. Aber ich kann nicht sagen, wann und wo das Kind geboren wurde.

Der Ablauf der Ereignisse zeigt, wie weit Johann Weber sich mit seiner Dialog-Idee aus dem Fenster gelehnt hat. In seinen drei Jahren als Vorsitzender der Bischofskonferenz stand Weber immer im engsten Kontakt mit seinen Medienberatern. Nicht aus persönlicher Eitelkeit, sondern um der Sache willen ließ es ihm keine Ruhe, wenn er eine Pressekonferenz oder einen Fernsehauftritt verpatzt hatte und „nicht gut hinüber gekommen" war. Ausgerechnet am Montag nach der „Wallfahrt der Vielfalt" war das der Fall gewesen: eine Pressekonferenz, „bei der alle schlecht drauf waren", wie ein Beobachter erzählt. Weber konnte nicht mehr versprechen als „den absoluten Willen, diesen Dialog fortzuführen". Die Bischöfe in Österreich „können und wollen aber keine Eigenwege gehen". Die Bischofskonferenz lehne eine Versammlung, wie sie das Kirchenvolksbegehren gefordert habe, ab. Die Fernsehschlagzeile der „Zeit im Bild" war dementsprechend: „Magere Bilanz." Für die „ZiB 2" war eine Konferenzschaltung mit dem Vorsitzenden des Kirchenvolksbegehrens, Thomas Plankensteiner, vorgesehen.
In der Bedrängnis konnte Weber zwei seiner Vorzüge ausspielen. Sein offenes Ohr für seine Medienberater und sein Gespür für das, was in der Luft liegt. In intensiven Telefongesprächen wurde die Idee eines „Dialogs für Österreich" so weit entwickelt, dass Weber damit als Überraschungseffekt in die Abendsendung gehen konnte. Der Beginn dieser „ZiB 2" verläuft wie vermutet. Der Vorsitzende des Kirchenvolksbegehrens kritisiert den „Ungeist der Vertröstens". Der Vorsitzende der Bischofskonferenz verspricht, dass „etwas weiter geht" und sagt vorerst in der für ihn charakteristischen Art, die vieles offen lässt: „Sie können mir vertrauen, es geht nicht nur um Gerede, sondern um tiefe Fragen, die man nicht schnell erledigen kann." Doch dann macht Weber den entscheidenden Schritt: „Ich möchte so etwas wie einen ‚Dialog für Österreich' anzetteln." Wohl wissend, dass diese Ankündigung durch die Bischofskonferenz – noch – nicht gedeckt ist, fügt Weber hinzu: „In der Bischofskonferenz gibt es verschiedene Standpunkte. Aber es wird mir gelingen, für diesen Dialog zu werben."
Tatsächlich konnte Bischof Weber diesen „Dialog für Österreich" auf den Weg bringen, weil er die Sache zwar nicht strategisch geplant, aber intuitiv sicher eingefädelt hatte. Die „Wallfahrt der Vielfalt" vom 6. bis 8. Septem-

ber 1996 nach Mariazell wird vom Vorsitzenden der Bischofskonferenz als eine Art Probelauf inszeniert, ob die gegensätzlichen Gruppierungen der katholischen Kirche in Österreich unter dem Motto „Streiten und beten" irgendwie doch noch miteinander könnten oder nicht.
Das Wagnis gelingt und seit den drei Wallfahrtstagen hält Johann Weber den Zweiflern den „Geist von Mariazell" entgegen. Dort habe es eine „Eruption der Ehrlichkeit und der Ideen" gegeben. Kritiker meinen, „die scharfen Ränder der Kirche" seien bei dieser Wallfahrt mit ihren Diskussionsforen, ihren nächtlichen Anbetungsstunden und dem festlichen Sonntagsgottesdienst zu wenig zum Tragen gekommen. Doch Bischof Weber gelingt es, die friedliche Koexistenz von Vertretern so gegensätzlicher Gruppierungen wie der Plattform „Wir sind Kirche" und dem Opus Dei als gelungene Generalprobe für einen „Dialog für Österreich" zu propagieren.
Die Befriedung der Bischofskonferenz gelingt aber nicht. „Das war alles nicht lustig", sagt Weber zu den anhaltenden Auseinandersetzungen mit dem St. Pöltner Oberhirten Kurt Krenn und zur Nicht-Lösung der Causa Groër. Ein Beobachter aus der politischen Szene in der Steiermark bringt es deutlicher auf den Punkt: „Weber war zutiefst ins Herz getroffen, was Bischöfe wie Krenn oder Groër seiner Kirche antun." Peter Wessely, gemeinsam mit dem Chefredakteur der Kathpress, Erich Leitenberger, engster Mitarbeiter des Vorsitzenden der Bischofskonferenz in allen Fragen von Medien und Öffentlichkeit, erlebte Weber in dieser Phase beinahe wild entschlossen. „Er hat sich gesagt, ich lasse mir meine Kirche von niemandem kaputt machen, auch nicht von einem Kardinal."
Weber sieht im Rückblick eine wesentliche Schwäche der Bischofskonferenz darin, „dass wir das Einstimmigkeitsprinzip überbewertet haben. Wir hätten uns mehr trauen soll, mehrheitlich zu entscheiden. Wir waren zu salbungsvoll von dem hehren Gedanken beherrscht, wir müssten in der Bischofskonferenz alles einstimmig machen. Das war ein Fehler." Der Nachweis dafür, dass mit dem Druck von Mehrheiten einiges zu erreichen gewesen wäre, ist die Salzburger Delegiertenversammlung vom Oktober 1998. „Diese Delegiertenversammlung habe ich nur mit Androhung einer Mehrheitsentscheidung durchgebracht. Ich habe gesagt, wenn wir uns

nicht einigen können, dann machen das eben sieben oder acht Diözesen. Dann ist es plötzlich gegangen."

Solche Konsequenz war selten. Der Wiener Weihbischof Helmut Krätzl, einer der aufrechten Mitstreiter Webers in der Bischofskonferenz, erzählt, der Vorsitzende sei „überaus besorgt um die Harmonisierung" gewesen. Wenn Weber in einen Streit unter seinen Amtsbrüdern eingegriffen habe, dann in der Regel begütigend und nicht selten entschuldigend. Besonders vorsichtig habe Weber bei theologischen Auseinandersetzungen agiert. „Dagegen konnte er seine Erfahrung und seine Stärken ausspielen, wenn es um Fragen der Seelsorge oder um das Hineinwirken der Kirche in die Gesellschaft gegangen ist."

Aufgelebt hat Johann Weber als Medienreferent der Bischofskonferenz. „Er hatte immer ein Faible für die Medien", sagt Krätzl. „Das war ein Erfolgserlebnis für ihn." Die Offenheit der katholischen Kirche für die Welt zu fördern hat Krätzl und Weber stark verbunden. „Weber hat die gesellschaftlichen und politischen Vorgänge mit offenen Augen verfolgt und ausgezeichnet analysiert."

Der Diözesanbischof von Graz-Seckau hat aber in Wien nie ganz Fuß gefasst. Der steirische Brauch heißt „Die Steiermark zuerst und über allem, alles andere kommt dann". Ein Beobachter der politischen Szene beschreibt dieses Phänomen auch als eine Abkapselung, der das strategische Konzept gegenüber der Bundeshauptstadt Wien fehle: „Der steirische Landeshauptmann Josef Krainer und der Tiroler Landeshauptmann Eduard Wallnöfer haben beide über Wien geschimpft. Der Unterschied war nur, dass Wallnöfer dann nach Wien gefahren ist, sich mit Bundeskanzler Bruno Kreisky zusammengesetzt hat und die Budgetmillionen für Tirol locker gemacht hat. Dagegen hat Krainer öffentlich geschimpft, in Wien eine Stellungnahme abgegeben, und weitergegangen ist nichts. Der Semmeringtunnel ist das eklatante Beispiel dafür. Es gibt auch kirchliche Semmeringtunnel."

Schmunzelnd erinnert Weber selbst an das Wort des steirischen Politikers Alexander Götz: Der schönste Platz in Wien sei der Südbahnhof – in nur zwei Stunden ist man in Graz. Bei den Pressekonferenzen im Anschluss an die Frühjahrs- und Herbstsessionen der Bischofskonferenz hatte man häufig das Gefühl: Der Vorsitzende Weber ist wieder einmal in einer schwierigen Lage. Was immer er sagt, wird spätestens am Abend im Fernsehen von einem Mitbruder negativ kommentiert oder zurückgewiesen. Das Einzige, was den Bischof Weber tröstet, ist der Gedanke: In ein paar Stunden bin ich wieder in der Steiermark. Da bin ich dann wieder Herr im Haus.

„Das stimmt so", sagt Weber, und begründet es mit dem „sehr verschiedenen Hinterland". „Ich bin sehr mit meiner Diözese verbunden und kenne mich da aus und weiß, wie ich dran bin. Ich habe, das muss man wirklich sagen, ein großes Glück mit meinen Mitarbeitern, vom Generalvikar angefangen bis zum Chauffeur." In Wien sei diese Unterstützung trotz der ausgezeichneten Arbeit von Sekretär Michael Wilhelm nicht so umfassend spürbar gewesen. Leopold Städtler, Webers langjähriger enger Vertrauter als Generalvikar in der Steiermark, weist auf den Mentalitätsunterschied zwischen Graz und Wien hin. „Wir Steirer sind offener, wir reden über alle Probleme. Das ist bei den Wienern bei Gott nicht so."

Darüber hinaus sieht Weber einen grundsätzlichen strukturellen Unterschied zwischen der Österreichebene in der katholischen Kirche und etwa jener in der Politik. „Es ist ein Unterschied. Der Bundeskanzler ist nicht zugleich Landeshauptmann. Ich bin aber primär Landeshauptmann." Geht es also um die Hausmacht? „Ja, das ist das Wort, das ich gesucht habe. Die Hausmacht, die habe ich in der Steiermark." Was damit gemeint ist, wurde fallweise bei den Pressekonferenzen im Anschluss an die Bischofskonferenz sichtbar. Regelmäßig kam dort irgendwann die Frage auf: Herr Bischof Weber, wie ist jetzt der Zusammenhalt in der Bischofskonferenz, ziehen alle bei den Beschlüssen mit oder nicht? Die Antwort war dann meistens: Wir in der Steiermark fangen an, dann werden wir sehen, ob die anderen mitgehen.

Weber hat während seiner drei Jahre als Vorsitzender der Bischofskonferenz seine Arbeitskraft und Präsenz in der Steiermark nicht zurückgeschraubt. Diese Kräfte raubende Doppel-Conférence in Graz und in Wien war nicht zuletzt ein Grund dafür, dass Weber 1998 zu der Einsicht kam, „dass ich den Vorsitz auch physisch nicht mehr länger durchgestanden hätte".

Warum hat Weber nicht ein Drittel seiner Präsenz in der Steiermark aufgegeben, um den Vorsitz in Wien besser ausfüllen zu können? „Das wäre Selbstmord gewesen, weil ich mein Hinterland brauche." In dieser Phase war Weber aber bereits ein Vierteljahrhundert Bischof von Graz-Seckau. Eine Andeutung des Bischofs genügte, und jede und jeder in der Diözesanleitung wusste, was er wollte und was nicht. Wäre es da nicht möglich gewesen, den Mitarbeiterinnen und Mitarbeitern zu sagen: Ich muss jetzt ein Drittel meiner Arbeitszeit der Leitung der Kirche in Österreich widmen, also macht ihr eure Aufgaben in der Steiermark, ihr wisst ohnehin, was ich will, ich muss es euch nicht jeden Tag sagen.

Weber begegnet diesem Einwand mit dem Hinweis, „dass ich glaube, ein Mensch zu sein, der delegieren kann". Zum Beispiel habe alle Personalentscheidungen der Generalvikar getroffen. „Aber es geht um etwas anderes als Arbeitsquantum. Du kannst es dir nicht leisten – ich sage es poetisch –, mit dem Herzen zum Teil auszuwandern. Das geht nicht. Wir hatten zudem in der zweiten Hälfte der Neunzigerjahre auch selbst in der Steiermark einiges vor uns, ich erwähne nur die Zweite Europäische Ökumenische Versammlung."

Weber bestätigt damit ein Grundübel der katholischen Kirche in Österreich: Jeder Bischof hängt an seiner eigenen Diözese, wo er Herr im Haus ist, und die Österreichebene wird nach dem Motto behandelt: „weil es halt auch sein muss". „Das stimmt sicher, da ist etwas dran", sagt Weber. „Nur weiß ich nicht, wie man das praktisch ändern könnte. Wie soll das gehen, wenn ich sage: Ein Drittel bin ich jetzt nicht mehr hier in Graz, sondern in Wien. Den Mut habe ich nicht gehabt, etwa zu sagen: Es finden drei Jahre lang keine Pfarrvisitationen statt, die physisch sehr belastend sind. Das hätte ich mich nicht getraut." Warum nicht? Das Argument, dass sich jemand auch – gerade in dieser Zeit der großen Spannungen in der Bischofskonferenz – um die Kirche in Österreich kümmern muss, hätte man in der Steiermark wohl eingesehen. Weber gibt eine umschreibende Antwort: „Da sind wir wieder in der Poesie: Es ist ähnlich, wie wenn ein Ehemann aus beruflichen Gründen nie heim kommt. Oder du nimmst dir nicht Zeit, die Schulnoten deines Kindes anzusehen. Aber das Ganze ist sicher ein wunder Punkt."

Zu gering ist nach Ansicht von Weber die Sacharbeit in der Bischofskonferenz. Die diversen Kommissionen fühlten sich überflüssig, angefangen von der theologischen Kommission über die Finanzkommission und die Seminarregenten bis zur Pastoralkommission Österreichs (PKÖ). „Irgendwo gibt es einen Bischofsmythos: Wenn man Bischof ist, weiß man alles." Unersetzlich sei schließlich die Rolle eines Vorsitzenden als Sprecher der Bischofskonferenz. „Derzeit haben wir große Probleme, dass wir sagen können: Die Kirche von Österreich will." Eine schmerzhafte Einsicht in die Realverfassung der Bischofskonferenz, wie sie Bischof Kurt Krenn mehrfach bei Bedarf in Erinnerung brachte: Es sei eine grundsätzlich feste Norm des kanonischen Rechtes, dass weder der Vorsitzende noch ein anderes Mitglied der Bischofskonferenz verbindlich für diese sprechen könne, „wenn nicht alle Bischöfe vorher einzeln zugestimmt haben".

Ein Versuch, die Österreich-Ebene zu stärken, war der Ständige Rat der Bischofskonferenz. Diesem war allerdings kein langes Leben beschieden. „Der Ständige Rat wurde bald nach seiner Errichtung wieder aufgelöst. Das war schlecht. Der Rat hat nicht sehr glorreich fungiert, aber er war wichtig. Es sind jedoch so viele Querschüsse gekommen, von verschiedensten Seiten, dass man ihn stillgelegt hat." Und warum lässt man sich von solchen Querschüssen beeindrucken, wenn man von der Sache überzeugt ist? Webers kurze, klare Antwort: „Man wird auch einmal müde. Man will nicht dauernd Krieg führen."

Aber müsste man nicht eine Ebene grundsätzlicher ansetzen und den Bischofskonferenzen mehr Entscheidungsbefugnisse zuerkennen? Weber hält das „für ganz notwendig", auch wenn Rom in dieser Frage sehr zurückhaltend sei. „Man muss aber keineswegs befürchten, dass die Entscheidungsbefugnis des einzelnen Diözesanbischofs unterlaufen würde, wenn die Bischofskonferenz mehr Kompetenzen bekäme. Das ginge ganz gut zusammen."

Die Arbeitsweise in der österreichischen Bischofskonferenz war und ist von dem Gedanken beherrscht, dass die Konferenz keinen Diözesanbischof bevormunden darf. Die Kollegialität der Bischöfe ist kein starkes Band, sondern ein dünner Faden, vergleichbar mit dem Zusammenhalt im Lehrerinnen- und Lehrerkollegium einer Schule: Letztlich geht jeder für sich selbst in die Klasse, macht die Tür hinter sich zu und achtet darauf, dass ihm keiner in seinen Unterricht hineinschaut oder gar hineinregiert.

Manches, was gelungen ist, wie etwa der Sozialhirtenbrief 1991, ist der Zähigkeit und Geduld eines Einzelnen zu verdanken. „Bischof Maximilian Aichern war der Vater des Sozialhirtenbriefes. Er hat das mit unglaublicher Geduld gemacht, mit großer Treue zum Thema und mit einem breiten Willen, viele einzubeziehen. Aichern hat das mit einer rührenden Lästigkeit vorgetragen und vorangetrieben." Eine Lästigkeit oder Zähigkeit, die auch zu den Eigenschaften von Johann Weber gehört, der Aichern beim Sozialhirtenbrief kräftig unterstützt hat.

Was Weber in den letzten Jahren seiner Amtszeit am meisten irritiert hat, war die Verlagerung der Konflikte von der Ebene einer gegensätzlichen Auffassung in Sachfragen hin zur Unterscheidung in „gläubig" und „romtreu" versus „ungläubig" und „ungehorsam". Diese Enttäuschung war umso größer, als der Grazer Bischof ausnahmslos allen seinen Mitbrüdern zunächst mit großer Offenheit und wohlwollender Herzlichkeit begegnet ist. Als das Dom- und Metropolitankapitel der Erzdiözese Salzburg im Dezember 1988 den Pfarrer und Dechanten Georg Eder zum Erzbischof wählte, sagte Weber auf eine negative Bemerkung: „Das kann ganz gut gehen, der ist auch Pfarrer, mit dem muss man reden können."

Dieselbe Haltung wird aus der ersten Zeit nach der Bestellung von Kurt Krenn – am 3. März 1987 Weihbischof in Wien, am 11. Juli 1991 Diözesanbischof von St. Pölten – berichtet. Krenn wurde über Betreiben des Cartellverbandes zu seinem Vortrag in Graz eingeladen. In der Kleinen Zeitung erschien ein kritischer Artikel. Am nächsten Tag hatte Chefredakteur Fritz Csoklich einen Brief von Bischof Weber vorliegen, der nur einen Satz enthielt: „Darf man so mit einem Bischof umgehen?"

„Weber hat lange für sich auszuschließen versucht", meint Csoklich, „dass bestimmte Bischofsernennungen eine Strategie bestimmter Kreise in Rom und in Österreich sein könnten. Das hat er aus persönlicher innerer Überzeugung lange nicht zur Kenntnis nehmen können und wollen, weil es nicht in sein Kirchenbild passte. Außerdem liegt es nicht in seinem Wesen, sondern ist ihm absolut zuwider, zu jemandem ganz klar sagen zu müssen:

Du, so geht das nicht! Da müsste Weber gewaltig über seinen Schatten springen."

Johann Weber erinnert sich an den Unterschied, wie Meinungsverschiedenheiten in der Bischofskonferenz in der Ära von Kardinal Franz König ausgetragen wurden und welche Klüfte sich später auftaten. König hatte die staatliche Einhebung des Kirchenbeitrages anbahnen wollen. Weber war aus seelsorglichen Überlegungen entschieden dagegen. „Einen solchen Streit muss man aushalten", sagt Weber, „aber er darf nicht auf der Schiene gläubig – ungläubig laufen. Das Ringen miteinander muss man nicht verstecken, aber dieses Ringen hört als gemeinsame Anstrengung auf, wenn ich zum anderen sage: Du bist schon draußen." Die Bischöfe Paul Rusch oder Franz Zauner hätten ihre Positionen auch „mit heftigsten Attacken verteidigt". Es sei dadurch aber „nie das Ganze beschädigt worden".

Hat es Versuche gegeben, die Konflikte von der persönlichen Ebene und der Glaubensebene auf eine sachliche Basis zurückzuführen? Auf die Frage, ob er als Vorsitzender seinen Mitbruder Kurt Krenn jemals an die Brust genommen und ihm gesagt habe: So kannst du mit mir nicht umgehen, antwortet Weber: „Ich habe in der Bischofskonferenz eine sehr harte Gesprächsführung gemacht. Es war eingerissen, dazwischenzureden. Ich habe mit der Peitsche urgiert: Wortmeldung für Wortmeldung. Dadurch ist auch etwas weitergegangen. Ich habe mich auch mit Krenn hin und wieder getroffen, an heiliger Stätte in Mariazell. Da haben wir uns ausgesprochen. Aber die Schwierigkeit ist: Bischof Krenn ist privat ein charmanter Bursche; als ich zurückgetreten bin, hat er gemeint: Schade, ich hatte mich so an dich gewöhnt."

Man hat sich getroffen, hat sich ausgesprochen – und beim nächsten Konfliktfall war alles wie zuvor. Der Vorsitzende der Bischofskonferenz, Johann Weber, verkündet die Ergebnisse der Bischofskonferenz, und mit großer Regelmäßigkeit fällt ihm wenige Stunden später der Mitbruder in St. Pölten via Medien ins Wort. Johann Weber versucht dem Phänomen mit unterschiedlichsten Mitteln beizukommen. Am 16. Juni 1993 erklärt der Bischof hochoffiziell in einem Kommentar in der steirischen Kirchenzeitung zu den Auseinandersetzungen in der Nachbardiözese St. Pölten, dass es „so nicht weitergehen darf". Die „harten und schrillen Töne" aus St. Pölten seien „nicht bloß Sache einer bestimmten Diözese". Die Kirche höre nicht an der Grenze einer Pfarre oder einer Diözese auf, daher entstünden durch die Konflikte in St. Pölten Lasten für die Kirche in ganz Österreich. Ein halbes Jahr später, im Februar 1994, reagiert Weber anders, nach dem Motto „Nicht einmal ignorieren". Krenn bescheinigt in einem Interview in der italienischen Zeitschrift „Il Regno" der Theologie an den Katholisch-theologischen Fakultäten in Österreich „kein sehr hohes Niveau". Weber kontert: „Ich glaube, die Situation recht gut zu kennen. Nichts und niemand ist vollkommen. Aber es herrscht in unseren theologischen Lehranstalten ein großes und ernsthaftes Bemühen. Deshalb braucht eine generelle Aburteilung gar nicht beachtet zu werden."

Die Lage spitzte sich im März 1995 dramatisch zu. Die Bischöfe sind zu ihrer Frühjahrskonferenz versammelt. Die Causa Groër hatte sich scheinbar beruhigt, kam aber durch Veröffentlichungen während der Bischofskonferenz neuerlich mit aller Schärfe aufs Tapet. Die Bischofskonferenz reagiert zunächst wie gelähmt: Kardinal Hans-Hermann Groër wird als Vorsitzender wieder gewählt, allerdings erst im dritten Wahlgang und mit knapper Mehrheit, wie es heißt. Zwei Tage später muss der Kardinal unter dem Druck der Öffentlichkeit doch zurücktreten. Zwei Theorien beherrschen die Spekulationen in den Medien: Die Bischöfe haben Groër gewählt, um ihm einen Rücktritt auf eigene Initiative zu ermöglichen; oder: Die Bischofskonferenz war zu naiv, um den Ernst der Lage zu erkennen.

„Nein, es gibt noch eine dritte Lesart", sagt Johann Weber. „Die Bombe hatte, durch neue Veröffentlichungen und neue Vorwürfe in der Causa Groër, in den letzten Märztagen gezündet. Die Explosion war, als die Bischofskonferenz zu ihrer Frühjahrssession zusammentrat, noch ganz frisch, die Trümmer flogen in Massen durch die Gegend, der Rauch hatte sich noch nicht verzogen. Es war eine Situation, die es für die katholischen Bischöfe in Österreich noch nie gegeben hatte. Eine Tagung vor der Bischofskonferenz fand in einem Saal mit großen Fenstern statt, rundherum beäugt von TV-Kameras und Journalisten in Warteposition."

In dieser Situation stand die Neuwahl des Vorsitzenden auf der Tagesordnung. „Die Meinungen waren sehr verschieden. Schließlich wurde Kardinal Groër mit knapper Mehrheit gewählt, weil für viele das Argument großes Gewicht hatte: Wenn wir den Kardinal nicht zum Vorsitzenden wählen, erklären wir ihn öffentlich für schuldig." Und dass Groër selbst auf eine Kandidatur verzichten sollte, hat ihm niemand nahegelegt? Die Antwort auf diese Frage ist bei Johann Weber sechs Jahre danach „noch im Nähkörbchen, die mag noch nicht heraus".

Es war eine Wahl nach dem Grundsatz: in dubio pro reo, im Zweifelsfall für den Angeklagten. Viele in der Bischofskonferenz waren überzeugt, dass die Vorwürfe gegen Groër nur eine Zeitungsente und nicht wahrheitsgemäß seien.

Die Stimmung schlug binnen zwei Tagen um, als Kardinal Groër gegen die neuerlichen Vorwürfe, die erhoben wurden, auch in der Bischofskonferenz selbst die ihm eigene Strategie einschlug: eisernes Schweigen. „Dadurch hat sich etwas verdichtet", sagt Weber, „dass er selber gespürt hat: Es geht nicht mehr." Groër sei kein sehr durchsichtiger Mensch gewesen, was für Weber mit dem Amt des Pfarrers oder Bischofs unvereinbar ist. „Banal gesagt, die Leute müssen sich bei einem auskennen. An einem völlig harmlosen Beispiel illustriert: Wenn ein Pfarrer viel weg ist, aber er sagt gegenüber seinen Leuten nie, was er in seiner Absenz tut, dann entstehen Verdächtigungen. Das ist ungut, selbst dann, wenn es überhaupt keinen realen Grund für Mutmaßungen gibt."

Bei der neuerlichen Wahl war klar, dass Johann Weber der Kandidat war. Das Vertrauensvotum, das der Grazer Bischof als Vorsitzender bekam, war „nicht einstimmig, aber deutlich". Nur drei Jahre später, in der Mitte seiner sechsjährigen Funktionsperiode als Vorsitzender der Bischofskonferenz, tritt Weber zurück. Völlig überraschend, aber charakteristisch für seine Strategie, den Zeitpunkt für wesentliche Veränderungen selbst zu bestimmen, gibt er am 30. Juni 1998 in Salzburg bekannt, dass die Bischofskonferenz seinen Rücktritt zur Kenntnis genommen und Kardinal Christoph Schönborn zum neuen Vorsitzenden gewählt habe.

Auf der Plusseite einer Bilanz der vergangenen drei Jahre vermerkt Weber die Ernennung von Christoph Schönborn zum Erzbischof von Wien (14. September 1995) und die Bestellung von Alois Kothgasser zum Bischof von Innsbruck (10. Oktober 1997). Auf der Minusseite gibt der scheidende Vorsitzende zu Protokoll, dass es nicht gelungen sei, die Causa Groër rasch zu einem Ende zu führen. Am 27. Februar 1998 hatten vier führende Bischöfe Österreichs – Kardinal Christoph Schönborn, Wien, Erzbischof Georg Eder, Salzburg, Diözesanbischof Egon Kapellari, Gurk-Klagenfurt, und Johann Weber als Vorsitzender der Bischofskonferenz – in einer Aufsehen erregenden Erklärung ihre „moralische Gewissheit" öffentlich kundgetan, dass die Vorwürfe gegen Kardinal Groër „im Wesentlichen" zuträfen. Doch die Einsicht kam spät und die Erklärung konnte den Eindruck weiter Kreise der österreichischen Bevölkerung nicht aufheben, dass die römisch-katholische Kirche keine dem gegenwärtigen Rechtsempfinden entsprechenden Verfahren bei einem eklatanten Fehlverhalten von Amtsträgern kenne.

Zu seinem Rückzug von der Spitze der Bischofskonferenz sagte Weber in einem Pressegespräch: „Ich bin ein Städter. Aber ich bin mir vorgekommen wie ein Bauer, der aufpassen muss, dass er seinen Hof nicht zu spät übergibt." Den Rückzug habe er sich zu Weihnachten zum ersten Mal überlegt und im April endgültig für sich beschlossen. Bei seinem Amtsantritt vor drei Jahren habe er nur zwei Dinge falsch eingeschätzt: „den Fortschritt meines Alters" und die Distanz Wien–Graz. Er habe in seiner Amtszeit „einiges in Ordnung gebracht". Er könne daher den Vorsitz „mit einem verhältnismäßig guten Gewissen" weitergeben. Zum Abschluss formuliert der Grazer Bischof seinen klassischen Wunsch: „Kein Rückzug in die eigenen Kreise, wo nur noch Gleichgesinnte einander umarmen."

Johann Weber hatte als Vorsitzender den guten Kampf gekämpft, aber auch den Lauf vollendet. Es ist Zeit, die Verantwortung dorthin zu geben, wo sie ihren angemessenen Platz hat: beim Erzbischof von Wien, Christoph Schönborn. Dieser wird im Februar 1998 zum Kardinal kreiert, ihm stehen in Rom alle Türen offen. Der Hauptgrund für den Rücktritt im Juni 1998 seien nicht die Auseinandersetzungen gewesen, die es bei der außerordentlichen Bischofskonferenz wegen der bevorstehenden Delegiertenversammlung in Salzburg gegeben hatte, sagt Weber. „Der Hauptgrund war, dass die Leitung der Bischofskonferenz auf Wien übergehen sollte." Darüber hinaus war Weber überzeugt, dass er einiges auf die Schiene gestellt hatte, wo der neue Vorsitzende, Kardinal Christoph Schönborn, nur die

Position des Lokführers hätte einnehmen müssen. „Der Papstbesuch war vorbei, die Delegiertenversammlung von Salzburg war sozusagen ins Trokkene gebracht. Da meinte ich, dieser Dialog sollte nicht als Weber-Unternehmen in die Geschichte eingehen. Denn dass dem Weber dauernd etwas einfällt – wie der Dialog für Österreich und die Delegiertenversammlung – kann auch in einem sehr abschätzigen Ton gesagt werden. Also meinte ich, diese Dialogveranstaltung sollten andere wagen. Dass es dann doch anders kam, ist eine andere Geschichte."

Eine Ironie der Geschichte, könnte man auch sagen. Denn Johann Weber hatte den Vorsitz in der Bischofskonferenz vor allem deshalb zurückgelegt, damit die Delegiertenversammlung in Salzburg ganz und gar eine Sache von Kardinal Schönborn werde. Der Erzbischof von Wien sollte als Vorsitzender der Bischofskonferenz die leibhaftige Erfahrung machen, dass die katholische Kirche mit dem Dialog für Österreich auf einem guten Weg der Versöhnung im Inneren und der Neupositionierung in der Gesellschaft sei. Diese Hoffnung Webers, das eben geborene Kind des Dialogs einem neuen Ziehvater in die Hand drücken zu können, blieb allerdings unerfüllt. In der Nacht vor der Veranstaltung erkrankte der Kardinal, und Weber musste als stellvertretender Vorsitzender der Bischofskonferenz doch wieder selbst die Leitung der Delegiertenversammlung übernehmen.

„Johann Weber hat dieser Delegiertenversammlung seinen Stempel aufgedrückt und sie meisterhaft über die Bühne gebracht, obwohl er den Vorsitz in der Bischofskonferenz zurückgelegt hatte und dann kurzfristig, von heute auf morgen, doch wieder die Leitung der Versammlung übernehmen musste", sagt Weihbischof Helmut Krätzl. „Weber wollte mit dieser Delegiertenversammlung in der Kirche Gemeinschaft stiften, und es ist ihm allein durch die Ausstrahlung seiner Person und durch die Eröffnungsrede auch weithin gelungen."

Rund 300 Delegierte aus allen österreichischen Diözesen und allen kirchenpolitischen Richtungen – vom rechts-konservativen „Opus Dei" bis zum ungestüm auf Reformen drängenden Kirchenvolksbegehren – sind vom 23. bis 26. Oktober 1998 im Bildungshaus St. Virgil in Salzburg versammelt. Johann Weber erspürt haarscharf die Seelenlage der Teilnehmerinnen und Teilnehmer und schafft durch eine fulminante Eröffnungsansprache eine Atmosphäre, in der sich alle eingebunden fühlen. Weber spricht die überzogenen Erwartungen und die riesigen Befürchtungen, dass das ganze Unternehmen schief gehen könnte, offen an und setzt sich in seiner unübertrefflichen Art mit allen ins Boot, frei nach dem Motto: Ihr habt Angst, ich habe Angst, gehen wir's an.

Es war eine Sternstunde für Johann Weber, aber auf Sicht auch eine zwiespältige und frustrierende Erfahrung. Auf der Plusseite stand die Erfahrung: „Ohne mich geht es doch nicht." Das hat nach dem schweren Entschluss, den Vorsitz in der Bischofskonferenz zurückzulegen, gut getan. Auf der anderen Seite konnte Weber auf den Ergebnissen von Salzburg nicht so aufbauen, wie er gewollt hätte. Denn unmittelbar nach der Versammlung lag die Verantwortung wieder beim neuen Vorsitzenden der Bischofskonferenz, Kardinal Christoph Schönborn. Dem aber fehlte genau jene Erfahrung, auf die Weber so sehr gehofft hatte: das Live-Erlebnis einer Versammlung unterschiedlichster Strömungen der katholischen Kirche in Österreich, die trotz sachlicher Auseinandersetzungen und Konflikte keinen Bruch, sondern einen neuen Anfang bedeutete. Denn vor allem waren die weitaus überwiegende Gemeinsamkeit und das weitaus überwiegende Ziehen an einem Strang offenbar geworden.

Bedankt wurde das Bemühen Johann Webers für den „Dialog" nicht. Der Präfekt der römischen Glaubenskongregation, Kardinal Joseph Ratzinger, hatte bereits vor der Delegiertenversammlung die restriktive Haltung Roms in einem Schreiben an den Vorsitzenden der österreichischen Bischofskonferenz unmissverständlich zum Ausdruck gebracht: „Die Bischöfe müssen am Beginn der Versammlung in aller Deutlichkeit klarstellen, dass ein Dialog nur auf dem festen Fundament des kirchlichen Glaubens fruchtbar sein kann. Dialog darf nicht heißen, dass die Lehre der Kirche in Frage gestellt, sondern dass sie im gemeinsamen Beten, Suchen und Ringen besser verstanden und in die Praxis umgesetzt wird ... Viele praktische Probleme, die im Arbeitsdokument angedeutet und in der Öffentlichkeit heftig diskutiert werden, wurzeln in einer einseitigen oder sogar falschen Lehre über die Kirche, die sich zu Unrecht auf Texte des Zweiten Vatikanischen Konzils beruft und die eigentliche theologische Dimension der Kirche praktisch außer Acht lässt."

Im Juli 2000, fünf Jahre nach dem Kirchenvolksbegehren und knapp zwei Jahre nach der Salzburger Delegiertenversammlung, erklärt der St. Pöltner Oberhirte Kurt Krenn in seiner unverblümten Art in einem Interview, er sei froh, „dass dieser Dialog faktisch tot ist". Es habe ja auch gar nichts herauskommen können, weil die Forderungen des Kirchenvolksbegehrens schlicht unkatholisch gewesen seien. „Bessere Manieren" seien notwendig, meinte Johann Weber zu solchen „harten Warnschüssen". Die Auseinandersetzung über den Dialog sei nicht gestorben, sie sei aber nach der Salzburger Delegiertenversammlung in einer Form erfolgt, „die medial nicht verkaufbar ist".

Weber bleibt die Genugtuung, dass der Dialogvorgang längerfristig nicht mehr aus der Welt zu schaffen ist. Dieses „Es hat stattgefunden", das Weber im Zusammenhang mit den großen steirischen Kirchenereignissen und der Frage nach deren Wirkung unterstreicht, gilt auch für den „Dialog für Österreich": Dieser nachhaltige Vorgang bleibt eine Messlatte für künftige Reformbemühungen und ein Stachel im Fleisch des österreichischen Katholizismus. Was immer die katholische Bischofskonferenz Österreichs im ersten Jahrzehnt des 21. Jahrhunderts an Erneuerungsprozessen zustande bringt, wird am „Dialog für Österreich" gemessen werden. Immerhin hat die deutschsprachige Ausgabe der halboffiziellen Vatikanzeitung L'Osservatore Romano die Voten der Salzburger Delegiertenversammlung als „Kurs der Mitte" gewürdigt.

Das Begehren des Volkes

Das auslösende Moment für den „Dialog für Österreich" und die Salzburger Delegiertenversammlung war das Kirchenvolksbegehren gewesen. Als direkte Reaktion auf die Causa Groër führte die Plattform „Wir sind Kirche" vom 3. bis 25. Juni 1995 das Kirchenvolksbegehren durch. Genau 505.154 Unterzeichner traten mit ihrer Unterschrift für Reformen ein, die keineswegs österreichische Sonderanliegen waren:

1. Aufbau einer geschwisterlichen Kirche: Gleichwertigkeit aller Gläubigen, Überwindung der Kluft zwischen Klerus und Laien, Mitsprache und Mitentscheidung der Ortskirchen bei Bischofsernennungen.

2. Volle Gleichberechtigung der Frauen: Mitsprache und Mitentscheidung in allen kirchlichen Gremien, Öffnung des Ständigen Diakonates für Frauen, Zugang der Frauen zum Priesteramt.
3. Freie Wahl zwischen zölibatärer und nicht-zölibatärer Lebensform: Die Bindung des Priesteramtes an die ehelose Lebensform ist biblisch und dogmatisch nicht zwingend, sondern geschichtlich gewachsen und daher auch veränderbar. Das Recht der Gemeinden auf Eucharistiefeier und Leitung ist wichtiger als eine kirchenrechtliche Regelung.
4. Positive Bewertung der Sexualität als wichtiger Teil des von Gott geschaffenen und bejahten Menschen: Anerkennung der verantworteten Gewissensentscheidung in Fragen der Sexualmoral, keine Gleichsetzung von Empfängnisregelung und Abtreibung, mehr Menschlichkeit statt pauschaler Verurteilungen zum Beispiel in Bezug auf voreheliche Beziehungen und in der Frage der Homosexualität, anstelle der lähmenden Fixierung auf die Sexualmoral stärkere Betonung anderer wichtiger Themen.
5. Frohbotschaft statt Drohbotschaft: Mehr helfende und ermutigende Begleitung und Solidarität anstelle von angstmachenden und einengenden Normen, mehr Verständnis und Versöhnungsbereitschaft im Umgang mit Menschen in schwierigen Situationen, die einen neuen Anfang setzen möchten (zum Beispiel wiederverheiratete Geschiedene, verheiratete Priester ohne Amt), anstatt unbarmherziger Härte und Strenge.

Die Forderungen waren nicht neu, sondern standen seit der Enzyklika „Humanae vitae" 1968 (Verbot der künstlichen Empfängnisregelung) und seit der Bischofssynode 1971 (Ablehnung der Weihe von Viri probati) auf der römisch-katholischen Tagesordnung. Schon bei der Bischofssynode 1971 hatte Johann Weber selbst die Frage der Mitwirkung des Kirchenvolkes bei Bischofsernennungen zur Sprache gebracht: „Ist es nicht zweckmäßig, die Priester bzw. das ganze Volk Gottes bei der Auswahl der Diözesanbischöfe zu beteiligen? Jeder falsche Demokratismus ist sicher abzuweisen. Es müssen jedoch Wege gesucht werden, wie unbeschadet der Rechte des Hl. Stuhles diese Mitsorge in zweckentsprechende Bahnen gelenkt werden kann. Auch dies zielt darauf hin, dass sich die Priester und das Volk im Bischof besser mit der Kirche identifizieren."

1995, knapp ein Vierteljahrhundert später, ist die römisch-katholische Kirche in dieser Frage keinen Schritt weitergekommen. Ebensowenig wie in der Zölibatsfrage, in der Frauenfrage, bei der Empfängnisregelung oder bei den Sakramenten für wiederverheiratete Geschiedene. Lediglich die Diözese Graz-Seckau wagt einen Vorstoß für die Mitwirkung der Kirchenbasis zumindest bei der Findung von Bischofskandidaten. Im Sinne seiner persönlichen Intervention bei der Bischofssynode 1971 in Rom unterstützt Johann Weber die Ausarbeitung eines Modells, nach dem die maßgeblichen Gremien der Diözese zwar nicht bei der Bischofsernennung im eigentlichen Sinn, wohl aber bei der Findung von Kandidaten mitwirken können.

Zweimal, 1993 und 1996, führte der steirische Oberhirte ein Konsultationsverfahren durch, bei dem Priester und Laien – die Mitglieder des Domkapitels, des Priesterrates, des Diözesanrates und der Dechantenkonferenz – persönlich und unter dem Siegel der Verschwiegenheit Kandidaten für die Bischofsnachfolge namhaft machten. Die geheime Stimmabgabe erfolgte nach einem Wortgottesdienst; es gab keine Diskussion, das Ergebnis wurde nicht mitgeteilt. „Das ganze Verfahren steht unter dem Vorsitz des Bischofs und findet unter Ausschluss der Öffentlichkeit statt. Es ist eine Beratung für den Bischof, dem es dann freisteht, ob und welche Namen er nach Rom weitergibt", hieß es in einer offiziellen Aussendung. Weber selbst unterstrich, es sei nicht um eine Quasi-Wahl gegangen, sondern darum, „dass die Verhältnisse der Diözese von den dafür kompetenten Leuten eingebracht und erfragt werden".

Ausgangspunkt war der Auftrag an jeden Diözesanbischof, „alle drei Jahre Namen von ihm für geeignet erscheinenden Bischofskandidaten zu melden". Die kirchenrechtlichen Grundlagen für die vorausgehende Befragung hatte eine hochkarätige Arbeitsgruppe der Theologischen Fakultäten in Kanon 377, § 1 des römischen Kodex erkannt: Der Papst ernennt die Bischöfe frei oder bestätigt die rechtmäßig Gewählten, heißt es dort, und das ermögliche eine Mitsprache der Ortskirche, ohne die Rechte des Papstes einzuschränken. Das steirische Modell für die Findung von Bischofskandidaten ist so überzeugend, dass auch Zustimmung aus der Nachbardiözese Gurk-Klagenfurt kommt. Webers späterer Nachfolger, der Kärntner Diözesanbischof Egon Kapellari, lässt verlauten, er werde diese Form der Mitwirkung der Ortskirche im Frühjahr 1996 in Gurk-Klagenfurt in Kraft setzen.

Doch die Reaktion aus Rom war prompt und nicht anders als erwartet. Ein Mitspracherecht der Ortskirche bei Bischofsernennungen sei „ungültig und zu widerrufen", heißt es in einem mit „geheim" betitelten Schreiben der römischen Bischofskongregation. Johann Weber musste zur Kenntnis nehmen, was er in einem Interview für die deutsche Herder-Korrespondenz im Mai 1996 als zwei sich widerstrebende Überzeugungen über die Reform der Kirche formuliert hat: „Die eine Auffassung besagt, man dürfe sich als Weltkirche nicht im Gegenlauf zur allgemeinen Entwicklung in der Welt in einzelne Blöcke dividieren lassen." Die andere Überzeugung sei, die Buntheit der Welt als Faktum anzuerkennen, was zu regional unterschiedlichen Lösungen führen könnte. „Gegenwärtig haben wir nicht den Willen, das Risiko von Teillösungen einzugehen. Das ist noch nicht ausgekämpft und ausgelitten."

In der Steiermark selbst werden mit aller Vorsicht, aber beständig, Reformschritte sozusagen „in Reichweite" des kirchlichen Gesetzbuches getan. Am 9. März 1994 verabschiedet die Dechantenkonferenz eine seelsorgliche „Handreichung zur Pastoral an wiederverheirateten Geschiedenen". Als unersetzlich wird das Gespräch des Seelsorgers mit Betroffenen bezeichnet, damit diese insbesondere in der Frage des Kommunionempfangs eine ernsthafte Entscheidung aus dem eigenen Gewissen heraus treffen könnten. Der Diözesanrat schließt sich im November 1994 mit einer einstimmig beschlossenen Resolution an und ersucht um eine „verantwortbare Praxis". Johann Weber weist bei dieser Gelegenheit zwei Extremansichten zurück: dass jeder wiederverheiratete Geschiedene automatisch vom Kommunionempfang ausgeschlossen sei; und dass der Bruch im Leben der Betroffenen völlig bedeutungslos sei. Die Diskussion sollte ein Anstoß sein, ernsthafter über das Sakrament der Eucharistie und seinen inneren Zusammenhang mit dem Sakrament der Buße nachzudenken. Der Bischof ersucht die Katholiken, dem Dokument der römischen

Glaubenskongregation zu dieser Frage „die große Sorge um den Wert der Ehe zuzugestehen“.

Trotz dieser Bemühungen, im Einzelfall seelsorglich verantwortbare Wege zu finden, wird der gesamtkirchliche Reformstau in den Neunzigerjahren zur bedrückenden Last. Die Causa Groër ist in Österreich endgültig der Anstoß für ein Aufbegehren des Kirchenvolkes, das sich im Juni 1995 im Kirchenvolksbegehren Luft macht. Bischof Johann Weber sieht die Unterschriftenaktion als Ergebnis einer Summe von Vorgängen und aufgestauten Reformanliegen:

>>> *Es hätte, wenn man die Kirche als Communio betrachtet, wohl nie so weit kommen dürfen, dass das Kirchenvolk zu einem schriftlichen Begehren Zuflucht sucht. Bischöfe müssten immer so in Verbindung mit ihrem Volk sein, dass es keine Notwendigkeit gäbe, die demokratische Notbremse zu ziehen und eine Unterschriftenaktion durchzuführen.*

Weber: Ja, dem stimme ich voll zu. Es ist vieles zusammengekommen. Der allgemeine Stau nach dem Konzil, der sich über Jahrzehnte hingezogen hat. Ein wenig war die Gesamtstimmung in der katholischen Kirche verbreitet: Wir haben das Konzil gehabt, und jetzt können wir uns in diesen Lehnstuhl zurücklegen. Aber das Konzil war nur ein Sportdress. Jetzt wäre die Zeit zum Laufen gewesen, jetzt hätte der Stab der Staffel weitergegeben werden müssen.

Zweitens hat sicher die prekäre Situation der Bischofsernennungen in Österreich in den Achtzigerjahren beigetragen. Manche zogen daraus den Schluss, Bischofsernennungen könnten nur gut gehen, wenn alle mitbestimmen. Ich meine, dass das Mitbestimmen gar nicht so sehr das Anliegen ist. Das würde viele überfordern. Aber sie möchten mit wissen, sie möchten nicht das ohnmächtige Gefühl haben, dass völlig über ihre Köpfe hinweg entschieden wird.

Ich sage es am Beispiel der Steiermark. Als bei uns Anfang 1969 die Sedisvakanz war, wurden etwa zehn Namen für die Nachfolge von Bischof Schoiswohl genannt. Da war meiner auch dabei. Als ich dann zum Apostolischen Nuntius Opilio Rossi gerufen wurde, war meine erste Reaktion: ich habe kein Doktorat, ich habe nicht in Rom studiert. Und der Nuntius sagte: Wissen Sie, wir sind überzeugt, dass jetzt für die Steiermark ein praktischer Seelsorger wichtig ist. Das ist nicht verkündet worden, aber es hat mir unheimlich geholfen.

>>> *Sie meinen, der Entscheidungsprozess und die Begründung sollten wenigstens transparent und einleuchtend sein.*
Weber: Man muss eine Art Bestandsaufnahme machen: Was sind die Herausforderungen einer Diözese, was tut sich? Das ist der Hintergrund, und da malen wir dann ein Gesicht drauf, das diesem Hintergrund entspricht. Da kommt der Herr Müller, wir kennen ihn nicht. Bitte, warum wird der Herr Müller unser Bischof? Das kann auch ein Schutz für den betreffenden Bischof sein, bevor es zu einer Legendenbildung kommt, dass er ein Unmensch sei.

>>> *Ein wesentliches Moment im Kirchenvolksbegehren waren die offenen Fragen der Sexualmoral, angefangen von der Empfängnisverhütung bis zur Frage, wie die Kirche mit sexuellen Verfehlungen in ihren eigenen Reihen umgeht.*
Weber: Das ganze Gebiet der Sexualität hat eine entscheidende Rolle gespielt. Ich halte es für primitiv zu sagen, da sei nur der Zölibat schuld und irgendwelche verkorkste oder doppelbödige Leute hätten in der Kirche das Sagen. So einfach ist es nicht. Ich glaube, dass wir das Thema Sexualität nie, alle nicht, ganz bewältigen können. Ich habe schon so viele sogenannte sexuelle Befreiungen erlebt. Aber das Problem ist der Stillstand. Es geht nicht darum, dass die Kirche liberaler wird. Aber wir müssen immer zusehen, dass wir richtiger werden. Diese Erfahrung des Stillstandes, dass immer nur dieselben Argumente und Positionen bekräftigt werden und nicht weiter gedacht wird, hat das Kirchenvolksbegehren sehr diktiert.

>>> *In der Bischofskonferenz kam es zu heftigen Auseinandersetzungen darüber, wie man mit dem Kirchenvolksbegehren umgehen sollte.*
Weber: Ich habe mich bemüht, von vornherein zu schauen, dass die Leute der Plattform nicht aus dem Boot fallen. Ich habe immer wieder darauf bestanden: Das ist kein Verein von Häretikern. Zugleich war ich selber auch in meinem ganzen Glaubens- und Lebensverständnis nicht erfreut, dass es zu diesem Volksbegehren gekommen ist. Wir hatten in der Steiermark eine starke Gruppe, von denen ich viele persönlich kannte. Wir sind einmal zusammengekommen mit der Führungscrew. Da sind wir hart aneinander geraten. Ich habe ganz schüchtern gesagt: In der evangelischen Kirche sind alle diese Forderungen erfüllt, und trotzdem gibt es auch dort Kirchenaustritte. Das hatte Schreiszenen zur Folge: Wir wollen dieses Argument nicht mehr hören!
Dann war die feierliche Übergabe der Unterschriften, mit einem Korb voller Körndl. Ich persönlich habe manches Missbehagen geteilt, wie fallweise Unterschriften gekeilt wurden. Nur ein Bonmot dazu: Ein bekannter Lefebvrianer hat sich sieben Mal beim Kirchenvolksbegehren mit Johann Weber, Bischof von Graz, eingetragen, ohne dass es jemandem aufgefallen wäre oder jemand stutzig geworden wäre.

>>> *Sie selbst haben sich nie wirklich mit dem Kirchenvolksbegehren anfreunden können, Sie haben es aber auch nie völlig zurückgewiesen.*
Weber: Das Volksbegehren ist eine kirchenfremde Art, es ist kein geeigneter Weg der innerkirchlichen Kommunikation. Zweitens waren mir die Forderungen zu flach. Aber es war ein Erdbeben in Österreich, es hat unsere Kirche erschüttert und aufgerüttelt. Den massiven Vorwurf, die Leute des Kirchenvolksbegehrens seien alle Häretiker und Ungläubige, habe ich immer abgewehrt. Wir haben diesen Vorwurf auch in der Bischofskonferenz halbwegs weg gebracht, aber nie ganz.
Ich bin sehr stolz darauf, dass ich katholisch bin und nicht bei einer fundamentalistischen Sekte. Katholisch, da geht es um das Ganze,

nicht um einen Ausschnitt. Aber dieses Ganze hätte man wahren können und wahren müssen. Der Dialog in Salzburg, der weithin meine Erfindung war, hätte das bewirken können.

>>> *Sie haben aber das Gefühl, die Dinge liegen in der Luft und sind nicht ausgeredet.*
Weber: Es ist uns bei der Delegiertenversammlung in Salzburg nicht gelungen, auf die Befindlichkeit des ganzen Volks hin zu denken, die Katholizität mit dem ganzen Kirchenvolk zu denken. Die Delegiertenversammlung ist zu sehr bei den innerkirchlichen Konflikten hängen geblieben. Wir haben den Anspruch, der im Titel Dialog für Österreich zum Ausdruck kam, verfehlt. Dieses Für ist untergegangen, es wurde in viel zu geringem Maße aufgegriffen, sowohl von den Bischöfen wie von der ‚Basis', von den Konservativen und von den Progressiven. Unzähligen Leuten ist zunächst einmal der Zölibat oder die Weihe der Frau kein Problem. Ihre erste Frage ist: Wie komme ich mit diesem Leben, mit diesem verrückten, belasteten Leben zurecht? Was sind Freude und Hoffnung, Trauer und Angst der Menschen? Die sind, so sagt das Konzil, Freude und Hoffnung, Trauer und Angst der Jünger Christi. In diesem ‚für Österreich' stehen unsere Diözesen, unsere Dienste, unsere Bischöfe in Verpflichtung.

Weber meint mit diesem „für Österreich" die Hinwendung zur Welt, wie er sie unter anderem bei der Konstituierenden Sitzung des neuen Kuratoriums für den Fonds Neue Arbeitsplätze am 26. September 2000 in Graz zum Ausdruck bringt:

» Eine der einschneidendsten Änderungen der Gegenwart: Arbeit ist anders geworden. Schon die Namen zeigen es, kaum jemand nennt sich Arbeiterin oder Arbeiter. Viele Berufsbezeichnungen sind völlig neu und haben die einfachen Unterscheidungsmerkmale abgelöst. Das Bild der grauen Arbeitermassen, in der Landschaft rauchende Schlote, hoch kultiviert in den kommunistischen Oststaaten, stimmt kaum mehr. Körperliche Kraftaufwendung ist selten geworden,

zugleich ist andere Kraftaufwendung verlangt und viel mehr Verantwortung, Verantwortung ist immer auch mit Angst verbunden.
Die neuen Wirtschaftsformen und neue Art von Arbeit bringen viel Beglückung und haben zugleich einen hohen Preis: die vielen, die nicht mithalten können und – oft mit Recht – nicht mithalten wollen. Sie möchten zur ‚Szene' gehören, im Trend sein, aber zugleich widert es an.
Menschen am Rand haben kaum eine Stimme. Ich nenne vier große Spannungsfelder mit der Angst, dass etwas von Lebensglück, Lebenshoffnung, Lebensheimat reißen wird:
– Die Entfremdung von Jung und Alt – der Generationenvertrag hält nicht, das wird weithin verschwiegen. Jobs für Junge, Geborgenheit für Alte, werden wir die Solidarität aufbringen, einander zu stützen, oder werden wir nur eher einander etwas wegnehmen?
– Das Auffangnetz Familie in vielen Lebenssorgen ist rissig geworden.
– Die Ausländerangst. Ein Symbol sind die Gemeindewohnungen in Wien, die selber Symbol der Arbeiter- und Parteisolidarität waren. Angst vor den Ausländern und zugleich wissen doch die meisten, dass wir sie heute brauchen.
– Die notwendige Mobilität des Berufswechsels, des Arbeitsplatzwechsels, des Wohnungswechsels belastet die Lebenssicherheit."

Im 19. Jahrhundert habe die katholische Kirche die Arbeitswelt zu wenig in den Blick und zu wenig in „die Herzenssorge" genommen, warnt Weber. Wenn das heute anders sei, dann sei das noch kein Verdienst, sondern Aufholbedarf: „Es gibt ernst zu nehmende Stimmen, dass nun die Rolle der traditionellen Arbeitervertretungen immer mehr von kirchlichen Äußerungen, besonders von der Caritas und von Sozialhirtenbriefen, übernommen werde. Da ist etwas dran, doch wir sollten uns nicht stolz in die Brust werfen, sondern es ist eine Belebung der Grundverantwortung, die wir aus dem Glauben für die Hoffnung der Menschen haben. Die großartige, keineswegs überholte und stets neu zu formulierende Katholische Soziallehre bedarf als Atemluft der Lebenswirklichkeit. Die berühmte

Frage von Kardinal Cardijn ‚Haben die jungen Arbeiter Socken zum Anziehen?' muss uns gegenwärtig bleiben, wenn es auch nicht (mehr) um Socken geht."

Erfahrungen in Rom

Als Vorsitzender hat Johann Weber nach jeder Bischofskonferenz in Rom Bericht erstattet. Das Pilgern von Kongregation zu Kongregation hat ihm „kein Herzklopfen" verursacht. Bitter dagegen seien die drei Ad-limina-Besuche gewesen, die Weber seit der „Wende" in der katholischen Kirche in Österreich erlebt hat: der Ad-limina-Besuch 1987, unmittelbar nach der Ernennung von Kurt Krenn zum Weihbischof in Wien; der Ad-limina-Besuch im Frühjahr 1992 und als beschämender Höhepunkt die Romvisite der österreichischen Bischöfe im Herbst 1998 nach der Delegiertenversammlung von Salzburg: Bischof Kurt Krenn sagt mitten auf dem Petersplatz in Rom sein berühmt-berüchtigtes Wort in die Kameras des österreichischen Fernsehens: „Die Lügner sollen das Maul halten." Johann Weber ist bestürzt und spricht vom „Trauma von Rom".

„Der Papst selber hat bei seinen Ansprachen nicht negativ geredet", unterstreicht Weber. „Wir sind nie zusammengestaucht worden, aber man fühlte sich schon im Regen stehen gelassen. Ich mache mir keine Illusionen. Schon 1987 waren die Distanz und die Uneinigkeit sehr deutlich spürbar, das war sehr bitter." Die Ansprache des Papstes war für römische Usancen ungewöhnlich deutlich: ermahnend sowohl im Ton als auch in der Sache. Die offenkundigen Schwierigkeiten, die durch die Ernennung von Kurt Krenn zum Weihbischof in Wien entstanden waren, sollten Österreichs Bischöfe „in dem von Christus beschworenen Geist einer wahrhaft katholischen Einheit" lösen – und sich um „die tieferen Ursachen dieser Konflikte" kümmern. In der Frage der Empfängnisregelung erteilte der Papst dem österreichischen Weg eine klare Absage: Die Mariatroster Erklärung, in der Österreichs Bischöfe die Möglichkeit einer persönlichen Gewissensentscheidung offen gelassen hatten, kategorisierte der Papst als spontane Überreaktion auf die Enzyklika „Humanae vitae". Jetzt sei es an der Zeit, die römischen Vorgaben einzuhalten: „Wenn im ersten Augenblick der Veröffentlichung der Enzyklika noch eine gewisse Ratlosigkeit verständlich war, die sich auch in manchen bischöflichen Erklärungen niedergeschlagen hat, so hat der Fortgang der Entwicklung die prophetische Kühnheit der aus der Weisheit des Glaubens geschöpften Weisung Pauls VI. immer eindringlicher bestätigt." Detto zur Praxis, wiederverheiratete Geschiedene unter bestimmten Voraussetzungen in ihrer Gewissensentscheidung für den Kommunionempfang zu respektieren. „Das Nein der Kirche zum Sakramentenempfang der wiederverheirateten Geschiedenen ist nicht Ausdruck von Unbarmherzigkeit, sondern Verteidigung der Liebe und Verteidigung der Treue", unterstreicht Johannes Paul II. in seiner Rede an die Bischöfe.

Trotz dieser unverhohlenen Kritik des Papstes am österreichischen Episkopat fühlt sich Weber verpflichtet, nach außen einen positiven Eindruck zu vermitteln. „Einmal", gesteht der Bischof, „hatten wir eine Pressekonferenz in der Anima, da haben Erzbischof Karl Berg, der damals Vorsitzender war, und ich schon sehr gekünstelt. Da ist es uns extrem schlecht gegangen. Alles stand unter dem Eindruck der Bischofsernennungen in Österreich, die große Schwierigkeiten mit sich gebracht hatten."

Hat der Grazer Bischof und Vorsitzende der Bischofskonferenz die Kirchenleitung in Rom auch als hilfreich erlebt? „Ich hatte nie ein Problem, dass es das Petrusamt gibt. Ein Papst, dessen Kompetenzen sich auf die eines Generalsekretärs der Ortskirchen beschränken würden, war nie mein Fall. Mein Problem ist: Geht bitte auf unsere Situation ein."

Wie kann es in Österreich wieder zu Bischofsernennungen kommen, die in den Diözesen breite Annahme finden, wie in den Neunzigerjahren in Eisenstadt und Innsbruck? Weber blickt noch einmal zurück auf die Ernennungen von 1987 bis 1995 und meint: „In einer Phase, in der – bildlich gesprochen – nur Blauäugige ernannt werden oder ernannt werden dürfen, kann man sich keinen mit grünen Augen wünschen. Man kann gegen einen allgemeinen Trend oder eine Direktive, da muss Ordnung geschaffen werden, da geht alles den Bach hinunter, wenig ausrichten. Ob es eine solche Direktive damals gegeben hat, weiß ich nicht. Wenn, dann wäre diese Direktive sicher in Österreich entstanden. Da sollten sich einige österreichische Politiker in den Spiegel schauen, die haben viel mitgemischt."

Webers Antwort auf die Frage, wie bekomme ich einen Bischof, der mit und bei den Leuten ist, ist eine zweifache: „Erstens, eine möglichst gute Seelsorge machen, ohne Zögern und ohne Hin und Her. Es ist gefährlich, alles auf den Bischof aufzuhängen. Es ist aber auch kein guter Zustand, wenn sich in einer Diözese ein Modus vivendi der Art herausbildet: Der Bischof ist der Bischof, da kann man nichts ändern; aber wir in den Pfarren, wir in der Katholischen Aktion, ja vielleicht sogar wir in den Ordensgemeinschaften, wir machen unabhängig davon unsere Arbeit und versuchen, diese gut zu machen." Das Zweite: eine möglichst gute Information nach Rom, die allerdings nicht auf Bestemm sein könne: Es muss so entschieden werden, wie wir in der Diözese uns das vorstellen, oder wir müssen genau den Bischof bekommen, den wir möchten. Es geht vielmehr darum, darzustellen, wie die Situation, die Wirklichkeit von Kirche und Gesellschaft in der Diözese ist. „Das aufzuzeigen und immer wieder zu berichten ist ein Dienst an Rom." Entscheidend sei, dass man sich auch selber nicht die Mühe erspare nachzudenken: Was tut sich bei uns, was läuft hier? Nötig sei, dass es darüber gute Beratungen gebe, auch dass man sich mit dem Nuntius zusammensetze.
Weber hält nichts von einer Bischofswahl und argumentiert unter anderem damit, „dass schon zwei junge Priester einen älteren Pfarrer, der 20 Kilometer entfernt arbeitet, nicht mehr kennen". Es habe auch schon Bischöfe gegeben, „die wurden mit großem Beifall empfangen, und später hat sich die Begeisterung gelegt". Es könne nicht allein um die Person gehen – „der ist klass, den möchten wir" –, sondern es müsse unabhängig davon auch das Amt tragen.
Bei allen Konflikten mit und in Rom hat Johann Weber nie den geringsten Zweifel an seiner Loyalität gegenüber der Weltkirche, wie sie durch die Kirchenleitung im Vatikan repräsentiert wird, gelassen. Ein Beispiel dafür, das für viele ähnliche Situationen steht, ist eine Stellungnahme in der Dechantenkonferenz vom 11. Oktober 1978. Rom hatte die Erlaubnis, die Erstkommunion vor der ersten Beichte zu feiern, wieder zurückgenommen. Dazu Weber: „Seit etlichen Jahren war ad experimentum genehmigt, die Erstbeichte nach der Erstkommunion anzusetzen. Die Erfahrungen sind verschieden und es gibt Argumente pro und kontra. Offensicht-

lich wurde von dieser Möglichkeit in der Steiermark viel mehr Gebrauch gemacht als in anderen Diözesen. Vor einiger Zeit wurde gesamtkirchlich geregelt, dass dieses Experiment auslaufen soll. Religionspädagogisch gibt es sicher verschiedene Meinungen, grundsätzlich und theologisch scheint mir aber von besonderer Wichtigkeit zu sein, dass die Dimension der sakramentalen Buße in der Kirche nicht weiterhin abgebaut wird. Das ist die entscheidende Frage. Selbstverständlich geht es auch um die Loyalität innerhalb der Gesamtkirche. Ich versteife mich nicht darauf, dass diese Ordnung abrupt durchgeführt wird, ich könnte mir denken, dass in diesem Schuljahr mancherorts noch ein Zwischenstadium ist. Aber mit dem nächsten Schuljahr wäre dann wohl diese Ordnung einzuhalten. Es steht ein Hirtenbrief von Kardinal Ratzinger mit diesbezüglich bemerkenswerten Gedankengängen zu Verfügung."

In den Mitteilungen des Bischofs bei der Dechantenkonferenz vom 16. Mai 1990 wird die Loyalität gegenüber Rom am Beispiel der Berufung von Professoren auf Lehrstühle der Katholisch-theologischen Fakultät Graz deutlich: „Auf unserer Fakultät sind die Lehrstühle für Moral- und Fundamentaltheologie zu besetzen. Ich lege Wert darauf, dass in Moraltheologie wegen der sakramentalen Dimension des kirchlichen Lebens in der Nachfolge Christi nach Möglichkeit ein Priester den Lehrstuhl innehat. Bei Fundamentaltheologie wurde der Erstgereihte von der Bildungskongregation abgelehnt, weil er die Erklärung von Köln unterschrieben hat. Ich hoffe, dass die Berufung des Zweitgereihten sehr bald erfolgen kann. Es besteht manches Missbehagen darüber, dass es sehr viele Fakultäten im deutschen Sprachraum gibt, und es werden nicht immer hinreichend geeignete Personen vorhanden sein. Außerdem werden kritische Fragen nach der Förderung des Priesterberufes und der Kirchlichkeit im Lehrberuf gestellt."

Die Tragik des II. Vatikanischen Konzils

>>> *Das Zweite Vatikanische Konzil wollte die Kirche als Communio, als Gemeinschaft der Gläubigen, das Volk Gottes, das sich aus allen Getauften zusammensetzt. Aber dieses kirchliche Modell der Communio hat sich nicht einsichtig institutionalisieren lassen.*
Weber: Es ist eine Tragik, dass das II. Vatikanum nicht organisch weitergebaut wurde. Man hat ein paar Maßnahmen getroffen, aber das Konzil, das sehr von den Aufbrüchen der Sechzigerjahre geprägt war – man denke nur an den Optimismus, den die erste Mondlandung ausgelöst hat –, bräuchte eine Fortschreibung. Ob dazu ein neues Konzil notwendig wäre oder nicht, das wage ich nicht zu sagen. Aber notwendig wäre diese Fortschreibung aus den Lebensverhältnissen heraus, die sich in den vergangenen 40 Jahren erheblich geändert haben.

>>> *Warum ist die Fortschreibung fehlgeschlagen?*
Weber: Bei uns in Österreich ist es im Gegensatz zum Grundgedanken – ein Volk Gottes aus der Taufe und der Firmung – zu einem starken Klerikalismus gekommen. Überall ertönte der Schrei nach dem Experten, nach den Profis, weil wir auch viel Geld gehabt haben. Ein Mangel ist sicher auch, dass wir heute eine Atemnot in der Theologie haben. Das Konzil hatte ganz starke Impulse erfahren durch die Beteiligung von Theologen, manchmal vielleicht sogar zu viel Theologen. Zählen Sie mir auf, wo es heute weltweit führende Theologen gibt und wie viele.

>>> *Die Communio ist in der Theorie einleuchtend, aber es ist auf keiner Ebene gelungen, die Grundwidersprüche zu lösen: ein neues Verhältnis von Autorität des Amtes und Mitverantwortung aller Getauften.*
Weber: Das II. Vatikanum hat vieles in Schwebe gelassen. Ich möchte aber ein Plädoyer für die schwebende Kirche abgeben: Wir müssen damit leben, dass das letzte Wort nicht gesagt ist, wir haben es auch nicht, noch nicht. Es ist so, wie ich auch die Kenntnis meiner Frau oder meines Mannes nie ganz habe.

Was nun die Communio betrifft, so hat sich auf der Ebene der Pfarren und der Diözese ein Modus vivendi ergeben, der im Grunde funktioniert: Pfarrgemeinderat und Pfarrer, Diözesanrat und Bischof – da sind brauchbare Formen der Mitwirkung und Mitverantwortung der Laien entstanden.
Was sehr aktuell ist und neu überlegt werden muss, ist dagegen das Verhältnis von Ortskirche und Petrusdienst. Das braucht eine neue Bedenkung, weil ja die Ortskirche, die Diözese Kirche im Kleinen ist. Das besser ins Lot zu bringen ist nicht mit der Frage erledigt, ob ein Bischof bei der Besetzung eines theologischen Lehrstuhls bei der Erziehungskongregation in Rom nachfragen muss. Es geht mehr um das Grundsätzliche, um die Nachfolge der Apostel.

>>> *Die Kirche hat da offenbar ein Schrecken vor ihrer Courage erfasst. Denn das Konzil selbst war ja ein solches Communio-Modell.*
Weber: Ja, aber dann gab es gesellschaftlich große Rückschläge. Es kam die Ölkrise, es kamen Kriege. In der Kirche selbst gab es den Lefebvre-Komplex, der selbst auch nur ein Symbol war, der Ausdruck eines Missbehagens für Anfragen und Anmeldungen an das ganze Vatikanum. Das ist nie recht aufgearbeitet worden, auch nicht die ehrliche Anfrage in der Liturgie: die Saloppheit des Gottesdienstes und die andere Seite, die sich gegen die Handkommunion aussprach.
Das Gemeinsame ist ein unheimlich hohes Gut, das die römisch-katholische Kirche weltweit hat und zu pflegen hat. Es ist schon ergreifend, wenn ich im hintersten brasilianischen Urwald das gleiche Messbuch habe. Aber diese Unzahl von Dekreten, von Schriftstücken, die in den Neunzigerjahren aus Rom gekommen sind, zeigen das Bemühen, die ganze Welt in der Hand zu haben. Das ist heute nicht mehr möglich. Zumal es die Ortskirche ist, die letztlich sehr viel selbst ausbaden muss.
Daher ist es keine Weber'sche Marotte, dass wir immer gesagt haben, wir suchen einen eigenen Weg für unsere Diözese. Das ist

nicht nur seelsorglich notwendig, sondern es ist ein existenzieller Vollzug des Lebens der Diözese.

>>> *Ein wesentlicher Impuls des Konzils war die Einrichtung der Räte auf allen Ebenen: die Pfarrgemeinderäte, die Diözesanräte, auf der Ebene der Weltkirche die Bischofssynoden. Aber auf allen drei Ebenen ist der Schwung der Siebzigerjahre verloren gegangen.*
Weber: An dieser Diagnose ist etwas dran. Erstens war das in den Siebzigerjahren eine gesamtgesellschaftliche Entwicklung, dass überall Räte und Gremien eingerichtet wurden. Denken Sie nur an die damalige Universitätsreform mit allen ihren Kollegien. Dann erkannte man bald die Grenzen. Irgendwann hat unser Diözesanrat beschlossen, dass das Budget der Diözese in diesem Gremium abgestimmt werden muss. Da ist nicht nur dem Finanzkämmerer angst und bang geworden, sondern auch der Diözesanrat selbst musste bald erkennen, dass ihm für das Budget die Sachkenntnis und die Detailinformation fehlt. Und dann gab es in diesen Räten die vielen Reformwünsche, die gesamtkirchlich nicht verwirklichbar sind oder nicht verwirklicht worden sind.

Für Weber selbst wurde die Dechantenkonferenz zum wesentlichen Ort der seelsorglichen Planung. „Die Dechantenkonferenz hat den Schalter in der Hand: die Umsetzung." Was dort beschlossen werde, so die Erfahrung des steirischen Bischofs, habe auch Chance auf Realisierung. „In der Dechantenkonferenz hast du das Steuer in der Hand." Eine offene Frage seien die Dekanatsräte. „Wir müssen beachten, dass die Menschen zunehmend in der Region leben, nicht mehr nur an einem Ort, in einer Pfarre. Daher wäre auf die Dekanatsräte ein Augenmerk zu legen. Wir haben in der Steiermark aber nur einmal die Nagelprobe erlebt. Das war, als der Abt von Stift Rein in ein schlechtes Fahrwasser geraten war. Dort hat vor allem das Dekanat die Sache aufgefangen."
Eine andere als die ursprünglich erwartete Richtung nahm in der Steiermark der Diözesanrat. „Da hatte man ursprünglich gemeint, der Diözesanrat sei der oberste Rat, dessen Beschlüsse dann in die Gemeinden sickern. Das war aber nicht so." Das Modell „Hurra, wir fassen Beschlüsse, und die

werden bis in die hinterste Pfarre durchgeführt oder sie werden vom Bischof ausgeführt" habe sich als Irrtum erwiesen. Aus der Sicht von Weber hat der steirische Diözesanrat daher eine andere Funktion bekommen und eine andere Arbeitsweise entwickelt: Frauen und Männer, die drei Mal im Jahr zusammenkommen und sich grundsätzlich Gedanken über die Kirche und ihre Aufgabe in der Gesellschaft machen.

Weber selbst fand als Bischof sehr viel Rat bei den Visitationen in den Pfarren. „Da habe ich Erfahrungen und Eindrücke gesammelt." Darüber hinaus kultivierte der Bischof einen kleinen Kreis von engsten Mitarbeiterinnen und Mitarbeitern. „Ich habe mich bemüht, Leute, die mir sehr wertvoll sind im Rat, in solche Positionen zu bringen, in denen sie mir zu Rate sein können. Dabei sind mir auch Mitarbeiter sehr wichtig, die keine akademische theologische Ausbildung haben, die vom Hausverstand her sagen: Herr Bischof, ich weiß nicht, dieser Brief von Ihnen war nicht sehr gut. Das ist oft mehr Stimme des Volkes. Das ist mir sehr wichtig."

Erosion der Glaubensgestalt

In Österreich hat sich die Zahl der Kirchenaustritte seit 1985 auf einem hohen Niveau von rund 30.000 bis 35.000 im Jahr eingependelt. Diese Zahl scheint beinahe schicksalhaft. Trotz Unterschieden zwischen den einzelnen Diözesen gelingt es kaum irgendwo, bei den Austritten einen deutlichen Rückgang zu erreichen. „Der Austritt, so wie ich ein gebrauchtes Kleidungsstück weglege, ist eine fatale Geschichte", sagt Johann Weber. „Es gibt Schulen, da sind alle Lehrer ausgetreten. Lehrer und Ärzte treten sehr häufig aus. Wobei fast alle betonen: ich glaube, aber die Kirche brauche ich nicht. Als ich Pfarrer war, konnte man in jeder Wohnung noch jemanden antreffen. Heute ist niemand da, kein Ruhepol mehr."

Johann Weber sieht diesen Status quo realistisch: „Wir werden uns daran gewöhnen müssen. Bei uns in der Steiermark ist die allgemeine Mentalität der Menschen sensibler und härter als vielleicht anderswo. Die Wurzeln dafür reichen oft viele Jahrzehnte zurück. Wir können aber nicht aus Angst vor Austritten das Evangelium, unseren Glauben, so harmlos machen, dass der Mensch keine Anforderung mehr spürt. Es können auch jene, die im

Auftrag der Kirche leben und handeln, nicht fehlerlos sein. Aber die konkreten Menschen von heute müssen spüren: Hier werde ich ernst genommen und hinter allen Menschlichkeiten steht dennoch Jesus Christus, auf den wir hoffen."

Die Gründe für die Kirchenaustritte wurden in der Steiermark eingehender untersucht als in anderen Diözesen, und es wurde mehr versucht, Ausgetretene wieder zurückzugewinnen. 1999 sind in Graz-Seckau 7226 Katholiken aus ihrer Kirche ausgetreten. Das waren 0,7 Prozent der Kirchenmitglieder. 22 Prozent der Ausgetretenen beantworteten den Fragebogen, der allen Betroffenen zugesandt wurde, mit der Bitte, die Gründe für ihren Schritt zu nennen.

52 Prozent der Ausgetretenen gaben „störende Vorgänge in der Kirche" als wichtigsten Grund für ihre Entscheidung an. An zweiter Stelle lag mit 49 Prozent (es waren Mehrfachangaben möglich) der Kirchenbeitrag. Jeweils ein Drittel der Befragten kreuzte zwei inhaltliche, den Glauben betreffende Antwortmöglichkeiten an: Ich stimme manchen Lehren der Kirche nicht zu bzw. ich brauche keine Kirche zum Glauben. Fünf Prozent betonten ausdrücklich, dass sie trotz des Austrittes weiterhin religiös leben wollten. Vier Prozent haben sich einer anderen Glaubensgemeinschaft angeschlossen, die Hälfte davon der evangelischen Kirche.

Über diese vorgegebenen Antwortmöglichkeiten hinaus gab es noch frei formulierte Begründungen. Genannt wurden dabei vor allem die Sexualmoral der katholischen Kirche und Vorgänge in der Hierarchie. 21 Prozent nahmen Anstoß am Zölibat, 14 Prozent an der Haltung der Kirche zur Empfängnisregelung, zehn Prozent am Kommunionverbot für wiederverheiratete Geschiedene. 23 Prozent übten Kritik an Bischof Kurt Krenn, 12 Prozent an Papst und Vatikan. Diözesanbischof Johann Weber wurde nur zweimal kritisiert (0,1 Prozent), aber 59 Mal ausdrücklich lobend erwähnt.

Diese Befragungen der Ausgetretenen waren einer der Versuche, dem Abbröckeln der Kirchenbasis auf den Grund zu gehen und Gegenstrategien zu entwickeln. Darüber hinaus wurde in einigen Dekanaten ganz gezielt für den Wiedereintritt geworben. Jene Ausgetretenen, die ihre Kirche vor mehr als zehn Jahren verlassen hatten, wurden drei Mal brieflich kontaktiert – ausgehend von der Überlegung, dass die seinerzeitigen Gründe für den Austritt oder auch eine punktuelle Verärgerung möglicherweise nach einer geraumen Zeit nicht mehr geltend wären. Nach dem dritten Brief folgte die Einladung zur Rückkehr in die katholische Kirche. Dabei wurde auch nicht verschwiegen, dass damit wieder ein Kirchenbeitrag fällig würde.

Die Aktion wurde Mitte der Neunzigerjahre unter anderem in den Pfarren des Dekanates Voitsberg durchgeführt. 3000 Ausgetretene wurden angeschrieben. Davon reagierten 200 auf die Briefe. 60 sind wieder in die Kirche eingetreten. Dabei zeigte sich, dass die Bereitschaft zum Wiedereintritt in städtischen Gebieten höher war als am Land. In Landgemeinden ist die Schwelle vor dem Austritt höher; hat sich jemand trotzdem dazu entschlossen, sind die Gründe so triftig, dass eine Rückkehr kaum mehr in Frage kommt.

Johann Weber selbst sieht im Kirchenbeitrag „oft den letzten Anstoß und Anlass" für eine Austrittsentscheidung. Die Wurzel für den Austritt sei der Kirchenbeitrag meist nicht, sondern: „Die große Masse der Austritte ist die Unberührtheit." Der Bischof meint damit eine zweifache Unberührtheit, die für ihn eins ist: die Unberührtheit vom Glauben, die letztlich auf die Unberührtheit mit kirchlichen Menschen zurückzuführen sei. „Wir wissen aus Erfahrung, dass bei sehr vielen Menschen ein längerer Prozess der Entfernung dem Kirchenaustritt vorangeht. Dann ist es oft ein bestimmter Anlass, der zum Entschluss führt, sich offiziell von der Kirche zu trennen. Das können unliebsame Ereignisse, verletzende Aussagen von kirchlicher Seite sein oder die Erkenntnis: Das bedeutet mir nichts und es ist mir nicht mehr wert, etwas beizutragen."

Der Bischof memoriert seine Erfahrung als Fußgänger und Tramwaybenützer in Graz. „Ich gehe gerne zu Fuß oder fahre mit der Tram. Das ist keine Weber-Aktion, sondern es ist für mich das Einatmen, wie die Leute leben. Um 17 Uhr sind die Trams voll wie in Indien. Alles rennet, rettet, flüchtet, die Frauen mit ihren gefüllten Plastiktaschen. Das ist eine andere Welt. Diese Menschen interessiert vieles bei uns überhaupt nicht. Und dann kommt die Beitragsvorschreibung und der Austritt. Aber ich habe keine Lösung."

Eine andere Geschichte aus der narrativen Pastoraltheologie des Johann Weber ist die von einer Gastwirtin, die am Sprechtag zum Bischof kommt. „Sie sagte, sie war bei der Kirchenbeitragsstelle und wollte austreten. Da habe der Mann dort gesagt: Wir brauchen Ihr Geld. Das war das erste Mal, so erzählte die Frau, dass jemand von der Kirche ihr gesagt habe: Wir brauchen Sie und Ihr Geld. Daraufhin sei sie nicht ausgetreten." Das hat dem Bischof zu denken gegeben, ohne dass er diesen Fall verallgemeinern möchte.

Sehr allgemein und in diesem Zusammenhang sehr unvermittelt kommt Weber auf den Religionsunterricht zu sprechen. Es klingt dabei jene hohe Erwartung an, auf die bereits Amtsleiter Willibald Rodler hingewiesen hat. Weber meint: „Die Kinder und Jugendlichen gehen sehr unberührt von Kirche durch den Religionsunterricht hindurch. Wir müssen uns fragen, wie wir den beinahe flächendeckenden Religionsunterricht dahin führen können, dass er Kirchenbindung anregt und begünstigt." Das sei wahnsinnig schwierig, weiß der Bischof, und sein Ansatz sei auch „kein Vorwurf an die Katechetinnen und Katecheten, die vor den jungen Menschen stehen".

Aber woran ist der „Erfolg" des Religionsunterrichts zu messen, und von welchem Level ist dabei auszugehen? Etwa vom Besuch des Sonntagsgottesdienstes? Weber hält die Rede von der Sonntagspflicht für eine Gratwanderung. „Man soll deutlich sagen, ja, das wollen wir, das gehört dazu, das ist auch gut für dich. Ich lehne es ab, nur zu sagen: komm, wenn du Lust hast." Andererseits: „Die Menschen hängen sehr ab von ihren Lebensumständen. Ein Kind sagt zur Religionslehrerin, ich komme am Sonntag in die Kirche. Am Montag berichtet es dann: Wir waren Ski fahren."

Trotzdem wäre es Weber zu wenig, wenn die Religionslehrerin und der Religionslehrer nur Menschen mit persönlichem Charisma, mit Ausstrahlung wären. „Ausstrahlung kann der Zeichenlehrer auch haben." Für Katechetinnen und Katecheten legt Weber die Latte wieder bei der Intensivbeziehung zur Kirche an. „Der Religionslehrer soll ein Mensch sein, der die Kirche mag. Die Kinder sollen einen Menschen erleben, der die Kirche mag. Dieses Zeugnis sollten die Kinder bei den Katechetinnen und Katecheten spüren. Ich bin wieder bei Cardijn: Alleingelassen gehen sie verlo-

ren. Da muss man unverdrossen signalisieren: Da gibt es welche, die wollen die Kirche, die sind in der Kirche."
Weber beharrt stark auf dem Konnex von Religionsunterricht und Kirche. Am 19. April 1989 gibt der Bischof vor der Dechantenkonferenz zu bedenken: „An den Pflichtschulen hat sich das Klima sehr verbessert, echte Schwierigkeiten gibt es an einigen AHS, besonders aber an Ganztagsschulen. Schwierigkeiten liegen im Kontakt von Religionslehrern und Pfarrern. Für ein Treffen mit Priestern haben sich beispielsweise in Feldbach alle Professoren entschuldigt. Die Religionslehrer an Höheren Schulen müssten etwas mehr Seelsorger sein. Die Schüler werden auf die Beichte nicht vorbereitet."
In solchen Äußerungen bricht beim Bischof die Sorge durch, dass die Kirche den Menschen etwas schuldig bleibe. Im Herbst 2000 zieht Johann Weber bei den großen Fortbildungsveranstaltungen und Zusammenkünften der Diözese Graz-Seckau mit einer Perikope aus der Apostelgeschichte eine Bilanz der kirchlichen Situation in Österreich:

» In der Apostelgeschichte wird berichtet, dass Paulus in Kleinasien einen Traum hatte: Vom anderen Erdteil ruft ein Mazedonier: ‚Komm herüber und hilf uns!' Mitunter scheinen die heutige Welt und die Kirche wie verschiedene Kontinente.
Wir machen uns keine Illusion über die Distanz. Die Kirchenaustritte sprechen eine deutliche Sprache. Offensichtlich ist es nicht Verlust von Religion überhaupt, sondern eine Neustrukturierung des Religionssystems in die Kompetenz des Einzelnen. Aber es bleibt: Österreich braucht Gewissheit, die Gewissheit, dass Gott die Welt geschaffen hat und deshalb jeder Würde hat, die in die Ewigkeit reicht; dass Gott Mensch geworden ist und deshalb für ihn Erlösung von jeder Traurigkeit und Schuld möglich ist. Dass er uns die Auferstehung schenkt und damit die Hoffnung sich wie ein goldener Faden durch das Leben zieht. Von daher ist der erlebbare Sonntag eine zukunftspolitische Notwendigkeit. Gewissheit kommt zuerst von sich selbst wissenden Menschen – das nennen wir Glaube. Ich weiß nicht, was in 20 Jahren ist. Aber ich weiß, was heute ist: Es gibt die

große Ernte, die vielen, sehr vielen Menschen in unserem Land, denen die Kirche am Herzen liegt, auch dann, wenn sie klagen und Kritik üben. Es wird weniger Priester geben, weniger Ordensleute mit aller Not, die daraus kommt. Doch wenn es zu viele Zuschauer auf den Balkonen gibt, wird es noch gefährlicher. Ich vertraue darauf, dass wir zueinander stehen. Frauen und Männer, Laien und Priester, Bischöfe, Papst, ‚Konservative' und ‚Progressive'. Dann und nur dann heißt die Zukunft: eine Kirche voll Leben in diesem Land und für dieses Land.

Messe mit Papst Johannes Paul II., Heldenplatz Wien, 1998. (Foto: Big Shot/Christian Jungwirth, Graz)

Pressekonferenz im Club Stephansplatz, Wien, 1999. (Foto: Ernst Weingartner, Wien)

Pressegespräch anlässlich des „Ad-limina"-Besuches der Österreichischen Bischofskonferenz in Rom, November 1998. (Foto: Stefan Amsüss, Graz)

Der Wiener Erzbischof Kardinal Christoph Schönborn (rechts), Bischof Egon Kapellari (links) und Bischof Johann Weber im Rahmen der Herbstsitzung der österreichischen Bischofskonferenz in Wien, 5. November 2000. (APA-Foto: Hans Klaus Techt)

Bischof Johann Weber im Gespräch mit einer Ordensschwester in einer Pause des „Dialogs für Österreich“, 23. bis 26. Oktober 1998, im Bildungshaus St. Virgil, Salzburg. (APA-Foto: Kerstin Jönsson)

Die Zukunft riechen

Die Stärke des Volkskatholizismus

Wo sind, im Blick auf die Zukunft der Kirche gesehen, die Stärken des österreichischen Katholizismus im internationalen Ranking? Bischof Weber erinnert zunächst daran, dass der österreichische Katholizismus wesentlich von Kaiser Joseph II. geprägt worden sei. „Eine Pfarrkanzlei mit Matrikenführung gab es in ganz wenigen Ländern. Das hat auch ein Spiegelbild: wir sind eines der Länder ohne eine Geschichte der Mystik. Spanien hat eine Teresa von Avila oder Frankreich den Pfarrer von Ars, Deutschland eine Mechtild von Magdeburg oder eine Hildegard von Bingen. Da muss man bei uns lange suchen.“ Zugleich aber sieht Weber es als historischen Vorteil, dass Österreich mit Joseph II. die Aufklärung erlebt habe. „Manche Länder, die vielleicht einen starken Katholizismus hatten – man hat ja große Hoffnung auf die osteuropäischen Länder gesetzt –, werden das Versäumnis der Aufklärung mit Zinsen und Zinseszinsen zu zahlen haben.“

Im Umgang mit der Aufklärung kommt für Weber das Positive des österreichischen Volkskatholizismus ins Spiel: das Österreichisch-Schlampige habe die Auswirkungen der Aufklärung gemildert. „In einem Roman habe ich gelesen, der Österreicher habe ein untrügliches Gefühl, wie weit man ein Buch aufmachen darf, ohne den Rücken zu brechen: ein Gespür, einen Hausverstand, ein Augenmaß für das Mögliche und Zuträgliche.“ Weber vergleicht die österreichische katholische Seele mit jener Deutschlands und bringt einen illustrativen Vergleich: „Wenn ich in Deutschland zelebriert habe, dann habe ich immer irgendwie mit Aufmerksamkeit beobachtet, wie manche Menschen dort schon allein das Gotteslob in die Hand nehmen, so zackig, so preußisch, so nach dem Motto: jetzt wird gesungen. Eine Kleinigkeit, gewiss, aber doch auch ein Ausdruck für eine grundsätzlichere Haltung, die dahinter steckt. Die unterscheidet sich stark von der österreichischen Mentalität. Bei uns ist vieles, auch der Katholizismus, menschlicher und geduldiger."

Ein Zweites, das Weber an die Zukunft des österreichischen Katholizismus glauben lässt: „Dieser Realismus und Pragmatismus in den Pfarren, in den Klöstern. Was da alles getan wird, ist sicher nicht immer tipptopp, aber da lebt viel an Erfindungsreichtum, an Kirche im Alltag." Die österreichische Kirche zehre auch bis heute davon, dass in Österreich die Mutterquelle der liturgischen Bewegung und der Bibelbewegung gewesen sei. Beide Erneuerungsideen haben sich wesentlich im Konzil niedergeschlagen. Auch die Jugendbewegung des Neulandbundes ist für Weber „eine starke Geschichte", eine Geschichte großer Seelsorgertagungen und großer säkularer Gestalten wie Rudolph Pfliegler und Joseph Ernst Mayer.

Nicht jeder österreichische Bischof würde an dieser Stelle, wo es um den Erfolg des österreichischen Katholizismus geht, die Katholisch-theologischen Fakultäten nennen. Weber ist überzeugt, dass diese in der Doppelverantwortung von Kirche und Staat gut aufgehoben seien, auch wenn dies immer wieder zu Konflikten bei der Besetzung von Lehrstühlen führe. „Unsere theologischen Fakultäten haben ein gutes fachliches Niveau und sind von einer soliden Kirchlichkeit geprägt. Es ist nicht recht, ihnen das Sentire cum ecclesia, das Mitdenken und Mitsuchen mit der Kirche, abzusprechen, wie das leider viel zu häufig geschieht."

Weber ist überzeugt von Dostojewskis Wort „Das Schöne wird die Welt retten" und hält es für einen Leitfaden kirchlichen Handelns. Der Katholizismus in Österreich, der nicht zuletzt durch seine üppigen Barockkirchen geprägt wurde, könnte diese Stärke besser ausspielen: das Zelebrieren, das Feiern, das Gestalten. Denn, so Weber: „Das Schöne ist eine Übersetzung dessen, dass es mehr gibt, als notwendig ist. Da habe ich immer die Italiener beneidet, bei denen hatte man auch bei ungestümen Gottesdiensten nie das Gefühl, sie seien ehrfurchtslos. Das haben manche Völker besser heraus als die Österreicher." Sehen und von dem lernen, was die anderen besser können, gelte auch für die Wallfahrtsbewegung. „Die wird etwa in

Mariazell beinahe erdrückt vom Wallfahrtsbetrieb. Mir ist das sehr aufgefallen im Unterschied zum französischen Wallfahrtsheiligtum Lourdes. Dort geben die Kranken und Leidenden den Ton an und prägen das Bild."
Eben das ist für Weber ein unerlässliches Zeichen von Kirche, „dass wir ja nicht die Alten, die Mühseligen, die Kranken aus dem Blick verlieren". Das könne keine noch so betriebsame Pfarre durch andere Aktivitäten ersetzen. „Ich bin einmal gebeten worden, einen Pfarrer zu fragen, ob sein Kaplan zu einer Leitungsaufgabe fähig sei. Der Pfarrer hat gesagt: ja, der Kaplan besucht gerne die Kranken und Alten."
Große Fortschritte sieht der Bischof in der Vorbereitung und Spendung der Sakramente: Taufe, Erstkommunion, Firmung, Eucharistie. „Aber wir müssen darüber nachdenken, was wir mit dem fast völlig erloschenen Bußsakrament tun. Wie kann das Grundlegende der Buße heute dem Menschen nahe kommen? Wie geht das, dass die Dimension Buße, das ‚Kehret um', nicht allein bei charismatischen Ereignissen angesiedelt ist?"
Weber zitiert ein Ehepaar, das er getraut und das sich später getrennt hat. „Die Frau sagte zu mir: Ich lasse mir von niemandem sagen, dass bei mir etwas nicht in Ordnung ist, dass ich schuld wäre." Dieses „Schuld bei mir" könne offenbar kaum mehr gedacht werden, daher auch nicht „Schuld vor Gott". „Wir verlangen immer Entschuldigungen von anderen, alle möglichen sollen sich dauernd für irgendetwas entschuldigen. Ich höre viel Beichte und stelle fest, es ist für die Menschen schwierig geworden, eine Schuld konkret zu benennen. Damit geht etwas Wesentliches vom Evangelium verloren: Kehret um." Allerdings, so schränkt der Bischof ein, habe die Beichte früher auch viel zu tun gehabt mit dem Bildungsvorsprung des Priesters. „Von ihm wurde erwartet, dass er in der Beichte Rat geben kann. Heute hat jede Zeitung Lebensberatung, viele bezahlen sehr viel Geld für Beratung. Aber die wenigsten kommen zum Priester."
Zum Teil hat es aber offenbar auch die Kirche nicht verstanden, das, was sie mit Schuld meint, situationsgerecht und der heutigen Sprache gemäß darzustellen und auszudrücken. Weber selbst nennt ein Beispiel: „Neue Dimensionen, richtige Dimensionen von Schuld sind entstanden: der Umgang mit der Umwelt; oder eine neue Aufmerksamkeit im Verhältnis von Mann und Frau: Wenn man daran denkt, dass plötzlich das Grapschen ein

Strafdelikt ist, dann ist das eine bemerkenswerte Entwicklung, wo doch die Kirche mit ihrer Sexualmoral immer als prüde gegolten hat." Eine Entwicklung, die der katholischen Kirche zu denken geben muss. Denn dieses Beispiel – die prüde Kirche und das Strafdelikt Grapschen – ist klassisch für das Phänomen, wie Gesellschaft und Kirche aneinander vorbeireden können, weil sie völlig unterschiedliche Sprachcodes haben und die Denkansätze und Zugänge zu einem Sachverhalt völlig verschieden sind. Selbst dort, wo dasselbe gemeint wäre, versteht man sich nicht.

Eine verbindliche Bischofskonferenz

Johann Weber ist überzeugt, dass dem Einstimmigkeitsprinzip in der Bischofskonferenz „zu große Opfer gebracht" wurden. Hier setzt für ihn eine strukturelle Reform der Konferenz an, für die Weber fünf Punkte nennt:

» Erstens: Ich habe in meiner letzten Zeit als Vorsitzender häufiger gesagt, Mehrheit ist Mehrheit. Wir stimmen ab. Das hat dann meistens einen Schrecken ausgelöst und manche auf die Spur gebracht. Allerdings ist dieser Usus wieder abgekommen. Abstimmungsvorgänge gibt es derzeit kaum. Es ist alles sehr schwebend.

Zweitens: Die Bischofskonferenz verliert sich zu viel in Kleinkram. Um das zu verhindern, wäre es rein verfahrenstechnisch notwendig, eine straffe Gesprächsführung und -disziplin einzuhalten. Ein weiteres Problem ist die Gewichtung der Fragen. Das haben wir 30 Jahre lang immer wieder überlegt, aber es ist nie etwas weiter gegangen. Wenn alles das gleiche Gewicht hat auf einer langen Tagesordnung, das kann nicht gut gehen. Ich habe mich bei Pressekonferenzen oft geniert, wenn ich sagen musste: das war die Tagesordnung, und bis zur Hälfte sind wir gekommen. Die Zahl der Tagesordnungspunkte, zu denen im Protokoll steht „Konnte nicht erledigt werden" ist erschreckend groß.

Das Dritte: Die Bischofskonferenz bedient sich viel zu wenig der Vor- und Zuarbeiten von befähigten und befugten Leuten, die etwas

Beschlussfähiges oder Abzulehnendes vorlegen. Wir fangen beinahe immer bei Adam und Eva an.
Viertens: Es ist sehr notwendig, dass ein Ausschuss da ist, und ich bedauere daher sehr, dass der Ständige Rat derzeit nicht aktionsfähig ist, wo in kleinem Kreis einiges vorbesprochen wird und wo es auch die Kontrolle der Ergebnisse gibt.
Fünftens: Die Kompetenz der Referatsbischöfe ist ungeklärt. Es handhabt jeder nach seiner Art. Ich habe dazu auch aus dem Handgelenk heraus keine Lösung, aber es müsste ein Grundmuster geben wie die Anwesenheit bei bestimmten Besprechungen, die das jeweilige Referat betreffen, oder auch dass die betroffenen Einrichtungen wirklich Kontakt haben mit ihrem zuständigen Referatsbischof. Und was ist im Konfliktfall? Da gibt es sehr viel Unbehagen und Substanzverlust, wenn die Dinge aufeinanderprallen. Der Referatsbischof ist ja nicht Vorsitzender, der Jugendbischof ist nicht Oberjugendseelsorger. Aber doch: wie macht man das, wie ist seine Zuständigkeit, seine Verantwortung? Wenn umgekehrt die Leute das Gefühl haben, der Referatsbischof kümmert sich nicht um sie und ihre Anliegen ... Das liegt im Argen, und es ist derzeit auch so schwer, ein Referat zu vergeben, weil die meisten sich sträuben. Im Statut gibt es sogar eine Rotation der Referate, aber auch das wird nicht gehandhabt (es ist auch nicht notwendig), sondern es geht nach Zufälligkeit: Wer nimmt dieses freie Referat?

Wien, nur du allein

Johann Weber ist zutiefst überzeugt, dass sich das Schicksal der katholischen Kirche in Österreich besonders in Wien entscheidet. Mit einem starken Vorsitzenden der Bischofskonferenz, der in Wien sitzt. Unerlässlich für die Bischofskonferenz sei ein tatkräftiges Sekretariat. Dennoch: In Krisenzeiten genüge selbst ein so kompetentes Sekretariat in Wien nicht, wenn der Vorsitzende der Bischofskonferenz aus einer anderen Diözese komme. „Ich bin überzeugt, dass die Bischofskonferenz in schwierigen Zeiten nur von Wien aus geführt werden kann. Die vielfältigen Kontakte sind sehr wichtig. In Wien befinden sich die großen politischen und öffentlichen Institutionen. Allein wenn man für eine Fernsehdiskussion von Graz nach Wien fahren muss, ist der Zeitaufwand unvergleichlich größer, als wenn man seinen Sitz in Wien hat und nur um drei Häuserecken ins Studio gehen muss."

Johann Weber entwickelt im Gespräch eine klassische Weber-Idee: eine gesamtösterreichische Wien-Synode.

>>> *Der Dialog für Österreich hat etwas gelöst. Aber danach ist Stillstand eingetreten. Was würde Bischof Weber als nächster Schritt einfallen?*
Weber: Mir fiele schon was ein, ich sage es ins Unreine. Mir würde Berufung einfallen. Wir haben zu viel Funktionärsdenken. Bei einem Pfarrerwechsel tauchen in der Pfarre oft die bisher aktiven Leute unter. Oft züchten das die Pfarrer auch, eine Art Fanclub. Aber die Grundlage jeder Seelsorge ist die Berufung aller, die man nicht von der Kirche trennen kann. Viel mehr müssen wir noch nachdenken, experimentieren bei den beruflichen Berufungen des Katecheten, Pastoralassistenten. Und die geistlichen Berufe: Es ist eine Todeskrankheit, wenn wir auf die geistlichen Berufe schamhaft vergessen. Und Berufung derer, die nicht sichtbar sind. Ich vermeide bewusst den Begriff Fernstehende. Aber die Pfarre hört nicht im Pfarrheim oder bei der Kirchtüre auf. Das ist ein weithin unbeackertes Feld. Für alle diese Fragen würde ich mir – das getraue ich mich jetzt beinahe nicht zu sagen – eine gesamtösterreichische Wien-Synode wünschen.

>>> *Eine gesamtösterreichische Wien-Synode? Das klingt wie ein Widerspruch in sich.*
Weber: In unserem Land ist Wien das Flaggschiff. Wir leben noch immer ein wenig von Schönbrunn und der Monarchie. Die Hauptstadt ist für Österreich zu groß. Aber in Wien fallen die Entscheidungen. Wien hat rund 50 Prozent Katholiken und fällt damit völlig aus dem Rahmen. Wir können den Wienern nichts vorschreiben, aber Wien ist Österreich in verkleinertem Format: Dort sind die Medien zu Hause, die Regierung, die Wirtschaft. Die Grazer sagen:

Für den ORF gibt es nur Rapid und Austria, dabei spielt Sturm Graz so gut.
Eine gemeinsame Überlegung am Bild Wien, das wäre es, was die Kirche in Österreich braucht.

>>> *In Wien sind die Probleme am stärksten sichtbar und dort müsste man die Modelle für eine zeitgemäße Seelsorge finden.*
Weber: Ja, völlig unabhängig von Personen.

>>> *Die Zukunft der Kirche entscheidet sich in der Stadt.*
Weber: Zweifellos. Was uns in Wien nicht gelingt, wird uns auf mittlere Sicht in ganz Österreich nicht mehr gelingen. In Deutschland sagt man, dort könne die Kirche am meisten von den Verhältnissen in den ehemaligen DDR-Bundesländern lernen. Das ist – nicht so krass, aber im Prinzip – übertragbar auf die österreichische Situation.

>>> *Noch einmal: Was hieße eine gesamtösterreichische Wien-Synode?*
Weber: Eine Synode vor der Haustür des Parlaments, nicht als Protest oder aus Gegnerschaft, sondern mit der Botschaft: Wir sind da. Kirche denkt vor der Haustür des Parlaments, vor den Toren der Industriellenvereinigung, meinetwegen auch vor dem Prater über ihre eigene Zukunft und die Zukunft der Gesellschaft nach. Wenn wir in der Steiermark eine Synode machen oder so etwas wie den Tag der Steiermark, dann gibt es von den anderen Diözesen ein wenig Neid, aber letztlich ist es doch Provinz. Man müsste sich einmal die Mühe machen und bei der „Zeit im Bild" stoppen: Wie viele Nachrichten kommen aus dem Boden Wien? In Wien ereignet sich das meiste. Und es wirkt sich auf alle aus. „Die Zeit im Bild" wird nicht nur in Wien ausgestrahlt.

>>> *Wie würden Sie diesen Gedanken Kardinal Schönborn nahe bringen?*
Weber: Sehr vorsichtig. Wien ist anders. Ich würde den Wienern sagen: Ihr seid etwas Besonderes, bitte betrachtet uns nicht als Konkurrenten, auch unser Schicksal in den Diözesen wird bei euch entschieden. Wir kommen nicht als Helfer und setzen euch eine

> Großstadtmission vor, sondern wir müssen uns zusammentun. Bei euch sind die großen Mächte. Daher: Tun wir uns zusammen, zeigen wir uns auch.

Bemerkenswert ist, wie früh dieser Gedanke einer stärkeren gesamtösterreichischen Präsenz der katholischen Kirche in der Steiermark bereits aufgegriffen wurde. In der 14. und letzten Sitzung der zweiten Funktionsperiode des Diözesanrates von Graz-Seckau am 3. und 4. März 1979 wurde Bilanz über die ersten acht Jahre dieses Gremiums gezogen. Dabei machte sich Diözesanratsmitglied Hans Schmeiser Gedanken über ein entsprechendes Gremium auf Österreich-Ebene: „Es scheint mir an der Zeit, dass man, wenn man in die Gesellschaft hinein wirken will, auch auf gesamtösterreichischer Ebene sich zu Wort melden wird müssen, und zwar mit der Legitimation, dass man gewählt ist: Dass man dieses Volk der Katholiken vertritt und ich meine, man sollte sich wirklich den Kopf darüber zerbrechen, wie aus den Diözesanräten und Pastoralräten, die es in allen Diözesen gibt, so etwas wie eine permanente Synode der Bischofskonferenz zur Seite steht, die auf Bundesebene agieren kann und die Aktivitäten, die in den einzelnen Diözesen da sind, koordinieren kann. Wir müssen koordinieren, wir müssen rationalisieren und wir müssen mit größerem Gewicht auftreten können. Ich weiß, dass es hier große Sorgen gibt, es könnte wieder ein neues Gremium entstehen. Das dürfte uns nicht daran hindern, das Gewicht auch auf Bundesebene herzustellen. Ich glaube nicht, dass man durch ein noch so hoch qualifiziertes ernanntes Gremium (zum Beispiel ÖPI) oder durch einen Dachverband von katholischen Verbänden diese Lücke wird schließen können. Der Weg, der von den Pfarrgemeinderäten bis zum Diözesanrat geht, der müsste auch weiter gegangen werden.“

Dieser Weg müsste weitergegangen werden in jenem „Dialog für Österreich“, den Johann Weber der katholischen Kirche des Landes als ein Versprechen hinterlassen hat – ein Versprechen, das die Bischofskonferenz in der Folge der Salzburger Delegiertenversammlung nicht eingelöst hat.

Was ist dieses Österreich, das Bischof Weber so viel bedeutet?

>>> *Was kann Österreich sein, was wird es sein?*
Weber: Österreich hat in Gestalt seiner neun Bundesländer meistens neun verschiedene Entwicklungen. In manchen oststeirischen Gegenden sagen die Leute noch heute: Ich gehe ins Ungarische einkaufen. Sie fahren aber nur über die Lafnitz. Es soll jedes Bundesland uneitel, aber in großer Bewusstheit, seine Eigenheit leben. Der Steirer: keltischer Untergrund, verbessert durch die Römer, angefüllt durch die Bajuwaren und schließlich das Slowenische zum Drüberstreuen. Dieses Erbe der Vielfachheit ist etwas Kostbares, das soll man ohne Pathos und Überheblichkeit leben. Würde ich versetzt werden als Bischof nach Tirol – ich könnte mir das nicht vorstellen – , dann könnte ich nicht die Steiermark mitnehmen. Aber es ist gut, dass wir das Pathos etwas abgelegt haben: wir Steirer. Wir hatten schon sehr kokettiert mit der Dickköpfigkeit des wilden Volkes hinter den Bergen. Das löst sich jetzt durch die Mobilität auf.
Zweitens: Es ist etwas dran an dem schönen Wort: wo die große Welt Probe hält. Die Deutschen sind vielleicht tüchtiger. Aber dieses Österreich hat ein gewisses Etwas, ein Augenmaß. Einerseits. Auf der anderen Seite ist es irgendwo auch ein wenig unheimlich. Ich habe mir oft gedacht, warum schreibt die ganze Welt über eine bestimmte politische Konstellation in Österreich?
Drittens: In uns steckt noch immer ein Verkleinerungskomplex, auch wenn die Generation ausstirbt, die noch erlebte, dass Österreich in Triest am Meer lag. Wir sind zusammengestutzt worden, wir sind nicht mehr am Meer, das haben wir nicht ganz verdaut.

>>> *Ist der Abgrund in der österreichischen Seele überwunden? Sie haben von dem Unheimlichen gesprochen.*
Weber: Das Unheimliche kommt in der Dichtung sehr zum Vorschein. Nestroy ist viel härter, als es oberflächlich scheint. Das setzt sich fort bis in die jüngere Vergangenheit: Robert Musil, Thomas Bernhard. Wir Österreicher erliegen gern der Versuchung, uns von der Gloriole des Kaiserhauses aus zu betrachten. Wir lieben die

Selbsttäuschung. Wir setzen voraus, dass uns ohnehin alle als charmant und nett betrachten und dass uns alle lieb haben müssen – was so nicht ist. Österreich hat seine tiefen Abgründe. Es ist eine furchtbare Last, wenn man sich bewusst macht, wie maßgeblich Österreicher am Hitlerregime beteiligt waren. Wobei ich allerdings im gleichen Atemzug anmerken möchte: Man muss auch den Widerstand sehen. Gerade die Kirche hat viel getan.

>>> *Was lässt Sie als Österreicher stolz sein?*
Weber: Die Mitte Europas ist etwas ganz Wichtiges. Wenn das aufblitzt, wenn wir die Verantwortung, die wir dadurch haben, wahrnehmen – ich denke etwa an den Ungarnaufstand –, dann sollten wir uns nicht selbstgerecht auf die Schulter klopfen, sondern sehen: Wir haben eine Pflicht. Bei uns verläuft die Wasserscheide der Sprachen und Kulturen zwischen West und Ost, auch zwischen Nord und Süd. Da brauchen wir uns auch in der jüngsten Vergangenheit nicht verstecken. Menschlich, in der humanen Kompetenz hat sich unser Land im Jahrzehnt der kriegerischen Konflikte auf dem Balkan sehr bewährt. Aber insgesamt, auch politisch, könnten wir durch die Kleinheit unseres Landes mehr Phantasie entwickeln: Ein kleines Boot kann besser manövrieren als ein großer Tanker. Wir hätten eine Tradition, besonders was die östlichen Nachbarn betrifft. Wir sind nicht ihr Erbfeind, sondern sie haben im Wesentlichen eine gute Erinnerung an die Monarchie und nicht nur die des Kerkers. Ich war stolz, dass der erste Berater von Václav Havel ein Steirer war: Fürst Karl Schwarzenberg.

>>> *Welche Rolle spielt der Adel in Österreich?*
Weber: Die Haltung gegenüber dem Adel war zu lange von einer Spottfigur geprägt: Graf Bobby. Der Adel hat Europa sehr geprägt – ich denke nur an Kardinal Christoph Schönborn; das ist schon eine außergewöhnliche Reihe von Menschen, die in seinem Stammbaum stehen. Nach dem ersten Schock, den das Verbot des Adelstitels und die Enteignungen ausgelöst haben, meldet sich der Adel jetzt wieder zurück. Ich halte nichts von einer Restitution der

Monarchie, das ist unsinnig. Aber die Adeligen sind wichtige Leute und ich hoffe, dass sie ihre Heimat in der Kirche bewahren, auch wenn viele von ihrer Herkunft anders denken und manchmal meinen, sie könnten nur bei den Traditionalisten von Lefebvre eine religiöse Beheimatung finden.
Der Adel entfaltet eine Kraft. Ich will nicht sagen eine Macht, aber eine Kraft.

>>> *Die Sehnsucht der österreichischen Seele: ein guter Bischof und am liebsten ein ebensolcher Kaiser.*
Weber: Die Österreicher sind grundsätzlich nach einer Autorität bedürftig. Sie regen sich gerne auf und schimpfen und jammern. Es ist ja auch nicht zu übersehen, dass es ungelöste Fragen der Demokratie gibt: Wie ist das in England, wenn das therapeutische Klonen völlig regulär und demokratisch durch ein gewähltes Parlament beschlossen wird? Da kommen Fragen auf. In der Demokratie gibt es, weil sie anders gar nicht funktionieren kann, erbitterte Flügel- und Parteienkämpfe. Was der andere sagt, ist grundsätzlich falsch. Die Pressestunde ist kaum zu Ende, da kommen die widersprechenden Darstellungen und Meinungen aus den anderen Parteizentralen. Da heißt es zweifellos sehr achtsam sein. Zu verführerisch, zu rasch bei der Hand ist die falsche Antwort, es müsse ein starker Mann her, der alles ohne Diskussion durchzieht.

Erneuerung in der Zuwendung

Weber greift noch einmal den Gedanken einer gesamtösterreichischen Wien-Synode auf und die Frage, wo und wie eine solche inhaltlich ansetzen könnte. Dort, wo der Dialog für Österreich geendet hat? Bei den Konflikten um die innere Reform der katholischen Kirche oder vorrangig bei den gesellschaftlichen Anliegen? Kann eine Kirche auf die Gesellschaft ausstrahlen, wenn das eigene Haus nicht in Ordnung ist?
„An der Frage ist etwas dran", sagt Johann Weber. „Ich kann sicher nicht mit einem kaputten Feuerwehrauto zum Brand löschen fahren. Umge-

kehrt stimmt es nicht, dass das eine vor dem anderen oder ohne das andere vor sich gehen kann. Ich zitiere wieder meinen Cardijn, der uns eingehämmert hat: Glaubt ja nicht, die jungen Aktivisten müssten zuerst gut ausgebildet sein, damit sie dann in die Welt losgelassen werden können. Sondern durch dieses Loslassen, durch den Auftrag, für die Kirche und den Glauben aktiv zu sein, werden sie gebildet. Auf die heutige Situation der katholischen Kirche in Österreich und weltweit übertragen: Es gibt keine Kirchenreform, indem wir sagen, zuerst räumen wir das Haus auf, und dann wenden wir uns den Lebensverhältnissen zu. Nur im Zuwenden erneuert sich auch die Kirche selbst. Ich höre relativ viel Beichte und empfehle: Lesen Sie die vier Schlusskapitel der Evangelien. Da steht immer wieder dieser Auftrag: hinein in die Welt. Daher bin ich sehr froh, dass die soziale Stimme der Kirche stärker geworden ist. Wir sind keine zweite Gewerkschaft, aber wir müssen aus der Grundsendung und aus der Menschwerdung dieses ‚Bei euch sein, bei den Menschen sein‘ pflegen. Warum hat sich Jesus verstehbar gemacht durch Brot vermehren und heilen? Weil die Menschen Hunger gehabt haben und krank waren."

Für Johann Weber „läuten die Alarmglocken", weil er meint, dass sich viele formierte Organisationen der Kirche derzeit schwer täten: „Wie weit gibt es die Katholische Aktion, wie weit gibt es die Verbände? Wo sind die Menschen, die die Präsenz der Kirche im Leben, in den Wohnblöcken wahren sollten? Was tun wir in der Bischofskonferenz, damit die zweite Etage – Pastoralkommission, Regentenkonferenz, Schulamtsleiter – stärker zum Tragen kommt? Wir können nicht ein reiner Bischofsbetrieb sein."

Aber ist das nicht auch eine Wechselwirkung? Ist nicht deshalb alles auf die Bischöfe zentriert, weil diese sich zu viel selbst vorbehalten haben? Weber sieht seit dem Zweiten Vatikanischen Konzil „mancherorts einen falschen Bischofsmythos". Und hält dagegen: „Gott allein ist allgegenwärtig und allwissend; Bischöfe müssen nicht immer auf Trab sein, weil sie oft ohnehin nur Staffage sind. Sie sollten sich mehr Zeit zum Nachdenken und Überlegen geben. Ein alter Geistlicher hat mir, als ich Bischof wurde, einen wichtigen Rat gegeben: Du musst ganz oben und ganz unten sein, das Dazwischen ist nicht so wichtig. Also: Du musst mit anderen gemeinsam über die Diözese nachdenken, was wir wollen, und du musst den Bodenkontakt halten, in den Pfarren sein. Das war mir sehr hilfreich, vor allem in der Zeit, als die vielen Gremien entstanden sind."

Dass auf der Österreich-Ebene alle maßgeblichen Agenden und Entscheidungen nur mehr bei den Bischöfen angesiedelt sind, hält Weber für „einen größeren Prozess, der kein ganz guter ist. Die ganze Kirche hat viele Ausformungen. Es ist etwas dran an diesem ironischen Satz: Das erste Vatikanum war das Konzil für den Papst, das zweite Vatikanische Konzil war dasjenige für die Bischöfe, jetzt brauchen wir ein drittes für die Priester und das Bodenpersonal. Wenn man nur gönnerhaft über die Laien redet, wird nicht viel wachsen."

Die Zentrierung aller Autorität bei den Bischöfen hat für Weber zwei Gründe: zum einen die Studentenbewegung und die großen gesellschaftlichen Auseinandersetzungen ab 1968, wenige Jahre nach dem Konzil. Daraus sei die Sorge entstanden: Wer hält die Kirche, die auch von diesen Konflikten erschüttert wurde, zusammen, und die Lösung: Der Bischof muss das letzte Wort haben. Darüber hinaus sei Bischof sein in dieser Bedeutungsfülle „natürlich auch mit gewissen Lusterlebnissen verbunden: Exzellenz treten überall auf, Exzellenz sprechen wegweisend." Gut sei das nicht, unterstreicht Weber, und fügt sein Ceterum censeo der kirchlichen Erneuerung an: „Wenn Kirche nur in der Kirche vorkommt und nicht in den Siedlungen, Familien und Betrieben – mit dem Minimalprogramm, dass da jemand ist, der die Kirche mag –, dann wird es uns schlecht ergehen."

Das Mütterliche und das Väterliche

„Manche entlaufenen Kinder der Kirche kommen bei der Hintertür wieder herein", sagt Bischof Weber, und nennt als Beispiel die Friedensbewegung. „Mir geht es darum, dass diese reale Berührung, die durch das Evangelium, durch das Sakrament Kirche geschieht, zum Heil der Menschen seinen Platz hat. Kirche, das muss der Ort sein, wo die Menschen die Zukunft riechen. Heute müssen wir als Kirche fröhlichen Herzens leben, dass wir nicht mehr die Monopole haben. Aber die Überzeugung müssen wir schon haben, dass es für den Menschen gut ist, von Jesus Christus berührt zu werden. Da sollten wir weniger Angst haben vor der Gegenwart." Weber nennt als Beispiel die Ehe. „In meiner Kaplanszeit hatte die Kirche ein Monopol auf die Ehe: Man hatte den Brautunterricht, man hat kirchlich geheiratet, man ist bei einem Ehekrach vielleicht zum Priester gegangen, um Rat zu suchen. Das alles ist heute nicht mehr der Fall. Aber das heißt nicht, dass wir uns aus dem Thema Ehe, Ehevorbereitung, Ehekrise verabschiedet hätten."

Weber hält das „Mütterlich-Sakrale" der Kirche für ein tragendes Fundament. Wenn Menschen einem Priester oder Bischof begegnen, hätten sie oft das Bedürfnis, ihren Bezug zur Kirche zu benennen: wo sie ministriert haben, wo sie einen Pfarrer kennen. Eine der häufigsten Aussagen sei: Wenn ich unterwegs bin, im Urlaub, gehe ich immer in die Kirche. „Da gehört sicher dazu, dass die Kirchen die weitaus häufigsten Kunstdenkmäler sind. Aber ich glaube, dass bewusst oder unbewusst mehr dahinter steht. Eine berühmte Politikerin in Österreich hat gesagt, sie gehe sehr gern in die Minoritenkirche, weil es dort so schön kühl sei. Ich denke, diese Frau war zu gescheit, als dass die Kühle in der Kirche alles gewesen sein kann, was sie damit verbunden hat."

Stille und kühle Räume gibt es auch anderswo. Eine Kirche ist für Weber mehr. „Ein Raum, der herausgenommen ist aus den anderen Räumen, der nicht seine ganze Bedeutung vom Wollen der Menschen bezieht, der nicht allein von Planung, von Architektur, von Kunst gewollt ist, sondern ein Raum, der auch irgendwo von oben her gestaltet ist und nach oben gebunden ist. Man kann schwören darauf, irgendwo tanzt die Frage wie ein Irrlicht um die Seele des Menschen, wie es Wolfgang Biermann beschrieben hat: Soll denn das alles gewesen sein? Auf einmal hat man diesen Haltepunkt."

Weber bedauert, wenn Kirchen zum lärmenden Touristenort werden. Ein positives Gegenbeispiel sei die Westminster Cathedral in London. Da werde jede volle Stunde zur Stille eingeladen oder dass jeder in seiner Sprache das Vaterunser spricht. Dass Eintritt in eine Kirche verlangt werde, lehnt der Bischof entschieden ab, „obwohl uns die Erhaltung der Kirchen immer mehr überfordert". Das beachte der österreichische Staat viel zu wenig, denn die Kirchengebäude seien auch ein Staatskapital. „In Österreich gehört die Kirche zur Familie, sie gehört zum Haus Österreich, sie ist nicht ein Gast oder Untermieter."

Und was ist das Mütterlich-Sakrale an den Kirchen als Gebäude und an der Kirche als Gemeinschaft? Weber möchte das „beinahe wörtlich nehmen". Jeder kenne dieses Gefühl, sich in Freude oder Schmerz in die Arme der Mutter zu schmiegen, sich auf ihren Schoß zu setzen, still zu sein und die Tränen fließen lassen. „Kinder ahnen es: Du hast mich in die Welt gebracht, und das Innerste von mir, die Hoffnungen und Sehnsüchte, das hat mit dir zu tun. Das kann mir niemand wegnehmen."

Hoffnungen und Sehnsüchte, die über dieses Leben hinaus gehen. „Ich war in der kommunistischen Zeit in der DDR, und ein Funktionär hat mir gestanden: Wir haben für alles unsere Rituale, für Geburt, Hochzeit, Jubiläum. Aber wir haben nichts für das Sterben. Da haben wir nichts zu sagen."

>>> *Ist die Frage nach dem Wohin die Wurzel des Glaubens?*

Weber: Aus einer Ermüdung bin ich munter geworden. Bei Bischöfen konzentrieren sich so viele Dauerthemen, Flügelkämpfe, Frust, Ungeschicklichkeiten, Ratlosigkeiten. Wenn ich in eine Schulklasse komme, weiß ich von vornherein, was sie fragen werden: Zölibat und Frauenweihe. Ich halte nichts von dieser Unterscheidung, dass diese Fragen, die auch das Kirchenvolksbegehren gestellt hat, nur oberflächlich wären. Aber gerade wenn man in Schwierigkeiten ist, frage ich mich: Was ist es denn eigentlich, was tu ich eigentlich? Das ist für mich schon aus Selbsterhaltung wichtig, diese Frage: Worum geht es wirklich?

>>> *Das Spirituelle kann auch zur Ausflucht aus den Niederungen dieser Welt werden.*

Weber: Das habe ich genau gespürt, diesen Vorwurf, das ist mir auch oft gesagt worden. Es ist beides, ich darf mich nicht abmelden von den Niederungen der Ereignisse, aber ich kann auch nicht das andere verschweigen, sonst sind wir ein streitender Kegelklub.

>>> *Da spüren Sie die väterliche Aufgabe des Bischofs?*
Weber: Ich möchte hier nicht in ein antifeministisches Denken verfallen. Es gibt Urexistenzen, dazu gehören die Mutter, der Vater. Zumal der Vater in der Krise ist, er ist weggegangen, er ist oft nicht da. Aber das war früher auch so, nur mehr verdeckt. Ich glaube, dass in unserer Offenbarung ein Bild da ist von einem Vater, von dem alles kommt. Das ist nicht auswechselbar mit höherer Macht, sondern: Da ist noch etwas oder besser einer über euch, von dem das Leben kommt.
Auch in der Politik ist so etwas notwendig. Wenn alles nur pragmatisch und funktional ist, gibt es eine Verarmung. Es hat ja doch immer wieder auch Menschen gegeben, führende Menschen, wo man gesagt hat: Da ist etwas Bergendes.
Für mich waren die Priesterbegräbnisse eine ganz große Schule. Wo die Tränen fließen. Keineswegs nur, wenn jemand jung stirbt und tüchtig war. Sie fließen auch da, wo die Menschen gespürt haben: Unser Pfarrer war keine Rakete, aber er war da, er hat sich interessiert für uns, man hat zu ihm gehen können. Das gehört zum Hirtenamt dazu.

Der Schlusspunkt – ein Doppelpunkt

„Die Zukunft spüren" heißt für Johann Weber einerseits, „dass wir mit einem – nicht demonstrativ zur Schau getragenen – Gottvertrauen daran glauben, dass die Kirche nicht eine Firma ist, die bald pleite macht". Und es heißt zweitens, „dass das Christentum kein ethischer Anstandsunterricht ist, sondern dass es letztlich mit Auferstehung zu tun hat, dass es um ein ganzes Leben geht, mit Freude und Tapferkeit durchgetragen und wissend, dass der Schlusspunkt ein Doppelpunkt ist."
Weber erinnert sich an ein „eigenartiges Erlebnis". Er habe einmal im Dom gepredigt, dass auch er, der Bischof, sich vor dem Sterben fürchte. Da sei nachher ein junger Hotelier zu ihm gekommen und habe gesagt: Das hätten Sie als Bischof nicht sagen dürfen. Johann Weber ist dagegen über-

zeugt: „Ich glaube, dass ich das um der Wahrheit willen sagen darf und sogar muss. In einer sehr großen Demut."

>>> *Wie ist Ihnen das Thema Sterben persönlich begegnet?*
Weber: Vor einem Jahrzehnt hatte ich einmal einige Symptome, die so aussahen: Jetzt hast du auch deinen Krebs. Ich bin zum Arzt gegangen. Das dauert dann ein paar Wochen, bis die Befunde da sind. Das war eine Hoch-Schule: diese Waage, auf die deine Worte plötzlich gelegt werden. Du predigst von der Auferstehung, von der Osterkerze, aber wie ist das mit dir selber? Die Symptome haben sich dann verflüchtigt, aber das war ein großer Schub an Bescheidenheit.

>>> *Was ist die Angst vor dem Sterben? Einsam zu sein, allein sterben zu müssen, etwas nicht getan zu haben im Leben, ins Ungewisse zu fallen?*
Weber: Ich fange ganz vorne an: Ich bin neugierig, ich möchte gerne wissen, wie die Welt weitergeht. Ich bin positiv neugierig, wie es mit der Kirche weitergeht.
Zweitens: die Freude an so vielen Menschen, die man mag, ohne sich wie eine Klette anzuhängen.
Drittens: eine Angst, wie ich Leiden bewältige. Da spielt eine Rolle, dass ich keine Übung im Kranksein habe. Wenn ich da oft Menschen gesehen habe, die geschrien haben vor Schmerz ..., obwohl das jetzt auch bei Krebs von der Schmerztherapie her viel besser ist.
Viertens: schon irgendwo, ohne hier ein Höllengebäude aufzubauen, die Frage, wie wird mein Leben gewogen. Von allen acht Seligkeiten ist für mich so wichtig: Selig, die ein reines Herz haben. Da ist die Anfrage: Was war Mache, was war Berechnung, was war Ausnützung der Menschen? Ich habe niemanden umgebracht und kein Haus angezündet, aber es gibt dieses sensible Gewicht des Lebens, der kleinen, alltäglichen Lebensvollzüge.

>>> *Ist Gott der gerechte Richter, der das Gute belohnt und das Böse bestraft?*
Weber: Dieser Satz ist nach wie vor richtig, nur ist das Wort Richter im Sinne eines Justiziars schlecht. Gott ist der, der das Leben zurechtrichtet. Diese Risiken der Undurchschaubarkeit des Glaubens muss man leben, auch das Nachdenken vieler, dass es die Möglichkeit der Hölle gibt, dass aber nirgendwo gesagt ist, dass auch jemand dort ist. Ich möchte keinen Glauben, in dem alles auf Punkt und Beistrich geklärt ist.

>>> *Gibt es auch die Angst: Es war doch der ganze Glaube ein Irrtum, es wird nach dem Tod vielleicht doch alles aus sein?*
Weber: Nein, das ist aber ein Geschenk, das ich nicht groß unter Glaubenstreue einordnen möchte, sondern Erfahrung. Erfahrung von Menschen, mit denen man unterwegs ist. Bundeskanzler Bruno Kreisky sagte, ihm sei nicht die Gnade des Glaubens zuteil geworden.

>>> *Wenn Kreisky zu Ihnen gekommen wäre und gefragt hätte: Wie kann ich zu dieser Gnade finden? Was hätten Sie geantwortet?*
Weber: Halten wir Verbindung miteinander. Nicht dass ich der große Therapeut wäre, aber man braucht einen zweiten, dritten.

>>> *Das bewährte Rezept von Bischof Johann Weber: in Verbindung sein.*
Weber: Das haben Sie gesagt. Ja, das stimmt schon.

DOKUMENTATION:

Worte einer Ära

Auszüge aus Ansprachen und Predigten von Bischof Johann Weber 1969–2001

Antrittspressekonferenz, 23. Juni 1969

„Ich betrachte mich als Bischof der gesamten Bevölkerung der Steiermark."
Johann Weber lässt von Anfang an keinen Zweifel daran, dass er niemanden von seiner Hirtensorge ausschließt. Der neue Bischof der Diözese Graz-Seckau schafft den Spagat, allen zu signalisieren: „Ich bin da, und ich bin für Euch da", ohne dass dies den falschen Geschmack einer Vereinnahmung hätte. Weber unterscheidet genau: „Der Bischof ist Hirte der Katholiken. Er reicht in Freundschaft allen anderen Kirchen die Hand. Er drückt seinen Respekt aus vor allen, die in echter Gewissensentscheidung von der Kirche getrennt leben. Er wird sich aber mit allen Kräften bemühen, das Antlitz der Kirche zu reinigen, so dass sie eine glaubwürdige Kirche für alle werde."
Der neu ernannte Bischof von Graz-Seckau erspart niemandem seine Einladung und provoziert dadurch zur immer neuen Anfrage, wie der Einzelne zur Kirche steht. Es ist eine deutlich ausgesprochene Einladung, eine Einladung, die drängt, die aber nie bedrängend nahe tritt. Zu dieser Einladung gehört, dass Weber für sich als Bischof die Aufgabe sieht, „diesem Land im Glauben voran zu gehen." Der Oberhirte versteht sein Amt unmissverständlich als Leitungsamt, das die Weite gewährt, aber das Ziel nicht aus dem Auge verliert. Seine Kirche auf der Spur der Nachfolge Jesu zu halten geschehe vor allem dadurch, dass der Bischof „einerseits verschiedene Formen sich entfalten lässt, aber andererseits unbeugsam dafür sorgt, dass das gemeinsame Ziel nicht verdeckt wird." „Durch und durch Optimist", will Weber den Menschen helfen, „im Gebet und im Opfer über sich selbst hinaus zu wachsen".

Kathpress-Interview, 26. September 1969

In seinem ersten Interview für die Katholische Presseagentur betont Johann Weber, „dass die steirische Kirche einen besonderen Klang hat". Er sei glücklich, Bischof einer Diözese sein zu dürfen, in der offene geistige Auseinandersetzungen im Gang seien. Weber hält es „nicht für zukunftsträchtig, weiterhin von Priestern und Laien zu sprechen als fest umrissene Gruppierungen." Die Zukunft liege vielmehr in „dem einen Volk Gottes, das verschiedene Ämter, Berufungen und Charismen kennt".
Weber unterstreicht, „dass wir zu wenig Priester haben", sieht darin aber eine Führung des Heiligen Geistes, die zu neuen Überlegungen zwinge. Neben Laienkatecheten, Seelsorgehelferinnen und Laientheologen müsse man auch an die eventuelle Tätigkeit von „Teilzeitpriestern" denken, die den Gemeinden nur zeitweise zur Verfügung stehen. In der Theorie habe man die Fragen einer Auffächerung der kirchlichen Dienste bereits weitgehend behandelt. Jetzt sei es an der Zeit, an eine „behutsame, praktische Verwirklichung" zu gehen.
Weber unterstreicht, dass „eine Kirche, die nicht betet, keine Kirche mehr ist". Er erinnert sich „an unsere Jugendzeit, in der wir fest gefügte Formen der Frömmigkeit hatten, die uns damals eine sehr große und echte Hilfe bedeuteten". Heute müsse jeder Christ selber seinen Weg finden, „wie er sich als betender Mensch öffnen kann". Priester und Ordensleute seien gerufen, aus ihrer persönlichen geistlichen Erfahrung heraus dem Volke Gottes dabei zu helfen. Es sei aber beglückend, dass auch von Laien immer wieder neue Impulse der Frömmigkeit kämen.

Tagung der KAJ- und KAB-Seelsorger, St. Pölten, 18. November 1969

Johann Weber fühlt sich durch seine Weihe zum Bischof nicht auserwählt, wohl aber stark in die Pflicht genommen: „Es ist irrig anzunehmen, dass mit der Bischofsweihe der Heilige Geist in einem solchen Ausmaß auf einen Bischof hernieder kommt, dass er jetzt viel was Gescheiteres von sich gibt als vorher ... Es ist mir etwas passiert, als ich zum Bischof ernannt worden bin: Um 13 Uhr hörte man es im Radio, um 13.45 Uhr hat mich der erste Pfarrer angerufen wegen seines Kirchenbaues. Für mich war das ein Symbol, dass man – sobald man Bischof ist – hineingenommen und hineingerissen wird und man dabei keine Ausflucht kennt."
Der Bischof sieht es als „eine meiner ersten und vornehmsten Tätigkeiten ..., mit den Priestern zu den Problemen der Priester zu stehen". Weber begrüßt es zunächst, „dass die Priester so radikal über sich nachdenken und dass diese Kirche es zusammenbringt, sich selber in ihren deutlichsten Proponenten in Frage zu stellen". Sobald Priester zusammenkämen, hätten sie sehr bald ein Gesprächsthema: „unser Beruf, unsere Stellung, unsere Aussichten, der Zölibat, die Autorität". Weber ist aber letztlich mit diesem Kreisen der Priester um ihr eigenes Bild nicht zufrieden und fordert einen Perspektivenwechsel: „Der Priester ist nicht aus seinem Selbstverständnis allein, sondern nur aus seiner Sendung zu verstehen. Das

heißt, dass wir nicht zurande kommen mit der Priesterfrage, wenn wir uns selber ansehen." Der Priester sollte nicht zuerst fragen, wie er Erfüllung findet, sondern wozu er da ist. „Ich glaube, man müsste fragen nach den Menschen, nach der Gemeinde, nach den Leuten, die da sind."

Weber illustriert an drei Beispielen, was die Aufgabe des Priesters sei, und zitiert dazu zuerst den Ausspruch eines alten Kavallerieoffiziers: „Man muss sein Herz über die Stange werfen." Es folgt der Vergleich mit der Raumfahrt zum Mond; mit bewundernswerter technischer Kraft habe sich der Mensch von der Schwerkraft der Erde losgelöst: „Wenn das der Priester nicht zusammenbringt, dass er von sich fortgeht, dann wird er nie erfahren, dass die Menschen arm sind." Zuletzt wirft Weber seine eigene Erfahrung und sein Programm in die Waagschale: „Als ich Bischof geworden bin, sind sofort Presse, Rundfunk, Fernsehen wie eine Staublawine über mich hereingebrochen. Alle wollten sofort wissen, welche Konzepte ich habe, was ich mir vorbereitet hätte. Ich habe aber nur Pfarrer gelernt, sonst gar nichts. Das einzige, was ich gewusst habe, war mein Wahlspruch: den Armen die Frohbotschaft bringen." Dieser Wahlspruch habe sich wie ein Lauffeuer in der Diözese herumgesprochen. Die Menschen hätten wohl instinktiv gespürt, dass sie arm sind, und gehofft, dass dieser neue Bischof das aufgreife.

Nicht „deus per se", Gott an sich und für sich, steht bei Weber im Mittelpunkt, sondern „deus pro nobis", Gott für uns. Dieses „Fürsein" ist der Kern seines Priesterbildes: von der heroischen Variante des jungen Nachkriegskaplans, der mit Motorrad und Gummimantel von Aktivistenrunde zu Aktivistenrunde hastet, bis zum Priester des Jahres 1969, „der sich äußerst unheroisch und äußerst unromantisch gibt". Weber nennt den Priester „den Gezeichneten, den Markierten, der sich gibt, der sich schenkt, der sich zur Verfügung stellt."

Beim Thema Zölibat ist Johann Weber in dieser Anfangszeit seines Bischofseins noch sicher, dass das Priesteramt eine Auffächerung erfahren werde. Er geht „mit einigen sehr maßgeblichen Leuten in der Kirche" konform, dass es den bewährten, verheirateten Mann geben werde, der in seiner Familie und in seinem Beruf bleibt, der aber zum Priester geweiht wird, weil er das Vertrauen der Gemeinde besitzt zur Feier des Gottesdienstes und zur Verwaltung des Bußsakramentes. Für Weber ist das in dieser Phase ein eigenes Modell, das das Grundmodell des zölibatären Priesters nicht gefährdet. Diese „im vollen Sinne Priester" sollten unbeugsam zu ihrem Zölibatsversprechen stehen, „so wie ich als Ehemann und Ehefrau zu meinem Wort und zu diesem Menschen stehen muss auch mit zusammengebissenen Zähnen". Die Menschen bräuchten diesen Priester, „auf den sie sich verlassen können", einen Außenseiter im besten Sinne, an den sie sich anhalten können.

Weihnachtsansprache 1969

„Fürchtet euch nicht." Lange bevor Karol Wojtyla als Papst Johannes Paul II. diesen Satz zum Programm seiner Kirche macht, hat Johann Weber das Wort geprägt. In einer „bedeutsamen Ansprache des Bischofs beim Christgottesdienst im Grazer Dom", so berichtet die

Kirchenzeitung Sonntagsblatt am 28. Dezember 1969, ruft der Oberhirte den Priestern und Laien seiner Diözese dieses Wort entgegen. Weber geht bereits in dieser ersten programmatischen Predigt auf die Frage ein: Was ist mit unseren Priestern? „Nur wenige Studenten der Theologie entschließen sich zum Empfang der Priesterweihe. Eine nicht geringe Zahl von Priestern verlässt das Amt und kann nun auch eine kirchlich gültige Ehe schließen."

25 Pfarren der Steiermark sind Ende 1969 nicht mehr mit einem eigenen Priester am Ort versorgt. Bischof Weber tröstet sich und seine Zuhörer mit der Vorsehung: „Solange wir nur die Zahl der Priester abgezählt haben, war dies scheinbar ausweglos. Lassen Sie es mich heute deutlich sagen: Wir fürchten uns nicht mehr vor dem Priestermangel! Wir erkennen heute darin – wenn es auch ins Herz hinein weh tut, wenn sich ein Priester bei seinem Bischof abmeldet –, dass wir auch auf diesem steinigen Weg von Gott geführt werden. Wir erkennen das Drängen Gottes, den Dienst in der Kirche, der bis vor kurzem noch allein dem Priester vorbehalten war, aufzufächern und vielen Menschen, Männern und Frauen, zugänglich zu machen."

Johann Weber wünscht sich zu Weihnachten 1969 „entschlossene Priester inmitten eines Volkes, das deutlich weiß, dass jeder selber die Kirche tun muss". Damit kommt der Bischof „zu einer weiteren beglückenden Hoffnung" der Kirche: „Unaufhaltsam setzt sich die Erkenntnis durch, dass das ganze Volk Gottes Verantwortung hat." Schon im kommenden Jahr werde man einen diözesanen Pastoralrat und Pfarrgemeinderäte einrichten. Jahrhundertelang sei der Priester beinahe allein der Träger der Kirche gewesen. Heute werde klar: „Wir reden nicht mehr von zwei Klassen in der Kirche – Priester und Laien –, wir sind ein einziges Volk, in dem es verschiedene Berufungen und Ämter gibt, und jeder hat sich nach seinen Möglichkeiten für alle Sorge zu machen, auch der Nicht-Priester für den Priester."

Delegiertentag der Katholischen Frauenbewegung, 1970

Schon der erste Satz dieses Referates bringt ein tragendes Weber-Motiv: das Zusammenkommen, das Miteinander-Sein und -feiern. „Die Kirche braucht von Zeit zu Zeit das Zusammenkommen vieler, um sich selber besser bewusst zu werden, das Selbstvertrauen zu stärken, einfach, um sich aneinander zu freuen." Für den neuen Bischof ist es die erste diözesane Zusammenkunft, und er freut sich, dass es gerade die Frauen der Steiermark sind. „Ich bin überzeugt davon, dass die Frauen weit mehr als bisher die Zukunft der Kirche sind, nicht als Anfüller, sondern als Ermutiger."

Der Bischof richtet sich mit einer dreifachen Bitte an die Frauen:

- Schenken Sie uns eine Welle des Gebetes. Über diese Kirche der Steiermark muss eine befruchtende Welle des Gebetes hinweggehen.
- Schenken Sie uns Ihre Kinder! Es wird auch heute genügend Berufungen in einer Vielfalt geben, sei es zum Priester, zum Religionslehrer, zur Seelsorgehelferin, zur Familienhelferin. Und dazu schenken Sie uns Ihre Kinder!
- Schenken Sie uns eine Kirche, in der Christus geliebt wird. Das macht man nicht mit

einer Enzyklika, mit einer guten Organisation. Das machen Menschen der Kirche, die in Fröhlichkeit mit der Kirche arbeiten. Wir brauchen Fleiß, Organisation, Auseinandersetzung. Aber wir brauchen Menschen, die das alles mit einem Lächeln auf den Lippen tun, weil sie Christus gern haben. Wir verbohrten, programmreichen, Probleme machenden Männer können so viel von Ihnen lernen."

Johann Weber schließt mit einem Gruß, der ihm noch bei vielen Gelegenheiten von Herzen über die Lippen kommen wird: „Grüßen Sie mir zu Hause alle Mühseligen und Alten, die Kleinen und die Großen. Gerade durch sie wird die neue Kirche. Gerade durch sie wird Hoffnung für Sie, für mich und für alle." Darauf folgt ein Bekenntnis: „Ich glaube an diese Kirche, ich hoffe mit dieser Kirche, ich liebe diese Kirche und ich freue mich an dieser Kirche."

Silvesteransprache an das Domkapitel, 31. Dezember 1970

„Das Domkapitel als Faktor der öffentlichen Meinung in der Diözese." Dieses programmatische Thema gab der Bischof in seiner Silvesteransprache 1970 dem Grazer Domkapitel vor. Damit klingt ein Grundanliegen von Johann Weber an: Die Kirche ist nicht für sich selber da, sondern für die anderen. Und: Die Menschen sind nicht nur Kopf und Hirn, sondern auch Herz und Bauch.

„Wir alle wissen, wie wesentlich die Stimmung in einem Land ist", sagt Weber. „Der Mensch trifft eben nicht Entscheidungen allein mit dem Kopf, sondern verlässt sich weitgehend auf Stimmungen, Bewegungen und er hat zumindest teilweise recht getan, wenn er sich daran hält."

Aus dieser Erfahrung heraus wendet sich der Bischof mit zwei Bitten an das Domkapitel: Die erste ist, bei Änderungen, vor allem personellen Änderungen, keine Feindseligkeiten und Diffamierungen aufkommen zu lassen. Hier gelte es im Ernstfall ein „lautes Halt" zu rufen. Die zweite Bitte ist: Der „transzendentale" Charakter der Kirche solle „selbstverständlich" werden. „Wenn wir meinen, wir könnten die Kirche durch bloße Theologie, durch bloße Organisation in den Griff bekommen, so täuschen wir uns."

Das tägliche Gebet, die Bereitschaft zum Opfer „über das übliche Maß hinaus", das Betroffensein von der Kirche – das sind Webers Grundpfeiler eines geistlichen Lebens. Auf dieser „realistischen Basis" könnten Optimismus, Zuversicht und positive Stimmung aufbauen.

Brief an die Priester, Advent 1971

In seinem Adventbrief an die Priester der Diözese berichtet Johann Weber von der Bischofssynode in Rom, an der er als Vertreter der österreichischen Bischofskonferenz teilgenommen hat. Die Versammlung von 200 Bischöfen aus aller Welt hat die Weihe von „Viri probati" abgelehnt. Dazu schreibt Weber: „In dieser Synode ist die klare und eindeutige

Überwindung der Irrlehre geschehen, die unausgesprochen immer wieder herumgeistert: Es brauche eigentlich keinen Amtspriester. Viel stärker jedoch als bisher wurde seine Verpflichtung für die Menschen, die ihm anvertraut sind in den Gemeinden, ausgesprochen. Oft hatte man das Gefühl, man versuche in der Theologie des Priesteramtes hinter das Konzil zurück zu gehen. Aber das konnte sich keineswegs durchsetzen. Der Priester darf nicht isoliert für sich selbst betrachtet werden. Er ist im Volk Gottes und für das Volk Gottes."

Weber nennt den Priester pastor, testis und animator – Hirte, Zeuge und Beseeler. Aus Treue zum Wort Jesu in der Bibel und zum lebendigen Strom des Lebens der Kirche habe die Bischofssynode daran festgehalten, für den Priesterberuf Bedingungen zu setzen. „Der entscheidende Punkt liegt darin, dass man mit Recht vom Priester verlangt, dass er einen Erweis seiner existenziellen Hingabe erbringt." Daher bleibe die Zölibatspflicht bestehen. „Ob die Türe geschlossen oder geöffnet wurde, dass auch die Hingabe in einem bewährten Familienleben als Erfüllung dieser Bedingung anerkannt werde, das können wir heute noch nicht sagen."

Weber zeichnet abschließend das Bild eines Priesters, der seine Gemeinde nicht nur organisiert und managt, sondern der sie beseelt. „An dessen Tisch man sich in Ruhe setzen kann. Der ein geistliches Gespräch zu führen versteht. Der Zeit hat für die Menschen, die sich von der Kirche betroffen fühlen." Dagegen habe „der hin und her hastende Priester" keine Zukunft und auch nicht der, der für alles Zeit habe, nur nicht für die geistlichen Dinge. Der Priester habe in seiner Gemeinde den Dienst der Einheit zu erfüllen. Er müsse derjenige sein, „der zusammenführt, Kräfte weckt, Menschen zur Verantwortung führt, ihnen Aufgaben übergibt". Dies alles könne er nur, wenn er auch der Beter seiner Gemeinde sei. „Der alte Satz, dass die Seelsorge wesentlich auf den Knien entschieden wird, hat heute neu seine Berechtigung."

Totengottesdienst für Landeshauptmann Josef Krainer, 1. Dezember 1971

An der Totenbahre von Landeshauptmann Josef Krainer sen. will der Bischof „nichts Kluges und Weltläufiges" sagen, sondern „wir wollen nur diesem Mann, der nun schweigt, nicht ausweichen". Johann Weber denkt nach über den Verstorbenen und gibt dabei viel von seiner eigenen Lebensauffassung preis: „Ein Mann hat sich verschwendet. Er war mit Freude und Leidenschaft an seiner Sache, aber es war mehr: Er war ein Berufener." Josef Krainer sen. habe seine Aufgabe angenommen. „Er war ein Herr und blieb zugleich ein Diener", sagt der Bischof, und nennt das Maß, an dem gemessen werde: die Redlichkeit des Wollens.

Rotary-Club, Graz, 14. Dezember 1971

Johann Weber sieht die Krise der katholischen Kirche eingebettet in eine „Weltkrise, die er mit den Stichworten Zivilisationskrise, Gerechtigkeitskrise, Ehrlichkeitskrise und Jugend-

krise beschreibt. Er spricht von einer „gewaltigen Hilflosigkeit“, die sich ausbreite, und von einer „tiefen, oft verzweifelten Nachdenklichkeit“.
Die „stille Koalition“ ist das, woran Weber seine Hoffnung hängt. Er versteht darunter „nichts Politisches, sondern dass sich gerade die Menschen, die Verantwortung und Sorge haben, immer mehr treffen müssen. Sie müssen sich über den Zaun hinweg die Hände reichen, sich gegenseitig ermuntern und stärken, den Mund aufzutun, dort, wo es nötig ist. Unser Volk braucht leitende Menschen. Sonst besteht die Gefahr, dass es ein Volk von achselzuckenden Leuten wird.“
Von da her komme an das Christentum die Frage: „Was tut ihr für diese scheußliche Welt?“ Die Antwort der Kirche sei deshalb schwer vernehmbar, „weil äußere Formen des Glaubens noch ein wenig an einem anderen Weltgefühl hängen“. Die Kirche müsse lernen, den Glauben „mit neuem Klang in seinem gleichen Gehalt“ auszusprechen. Das ist die Frage, die Weber umtreibt: Wie kann der heutige Mensch in den heutigen Berufen unter den heutigen Lebensumständen ein gläubiger Mensch sein? Die Nachfolge Christi umfasst für ihn folgende Elemente: „Das Gebet, die Gottesverehrung im weitesten Sinne, die Freiheit und zugleich die Einsamkeit der persönlichen Gewissensentscheidung, und die Torheit, nicht sehr attraktive Dinge zu tun und sich zu ihnen zu bekennen, wie es etwa in den Seligpreisungen der Bergpredigt ausgedrückt ist.“

Regionalkonferenz der Frauenorden, 16. Februar 1972

Dem Bischof ist das Thema gestellt, Anliegen und Wünsche an die Frauenorden zu formulieren. Weber erinnert an die berühmte steirische Tarockrunde von Pfarrer, Schuldirektor, Doktor und Bürgermeister, die als sozialer Faktor abhanden gekommen sei. Die mit Moped und Auto mobil gewordene Jugend verbringe ihre Freizeit nicht mehr im Dorf. „Hier, glaube ich, liegen ungeheure Chancen, wenn jemand da ist“, sagt Weber. Er deutet damit ein Seelsorgskonzept an, das seit dem Mai 1971 erprobt wird und das er später mit besonderer Intensität betreiben wird: dass je zwei oder drei Ordensfrauen leerstehende Pfarrhöfe mit Leben füllen und als Ansprechpartner „da sind“.
Der steirische Bischof, dem Zeichen und Symbole sehr wichtig sind, spürt bereits in dieser frühen Phase nach dem Zweiten Vatikanischen Konzil, dass durch die Kirche im Allgemeinen und die Liturgie im Besonderen ein Geist der Nüchternheit wehe, der zur Ernüchterung führen könne. „Man hat sicher viele Formen der Frömmigkeit reinigen müssen. Allerdings, wir sind sicher in Gefahr, zu abstrakt zu werden. Aber die Menschen brauchen etwas zum Angreifen. Wann sind die meisten Leute in der Kirche? Bei der Fleischweihe, bei der Palmweihe, bei der Adventkranzweihe.“
Weber nennt drei Merkmale für die römisch-katholische Kirche der Steiermark:
„1. Für uns gibt es keinen Weg ohne die Gesamtkirche. Wir haben alle noch den Schrecken in uns, wie trotz besten Willens ein Land wie Holland sich beinahe weg bewegt hat von der Gesamtkirche. Es gibt für uns keinen Weg ohne Rom!

2. Es gibt auch keinen Weg hinter das Konzil zurück. Die Stimmen sind derzeit sehr laut in der Kirche, die mehr oder weniger verbrämt sagen: Das Konzil war ein großer Irrtum, also korrigieren wir es wieder zurück. Nein!
3. Die Kirche ist immer auf der Pilgerschaft. Wir können nicht sagen: Jetzt war das Konzil, und jetzt haben wir wieder 500 Jahre Ruhe. Nein, das ist nicht Kirche! Wir bekennen uns, wie das Konzil gesagt hat, als Volk Gottes auf der Pilgerschaft, und das heißt nicht sitzen, sondern gehen, auch manchmal mit Wunden an den Füßen."

Generalkapitel der Kreuzschwestern, 20. Juli 1972

Die Ordensgemeinschaften seien „der dynamische Reichtum der Kirche", betont der Bischof. „Orden sind Menschen und Gemeinschaften, die die Menschen darauf stoßen, dass die Gestalt dieser Welt vergeht. Dass man Christus über alles lieben kann, indem man die Menschen über alles liebt und umgekehrt. Dass man davon auch selbst leben kann." In einer Situation der Aufgabenunsicherheit und der Überalterung formuliert Weber neue Aufgaben: „Es geht um Bildung statt Wissen, es geht um die Randschichten, um die Pastoral durch die Frau, um das Ernstnehmen des Volkes Gottes, um ‚geweihte Personen' als wahre Animatoren."

An die Mitglieder und Freunde des Canisiuswerkes, 26. November 1972

Bischof Weber analysiert Österreich „als Schicksalsgemeinschaft eines erschrockenen Volkes, das entdeckt, dass die tiefe Verlegenheit gar nicht recht aufgehört hat". Aus solcher Ratlosigkeit entstehe Unfrieden. „Wir erleben heute zum Beispiel, dass man anscheinend doch wieder die andere Sprache, die andere Rasse des Mitbürgers im nächsten Dorf und des Hilfsarbeiters an der gleichen Baustelle zur Norm der Beurteilung und Verurteilung von Menschen machen kann, dass man Unterricht reformieren kann und Milliarden dafür auf den Markt wirft und sich dennoch wenig Gedanken macht, nach welchem absoluten Leitbild Schüler gebildet werden sollen, dass man um einer angeblichen Freiheit willen lebenden Kindern das Leben abdreht, aber kaum sagen darf, man solle wegen der blechernen Übervölkerung auf unseren Straßen eine Geburtenkontrolle für Autos erwägen, dass man im feudalen, privaten Hallenbad mit Freunden über die Verderblichkeit des Wohlstandes und über die Gefahr des Herzinfarkts philosophieren kann, aber sich ebenso eine Stunde später vor dem Altar der ungehemmten Entfaltung, des Erfolgs und des Prestiges niederkniet, um vor diesen Götzen das stille Wachsen einer Familie, das Horchen auf Gott, die Freude am Tapferen und Guten zu opfern."
Weiter führt Bischof Weber in dieser Analyse der Gesellschaft der Siebzigerjahre aus: „Junge Leute, die stümperhafte Versuche machen, in Kommunen zu leben und daran scheitern müssen; die gelangweilten Massen in den Häuserblocks einer trostlosen Architektur; die Alten, die zu Weihnachten bestenfalls von ihren Kindern eine Karte mit 70 Groschen Porto

bekommen, weil jenen Kindern, die einmal Muttertagsgedichte aufgesagt haben, nichts mehr zum Schreiben einfällt – sie alle sind ein Schrei, ein Hunger, eine Frage: Kann man denn nicht anders miteinander leben – geborgen, angenommen, zuversichtlich, ernst genommen, unabhängig von der Launen des Tages? Kann man nicht mit dem leben, von dem wir seit 2000 Jahren nicht loskommen, für den wir den lichten, guten Namen Erlöser haben? Deshalb wird man die Kirche erfahren müssen als Gemeinschaft, als Volk, als Gemeinde im Namen Jesu Christi und um ihn versammelt, oder man wird sie aus dem Blick verlieren."

Fraktion Christlicher Gewerkschafter, Baden bei Wien, 5. Oktober 1972

Zum Thema „Die gesellschaftspolitischen Aufgaben der Kirche" unterstreicht Bischof Weber die Kernaussage des Mariazeller Manifestes: „Eine freie Kirche in einer freien Gesellschaft." Gleichzeitig mit einer zahlenmäßig und qualitativ hoch stehenden Entwicklung der Katholischen Aktion habe es in den Fünfziger- und Sechzigerjahren gesellschaftspolitisch Versäumnisse gegeben: „Entscheidende Stellen der österreichischen Politik, Wirtschaft usw. waren von Personen christlicher Denkweise besetzt. Leute etwa des CV oder der alten christlichen Arbeiterorganisationen standen bereit und übten nach bestem Können ihr Amt aus. Man machte sich jedoch zu wenig Gedanken über den Nachwuchs, ja es hatte beinahe einen kleinen Hauch der Unanständigkeit an sich, aktiv in die Politik einzusteigen. Zu sehr war man geschockt von der engen Verbindung der Kirche zu staatstragenden Kräften."

Nicht zuletzt dieser Mangel an kirchlich geprägten politischen Persönlichkeiten hat nach Ansicht von Bischof Weber zu tiefgreifenden gesellschaftspolitischen Änderungen geführt, teils aus einer Eigendynamik, teils aber auch bewusst nach einem Leitbild gesteuert: „Dieses Leitbild ist die säkularisierte Wohlstandsgesellschaft, die vom Zweckdenken dirigiert wird. Die Politprofis von Österreich sind oft ohne weltanschaulichen Hintergrund."

Johann Weber sieht eine Zeit nahen, in der die katholische Kirche nicht mehr als besonderer gesellschaftlicher Faktor in die politischen Entscheidungen eingebunden sein werde. „Wir leben noch von manchen Privilegien, es könnte aber der Tag nahe sein, an dem man uns buchstäblich und auch im übertragenen Sinne von der Reihe der Ehrengäste in die letzte Reihe versetzt. Vor allem ist es gefährlich, wenn die Kirche den Eindruck erweckt, Rückzugsgefechte auf verlorenem Posten zu führen. Wenn man mitreden will, muss man selbst ein Konzept haben. Ein solches Konzept kann nicht statisch sein. Auch die Sprache der Kirche ist immer neu zu überprüfen."

Vor den Christgewerkschaftern plädiert der Bischof für eine „stille Koalition": „Darunter verstehe ich nicht Geheimabkommen zwischen Kirche und einer Partei oder ähnlichen Einrichtungen. Darunter verstehe ich, dass nachdenkliche Menschen aller Lager Ausschau zueinander halten. Wir müssen sehr viel miteinander reden, aufeinander hören und auch den Mut haben, Ratlosigkeit miteinander zu ertragen."

An die Priester der Diözese, Pfarrerwoche 16.–19. September 1974

Johann Weber ist fünf Jahre als Bischof im Amt und dankt seinen Priestern „für das große Maß an Vertrauen und Freundschaft, das mir von Anfang an entgegengebracht wurde und zu dem sich auch manche nach einer anfänglichen, mir voll verständlichen Skepsis durchgerungen haben. In dieser Diözese sollen wir ehrlich und ohne Furcht leben können. Sprecht Schwierigkeiten aus, bevor es zu spät ist; erwartet aber nicht von mir, dass ich die Pflichten meines Amtes schleifen lasse. Aber auch ihr müsst mir helfen, die allgemeine Furcht und meine persönliche Furcht abzubauen ... Ich bemühe mich, viel Geduld zu haben, auch auf die Gefahr hin, dass sich manches im Nachhinein als Fehler herausstellt. Lieber will ich fehlen durch zu viel Geduld und Barmherzigkeit als durch unbedachte Härte und rasches Dreinschlagen – auch wenn man sehr oft dazu Lust hätte."
„Eine der besten Hilfen der Transzendenz und eines ihrer glaubwürdigsten Zeichen" sei die Heiterkeit des Herzens: „Große Heilige sprechen von Gleichmut und meinen damit die errungene Erfahrung, dass ich in Gott ruhen kann. Im rechten Sinn verstanden, sollten wir doch nicht alles so furchtbar ernst nehmen. Ich meine dies auch besonders gegenüber den materiellen Dingen. Es ist sehr bezeichnend, dass eine Gemeinde einem Priester kaum etwas so wenig verzeiht wie den Geiz. Sie ahnt genau, dass hier jemand, der seine Hoffnung in Gott haben kann und diese Hoffnung vorleben sollte, diese Hoffnung mit menschlichen und misstrauischen Stützen versieht."

Kirche und Gesellschaft in Österreich, Heimatsaal, 10. Dezember 1975

Die gesellschaftspolitische Entwicklung Österreichs nach dem Wahlerfolg der Sozialdemokratie erscheint Bischof Weber so, als ob das Land seine Halteseile kappe, die Anker lichte und sich löse „von dem, was über die zunächst spürbare und begreifbare Welt hinaus reicht, von der Transzendenz". Bei diesem Aufbruch gebe es ein gelobtes Land, das offenbar als Vorbild diene: „Dies scheint Schweden geworden zu sein als der Typ eines Landes, in dem einem nichts passieren kann, in dem für alles vorgesorgt ist."
Weber sieht den gesellschaftspolitischen Umbau des Hauses Österreich vor dem Hintergrund der zwei Seiten der österreichischen Seele: „Der Österreicher hat eine begnadete Fähigkeit, die Dinge nicht zu überdrehen. Das verleitet ihn zugleich dazu, sich zu wenig der Frage zu stellen, was denn hinter den Dingen und Ereignissen stehe."
Bei der Wahl am 5. Oktober 1975 habe die Mehrheit der österreichischen Bevölkerung einer Partei den Auftrag gegeben (der SPÖ, Anm.), die entschlossen die Gesellschaft verändere. Dazu sagt der Bischof: „Wir sind nicht gegen jede Änderung, auch nicht, weil sie von einer bestimmten Partei kommt. Wir können aber nicht so tun, als ob es keine Parteien gäbe. Wir werden also immer wieder zusammenstoßen oder mit einer Partei gehen."
Als Bischof stehe es ihm nicht an, einer Partei Ratschläge zu geben. Aber: „Ich bin auch Staatsbürger und so frage ich: Bedenkt die SPÖ in voller Verantwortung, was hinter den

verschiedenen Gesellschaftsänderungen steht und welche Konsequenzen aus ihnen folgen? Ich frage auch die ÖVP, ob sie sich als geistige Alternative profiliert. Ein guter Demokrat darf keine Freude daran haben, wenn eine Richtung unangefochten das ganze Feld beherrscht. So wird die ÖVP bedenken müssen, dass ein anderes Wirtschaftssystem als Alternative wohl zu wenig ist."

In dieser politischen Situation sieht Bischof Weber die katholische Kirche „als eine der größten Kraftreserven, um dieses Land vor einer bloßen Gefälligkeitsdemokratie, vor einer Pragmatik und der schlüpfrigen Bahn der Rechtfindung nach dem natürlichen Rechtsbewusstsein des Volkes zu bewahren". Konkret weist Bischof Weber einige Einwände gegen das Volksbegehren der Aktion Leben zurück: „Man möge doch nicht irreführen, dass die Wahl vom 5. Oktober 1975 als Abstimmung über die Fristenregelung zu werten sei. Oder dass das Nicht-Unterschreiben des Volksbegehrens bereits eine Befürwortung der Fristenregelung darstelle. Und schließlich: Ist ein Volksbegehren in diesem Ausmaß unbedeutend? Was ist dann mit den früheren Volksbegehren über Arbeitszeit und Rundfunkreform? Außerdem wehre ich mich gegen eine zu simple Gleichstellung, die dadurch geschieht, wenn man von einem Konflikt zwischen Kirche und Staat spricht. Ist eine Richtung in Österreich schon der ganze Staat?"

Johann Weber fordert gläubige Katholiken auf, „in das harte Geschäft der Gestaltung dieses Landes einzutreten". Vor allem aber: „Wir brauchen ein allgemeines Selbstvertrauen der Katholiken, das auch zugleich ein Auftrag ist, sich um Österreich kräftig zu kümmern. Die Heilung dieser Welt kommt aus dem Heil Gottes. Daher ist eine stärkere, vitalere, wachere, optimistischere Kirche ein unersetzlicher Beitrag für Österreich."

Abkommen und Wahlempfehlungen werde es nicht mehr geben, versichert der Bischof. Aber das Wort von der Äquidistanz der katholischen Kirche zu den Parteien sei „nur so zu verstehen, dass wir zunächst nach jeder Seite einen gleichen Vertrauensvorschuss geben. Wir lassen uns nicht in eine Sakristei abdrängen. Unser Österreich ist schön, heiter, liebenswert. Es hat aber auch den Herrn Karl und die vielen Selbstmorde."

Pfarrerwoche, 20. September 1976

Für Johann Weber ist es „eine Grundaussage unseres Glaubens, dass Gott für uns das Gute, das Glück, die Entfaltung will". Gott bewahre den Menschen vor einem autonomen Humanismus (Turmbau von Babel, Genesis 11,6) und führe ihn zur Freiheit des restlosen Vertrauens auf Gott (Abraham, Genesis 12,1). Freiheit sei „die Hauptfracht auf dem Wagen des Christentums, die oft verdeckt ist". Es gehe um die beglückende Erfahrung. „Ich kann dort hin wachsen, worauf mich Gott angelegt, berufen hat."

Der Bischof sieht viele Schichten und Gruppen in der Bevölkerung, die besonders leicht zur Seite geschoben würden: Kinder, Frauen, Ledige, Alte, Kranke, Sterbende, Häftlinge, Lebensmüde, Kinderreiche, Menschen in Lebenskrisen. „Hier ist nachdrücklich und mit vertiefter Sachkenntnis die Frage zu stellen, ob die Systeme tatsächlich so sein müssen. (Ich empfehle die Nachrichten und Stellungnahmen der Katholischen Sozialakademie Österreichs – Abonnement jährlich 88.- Schilling, erscheint zweimal im Monat.) Müssen die Systeme, in denen wir leben, nicht vom Glauben her befragt werden?"

Für Jugend und Kirche, 12. Mai 1977

In Heft 3/1976/77 der kirchlichen Zeitschrift „Jugend und Kirche" erschien ein Beitrag über „Partnerschaftspädagogik". Dazu nimmt der Bischof kritisch Stellung.

„Ich denke, dass es nur dann eine Katholische Jugend geben kann und geben darf, wenn sie vor sich als Bildungsziel den Menschen und eine Gesellschaft nach dem Bilde und Wollen Christi hat. Die Grundbotschaft Jesu lautet: Das Reich Gottes ist gekommen.

Nur dann sind Kirche und Jugendarbeit echt befreiend, wenn sie – ohne von dieser Erde auszuwandern – die Ausrichtung auf die volle Enthüllung des Reiches Gottes nicht verschweigen. Ich bin für Vitalität, ich bin für Freude, ich bin für Gegenwart, ich bin für die Erde und ich bin zugleich für jenes demütige Lächeln, das von der Schönheit Gottes weiß, die größer ist als alles, was das Auge des Menschen bisher gesehen hat. Daraus fließt die Kraft Jesu, sich in Liebe bis zur persönlichen Preisgabe zu verschwenden. Es ist deshalb aufzutreten gegen eine Primitivisierung der menschlichen Liebe in Nur-Bekommen, in Nur-erfreut-Werden, in Nur-‚Zur-Entfaltung-Gelangen' in dem Sinn, dass der verwundende Stift, der das Leid in mein Herz einschreibt, unbekannt bleibt. Echte Liebe wächst nur, wenn ich bereit bin, mich selber zurückzustellen, verzichten zu können, Leid zu tragen. Wer sonst als gerade junge Leute könnte dafür ein Organ haben, dass es bei Liebe auch immer um Heroismus geht?

Ich gehöre nicht zu den Unheilspropheten, aber ich glaube, dass das Denken der Kirche und der Christen sich in einem guten Spürsinn für die Realität der Umwelt erhalten hat. Dass mit einer Umwelt nicht zu spaßen ist, die die Fragen sozusagen auf höherer Ebene löst, indem sie erklärt, dass nichts mehr Sünde sei und alles nur zur Erfüllung des Menschen dienen kann. Es mag verzopfte, verklemmte Menschen in Hülle und Fülle geben. Trotzdem sollte man wachsam sein, ob es nicht mitunter um ein läppisches Nachziehverfahren geht, wenn alle möglichen Spiele und Methoden angepriesen werden, die letzten Endes nicht immer zu einer Befreiung, sondern eher zu einer gewissen Schwüle und Erotisierung im schlechten Sinn des Wortes führen könnten."

Internationaler Kolpingkongress, Luzern, 20. Mai 1977

Die Grundbotschaft Jesu vom Reiche Gottes bedeutet für Bischof Johann Weber: „Gott und die Schöpfung sind wieder gut miteinander. Wir sollen uns dies ruhig auch von seiner emotionellen Seite her vorstellen, wie sich etwa ein wieder versöhntes kleines Kind in die Arme seiner Mutter schmiegt."

Die Kirche soll „unablässig einen Schritt über das Bestehende hinaus gehen" und „Hüterin des Geheimnisses Gott" sein. Deshalb würden einige Elemente in der Kirche besonders zu wachsen beginnen: die Anbetung, das Fest, die Weihe. Die zweite Kontur sei die verstehbare Kirche, eine Kirche, die nicht als Machtblock, als eine Art Partei betrachtet werden könne, sondern eine Kirche des Austausches, die offen ist, „gedrängt vom Auftrag des Evangeliums für wirklich alle".

Als ein Signal des Aufbruchs von der Jugend her sieht der Bischof „die Bürgerrechtsbewegung in vielen Variationen, die sicher nicht frei ist von Gefahren der Manipulation, des Missbrauches von nützlichen Idioten". Dennoch: „Vielleicht steht dahinter auch das Wissen, dass gar nicht so sehr der nackte Terror, sondern die bürokratische Reglementierung, die aufklärende Rationalität, die humanistische Menschheitsbeglückung von null bis 24 Uhr den Menschen am meisten abwürgen."

Die Intoleranz der Toleranten, Diakonia, 6. Juli 1978

„Der Eifer ist bemerkenswert, in dem unter der Parole der Toleranz äußerst intolerant die Verbindlichkeit der Kirche demontiert wird. Wahrscheinlich müssten viele Wunden nicht sein, die dadurch zugefügt werden, dass man sich zeitweise schon recht dumm vorkommen musste, wenn man noch von Lehramt, Disziplin, Moral, Zölibat, Treue reden wollte.

Es gibt in der Kirche ein paar Dinge, die nicht der Beliebigkeit übergeben sind, wenn sie aus Jesus dem Gekreuzigten nicht einen freundlichen Propheten machen möchte, der sich allenfalls nach erfolgreicher und allseits beliebter Tätigkeit auf ein Landhaus als Ruhesitz zurückzieht. Deshalb wird es ein Amt in der Kirche geben müssen, deshalb werden sich die Kirchenleute um bleibende Moralregeln plagen müssen, deshalb wird es einen Treuanspruch in Ehe und Priesteramt bis zum Tod geben müssen und deshalb die Bürgschaft der Einheit – ich meine Rom und den Papst – und manches andere. Und deshalb werden wir Kirchenleute unseren Stil überprüfen müssen, ob nicht gar zu süß unsere Honigstimme geworden ist – mit dem Eindruck eines netten Freizeit- und Eheberaters mit halb psychotherapeutischem Schmelz.

Wenn ich Toleranz haben möchte – und ich möchte eine solche haben – dann möchte ich sie beziehen vom Kreuz tragenden Jesus. Er klagt nicht an und ist nicht entrüstet. Er nennt aber Sünde nicht situationsbedingte Gewissensentscheidung. Er tröstet, weil er auf den Vater zugeht. Auch wenn er sich am Kreuz von ihm verlassen fühlt. Diese Toleranz möchte ich lernen."

Forumsdiskussion Synoden, Verlagshaus Herder, Freiburg, 16. September 1978

Bei einem Forum über Synoden legt Bischof Weber den Werdegang des Österreichischen Synodalen Vorgangs (ÖSV) dar. Dieses Referat ist insbesondere in Hinblick auf den „Dialog für Österreich" bemerkenswert, der 1998 stattgefunden hat, 20 Jahre nach der ÖSV-Bilanz von Bischof Weber:

„Wie in anderen Ländern wurden auch in Österreich nach dem Konzil eine Reihe von Diözesansynoden gehalten. Nur zwei von den neun österreichischen Diözesen, Vorarlberg und Steiermark, taten dies nicht, wobei die Steiermark bewusst einen anderen Weg wählte: eine Art permanenter Synode, Diözesanrat genannt, der sich bereits durch etliche Jahre offensichtlich recht gut bewährt.
Schon vor diesen diözesanen Synoden war von starken geistigen Kräften (zum Beispiel Professor Otto Mauer) ein österreichisches Nationalkonzil verlangt worden. Die Reserven waren aber nicht gering. Man war skeptisch gegen alle gleichmacherischen Bestrebungen, wie sie von vielen Seiten befürchtet wurden. 1972 schien nun die Zeit reif, einen gesamtösterreichischen Akt zu setzen. Man wollte nun nicht unbedingt mit den straffen römischen Vorschriften in Schwierigkeiten kommen und auch aus anderen Gründen legte man diesen Plan gar nicht als Nationalsynode an, sondern erfand nach vielem Hin und Her den Ausdruck ‚Österreichischer Synodaler Vorgang'.
Die ersten Spannungen traten bereits in der Vorbereitungsphase zutage. Sie artikulierten sich vor allem darin, dass die Bischöfe kräftig von ihrem Recht Gebrauch machten, verschiedene Personen ohne Angabe von Gründen aus dem Vorbereitungsvorgang auszuschließen. Rückblickend betrachtet hat dies wahrscheinlich mehr Porzellan zerschlagen, als nötig gewesen wäre. Es ist aber zu bedenken, unter welchen spannungsreichen Zeithintergründen 1972 an die Synode geschritten werden sollte. Ein Jahr zuvor war die Bischofssynode in Rom, die sich bezüglich des Zölibats deutlich festlegte. Dies brachte nun die überaus schmerzhafte Verwundung der Amtsniederlegung zahlreicher Priester. Seit 1970 war in Österreich etwas seit dem Kriegsende noch nicht Erlebtes eingetreten: Die Sozialistische Partei hatte die Alleinregierung übernommen und es bahnte sich die erbitterte Kraftprobe bezüglich des Abtreibungsgesetzes an. Weiters wäre zu nennen, dass die Auseinandersetzungen zwischen progressiven und konservativen Kräften in der Kirche mit einer Heftigkeit geführt wurden, die wir heute schon oft wieder nicht recht verstehen können. Nach in Österreich nicht unbekannten Gepflogenheiten war man sich über die Zielsetzung der Synode nicht ganz bis ins Letzte klar. Sie sollte einerseits keine Zusammenfassung der einzelnen Diözesansynoden sein, da diese zu verschiedenartig angelegt waren. Es sollten auch nicht auf anderer Ebene zu entscheidende Fragen (zum Beispiel die Weihe bewährter Männer) behandelt werden. Dies brachte wieder die Frustration mit sich, was denn noch übrig bleibe. Man einigte sich auf vier Hauptkapitel der Behandlung und Beschlussfassung: Träger kirchlicher Dienste, Kirche in der Gesellschaft von heute, Bildung und Erziehung, Kirche und Massenmedien.
Die konstituierende Sitzung fand im April 1973 statt. Es kann nicht behauptet werden, dass Erwartungen und Begeisterung übermäßig hoch waren. Etwas Farbe brachte der Vorstoß eines auch sonst in Österreich öfter etwas kecken Volksstammes (gemeint die Steirer, die Generaldebatten im Plenum verlangten, Anm.) mit sich, der eine Auflockerung und Demokratisierung des allzu auf Sicherheit angelegten Modus procedendi verlangte. Es fanden zwei mehrtägige Vollversammlungen statt, im Oktober 1973 und im Mai 1974. Als beson-

ders günstig zeigte sich, dass die Bischöfe mehr oder weniger spontan den Beschluss fassten, selbst mit zu debattieren und auch als Einzelpersonen abzustimmen. Was man zunächst vielleicht noch gar nicht bedacht hatte, was sich aber dann für die Solidarität des ganzen Volkes Gottes überaus positiv auswirkte, war die damit gegebene Möglichkeit, dass auch ein Antrag eines Bischofs niedergestimmt werden konnte. Die Bischöfe haben dadurch von ihrer Autorität nichts verloren.

Die Debatten, Stellungnahmen und auch ausformulierten Beschlüsse zeigten in vielen Fällen ein sehr hohes Niveau. Besonders sind zu nennen: die von hohem Ernst geprägte geschlossene Stellungnahme zur Fristenregelung. Hiemit wurde auch etwas deutlich, was in Österreich bis heute noch nicht ausdiskutiert ist, dass man sich überlegen muss, in welcher Weise der Gesamtkatholizismus überhaupt in Österreich sprechen könne.

Ein nicht hoch genug einzuschätzendes Verdienst hat die Kirche in Österreich, besonders die Diözese Gurk-Klagenfurt (Kärnten), durch ihre Bemühungen zur Versöhnung zwischen den beiden Volksgruppen der Deutschen und Slowenen. Diese waren in einem sehr schwierigen Stadium der emotionellen Aufheizung. Wahrscheinlich haben die kirchlichen Bemühungen manche andere Bemühungen weit übertroffen.

Weiters wurde mit großem Ernst, vielleicht jedoch noch zu sehr von der pragmatischen Not getrieben und weniger mit theologischen Einsichten angereichert, die Debatte über das Priesteramt geführt. Trotz starker Gegenmeinungen von Seiten der Bischöfe wurde die Möglichkeit der Priesterweihe für bewährte verheiratete Männer überraschend mit einer Zweidrittelmehrheit erbeten.

Eine gewisse Ratlosigkeit zeichnete sich bereits in engagierten Beiträgen zur Frage der Jugendarbeit im kirchlichen Raum ab. Vor allem ging es um das damals eher noch ungewohnte Phänomen der politischen Betätigung in Verbindung mit anderen mitunter sehr weit links stehenden Kräften. Weiters sind noch zu nennen die Probleme kirchlicher Bildungsarbeit, der Pastoral an den Randschichten, die Entwicklungshilfe und der Schutz persönlicher Rechte in der Kirche.

Die Bischöfe hatten sich von vornherein vorbehalten, nach dem Abschluss des Österreichischen Synodalen Vorganges den einzelnen Beschlüssen beizutreten, sie zu modifizieren oder sie abzulehnen. Davon machten sie nun auch ausgiebig Gebrauch, so dass es zu 95 Streichungen, Änderungen, Ergänzungen und ‚erläuternden Kommentaren' kam. Die Bischöfe brachten dabei vor allem die Normen des Lehramtes ein (zum Beispiel in der Frage der Zulassung wiederverheirateter Geschiedener zu den Sakramenten) und meldeten vor allem auch ihre finanziellen Sorgen an. Es ist sicher richtig, dass eine muntere Ausführung aller Synodenbeschlüsse die Kirche in Österreich vor unlösbare finanzielle Konflikte gestellt hätte.

Obwohl nun dieses Verfahren von vornherein allen bekannt war, löste es doch sehr viel Missbehagen aus. Man fühlte sich nicht entsprechend ernst genommen. Zumal es sogar vorkam, dass einzelne Beschlüsse mit den Stimmen der Bischöfe gefasst worden waren und dann wiederum von denselben Bischöfen im Nachhinein korrigiert wurden. Für eine ähnliche Veranstaltung in der Zukunft wird man sich absolut einen anderen Weg überlegen müssen.

Die Zurückweisung eines Beschlusses ist bis heute in Österreich nicht aufgearbeitet und die Mangelstelle zeigt sich immer neu: Es war vorgeschlagen worden, für die Bischöfe ein Beratungsgremium in gesellschaftspolitischen Fragen zu schaffen, in dem in Einheit mit den Bischöfen die Entwicklungen beobachtet und entsprechende Stellungnahmen und Aktionen vorbereitet werden sollten. Die Bischöfe wollten sich daran nicht binden, jedoch zeigt sich der Mangel in letzter Zeit mit einer immer stärkeren Brisanz.

Seinen Schlusspunkt fand der Österreichische Synodale Vorgang in einem gesamtösterreichischen Katholikentag, der sich als Delegiertentag verstand, im Oktober 1974. Er wurde nicht sehr intensiv vorbereitet, konnte aber erneut einen sehr erfreulichen Gesprächsvorgang auslösen und in der immer brisanter werdenden Situation der Fristenregelung wiederum eine eindrucksvolle Geschlossenheit des Katholizismus in Österreich demonstrieren.

Ich glaube, es hat sich beim ÖSV gezeigt, dass der große Wert im Vorgang selber liegt. Die Gespräche miteinander, sich kennen lernen, die geistige und geistliche Potenz anderer Menschen und anderer Diözesen erfahren – das alles kann nicht hoch genug eingeschätzt werden. Völlig ungeklärt ist allerdings die Umsetzung an die Basis. Nach der Euphorie der Synoden insgesamt zeigte sich ein starkes Nachlassen des Interesses.

Ich denke, das Experiment des Mitredens und Mitabstimmens der Bischöfe ist gut gelungen. Grundsätzliche Vetos sollten sie eher in den Sitzungen selber anmelden – das ‚Nachspiel' hat viel Freude weggenommen. Man soll sich auch nicht scheuen – und heute ist das sicher wieder angstfreier möglich –, sehr profilierten Persönlichkeiten in der Synode ihren Platz zu geben.

Von den Beschlüssen des ÖSV wird in Österreich nicht mehr viel geredet. Aber es ist sehr wichtig, dass er geschehen ist. Unter dem Strich kommt sicher ein größeres Zusammenstehen, ein tieferes Vertrauen, ein herzlicheres Wohlwollen füreinander heraus. Damit scheint mit der ÖSV ein wichtiger, vom Geiste Gottes begleiteter Vorgang in der Kirche von Österreich gewesen zu sein."

Vortrag beim Diözesantag in Salzburg, 29. Oktober 1978

Der Bischof, sagt Johann Weber, müsse Christus sichtbar machen. „Ich trage in mir eine tiefe, erschrockene Betroffenheit: die Welt ohne Christus wird grausam. Der Einzelne kann dabei recht friedlich sein. Aber eine solche Welt ist in einem Koordinatensystem der Grausamkeit, aus dem sie nicht mehr heraus kann. Da denke ich, dass wir alle etwas sehr Entscheidendes tun können, um die Grausamkeit zu überwinden."

Weber zählt einige „Naivitäten" auf:

„Wenn ihr gerade wollt" – der Glaube nur mehr als Angebot, die Kirche als Selbstbedienungsladen ohne Werbung. Dass missionarischer Eifer verloren gegangen ist, hat viel tiefere Wurzeln, als dass wir bloß schlapp geworden wären. Vielleicht liegt manches in den großen und wertvollen psychologischen Strömungen. Wahrscheinlich haben wir dabei einiges missverstanden. Wenn wir fast nur Selbstverwirklichung suchen, dann haben wir keinen Auftrag. Der Auftrag muss von außen kommen, schlicht vom Sohn Gottes.

„Ich bete im Wald" – ein bekannt saloppes österreichisches Wort, ein Symptom für die Naivität der Frage, ob es überhaupt nötig sei, dass Christen sich versammeln. Wir brauchen eine neue Sonntagspflicht von innen, eine Entdeckung, dass nur so Kirche in mir und in unserem Land zustande kommt.

„Es braucht niemand etwas zu wissen – den Christen muss man an seinem Leben erkennen" – ein großartiger Satz, er stimmt, aber trotzdem ist eine schreckliche Naivität benachbart: die gestaltlose Kirche, die nicht mehr sichtbar ist. Wenn wir uns selber unsichtbar machen, vermehren wir mutwillig unseren zahlenmäßigen Mangel. Wir wollen nicht eine demonstrierende, protzende Kirche, nicht Pharisäer, die mit ihren Quasten einher stolzieren. Aber heraus gerufen bis zur Hingabe des Leibes, wie es im geistlichen Beruf geschieht. Wir wollen eine sichtbare Kirche von den Sakramenten bis zu den Volksbräuchen.

„Was heißt denn schon Sünde" – Wir haben uns müde gekämpft mit Beichte und Bußfeier. Aber auch hier gibt es tiefere Fragen: wie kann ein Mensch heute überhaupt noch von Sünde reden, Buße erfahren, den ernsten Blick des Antlitzes Gottes auf sich ruhen spüren? Das Leben des Menschen wird geschmälert, wenn er nicht seine Schuld anbringen kann.

„Glaube ja – Kirche nein" – Ich frage mich manchmal, ob wir genügend spüren, dass wir durch Teilung von Glaube und Kirche zur Anklage kommen und von der Anklage zum Unernst des Glaubens.

Zehn Jahre Erfahrung als Bischof, Dechantenfahrt, 8. Juni 1979

1. Was ist mir besonders geblieben?

a) Das hässliche Gesicht der Spaltung in den ersten Jahren. Dann wurde es sichtbar, wie die Ideologien immer schmäler wurden und sich nur mehr auf wenige Punkte konzentrierten.
b) Die zerstörende Auswirkung der Laisierungen.
c) Die vielen Erklärer und Ratgeber, die sich aber selber nicht engagieren.
d) Eine positive Wende setzte wohl mit dem Heiligen Jahr besonders deutlich ein.
e) Die große Erwartung des Volkes, auch auf das, was der Bischof sagt und tut.
f) Die Gründung des Karmels Bärnbach.
g) Die Konsolidierung im Priesterseminar.
h) Die vitale Fruchtbarkeit des Heiligen Geistes.
i) Das immer stärker werdende Gemeinschaftsbewusstsein, besonders gefördert durch Pfarrgemeinderäte, Diözesanrat, Sakramentenspendung.
j) Vieles kam positiv anders, als die Prognosen voraussagten.
k) Schönheit und Armut sind zugleich möglich.

2. Signale:
a) Sichtbarwerden und Festschreiben der Säkularisierung. Mit dem Wahlergebnis der Nationalratswahl ist auch vieles für die Kirche deutlich geworden. Die Erziehungswelt wird immer selbständiger und immer weniger von kirchlichem Denken berührt. Ebenso die Medien. Die innere Auflösung der ÖVP ist für ganz Österreich eine schlimme Sache.
b) Es gibt zugleich Sinnsuche auf viele Arten.
c) Eine nicht beantwortbare Frage bleibt mir, woher die Bösartigkeit gegen die Kirche kommt. Es gibt sie zur Zeit des geschlossenen und ebenso des geöffneten Katholizismus.

3. Mein Stand an Erfahrung:
a) Die Realität und Kraft des Volkes:
Das „popolare" hat höchste Bedeutung gewonnen. Das Volk wird von den Bischöfen und nicht von den Experten geleitet – siehe die tragische Entwicklung in Holland. Die Bischöfe haben eine besondere Gnade des Behütens. Es gibt Versuche, eine Meinungsdiktatur und eine Meinungsmanipulation aufzurichten. Die Wallfahrten haben eigenartigerweise vieles ins Lot gebracht.
Ein ungeheures Faktum ist der Sonntag in seinem quantitativen und seinem theologischen Aspekt. Die Kollegialität ist der Grundton, wie das Volk geleitet wird. Hier ist auch die Wurzel, warum wir einen Katholikentag nicht nur machen wollen, sondern wohl auch machen müssen.
b) Die Pfarren: Sie haben Sicherstellung der Verkündigung Christi zu sein. Die Verkündigung ist zunächst nicht ein Vorgang von intellektueller Erkenntnis und Planung, sondern sie muss sich ereignen.
c) Das Amt: Sind die vergangenen Jahre davon gezeichnet, das Priesteramt auszuhöhlen? Dazu zähle ich viele theologische Irreführungen und Naivitäten: Zölibat sei bloß Charisma, es kommt die priesterlose Kirche, Laien werden Seelsorger genannt, die Laisierung von Priestern sei ein wertfreier Verwaltungsakt, das Recht der Gemeinden auf Eucharistie, Laientheologen müssten Posten erhalten, aber um Identifizierung mit der Kirche darf man sie nicht fragen, „Konzelebration" mit Nicht-Priestern in Holland, die äußere Unerkennbarkeit des Priesters.

4. Dank
Wir haben einen beachtlichen Klerus. Er wird die Hoffnung und das Recht des Volkes und der Jugend nicht enttäuschen. Der Bischof hat die Aufgabe, alles zusammenzuhalten, Freiheit zu gewähren, das Ziel sicherzustellen. Er kann es nur mit seinen Priestern, zumal den Dechanten. Deshalb muss ich vor allem meinen nächsten Mitarbeitern am Ende der zehn Jahre einen besonderen Dank sagen.

Tagung der Regenten und Seminarsprecher, Seggau, 3. November 1979

Der Bischof fordert ein Nachdenken über eine „Kirche der Armut". „Ihre Grundlage ist die Mystik der Armut. Es hat hohe Bedeutung, dass der heilige Franziskus Wundmale getragen hat. Müssten wir nicht betroffen sein, wenn es in der Kirche und zumal im Klerus immer wieder eine Art von neuem Großbürgertum gibt? Nachzudenken ist über die Pfarrhäuser. Jede Pfarre braucht zwei bewohnte und betretbare Häuser: die Kirche und den Pfarrhof."
Auf die Frage nach dem Wohin der Kirche sieht Bischof Weber „eine unerhörte Herausforderung" bezüglich Sexualität und Erotik: „Haben wir zum Beispiel genügend bedacht, was es heißt, grundsätzlich die sexuelle Begegnung von der Verantwortung etwa um ein Kind zu lösen? Hat dies nicht Konsequenzen bezüglich der ehelichen Treue, der außerehelichen Beziehungen, der Homosexualität? Es ist notwendig, auch die große gesellschaftsbezogene Auswirkung der Ehelosigkeit um Christi willen zu bedenken. Allenthalben merken wir, dass die sogenannte Befreiung der Sexualität eine neue Unfreiheit gebracht hat. Die Jungfräulichkeit stellt dar, dass es Größeres gibt, als den sexuellen Ansprüchen zu Diensten zu sein."
Die Kraftquelle des Priesters sieht der Bischof in Gebet, Meditation und Verbindung mit anderen Priestern, vor allem aber im „popolare", im „Volkhaften". „Dieses ‚popolare' ist wie ein Grundwasserspiegel, in den unsere Wurzeln hinunterreichen müssen. Ich meine damit die Wirklichkeit des Lebens der vielen Menschen mit ihrer abgestuften Gläubigkeit. Im Volk sein! Ehrfurcht haben vor diesen vielen Menschen. Zur Kenntnis nehmen, dass sie beinahe ein eigenes Kirchenjahr haben, dass sie von besonderen Festen und Lebenshöhepunkte tief angeredet sind. Ihren Bräuchen nachsinnen."

Priestertreffen der Diözesen Linz und Passau, Passau, 23. Mai 1980

Johann Weber kann sich Kirche „nicht anders denken, als dass sie von ihrem ganzen Wesen bezeugt, dass Gott schenkt, dass wir beschenkt sind, dass das Wort Fleisch wird, dass wir mit dieser guten Botschaft ausgesandt sind. Zu diesem Aussenden gehört entscheidend und unersetzbar das Amt in der Kirche. Wird nun dieses Amt zerbröselt, aufgelöst – mögen die Argumente noch so vernünftig klingen – dann wird es unverständlich, dass es einen Auftrag gibt."
Mit der Auflösung des Amtes geschehe das Gegenteil von Menschwerdung: Verlassenheit der Menschen. „Das heißt für mich: je weniger Priester, umso mehr müssen wir das Amt stärken", sagt Weber. „Priester ist deutlich Priester, Laie ist deutlich Laie. Der Priester wird dieser Berufung nicht gerecht, wenn er sich als Bevormunder der Laien und nicht als ihr Hirte fühlt. Ebenso verliert der Laie sein Eigentliches, wenn eine unbedachte Gemeindetheologie ihn in eine Rolle drängt, die er nicht hat: die Gemeinde, die Herde, sei alles und bringe aus sich selbst die Hirten hervor."
Der Laie werde seiner Berufung aus Taufe und Firmung untreu, „wenn er den Priester entmutigt". „Hier haben vor allem unsere Laientheologen eine Verantwortung, nach der sie

auch gemessen und gewogen werden: ihren Bruder, den Priester anzunehmen und nicht wegzudrängen und damit den Hirten zu schlagen – das würde ihnen selber nichts bringen, aber die Herde zerschlagen."
Den Priestern legt der Bischof nahe: „Zuerst ist das Volk, dann erst die geordnete und organisierte Gemeinde. Ich denke, dass es zur inneren Hygiene eines jeden Priesters gehört, sich zu seinem ganzen Volk zu bekennen."

Referat bei der Pfarrerwoche, 15. September 1980

In Hinblick auf den Steirischen Katholikentag 1981 spricht Bischof Weber über die Brüderlichkeit, die er als „eine stille Verlässlichkeit neben mir" definiert. Christus als „der erste Bruder". Zudem kommt das Bild von der „Mutter Kirche" in den Blick: „Wir können Brüderlichkeit nur erfahren und tun, wenn wir eine Mutter haben – Mutter Kirche. Das ist nicht Symbolsprache, sondern Realität. Die Kirche, das Ursakrament, ist unsere Mutter, die unser Christentum erst möglich macht. Nicht Kinder wählen oder erzeugen die Mutter, tun sich zusammen zur Mutter, sondern sie stammen von ihr. Die Mutter ist unverfügbar. Deshalb ist Brüderlichkeit unverfügbar in ihrem Ursprung. Es ist uns gegeben, dass wir Brüder sind."
Die mütterliche Barmherzigkeit der Kirche ist für Bischof Weber die Grundlage für die Handhabung der Disziplin in der Kirche: „Solange der Docht noch glimmt, das Rohr nur geknickt ist, will ich nicht löschen oder brechen. Sobald aber etwas fixiert erscheint, dann müssen wir aus innerer Wahrhaftigkeit und um des Allgemeinwohles willen auch Konsequenzen ziehen."

Österreichische Pastoraltagung, Wien, 29. Dezember 1980

Das Konzil habe einiges „sicher gestellt", am deutlichsten durch die Liturgiereform, die Religionsfreiheit und in der Ökumene. Auf drei Gebieten diagnostiziert Bischof Weber aber eine „kritische Situation":
„In der Liturgie, die oft pendelt zwischen subjektiven Darbietungen und enger Steifheit (das Wort vom Vorsitz in der Eucharistie scheint mir nicht sehr glücklich). Weiters gibt es eine Gremienmüdigkeit, die im Steigen ist. Hier darf das Kind nicht mit dem Bad ausgeschüttet werden. Wahrscheinlich rächt sich, dass die Hauptbeschäftigung oft bei administrativen Dingen lag, dass es Vorstellungen von Machtumschichtung und Machtergreifung gab, und es zeigt sich auch hier die immer weiter steigende Angst vor Gruppendynamik und Ähnlichem. Schließlich ist die Sprache zu nennen: Sie ist mehr als Transportmittel für Begriffe und Wahrheiten. Sie ist Ausdruck und erzeugt wieder Begriffe. Sie hat als kirchliches Wort dem ewigen Wort zu dienen. Hier ist Gefahr im Verzug, wenn etwa im Liedgut ein zu vordergründiger schulmeisterlicher Ton Platz greift. Auch das lockere Lied kann den Auftrag Gottes durchleuchten lassen."

Gebetsstunde für Papst Johannes Paul II., 14. Mai 1981

Am Tag nach dem Attentat auf Papst Johannes Paul II. in Rom sagt Johann Weber bei einer Gebetsstunde im Grazer Dom:
„Wer sein Herz anbietet, muss rechnen, dass darauf auch geschossen wird. Dieser Papst kann wohl nicht anders Papst sein, wir können ihn uns nicht anders vorstellen, als dass er sich zuneigt, Hände fasst und schutzlos da ist.
Es wurde nicht das Herz getroffen, aber die Hoffnung der Welt wurde verwundet. Mag es auch ein Einzelgänger gewesen sein, ein Mensch mit eigenartigen Gedanken – er ist auch ein Dolmetsch eines Zustandes der Welt, wie sie auch ist. Mit ihrer Härte, ihrem Hass, ihrem Mangel an Erbarmen. Der Papst, dem die Millionen zuströmen, war kein Schaugepränge und kein Star. Er war eine Ahnung von Hoffnung und es gibt Kräfte, denen eine solche Hoffnung im Weg steht.
Im kirchlichen Abendgebet heißt es: Eine ruhige Nacht und ein gutes Ende gebe uns der Herr! Es war die erste gute Nachricht, dass der Papst eine ruhige Nacht hatte. Wir wünschen sie ihm wiederum für diese anbrechende Nacht. Und wir bitten, dass die ganze Welt auf ein gutes Ende zugehe und darauf weiter hoffen darf."

Predigt in der Heilandskirche zum Toleranzjahr, 24. Mai 1981

Bei seiner Predigt in der evangelischen Heilandskirche in Graz nimmt der katholische Diözesanbischof auf den bevorstehenden Steirischen Katholikentag Bezug und meint: „Dass dieser Katholikentag und das Toleranzjubiläum zusammen klingen wie zwei verschiedene Glocken auf einem Turm, ist eigentlich nicht mehr zu bestaunen und eigens zu vermerken, sondern ein Geschenk, an das wir uns herzlich gern gewöhnen wollen".
Ausgehend von der Bibelstelle der Brotvermehrung (Lukas 11,5-13) sagt Weber:
„Die ganze heutige Bibelstelle redet davon, dass wir zu bitten haben. Wer bittet, wird auch etwas bekommen. Bitten ist das Gegenteil von Befehlen, von Kommandieren. In den vergangenen Jahren sind unzählige Vorschläge erarbeitet worden, was die getrennten Kirchen miteinander tun könnten, wie sie die Ökumene voranbringen könnten. Es wurden auch düstere Betrachtungen angestellt, dass der ökumenische Frühling wieder vergilbt sei. Ich glaube, hier bewegen wir uns auf einem Nebengeleise. Viel mehr scheint mir das Erste und Unersetzbare zu sein, wenn es getrennte Kirchen eben gibt und den Willen zum Gemeinsamen: zuerst und mit aller Kraft haben wir zu bitten.
Ich denke, wir brauchen keine Ökumene des Augenzwinkerns, mit Angeboten und Gegenangeboten, doch dieses oder jenes an unbequemen Konturen des Glaubens der anderen Kirche aufzugeben. Wir können und wollen nichts verschweigen und nicht Abkürzungswege etwa einer verfrühten Interkommunion wählen. Auch eine Ökumene der Hintertüre kann nicht fruchtbar werden, wenn wir uns gegenseitig auseinander teilen und meinen, man könne sehr wohl mit einzelnen der anderen Kirche zusammen gehen, nicht aber mit der ganzen.

Das Sicherste, was wir sagen können, ist, dass die Zukunft gemeinsam sein wird. Die Katholiken unseres Landes werden Katholiken bleiben und die Evangelischen werden Evangelische bleiben. Aber: Werden wir nach dem Auftrag der heutigen Schriftlesung diesem Land den Heiligen Geist erbitten können? Diesem Land, in dem sich, wie in der ganzen westlichen Welt, sehr viele damit abgefunden haben, dass es Kirche in ihrem Leben scheinbar nicht mehr gibt? In dem sehr viele die Kirche an bestimmten Punkten des Lebens beanspruchen, aber sonst mit ihr nichts anzufangen wissen?
Man könnte sagen, dass hüben und drüben die Kirchen leerer, die Fragen aber größer werden. So meine ich, dass ich Sie fragen darf: Sind nicht unsere großen Feste – Toleranzjubiläum und Katholikentag – Gnade, Impuls, ja Auftrag, eine Bewegung zu entfachen, um in diesem Land die Tore für Christus neu zu öffnen? Leben wir ehrfürchtig und behutsam miteinander, bitten wir aber vorbehaltlos, dass der Geist Gottes diesem Lande durch uns bescheidene Werkzeuge das Antlitz Christi schenke."

Predigt beim Steirischen Katholikentag, 28. Juni 1981

Die Freude des Steirischen Katholikentages sei Einladung und Aufforderung zur Erneuerung, sagt der Bischof:
„Wir gehen in das neue Jahrzehnt, aufgefordert zur Erneuerung unserer Lebensführung. Von Anfang an war es Kennzeichen der Christen, sich zu unterscheiden. Wir wollen dies tun mit Festigkeit, aber ohne Hochmut. Es ist den Christen aufgegeben, Ehe und Familie in größerer Ehrfurcht, Verantwortung und Verlässlichkeit vorzubereiten und zu führen, als es oft üblich geworden ist. Es ist den Christen aufgegeben, sich mit Hingabe um den Nächsten zu kümmern, ohne zu fragen, ob es auch nützlich sei. Es ist den Christen aufgegeben, die Wahrhaftigkeit zu lieben, weil Christus die Wahrheit ist.
Die Erneuerung bedarf der großen Unterweisung des ganzen Volkes, der Kinder, der Jugend, der Erwachsenen. Es ist nötig, den Glauben, die Lehre der Kirche weiter zu sagen, es ist nötig, Jesus Christus auszusprechen. Im demütigen Dienst der Predigt, des Unterrichts, der Bildung, durch das Wort und das Beispiel der Eltern muss im vielfältigen Getöne der Meinungen klarer, klingender und verheißungsvoller gesagt werden, wer Jesus Christus ist. Nur dann kann der Mensch seine Würde erreichen, wenn er Jesus Christus kennt, nach ihm seine Hand ausstreckt und sein Herz für ihn öffnet.
Deshalb haben wir gar nicht das Recht, uns mit dem Bestehenden zufrieden zu geben. Vielmehr: Das Evangelium zu allen! Das Evangelium im ganzen Land!"

Silvesterpredigt im Grazer Dom, 31. Dezember 1981

„Ich möchte ein demütiges Bekenntnis zum Volk unseres Landes aussprechen. Es gilt allen, mit ihren Hoffnungen und Tränen, allen, die die Kirche oder den Bischof registrieren, mit ihnen verbunden sind, und auch allen, denen dies nichts bedeutet. Ich möchte dieses Be-

kenntnis aussprechen, auch wenn ich weiß, dass wir einander viel schuldig bleiben und bleiben werden.
Hier muss auch ein Gruß an jene beiden Priester unseres Landes gesagt werden, die nun das Schicksal eines neuen Landes teilen werden: Dr. Egon Kapellari in Kärnten und Abt Maximilian Aichern in Oberösterreich. Sie gehen wie Abraham in ein neues Land und sie sollen sicher sein, dass wir sie mit unserem Wohlwollen und Gebet begleiten.
Der Katholikentag 1981 war Gnade und Mahnung zugleich. Dabei hat sich unsere diözesane Kirche als eine katholische im besten Sinne des Wortes entdeckt und gefunden. Wir haben es erlebt, wie viel Beglückung und Hoffnung uns eben diese Katholizität gebracht hat. An der Messe des 28. Juni 1981 hat die zahlenmäßig größte Menschenmenge teilgenommen, seitdem es unsere Diözese gibt. In der bunten Fülle von Begegnung, Festlichkeiten, Veranstaltungen des Katholikentages war diese Messe eindeutig Quelle und Höhepunkt.
Das Evangelium zu allen! Diese Überschrift über die nächsten zehn Jahre ist ernst gemeint. Sie ist ebenso ernst gemeint wie die Aufforderung Christi an seine Jünger: Gebt ihr ihnen zu essen! Er hat aber keineswegs den einzelnen allein, sondern die Gemeinschaft der Apostel damit beauftragt, er hat sie nicht einzeln, sondern zu zweit ausgesandt. Deshalb brauchen wir Gemeinschaften, Zellen des Evangeliums!"

Friede und Gerechtigkeit, Reintaler Kreis, 22. April 1982

In einem 15 Manuskriptseiten langen Referat geht Johann auf die unterschiedlichen Strömungen und Impulse der Friedensbewegung ein und sagt, dass man sich damit nicht allein auf der Ebene der Argumente auseinandersetzen könne, sondern jeder sich selber mit seiner Emotion einbringen müsse. Weber illustriert das an zwei Beispielen von Veranstaltungen in Graz: „Wissen Sie, da kommen die Träume. Wenn Ernesto Cardenal im Grazer Minoritensaal erzählt hat, dass die Polizisten in Nicaragua arbeitslos seien und deshalb jetzt beschäftigt seien, Gedichte zu verfassen, so war das sehr schön, aber wahrscheinlich hat es nicht ganz gestimmt ... Eines der größten Beispiele ist für mich Dorothe Sölle, wie diese Frau einfach so gesagt hat: Jetzt verbrenne ich hinter mir alle Schiffe und jetzt gibt es nur mehr die Radikalität der Gewaltlosigkeit, der Vorleistung."
Weber vertritt die Ansicht, dass alle Atomwaffen geächtet werden müssen, und unterstreicht das mit einer persönlichen Kindheitserinnerung: „Keine Erfindung wird vergessen. Die Atombombe ist erfunden und sie wird nicht mehr vergessen werden. Man kann nicht mehr alle Pläne zerstören und die Erfinder kasernieren. Mein Vater war Gendarmerieinspektor und in meiner Kindheit war noch die hohe Zeit der Wilderer. In unserem Umkreis ist es immer wieder zu Schießereien gekommen, mit Toten. Ich habe als kleiner Bub gefragt, warum die sich umbrächten? Da hat mein kluger Vater gesagt: Weißt du, wenn einer ein Gewehr in der Hand hat, des geht fast von selber los."
Die Situation unter dem Naziregime im Zweiten Weltkrieg und die Frage des Widerstandes

beleuchtet Johann Weber ebenfalls mit einem persönlichen Beispiel: „Es war Ende 1944, als meine Schwester heimgegangen ist vom Büro, und unterwegs hat sich ihr ein Mann zugesellt und sie haben so geplaudert und meine Schwester hat gesagt: Mein Gott, um den Krieg steht es schlecht. Sie haben sich dann verabschiedet und sie fragte den Mann: Wo gehen denn Sie hin? Und er sagte: Ich habe noch in der Ortsgruppenparteileitung zu tun. Wir haben daraufhin tagelang in zähneklappernder Angst zu Hause gelebt, dass unsere Schwester abgeholt wird und in irgendeinem Lager verkommt. Wissen Sie, das werden Sie fast nicht nachvollziehen können, wie das Leben damals war. Und da ist unter der Hand ein Gedicht von Reinhold Schneider weiter gereicht worden. Das hat diesen berühmten Vers gehabt: Nur den Betern kann es noch gelingen, das Schwert über unseren Häuptern aufzuhalten. Wenn man nun zähneklappernd zu Hause sitzt und wartet, ob angeläutet wird und die Schwester in Ravensbrück verschwindet und nimmer wiederkommt, dann ist das auf einmal keine reine fromme Floskel mehr."

Kirche und Ökonomie, Kongress der Hans-Martin-Schleyer-Stiftung, Innsbruck, Juni 1982

Bischof Weber unterstreicht bei dem Wirtschaftskongress die Verantwortung für das Gemeinwohl: „Personen an den Schalthebeln der Wirtschaft müssen immer neu mit einer persönlichen Betroffenheit mit bedenken, was die wirtschaftliche Entwicklung für den einzelnen, für die Familie, für ganze Landstriche bedeutet, und zwar über die Verringerung der finanziellen Mittel hinaus: das lähmende Wissen, nicht gebraucht zu werden, sich irgendwie beim Müll zu fühlen. Mutter Teresa von Kalkutta sagt: Nötiger als Brot braucht der Arme die Gewissheit, erwünscht zu sein."

Zur Moral in der Wirtschaft stellt Weber die an jeden gerichtete Frage: „Wie viel darf ich, nein, wie viel kann ich an Opfer auf mich nehmen und anderen an Opfern auferlegen? Welche guten Gelegenheiten kann ich mir und uns entgehen lassen, um die Moral zu wahren?" Der Bischof zitiert dazu eine alte jüdische Weisheit: „Nimm dir, was du willst, sprach Gott. Nimm es dir und zahl dafür. Aber du musst mit deinen eigenen Mitteln zahlen. Deshalb sieh vorher zu, ob du genug hast." Für die wegen Zahlungsunfähigkeit nicht erworbene Moral müsse früher oder später doch gezahlt werden.

Der Bischof sieht den Menschen in einem Spinnennetz: „Weit verbreitet ist das Lebensgefühl, man sei wie ein Insekt von immer mehr Fäden gefesselt und könne schließlich sowieso nichts machen gegen Behörden, Gesetzmäßigkeiten, Weltmächte, Rüstungsmechanismen, Computer und neuerdings auch gegen psychologische Durchleuchtungen. Von Zeit zu Zeit strampelt sich dieses Insekt mit Bürgerinitiativen, Kundgebungen, Demonstrationen und immer häufiger mit Gewalttätigkeiten frei. Dann aber sinkt es wieder zurück in die Ohnmacht der mit Fleiß gezogenen Fesselung."

Damit der Glaube erdbezogen und die Ökonomie sinnbezogen bleibe, fordert Johann Weber drei Prinzipien ein: den Vorrang der Arbeit und des arbeitenden Menschen vor dem

Kapital, die Einordnung der Wirtschaft in eine Stufenordnung humaner Werte und Gerechtigkeit als Regulativ ökonomischen Denkens.

Amtsübergabe als Jugendbischof, Seggau, 10. September 1982

Johann Weber zieht Bilanz als Jugendreferent der Bischofskonferenz und verbucht auf der Haben-Seite, „dass die Türe zwischen den Verantwortlichen der gesamten Kirche und der Katholischen Jugend nicht zugefallen ist. Das könnte eine sehr minimale Erfolgsbilanz sein, aber in Zeiten wie diesen (insbesondere wegen der Konflikte um politisches Engagement und Friedensbewegung, Anm.) ist das gar nicht so wenig."
Aus seinen 13 Jahren Erfahrung als Jugendbischof begründet Weber seine Ansicht, dass strukturelle Änderungen in der Jugendarbeit notwendig seien: „Ich glaube, dass die derzeitige Struktur der Katholischen Jugend ohne endlose Sitzungen und Debatten geändert werden soll, weil sie – selbstverständlich von niemandem gewollt – nun nach einer Zeit der Bewährung immer mehr zu einer gewissen Isolierung der Funktionäre und dadurch der organisierten Katholischen Jugend beiträgt. Die stärkere Einbindung in die Pfarren und in die Diözese wird von vielen als Reduzierung gefürchtet, sie ist aber die Grundlage von neuem Wachstum. Ich habe daher in unserer Diözese den Versuch in die Wege geleitet, eine Neuordnung voranzubringen."

Katholikentags-Komitee, St. Pölten, 11. September 1982

Vor dem Komitee zur Vorbereitung des Österreichischen Katholikentages 1983 fordert Johann Weber mehr Gemeinsamkeit der Diözesen in Hinblick auf das eine Österreich: „Neue Communio der neun (zehn) Diözesen ist nötig. Einrichtungen schaffen, damit beweglich und verantwortlich in Politik, Kultur, Wissenschaft das Unersetzliche des Evangeliums eingebracht werden kann."
Ausdrücklich unterstreicht der Bischof die Notwendigkeit, sich als Kirche mit der Öffentlichkeit auseinander zu setzen und sich einzubringen: „Mehr Umgang mit den Seismographen: Intellektuelle, Dichter, Maler, überhaupt Künstler, Werbung, Medien. Ein Pressekonzept, nicht allein um unsere Position auszubauen, sondern um mit diesen Kräften zu leben, sie zur Nachdenklichkeit zu nötigen. Wir dürfen die qualifizierte, echte Auseinandersetzung nicht scheuen. Wir haben auch an den drei Parteien und in den Parteien einen Dienst zu tun, ebenso bei den Alternativen: weniger Gereiztheit miteinander, fundierte Stellungnahme von Befugten für Österreich und seine Zukunft."

Priestertagung, St. Georgen am Längsee, 22. Oktober 1982

Der Priester sei für die Menschen bestellt, sagt Johann Weber. „Wir haben ihnen Hilfe zu geben – die tatsächliche Hilfe ist die Eröffnung der Auferstehung. Sie ist das Maß unserer

Beratung, des Sozialengagements. Der berühmte Satz von Cardijn ‚Jeder junge Arbeiter ist mehr wert als alles Gold der Erde' ist nur aus der Auferstehung zu verstehen. Wenn der Glaube an die Auferstehung verfällt, gilt der Satz von Hans Urs von Balthasar: Wenn der Christ nicht ins Heidentum fällt, fällt er in ein säkularisiertes Judentum, einen innerweltlichen Messianismus."

Der Bischof unterstreicht das Geistliche des Priesters: „Ein geistlicher Mensch bleibt in Erinnerung und mehr als eine bloße Erinnerung. Der geistliche Priester schaut unverwandt auf die Menschen und auf Gott ... Der geistliche Priester ist ein Lehrer des Gebetes, einer, der seiner Gemeinde vorbetet und vorausbetet."

Priesterkurs in Freising, 19. Jänner 1983

Jahrzehnt des Evangeliums

Der Diözesanbischof benennt mit einigen Bibelstellen, was mit dem Jahrzehnt des Evangeliums gemeint und angestrebt ist:

Matthäus 9,36	– erschöpfte Schafe ohne Hirten;
Matthäus 13,44	– die Perle, für die man alles gibt;
Markus 16,15	– geht hinaus zu allen;
Lukas 13,18	– der Baum, in dem alle Vögel nisten können; das Evangelium in allen Lebensumständen;
Matthäus 14,15	– Speisung der 5000; es gibt auch eine Kräftevermehrung;
Lukas 22,35	– sie hatten auch ohne Mantel keine Not gelitten.

Jugendzeitung Vorau, 26. Mai 1983

In seinem Beitrag für die Jugendzeitung erzählt Bischof Johann Weber aus seiner eigenen Jugendzeit:

„Ein Gendarmeriebeamter ist eine Respektsperson (dabei kannst du ruhig an den Zustand deines Mopeds denken!), vor allem, wenn er so pflichtbewusst ist, wie mein Vater war. Meine Mutter wurde, wie es in Österreich so üblich war, immer mit Frau Inspektor angeredet; das hat sie sehr geärgert. Aber Mangel an Energie hatte sie auch nicht. Jedoch glaube ich nicht, dass ich trotz ihrer mitunter nachdrücklichen Strenge einen Komplex davongetragen habe, wie es heute viele gescheite Leute düster androhen.

Ich war der Jüngste von sechs Geschwistern, und da meine Mutter eine gelernte Schneiderin war, habe ich zugegebenermaßen öfter mit gekränkter Eitelkeit die umgearbeiteten Anzüge meiner Brüder aufgetragen. Dann wurde mir bald ein anderer Anzug verpasst, diesmal gratis, aber nicht erfreulich: die Uniform der Deutschen Wehrmacht. Diese habe ich sogar in der Gegend von Vorau und Wenigzell herum getragen und ich kann mich heute noch erinnern, wie wir durch das brennende Stift marschierten. Schließlich gehörte ich zu den

Verwundeten. Eine Nacht war ich im Vorauer Spital; eine der verschreckten und doch so tapferen Schwestern sagte: Vorgestern sind hier noch die Russen in den Betten gelegen. Dann ging alles sehr schnell. Blitzschnell war das ‚tausendjährige Reich' vorzeitig zu Ende, mit großer Schnelligkeit begannen wir Heimkehrer zu studieren und ganz schnell habe ich eines Tages mein erstes Studium – Deutsch und Geschichte – aufgegeben, weil ich wusste: Du musst Priester werden. Ich weiß nicht ganz genau, wie eine Berufung vor sich geht, aber jedenfalls weiß man es, dass man angeredet ist."

Verleihung des Ehrendoktorates, Karl-Franzens-Universität Graz, 19. November 1984

Der Diözesanbischof formuliert eine Kultur des Lebens als Leitgedanken für eine Kultur der Zukunft:
„Man muss nachdenken, welche Werte es gibt, die für unseren Zugriff unverfügbar sind. Inmitten der lauten Debatte über Abtreibung, Euthanasie und Selbstmord muss angestrengt nachgedacht werden, wie es denn sei, wenn man Leben und Vorteil gegeneinander abwiegt. Man müsste also darüber reden, wie es überhaupt um die Kultur des Lebens steht, wie weit wir zu einer Kultur der Sprache, zu einer Kultur der Freundschaft, zu einer Kultur der Freude fähig sind und fähig gemacht werden.
Kultur braucht Mühe, braucht Hören, braucht Versuch. Es ist kirchengeschichtlich erhärtbar, dass nach jedem Konzil zunächst eine Phase von Umbrüchen, Unsicherheiten, Aggressionen und Spannungen bis zur Gefahr der Spaltung entstanden ist. So war es auch nach dem Zweiten Vatikanischen Konzil. Es ist zu einfach, würde man meinen, das hätte durch klügere Kirchenpolitik und Kirchenleitungen vermieden werden können. Ich glaube vielmehr, dass immer dann, wenn sich die Kirche auf ihr ureigenstes Wesen bezieht und besinnt, dass sie dann zugleich stellvertretend für die ganze Erde vieles auszutragen und auszuleiden hat, damit ein Stück Kultur der Zukunft entstehe."
Bischof Weber hält es für „eine Illusion zu meinen, der Mensch würde verzichten, das technisch Machbare zu nutzen, wenn er nicht zugleich auch Werte – nennen wir sie ruhig Gebote – als unberührbar betrachtet, weil sie von einem Unberührbaren kommen".

Arbeitnehmertage des ÖAAB, Krainerhaus, Graz, 28. März 1985

Arbeit teilen
Dem Gedanken, Arbeit zu teilen, legt der Bischof das Bibelwort Lukas 3,11 zugrunde: Wer zwei Gewänder hat, der gebe eines davon dem, der keines hat. „Dieses Wort vom Gewand ist sehr brauchbar. Normalerweise kann man nicht leben, wenn man kein Gewand hat. Man kann aber sehr wohl leben, wenn man nur eines besitzt."
Daraus leitet Weber Fragen und Möglichkeiten ab, die debattiert und ausprobiert werden sollten:

Wenn eine Person zwei Gehälter hat – muss das immer so sein?
Wenn zwei Ehepartner in Arbeit sind, ist es doch denkbar, dass der eine sagt: Wir haben unser hinreichendes Auskommen, ich mache Platz für jemanden, wo beide Ehepartner unbeschäftigt sind.
Abbau von Überstunden, Reduzierung zu hoher Einkommen, Arbeitszeitverkürzung, Verkürzung der Lebensarbeitszeit, Teilzeitarbeit.

Festgottesdienst 400 Jahre Universität Graz, 23. April 1985

Johann Weber spricht von der Macht des Sagens, die durch das Hören gezähmt werden müsse. Noch nie sei es möglich gewesen, Massen von Menschen an einem gesprochenen Wort so teilhaben zu lassen wie heute. „Dazu kommt die wunderbare und zugleich furchterregende Macht, in die Falten des menschlichen Denkens und Fühlens hineinzugreifen und dort das anzusiedeln, was man wünscht. Es stimmt tatsächlich: Wer das Wort hat, hat den Menschen. Zugleich weiß jeder, welcher Balsam ein gutes Wort sein kann. Er erlebt es von der Stimme seiner Mutter an, bis zu einem, der ihn bei seinen letzten Atemzügen nicht im Stich lässt. Wir erleben Menschen, die ein einziges Geschenk sind, weil ihr Wort und ihr Leben zusammenklingen."
„Damit das Reden in die Waage der Gerechtigkeit kommt, bedarf es des Hörens. Hören ist leicht, wenn man das hört, was man hören will. Hören ist schwer, wenn man es einhüllt in die Gnade der Ehrfurcht. Das Hören ist unteilbar. Wer auf den anderen hören will, der muss zugleich mit ihm hören."
Solches Hören bringe das Reden in die Waage. „Der Zeiger der Waage aber, der nach oben weist, ist die Schönheit des Hoffens. Von Dostojewski stammt es: Die Schönheit wird die Welt retten."

Priestertagung, St. Georgen am Längsee, 23. bis 25. Oktober 1985

„Es wird gut sein", so lautet die Empfehlung des Bischofs an die Priester, „mindestens einen Gesprächspartner zu haben – also einen Partner, dem ich ins Auge schauen kann –, der auf der anderen Seite ist, dem Glaube und Kirche fremd sind. Das ist mehr als ein Training des Umgangs mit Fernstehenden. Ich brauche die Berührung, den buchstäblichen Blick auf jene Wirklichkeit, die die Mission, die Erstmission erfordert."
Für die Seelsorge stellt Weber zwei Modelle für kleine Pfarren in der Region zur Diskussion. Das eine: Mehrere Priester leben an einem Ort und versorgen miteinander eine ganze Gegend, wie es das Prinzip der Chorherren, der Missionsstationen, der alten Hauptpfarren war und ist. Das Zweite: Mehrere Priester leben in einer Region, allerdings wohnen sie in verschiedenen Pfarren, sorgen aber für diese ganze Region, einschließlich der Pfarren ohne Priester am Ort. In diesen Regionen müsse man darauf achten, dass die geistlichen Zentren, die es weithin schon gibt, wachsen: Zentren für Wallfahrten, für Beichte, für Jugend.

In den Städten wäre es nach Ansicht des Bischofs wichtiger, nicht in erster Linie von den einzelnen Pfarren, sondern mehr von der Stadtkirche zu reden. „Es soll nicht jede Pfarre für sich allein sein und allein alles tun. Selbstverständlich muss es die Eigenständigkeit geben und die deutliche Beheimatung in der betreffenden Pfarre, aber oft gibt es eine Anstoß erregende Rivalität und Abgrenzung. Von selber haben sich in den Städten bereits Zentren entwickelt: für die Beichte, für besondere Gottesdienste, für Bildung, für die Jugend, bestimmte Treffpunkte."

Beitrag für die Zeitschrift Diakonia, 3. Februar 1986

„Der Bischof wird nicht an einer windschlüpfrigen Kirche basteln, die keinen aufregt", schreibt Johann Weber. „Er wird eine menschenfreundliche Kirche prägen, die den Menschen aber nicht einen Stein in die Hand drückt unter geschwätzigen Versicherungen, dass dies Brot sei ... Dazu muss der Bischof bereit sein, ständig das Volk einzuatmen. Sein Leben, seine Sorgen, seine Gefühle, seine Gedanken und seine Unvernünftigkeiten so hautnah erleben, wie er unzähligen Menschen die Hand reicht, Kindern das Kreuz auf die Stirn macht und Zeit für Kranke hat. Er muss das Ohr am Mund des Volkes haben und seine Gedanken und Lieder, seine Geschwätzigkeit und seine Höhenflüge hören. Und vor allem soll er selbst gern und viel Beichte hören."

Medienempfang, 7. Mai 1986

Vor den Vertretern von Presse und Rundfunk erläutert Bischof Weber die Haltung der katholischen Kirche zur Bundespräsidentenwahl:
„Es gehört zu den wichtigen Gütern der gegenwärtigen Kirche, dass wir keine Wahlempfehlung geben. Aber es hat sich gezeigt, dass die Frage nach dem persönlichen religiösen Bekenntnis eines Kandidaten sehr wohl interessiert, dass diese Frage gestellt wird und dass man sie wohl auch stellen darf. Unsere Reaktion auf eine öffentliche Aussage von Dr. Steyrer über sein Verständnis von Christsein war keine Wahlempfehlung, sondern eine notwendige theologische Klarstellung. Denn Christ sein kann man nur als Glied der Kirche, das gehört zum Selbstverständnis unseres Glaubens."

Für „steirische berichte", 8. November 1986

Wider das Bild einer düsteren Kirche mit Zähne zusammenbeißenden, ständig das Gewissen beschwörenden, atemlos sich plagenden Menschen führt Johann Weber einen Witz ins Treffen: „Eine oststeirische Pfarre beschloss, die Fassade der Kirche neu zu färbeln. Ein Mann aus dem Pfarrgemeinderat geht sammeln. Er kommt auch zu einer Dame, von der man weiß, dass sie aus der Kirche ausgetreten ist. Er pirscht sich dennoch mutig heran und bringt sein Anliegen vor. Die Dame sagt: Sie wissen doch, dass ich aus der Kirche ausgetreten bin. Der Pfarrgemeinderat erwidert: Das macht nichts, wir streichen die Kirche ohnehin nur außen an. Der Sammler bekam eine brauchbare Spende."

Kleine Zeitung, 17. April 1987

Werdet nicht nervös, wir sind ja Katholiken!

Johann Weber greift „etliche Zeichen von Nervosität" in der katholischen Kirche in Österreich auf, die „durch eine vermutete und einige erfolgte Ernennungen von Bischöfen" ausgelöst worden seien. Der steirische Bischof hält entgegen: „Seid nicht nervös, wir sind ja Katholiken! Ich sage das jenen, die mit der Kirche verbunden leben, und jenen, die davon wenig Gebrauch machen. Ich sage es überhaupt allen, denn diese Erschütterungen berühren auch sogenannte Fernstehende; offensichtlich möchten sie sich doch auf die Kirche verlassen können. Und ich sage es jenen – ein paar haben es mir geschrieben –, die meinen, jetzt wäre es am besten, aus der Kirche auszutreten."

Die Kirche wachse wie ein Baum. „Sie trägt Früchte, anderes verdorrt und manches wird faul. Der Stamm aber, der die Zweige trägt, ist Jesus Christus mit seinem Kreuz und seiner Auferstehung. Dieser Stamm ist so stark, dass ihn kein Sturm brechen kann. Deshalb: Verliert nicht die Nerven, wir sind Katholiken!"

Weber unterstreicht: „Ich bin gern katholisch, römisch-katholisch. Ich erlebe nun in meiner Lebensspanne den fünften Papst. Jeder war anders. Paul VI. und Johannes Paul II. habe ich mehrmals persönlich sprechen dürfen. Was für ein Unterschied allein zwischen diesen beiden!" Der Papst müsse Autorität haben. „Dazu bringen ihm die Katholiken Respekt, Vertrauen und Aufmerksamkeit entgegen. Das ist die Grundlage eines warmherzigen Gehorsams, der den Dialog nicht ausschließt. So wächst Autorität, die dann gar nicht eingehämmert werden muss, weil sie einfach da ist. Ich bin sicher, dass in Österreich eigentlich kein grundlegender Zwiespalt mit der Gesamtkirche und daher mit dem Petrusamt des Papstes besteht. Deshalb soll man nicht ständig diese Gemeinsamkeit beschwören, bereden oder in Frage stellen, sich von ihr distanzieren, sondern sie einfach tun, einfach als Katholik leben."

Amtseinführung des neuen Superintendenten Ernst-Christian Gerhold, 6. Dezember 1987

„Die Kirchen sollen nicht müde werden, manches mit heiterem Herzen und Gottvertrauen anzustreben. Sie sollen persönliche Freundschaften stiften. Sie sollen sich an ihrem eigenen Reichtum freuen und auf den Reichtum, das Eigenleben der anderen Kirche mit Ehrfurcht sehen, auch auf ihre Situation. Sie sollen tiefer entdecken, dass die Menschen dieses Landes Hunger nach Gott haben und diesen Hunger oft mit synthetischen Nahrungsmitteln zu stillen versuchen. Oder anders gesagt: die Menschen hoffen auf fromme, geistliche Christen und Kirchen."

Vortrag bei B'nai B'rith, Wien, 29. Februar 1988

Der katholische Bischof nennt zwei bestimmende Momente für sein persönliches Verhältnis zum Judentum: seine Jugenderlebnisse und die aktuellen Anzeichen für das Einander-Erkennen.

„Meine Schwester hat in einem jüdischen Möbelhaus in Graz gearbeitet und ihre Chefs überaus geschätzt. Als kleiner Bub musste ich dann eines Tages hören, das Geschäft sei zerstört und der Chef niedergeschlagen worden. Etwa am gleichen Tag merkte ich beim Heimfahren von der Schule, dass die Zeremonienhalle des jüdischen Friedhofs brennt. Völlig unauslöschlich ist es mir geblieben, wie ich in den letzten Kriegswochen als junger Soldat in Gratwein ausgeladen wurde und auf einmal den endlosen Zug der ungarischen Juden sehen musste, die durch die Steiermark getrieben wurden.

Ich möchte etwas mit Unsicherheit und Gewissheit zugleich sagen: Es scheint ein geheimnisvoller Vorgang in der Gegenwart zu geschehen: Es wird uns offenbar geschenkt, dass wir einander erkennen. Ich verweise darauf, dass im biblischen Sprachgebrauch das Wort erkennen ebenso auch bedeutet: miteinander fruchtbar werden. Mir scheint nun, dass wir auf einmal die Schuppen vor den Augen verlieren und gegenseitig das Angesicht mit den Gesichtszügen des Bruders entdecken. Wir sind miteinander Wahrer des Erbes der endgültigen Zuneigung Gottes und wir sind Wahrer der Anbetung. So stehen wir vor Ihnen und wir könnten einander sagen: Ich erkenne dich, mir gehen die Augen auf!"

Vorbereitung der Bischofssynode, Einsiedeln, 29. Juni 1990

In der ständigen Aufgabe der Priesterbildung schildert Johann Weber das steirische Modell als Erfolgsgeschichte: „In unserer Diözese haben wir hervorragende Erfahrungen mit den jährlichen Pfarrerwochen, den jährlichen Kaplanswochen und eigenen Kursen in Freising. An der Pfarrerwoche (von Montag bis Donnerstag) nehmen bis zu drei Viertel aller Pfarrer teil. Bei der Kaplanswoche (von Montag bis Freitag) sind praktisch alle Kapläne anwesend. Nach Freising fahren wir jährlich mit je 50 Priestern zwei Wochen lang. Dabei wird spezielle Fortbildung angeboten, besonders wertvoll aber ist das brüderliche Beisammensein in einer gewissen Distanz vom Ort unserer täglichen Arbeit. Charakteristisch ist die ständige Anwesenheit des Bischofs, des Generalvikars, des Diözesanvisitators, des Pastoralamtsleiters und anderer Verantwortlicher. Wir machen einfach mit. Der Bischof soll sich ruhig auf die Hörerbank mit seinen Mitbrüdern setzen. Es ist für die Priester existenziell wichtig, dass gerade der Bischof Bildungsvorgänge mit ihnen teilt, es auch erträgt, dass nicht alle Fragen gelöst werden können."

Diese Veranstaltungen würden „grundsätzlich nicht vorgeschrieben und gerade dadurch haben wir wahrscheinlich eine so hohe Beteiligung erreicht".

Symposium „Die europäische Herausforderung", CA, Fuschl, 14. September 1990

Für Westeuropa prägt Johann Weber die Formel: Es gibt sehr viele, denen nichts abgeht, denen aber „jemand" fehlt. „Unser Glaube ist mehr als eine Idee oder Ethik, er ist eine Gestalt: Jesus Christus." Es gebe keine christliche Politik oder christliche Wirtschaft, „wohl aber Politik und Wirtschaft, die von Christen aus ihrer Bindung an Christus betrieben werden kann". Dazu gehöre, „dass jeder, der zur Antwort, nicht nur zur Reaktion fähig ist, eine ernste Verantwortung hat und sich nicht mutwillig ins Privatleben zurückziehen kann".
Nach der Öffnung der bisher geschlossenen Gefällegrenze zwischen Arm und Reich an Österreichs östlicher Grenze sei ein Dreifaches notwendig: Zur Kenntnis nehmen, dass eine neue Ära begonnen hat; Signale gelungener Integration setzen; die Disziplin der Sprache pflegen, wie man über Menschen anderer Herkunft spricht, „denn menschenzerstörerische Handlungen beginnen mit dem Wort".
Über Europa hinaus spricht der Bischof „das uns kaum verstehbare islamische Erwachen" an und fragt: „Ist es nicht auch – neben Nationalismus und Armut – die Rechnung für eine messianische Aufklärung der Europäer, die wir oft zur bloßen Befreiung von der Hoffnung auf Gott und aus Gott degenerieren ließen?"

Bericht von der Bischofssynode in Rom, 29. Oktober 1990

„Einen ernsten Vorsatz bringe ich mit nach Hause: Ich will unsere Diözese noch viel mehr drängen zur Solidarität mit den Priestern und um neue geistliche Berufungen, sei es zur Weihe, sei es zum Ordensleben. Unsere Bildungseinrichtungen, die Katechese, die Jugendpastoral, ja überhaupt unsere Gemeinschaften und Pfarren können nur dann ernst genommen werden, wenn sie selbst Priester und Ordensberufungen ernst nehmen. Ich dränge Sie alle zu dieser Solidarität. Es ist die Solidarität zum Evangelium."

Startveranstaltung zum Tag der Steiermark, Kammersaal, 6. Dezember 1990

Der Diözesanbischof spricht eine große Einladung zur Vorbereitung auf den Tag der Steiermark aus:
„Kommt mit: Katholiken unserer Diözese. Kommen Sie mit: Orthodoxe, Altkatholische, Evangelische, Politiker, Wirtschaftsleute, Künstler, Arbeiter, Alte, Junge, Frauen und Männer, Wissenschaftler – auf den Weg einer neuen Aufmerksamkeit füreinander. Auf den Weg eines neuen Dialogs, eines neuen Vertrauens, eines neuen Respekts voreinander.
Laden wir also einander ein, Pfarrgemeinderäte und politische Gemeinderäte. Schauen wir miteinander unsere Gemeinden an. Denken wir miteinander nach über unsere Kinder, die Alten, die Arbeitsbedingungen, die Familien. Reden wir ernst und nachdenklich über Frie-

den, Gerechtigkeit und Bewahrung der Schöpfung. Lernen wir den Dialog, der oft zunächst wie eine Fremdsprache wirkt. Befassen wir uns mit dem Sozialhirtenbrief. Weichen wir dem Alter und dem Tod nicht aus, greifen wir miteinander und nicht gegeneinander zu, wenn es um Flüchtlinge geht oder um Gestrandete. Wenn es um die Kultur unseres Landes geht, etwa in der Bewahrung des Sonntags."

Homilie beim Begräbnis von Erzbischof Josef Schoiswohl, 2. März 1991

Johann Weber nennt seinen Vorgänger „einen geistlichen Baumeister in der Kirche von Österreich, zumal in der Diözese Graz-Seckau. Sein architektonisches Maß war die Seelsorge, und das ist es geblieben bis zum Ende seines Lebens. Das geistliche Tun und das sichtbare Werk dieses wahren Baumeisters im besten Sinne des Wortes, wie wir es etwa von den großen Dombaumeistern spüren, war vom Dienst am Heil, am Aufatmen der Menschen zur Freiheit der Kinder Gottes geprägt ... Er war kein weltfremder Idealist, der mit Überlegenheit auf die Mühsal von Kirchenbau, Geldaufbringung und Einrichtung von Ämtern herabschaut. Er konnte Kirche nur denken in ihrer Gestalthaftigkeit, die dazu auch Gebäude, Errichtung von Pfarren und auch von Büros braucht. Er wollte sich keine Denkmäler setzen, aber gerade seine mühevolle Verantwortung, nach der Befreiung Österreichs auch so weit wie notwendig die Strukturen des Zusammenspiels von Staat und Kirche neu zu ordnen, war getragen von dem einen: Wir müssen eine freie Kirche in einem freien Staat sein."

Als das große Werk von Bischof Schoiswohl nennt Weber „das klare Ja zur Berufung der Laien, nicht bloß um aktive Funktionäre zu haben, sondern um aus ihrer Würde durch Taufe und Firmung in allen Lebensräumen Christus sichtbar zu machen. Die Diözesansynode 1960 in Graz hat Kirchengeschichte geschrieben. Es war damals eine Sensation, dass ein Laie das Wort ergreift."

Vorbereitung auf den Tag der Steiermark, Jahrestagung der Katholischen Aktion, 6. April 1991

In der Vorbereitungszeit auf den Tag der Steiermark (1993) sagt der Bischof, „es sollte für uns eine Art Signet der Kirche in der Steiermark sein, dass wir die Situation annehmen, so wie sie ist. Ich liebe überhaupt nicht diese Kirchenträume, sofern sie jemanden anklagen, sondern: zur Situation stehen, da sind wir und das sind wir."

Der Bischof greift die Unterscheidung des Pastoraltheologen Paul M. Zulehner zwischen Lebensreligion und Erklärungsreligion auf. „Zur Erklärungsreligion – irgendwer muss das Weltall geschaffen haben – kann man nicht beten. Es braucht die Erklärung, es braucht die geistige Strapaze. Aber es geht um die Lebensreligion. Wie Maria Magdalena die Hände ausstreckt und sagt, nachdem sie angeredet wurde: Rabbuni. Das ist viel mehr als Meister; du bist mein Lieber, auf dich kann ich bauen, dich kann ich halten. In der gleichen Situati-

on sind wir. Die ganze Katholische Aktion müsste so etwas sein wie die ausgestreckten Hände der Maria Magdalena."
„Deshalb kann ich mir den Tag der Steiermark nicht vorstellen ohne eine Exerzitienbewegung der KA. Exerzitien sind nicht das einzige, aber eines der wesentlichsten Mittel, dass Menschen sagen können: jetzt habe ich etwas entdeckt."
Die zweite Säule für den Tag der Steiermark sieht Weber in der Fleischwerdung des Evangeliums. Es geht dem Bischof um die Zeichen, um die Verhaltensweisen, darum, dass Christen anders leben, in den Sakramenten, aber auch in ihrem gesellschaftlichen, politischen Einsatz. „Eine halbe Stunde lang hat Minister Löschnak mir am Telefon immer wieder die Frage gestellt, die an sich unfair ist, aber auch ihr Recht hat: Wie viele Quartiere werden Ihre Pfarren für die Flüchtlinge zur Verfügung stellen?"
Der dritte Kerngedanke des Diözesanbischofs für den Tag der Steiermark heißt: Werft die Netze aus! „Ich erzähle meine Standardgeschichte: einen guten Dechant habe ich gefragt, was er schätze, wie viele Menschen in seinem Dekanat beruflich im Dienst der Verkündigung stünden: Priester, Ordensfrauen, Religionslehrer, Pastoralassistenten, Kirchenbeitragsbeamte. Es hat gesagt: 50. Tatsächlich waren es genau 110. Was heißt das? Wir haben so viele Einzelkräfte, aber kein Netz. Wir wissen voneinander nicht."
Der Bischof schließt mit einer Absage an den diözesanen Zentralismus: „Liebe Leute vom Bischofplatz 4 und sonstigen zentralen Gebäuden: Wir verschicken zu viel Papier. Noch eine Zeitschrift herausgeben, noch ein Papier herausgeben, noch eine Aussendung. Die Leute können das nicht verkraften. Ich war im Vorjahr drei Wochen Pfarrer in 1300 Metern Höhe in einer ganz kleinen Pfarre, in St. Wolfgang am Zirbitz. Ich habe sorgsam zusammengelegt, was in drei Wochen allein aus dem Ordinariat gekommen ist. Und das noch dazu in der Urlaubszeit."

Orientierungsgespräch „Landesverteidigung heute – Positionen der Kirche", Raiffeisenhof Graz, 23. Oktober 1991

Johann Weber beginnt sein Statement mit der Erinnerung an seine Jugendjahre und den Krieg: „Unser Nachbarhaus wurde von einer Bombe zerstört. In nächster Nähe befand sich die SS-Kaserne – die Legionäre aus vielen Völkern – Flamen, Finnen, Wallonen, Turkmenen – waren für uns ein seltsamer Anblick, eine Illustration der allgemein verbreiteten Meinung, dass ein Kreuzzug nach Osten notwendig sei. Hier in diesem Haus war die Parteizentrale von Wetzelsdorf, hier hatten wir den HJ-Dienst zu leisten und erlebten die lückenlose Beeinflussung von allen Seiten. Für mich ist eine bleibende Erfahrung, wie in mir trotz hoffentlich guter Anlagen und einer sorgsamen Erziehung Böses, Hass, Rache wachsen kann. Wichtig sind auch die künstlerischen Versuche, diese Seite zu bewältigen. Ich habe viel gelesen und gesehen, es bleibt aber meist der Eindruck einer Besserwisserei. Eine Ausnahme könnte das Buch ‚Die sterbende Jagd' von Gerd Gaiser (Fischer 1957) sein."
Zur Landesverteidigung zitiert Weber den Sozialhirtenbrief der österreichischen Bischöfe von

1990, der „den Einsatz des Soldaten für den Dienst am Frieden begrüßt". Die Bibel sehe die Gebrochenheit des Menschen, etwa wenn es im Römerbrief 12,18 heiße: Haltet Frieden, soweit es euch möglich ist. Daher gibt es für Weber „eine legitime Landesverteidigung, die auf Dauer ohne eine bewaffnete Macht nicht auskommen wird. Wir sprechen aber nicht einfach vom gerechten Krieg. Dieser Begriff ist zu missverständlich und wurde zu sehr missbraucht."
„Die persönliche Notwehr setzt voraus, dass ein Angriff bedrohlich und aktuell ist. Sie ist schon schwieriger zu beurteilen, wenn ein Volk verteidigt werden soll. Es kann sein, dass man meint, es nicht riskieren zu können, zu warten, dass der andere zuerst Gewalt gebraucht. Damit begeben wir uns aber in das sumpfige Gebiet der bloßen Ausrede für einen Angriffskrieg. Hitler hat fast alle Kriege damit begründet, dass er einem angeblichen Angriff zuvorkommen müsse."
„Immer sind persönliche Zeichen zu erhoffen, dass Menschen aus ihrer persönlichen Berufung lieber Leid, ja Tod auf sich nehmen, um nach dem Bild Christi sich von jeglicher Gewalttat freizuhalten. Auf sie schauen wir mit hohem Respekt und wir hoffen weiter auf solche Zeugen, ohne dass man sagen kann, das sei allgemeine Regel für jeden. Absoluter Pazifismus als Gesellschaftsstruktur geht an der Wirklichkeit und am Schutzgebot vorbei. In Abwandlung eines bekannten Satzes könnte gesagt werden: Stell dir vor, es sind Einbrecher im Kinderzimmer, und niemand geht hin. Das zeigt schon die Problematik. Ebenso gibt es eine neue Unwahrhaftigkeit, die höchste Aufmerksamkeit verdient: Im jüngsten Golfkrieg wurde uns ein sauberer Krieg vorgeschwindelt, in dem eine lückenlose Berichterstattung kaum Menschen im Leid zeigte, sondern nur technische ‚Errungenschaften'."

Zum Ausländer-Volksbegehren, Kleine Zeitung, 24. Dezember 1992

In einem Weihnachts-Interview für die Kleine Zeitung bezieht der Diözesanbischof Stellung zum Ausländer-Volksbegehren:
„Jeder Mensch, ob er uns bekannt oder fremd, sympathisch oder unheimlich ist, hat eine Würde, die für uns Christen von Gott kommt. Deshalb verwahre ich mich gegen Schuldzuweisungen, gegen Kampagnen und auch gegen Worte der Aburteilung. Man soll über Ängste, falls es sie gibt, sprechen dürfen. Man muss aber auch zur Kenntnis nehmen, dass die wohlhabenden Staaten in Europa und Nordamerika nun noch mehr werden teilen müssen. Tun wir es nicht freiwillig, legen wir den Samen zu gewalttätigem Teilen. Eine neue Welt kann nicht nur eine Sache der Politik oder Wirtschaft sein, sie ist auch eine der Barmherzigkeit. Frühere Kolonialsysteme dürfen nicht durch die Hintertüre hereinkommen.
Man kann es wenden, wie man will: Von den Initiatoren des Volksbegehrens wird zwar versucht, dieses nun ins Positive umzumünzen. Aber es richtet sich letztlich doch vor allem gegen Menschen, von denen sich viele in großer existenzieller Bedrängnis befinden. Es wird in der Steiermark keine öffentliche Empfehlung geben, nicht hinzugehen, weil ich überzeugt bin, dass die Katholiken wissen, wie ich denke. Ich zwinge niemandem mein Denken auf, aber ich glaube schon zu wissen, wie man christlich denkt."

Vorlesung an der Theologischen Hochschule Heiligenkreuz, 1. Oktober 1993

Für eine Pastoral ohne Scheuklappen und heiteren Herzens formuliert Bischof Weber acht Ermutigungen:

1. Ermutigung: Ein Herz für das Ganze! Das ganze Land, die ganze Kirche mit allen ihren Gliedern und Richtungen, die ganze Weltkirche, das Ganze des Evangeliums.
2. Ermutigung: sich beleben lassen vom dreifachen Herzschlag des Evangeliums: von der Berufung, der Communio und der Sendung. Sendung heißt für uns, wir werden das Volk nicht im Stich lassen, wir verweigern uns einer Trennung gewöhnlichem Volk und engagierter Gemeinde, von „Amtskirche" und Basis, von Laien und Priestern.
3. Ermutigung: neue Freude des unbekümmerten Apostolats: Jesus hat die Jünger zum Gehen berufen.
4. Ermutigung: das Apostolat, speziell der Laien. Früher gab es Kirchenpröpste, Vorbeter, Lehrmeister. So brauchen wir Laienmenschen des Glaubens.
5. Ermutigung: Mut zum Dialog: Wir haben in der Steiermark versucht, neues Land zu gewinnen mit unserem Jahrzehnt des „Dialogs voll Vertrauen und Mut" und mit dem Tag der Steiermark. Es ist uns viel zugekommen, ein neues Zwiegespräch mit diesem Land. Und wir werden auch neu gehört.
6. Ermutigung zum Herrn, den Thomas berührt. Wir wollen eine sichtbare, eine greifbare Kirche sein.
7. Ermutigung: Mut zur geduldigen Ökumene. Das Klima ist gut, die Schritte sind klein. Aber besser kleine und ehrliche Schritte, auch ein Innehalten, weil wir nicht weiter wissen, als Ausverkauf des Glaubensgutes oder Schulmeisterei der anderen.
8. Ermutigung: Mut, mit angespannten Augen und lächelnden Lippen auf die Zukunft zu sehen.

Hauptversammlung der Bundesarbeiterkammer, Graz, 10. Dezember 1993

Auf der Grundlage des Sozialhirtenbriefes 1990 der österreichischen Bischöfe nennt Johann Weber die Arbeitslosigkeit eine der „Geißeln der modernen Menschheit". Darum sei, so der Hirtenbrief, „ein gesellschaftlicher Zustand, der Menschen von der Arbeit ausschließt, als menschenunwürdig zu bezeichnen. Was die Kirche in diesem Zusammenhang besonders berührt, ist die drohende Gefahr eines Zerbrechens der Solidarität zwischen den Arbeitslosen und jenen, die einen Arbeitsplatz besitzen."

Die Zukunft der Arbeit habe viel damit zu tun, dass „die vorhandene Arbeit und das vorhandene Einkommen gerecht verteilt und notwendigerweise auch umverteilt werden". Dazu sei es auch notwendig, „die Vorurteile Fremden und Ausländern gegenüber abzubauen und solchen Menschen nicht nur eine wirtschaftliche, sondern auch eine mitmenschliche Heimat zu geben."

Verleihung der Würde des Ehrensenators, Universität Graz, 19. Mai 1994

Bischof Weber unterstreicht die Rolle der Theologie an den staatlichen Universitäten in Österreich: „Wenn eine Universität wirklich eine Universitas sein möchte, dann braucht sie das theologische Denken, Fragen, Lehren und Reden – umgekehrt kann dieses Reden und Denken von Gott nicht im umschlossenen Raum der eigenen Interessen stattfinden, sondern eben in der Universitas der Vielfalt menschlichen Tuns und Hoffens ... So ist es wohl jedem klar, dass man Österreich nur verstehen kann, wenn man nachdenklich darauf hinschaut, was denn die Christen durch viele Jahrhunderte angetrieben hat, ihrer Kirche Gestalt zu geben: in Kultur, Kunst, Gebet, Caritas, Sünde und Heiligkeit."
Der Beitrag der Theologie sei, aus dem Wissen jenseits der sichtbaren Lebensgrenzen, beständig zu fragen: „Wirklich?"
Der Titel der Zeitschrift der Katholischen Hochschulgemeinde Graz, „Denken und Glauben", benenne jene beiden lebendigen Schätze, die wahrhaft unerschöpflich seien. „Eine Universität ist wie ein gesicherter Tresor des Denkens. Ihre eigentliche Sicherung sind Menschen, die von einer beinahe heilig zu nennenden Neugierde beseelt sind: Was steht hinter den Dingen? Wie kann die einmalige Würde jedes Menschen gesichert und gefördert werden?"
Zu diesem Schatz des Denkens möchte die Kirche den Reichtum des Glaubens dazugeben. „Es kann viel gedacht werden, aber nicht alles. Es kann tief geglaubt werden, aber nie liebend genug. Im Horchen des Glaubens auf das Denken und im Horchen des Denkens auf den Glauben werden sich jedoch die Brotkörbe füllen."

Festgottesdienst 25 Jahre Bischof, Grazer Dom, 25. September 1994

Gott habe ihm den „großen Dienst anvertraut, den Herrn Jesus in diesem Lande anwesend zu machen", sagt der Jubilar. „Und da kommt es beinahe von selber, dieses Land und diese Menschen gern zu haben. Sehr viele haben mir das leicht gemacht."
„Es wäre nun angemessen, ein Konzept für die kommenden Jahre zumindest anzudeuten. Dafür wüsste ich schon einiges, aber so etwas soll immer im Netz der Demut bleiben. Im Lauf des Lebens lernt man einiges. 25 Jahre aber waren eine Hochschule, wo ich das verstanden habe, was ich vorher sicher schon aus dem Katechismus gelernt hatte: dass alles in Gottes Hand ist. Ich bitte Sie: Glauben wir miteinander daran!"

Humanismusgespräche Würde und Leid, Stadtgemeinde Voitsberg, 24. November 1994

„Ich kann leicht über Leid reden, wenn es von mir selbst ziemlich abgehalten ist: Ich bin relativ gesund, ich habe eine faszinierende, herausfordernde, sinnvolle Lebensaufgabe. Öfter scheint es auch Erfolg und Anerkennung zu geben. Und es gibt Menschen, die zu mir halten, mich notfalls trösten, mit denen mich das goldene Band verbindet, dass wir einander mögen."

Weber nennt das die wesentlichen Schutzzäune, die die Raubtiere des Leids abhalten sollen: Gesundheit, sinnvolle Aufgabe, Erfolg haben, treue Menschen. „Aber das Leid ist dennoch unausweichlich." Weber erinnert an das Gebot der ersten Christen: Du sollst das Martyrium nicht suchen, aber wenn es dich erreicht, hoffen wir, dass du es mit Gottes Hilfe trägst.

In Abwandlung des vierten Gebotes sagt Johann Weber: „Du sollst den Sterbenden, die Sterbende ehren, damit es dir wohl ergehe auf deiner letzten Reise."

Erklärung bei der Übergabe des Kirchenvolksbegehrens, 7. Juli 1995

1. Das Ergebnis:

„Das Kirchenvolksbegehren hat ein sensationelles Ergebnis gebracht. Es ist ein Alarmzeichen, zugleich ein Zeichen für die Vitalität, wie sie von vielen nicht für möglich erachtet wurde. Es drückt ein enormes Interesse an der Kirche aus, auch bei Fernstehenden. Unsere Kirche ist keine Ruine, vielmehr gibt es ein intensives Leben in den Pfarren, Gemeinschaften und Institutionen: Menschen mit sehr verschiedenen Einstellungen feiern miteinander Gottesdienst, arbeiten weitestgehend ohne Probleme miteinander in der Kirche und für die Kirche. Es gibt eine selbstverständliche Solidarität von Priestern und Laien. Das Kirchenvolksbegehren empfinde ich jedoch als einen heftigen Impuls, den man zur Kenntnis nehmen muss.

Wir sollen nicht den Anschein erwecken wollen, wir dürften keinen Konflikt haben, zumindest dürften wir ihn nicht zugeben. Es geht auch um das Bischofsamt in einer krisenhaften Anspannung. Ein Bischof darf sich bei aller Verschiedenheit der Begabungen und menschlichen Eigenart nicht vom Volk trennen: er kann und muss belehren, voran gehen, Fantasie zulassen, notfalls Widerstand leisten. Aber er soll nie beleidigen. Das zerstört Autorität.

2. Was folgt:

Wir wollen mit diesem Ergebnis miteinander umgehen, wie es sich für Christen gehört: einander guten Willen zugestehen und einen ehrlichen Dialog führen, der auch die Frage anspricht: was ist mit der Identität der katholischen Kirche vereinbar? Wir wollen die Beheimatung aller und nicht Ausgrenzung, wir wollen also verstärken, dass „katholisch" auch Buntheit bedeutet, mit „progressiven" und „konservativen" Katholiken ohne Monopolanspruch. Wir müssen die Bereitschaft besser entwickeln, voneinander zu lernen; und es geht auch darum, Konflikte offen und geduldig auszutragen.

3. Anmerkungen:

Das Kirchenvolksbegehren hätte der Sache besser gedient, wenn die Bischöfe von vornherein mit einbezogen worden wären. Die Punkte sind pragmatisch und wichtig, aber sie verhüllten ein wenig das große Problem aller christlichen Kirchen und Gemeinschaften: Wie heute an den lebendigen Gott glauben, wie Jesus Christus konkret nachfolgen? Die vielen bestehenden Räte und Foren in den Diözesen wurden umgangen; das ist aber auch eine Frage an diese und ihre Bodenhaftung. Dagegen steht die entstandene Aufbruchstimmung. Unmut und Unbehagen wurden bei vielen zu einem positiven Wollen. Das Engagement zur Erneuerung der Kirche hat eine neue Dynamik bekommen. Trotz aller kritischen Bemerkungen danke ich jedem Menschen, dem die Kirche am Herzen liegt.

4. Einzelne Punkte:
„Geschwisterlich“: Die geklonte Gleichförmigkeit ist ein Alptraum. Geschwisterlich heißt: verschiedene Berufungen. „Ich Laie will Priester, ich Priester will Laien.“ Einander nicht in Positionskämpfen „das Brot wegnehmen“.
„Zölibat“: Er ist ein starkes, aufregendes Zeichen, das herausfordert, das sehr viel mit dem Evangelium zu tun hat. Dieses Zeugnis darf nicht verschwinden, auch nicht allein etwa in Klöstern isoliert werden. Die Lebensumstände von heute bringen jedoch auch starke menschliche Schwierigkeiten. Dazu die Sorge, dass die Feier der Eucharistie oft ausfällt. Ehrliche Lösungen sind zu suchen.
„Frauen“: Der Papst hat zum Problem der Weihe gesprochen. Aber es geht vor allem um glaubwürdige Zeichen der Achtung des Beitrags der Frauen im Leben der Kirche (u. a. auch der Ordensfrauen). Sie brauchen Ermutigung. Die Diakonatsweihe halten viele für möglich und nötig.
„Bischofsbestellung“: Sie soll deutlicher in Würdigung der vorausgegangenen Arbeit in einer Diözese innerhalb der Gesamtkirche geschehen. Die starke Mitsorge der verschiedenen Räte in einer Diözese ist besonders erwünscht.
„Frohbotschaft – Drohbotschaft – Sexualität“. Wir brauchen eine grundlegende Erneuerung der gesamten Verkündigung, damit sie die Freude und die Lebenserfüllung verstehbar macht, die mit den Geboten und der Nachfolge von Gott gewollt ist. Sexualität, Einstellung zu Kindern, zur Ehe auf Lebenszeit ändern sich heute sehr schnell. Oft bleibt nur ein Leben ohne Verpflichtung für andere. Apodiktische Antworten sind zu wenig, aber ebenso der Rückzug auf Beliebigkeit. Das gebildete Gewissen hat Vorrang.

5. Wie vorgehen?
Wir werden miteinander ein gutes Instrument suchen und finden müssen. Ich sehe folgende Kennzeichen: der Vorgang muss sich mit den brennenden Fragen der Menschen beschäftigen, geistlich bestimmt sein, organisierbar, ein ehrlicher Dialog ohne Vertuschen, über längere Zeit, unter Einbeziehung der Praxis des Alltags und der Wissenschaften, ohne Machtproben, bezogen auf die Weltkirche, vielleicht zuerst in den einzelnen Diözesen, deren Eigenart stärker gesehen werden muss, nicht bloße Insiderbeschäftigung.

6. Erste Schritte:
Intensive Auseinandersetzung mit den Ergebnissen in der Bischofskonferenz auf dem Bo-

den des Konzils. Die Pastoralkommission Österreichs (40 Verantwortliche aus allen Diözesen) hat bereits mit Überlegungen begonnen und soll Ende September ihre ersten Ergebnisse vorlegen.
Ich betone, dass die Bischöfe in dieser Situation besonders gefordert sind, die Gemeinsamkeiten zu fördern. Ich hoffe, dass alle Glieder der Kirche die jetzige Chance nützen, nicht nebeneinander, nicht gegeneinander, sondern miteinander.

Interview zur Kirchenreform, Kathpress, 18. Oktober 1995

„Ich weiß nicht, ob der Streit um die Rechtgläubigkeit die tiefste Ursache ist oder doch mehr der Verlust des Vertrauens zueinander und damit ein tief sitzender Verlust des Vertrauens auf die Führung durch Gott", sagt Johann Weber zur Situation der katholischen Kirche in Österreich. Aber, so zitiert der Bischof den Theologen Johann Baptist Metz: „Die Reform ist aus allen Taschen zu zahlen, aus denen der Amtsträger genauso wie aus denen der reformwilligen Gläubigen."
Zum Verhältnis zwischen Rom und der katholischen Kirche in Österreich meint Weber: „Es ist notwendig, dass der Eindruck im Vatikan von Österreich breiter wird. Bekanntlich haben schlechte Nachrichten schnellere Beine als das viele Gute, das tagtäglich in unserer Kirche hierzulande geschieht. Wer es darauf anlegt, nur Hiobsbotschaften anzubringen, leistet der Gesamtkirche keinen guten Dienst."
Die gesellschaftspolitische Bedeutung der katholischen Kirche skizziert der Vorsitzende der Bischofskonferenz so: „Wir können uns nicht hinter Tabus und geistlicher Würde verschanzen. Lärmende Kreuzzüge und Kulturkampftöne werden uns auch nicht helfen. Es ist eine weltfremde und evangeliumsfremde Illusion, dass es für die Kirche besser wäre, sich aus dem Gefüge der Gesellschaft zurückzuziehen. Wir würden Österreich wesentlich ärmer machen, bis hin in das Materielle, wofür die Katholiken durch Caritas, Bewahrung der Kunstschätze und Erziehung unendlich viel beitragen. Es ist zum Nutzen Österreichs, wenn sich die Kirche in ihren Gegebenheiten entfalten kann. Dazu werden wir den Dialog suchen, die besseren Argumente anbieten müssen und Zähigkeit erweisen."

Österreichische Pastoraltagung, 30. Dezember 1995

Dialog – Dienst in der Wahrheit, Dienst für die Hoffnung

1. Dialog mit der ganzen Kirche: Der geistige, spirituelle, seelsorgliche Reichtum der Weltkirche ist ungeheuer und vielfältig, wir übersehen ihn oft nur.
2. Dialog der Lebenswahrheit: Ich bin! Und du neben mir bist in der Wahrheit deines Lebens und du bist immer anders. Jesus sandte die Seinen zu zweit aus, zwei verschiedene Menschen. Oder wie Friedrich Heer gesagt hat: Wir brauchen die Freude am Anderssein des anderen.

3. Dialog der Wirklichkeit des Lebens: Wir können es Erfahrung nennen oder wie Napoleon es sagte: Die Tatsachen sind eine unerbittliche Herrin.
4. Dialog mit den „Gegnern“: Eine Kontur der neuen Gestalt von Kirche ist das offene Gespräch ohne Berührungsangst. Offen heißt: Ich bin nicht sicher, ob ich nicht doch etwas lernen könnte dabei.
5. Dialog mit dem Bösen: Der Dialog im Beichtstuhl ist weithin verschwunden. Aber es sind auch neue Bilder des Bösen bewusst geworden: Umweltzerstörung, Unterdrückung, Ausbeutung, Fremdenhass, historische Schuld, subtile Verachtung von Frauen, Kindern, Erfolglosen, anders Gearteten, Kranken und Alten. Anklage allein verdeckt oft nur das eigene schlechte Gewissen. Verordnete Buße für andere verschweigt die Antwort auf die eigenen bohrenden Fragen.
6. Dialog an der Kirchengrenze: Vorwürfe, Mahnungen, demonstratives Kopfschütteln über den Zaun hinweg sind für wahre Ökumene nicht förderlich. Vielmehr wird halten, was ein Pionier des Gesprächs über die Grenzen der Kirche, Kardinal Pignedoli, gesagt hat: Zuerst müssen wir Freunde gewinnen. Der Papst hat mit dem Friedensgebet in Assisi der ganzen Welt ein Beispiel dieser Freundschaft in Ehrfurcht gegeben.
7. Dialog mit der Armut: Umgang mit Armut ist viel mehr als eine der vielen Tätigkeiten der Kirche, es ist ihre Identität. Das antike Staunen – Seht, wie sie einander lieben! – braucht heute die Ergänzung: Seht, wie sie mich, wie sie uns lieben – trotz allem, was nicht für uns spricht!
8. Dialog mit der Zuneigung Gottes: Die Kontur der neuen Gestalt von Kirche ist sie selbst, erkennbar als Gespräch Gottes mit den Menschen.

Interview in der „Herder Korrespondenz“, Nr. 6/1996

In einem ausführlichen Gespräch über das Bischofsamt wird Johann Weber gefragt, ob der Bischof künftig vor allem ein Moderator seiner Diözese sein werde, einer, für den schon viel gewonnen ist, wenn er mit möglichst vielen Menschen aller Richtungen im Gespräch ist. Dazu meint der Bischof: „Das wäre mir zu wenig. Ich sehe mich nicht als Gesprächsleiter einer Podiumsdiskussion. Für mein eigenes Leben sind mir drei Begriffe wichtig geworden. Erstens: der Zeuge. Jesus sagt zu seinen Jüngerinnen und Jüngern: Ihr sollt meine Zeugen sein. Zeuge, der zu etwas steht und der von etwas überzeugt ist, vom Glauben an die Auferstehung. Der zweite Begriff ist: der Treuhänder. Ich selbst stamme nicht aus einem dichten katholischen Milieu. Umso mehr habe ich entdeckt, wie wichtig das treuhänderische Weitergeben, Bewahren ist, von den alltäglichen Gebräuchlichkeiten bis zu dem uns übergebenen Glaubensgut und den Sakramenten. Der dritte Begriff kommt auf den ersten Seiten der Genesis vor: der Gärtner. Gott bestellt die Menschen, damit sie den Garten, die Welt pflegen, hüten. Es ist für mich wichtig und beeindruckend zu sehen, wie etwas wächst. Wie die Gärten heute nicht mehr streng mit dem Lineal gezogen werden, sondern oft Biotope sind, so schaut auch die katholische Kirche aus. Es wächst vieles, aber Unkraut gibt es auch.“

Zur Frage, warum Bischöfe kaum davon Gebrauch machen, dass in diözesanen Synoden die gemeinsame Verantwortung des Volkes Gottes zum Tragen käme, sagt Weber: „Zwei Gründe sehe ich hierfür. Nach einer Phase der Belebung der Kirche durch Gremien im Zuge des Zweiten Vatikanischen Konzils (Priesterrat, Diözesanrat, Pfarrgemeinderäte) herrscht – im übrigen nicht nur auf kirchlichem Gebiet – eine gewisse Gremienmüdigkeit. Hierzu hat auch die Erfahrung beigetragen, dass sich viele Dinge nicht immer lösen lassen. Der zweite, ganz handfeste Grund liegt darin, dass es eine ganze Reihe von Fragen gibt, die ununterbrochen besprochen werden (Zölibat, Priesterweihe der Frau, Sexualmoral) und sich auch in den Diözesansynoden niederschlagen. Man verabschiedet einen Beschluss mit hoher Stimmenquote. Der Bischof schaut strafend, ernst oder betrübt – je nach Temperament – und muss dann sagen: Ich kann das leider nicht bestätigen. Frust auf allen Seiten. Ich vertraue jedoch darauf, dass – wenn der Geist von Machtproben zurücktritt – gute Lösungen heranwachsen – vielleicht nicht sofort und nicht für alles."

Zu dem Eindruck vieler Katholiken, die Bischöfe würden sich höheren Orts zu wenig zu Sprechern ihrer Ortskirchen machen, meint der Grazer Bischof: „Der Bischof muss vor allem Realist sein. Er muss die Weltkirche – und darunter verstehe ich nicht nur Rom; da gibt es vielfältige Querverbindungen – Anteil haben lassen: So denken bei uns die Menschen; so sind die Sorgen, die Erwartungen, die Hoffnungen. Ob die immer durchgesetzt werden können, ob die immer richtig sind – da sollte man einigermaßen viel Demut besitzen. Aber Weltkirche heißt für mich nicht eine Zentrale, von der allein alles gesteuert wird. Zugleich hat der Bischof das Recht und die Pflicht – in seiner Eigenschaft als Zeuge und Treuhänder – zu sagen: Ein bestimmtes Projekt hat momentan zwar vielleicht viele Prostimmen, aber es gibt auch noch andere Aspekte, die man gleichfalls im Blick haben muss."

Bei Bischofsernennungen hält Weber ein Grundvertrauen als Basis des Miteinanders für unerlässlich: „Wenn eine Bischofsernennung nach Art einer Notbremsung geschieht, dann ruft dies Panik hervor. Umgekehrt kann in bestimmten Situationen eine Notbremsung lebensrettend sein. Von daher wird es immer einmal wieder auch Ernennungen geben, die für Unruhe sorgen. Ein Bischof soll vor allem ein aufmerksamer Mensch sein – aufmerksam für das Evangelium und aufmerksam für das Leben der Menschen und damit ein ständig Lernender. Bei den Bischofsernennungen muss auf die menschlichen Qualitäten eines Kandidaten geachtet werden. Es muss alles getan werden, damit trotz aller Meinungsunterschiede ein Grundvertrauen vorhanden ist. Das heutige Freiheitsbedürfnis der Menschen kann zu großen Verirrungen führen. Aber dieses Freiheitsbedürfnis ist auch etwas Großartiges, muss beachtet werden. Die Zukunft der Kirche liegt nicht in einem Gehorsam ohne jede Rückfragemöglichkeit, sondern der Mensch muss gerade in der heutigen Gesellschaft lernen, sein Gewissen zu bilden. Die Kirche muss ihren Beitrag dazu leisten, wenn wir keinen Menschentyp haben wollen, der immer nur fraglos mit dem Kopf nickt."

Predigt bei der „Wallfahrt der Vielfalt", Mariazell, 8. September 1996

„Bei uns Katholiken von Österreich hat die Liebe zur Kirche Schaden gelitten. Sie ist lächerlich gemacht worden und wir haben uns oft selber lächerlich gemacht und machen lassen. Zu viel wurde gefragt: „Wer ist stärker?" statt: „Wer ist näher bei Christus?" Es schmerzt viele, wenn ihre Ungeduld nach Änderungen nicht gehört wird. Viele haben Angst um den Bestand des Glaubens und werden unsicher durch Veränderungen. Nicht wenige fragen: Merkt ihr nicht in euren Bischofshäusern, im Vatikan, wie es uns geht, wo unsere Not am größten ist und auch wie wir scheitern? Wie unsere Pfarrhäuser leer werden und wie viele aus der Kirche fortgehen?
Nicht alle Wünsche können erfüllt werden, so wie es unsere raschlebige Zeit verlangt. Erneuerung heißt immer Geduld zu mehr Glauben, Hoffnung, Liebe und nicht Verachtung für andere, in der Meinung, allein den richtigen Weg zu wissen ... Geben wir einander die Gewissheit: Wir nehmen eure Sorgen und Fragen ernst, auch wenn sie unbequem sind, wenn sie vielleicht Unerreichbares verlangen und auch dann, wenn wir nicht zustimmen können. Doch nichts wird weggelegt. Diese Aufmerksamkeit wird erwartet von den Bischöfen. Aber geben wir auch ihnen und dem Papst ohne Zögern ihr Recht, ernst genommen zu werden."

Reformationsfest, Heilandskirche Graz, 31. Oktober 1996

Versöhnung suchen – Versöhnung leben
Gut ein halbes Jahr vor der Zweiten Europäischen Ökumenischen Versammlung (23. bis 29. Juni 1997 in Graz) greift der katholische Diözesanbischof in der evangelischen Heilandskirche das Generalthema der Versammlung auf: Versöhnung.
Versöhnung leben heißt für Johann Weber zuerst, Versöhnung mit sich selber leben. „Das, was am tiefsten der Versöhnung bedarf, sind Schuld und Tod. Wir sollten den Mut haben, dazu wieder Sünde zu sagen, trotz des schiefen Lächelns, das dieses Wort anzüglich begleitet. Es hat die Konturen der Wahrheit. Wir tun uns schwer, Erbsünde zu erklären, sie ernst zu nehmen. Aber dann ist sie da, ganz real, der unerwartete Abgrund. Tod und Sünde: das bin ich, obwohl ich damit nicht rechnen möchte, sie nicht zur Kenntnis nehmen möchte."
Das zweite ist die Versöhnung mit dem Nächsten: „Ob Nachbarn, Kollegen, Verwandte zu Nächsten werden, ohne groß davon zu reden und doch den warmen Ton der Dankbarkeit füreinander zu spüren – dazu kann und soll jeder beitragen. Dass wir einander unkompliziert lieben können, was wiederum ohne große Worte wirklich groß sein kann, das hat seine Quelle im Herzen Gottes."
Versöhnung schließlich mit Gott: „Dem armen Bruder, der armen Schwester, der Armut in die Augen schauen. Dann haben wir Gott gesehen."

Medienempfang, Graz, 18. April 1997

Beim Empfang anlässlich des Mediensonntags wirft Bischof Weber unter anderem einen kurzen, anstößigen Gedanken unter die Journalistinnen und Journalisten: „Die denkende Schlagzeile – diese schöne Wortschöpfung möchte ich nicht kommentieren, sondern Ihrer Meditation überlassen."

Ausführlicheres gibt es zu der Aufforderung, den „nachdenklichen Mut vor Mächtigen und Mächten" zu pflegen. „Das können Quoten sein, Personen, Institutionen. Natürlich gibt es den Zwang von Blattlinie, Rentabilität, Nachfrage, gewollter Abgrenzung. Dennoch muss der Versuch gewagt werden, das in der Bergpredigt selig gepriesene reine Herz nicht als einen damit unvereinbaren Gegensatz zu sehen."

Johann Weber schildert dann sein eigenes Erleben im Umgang mit den Medien: „Mein Hauptberuf ist Seelsorger und Verantwortlicher für Seelsorge. Ich weiß, dass ich zehntausend Mal mehr Leute erreichen könnte, wenn ich auf Abruf zu einer medial verwalteten Diskussion eile, als wenn ich den vereinbarten Termin zu einem Abend mit einem Pfarrgemeinderat im hinteren Dorf einhalte. Aber das sind Gewichte und Gewichtungen, die mit meiner Existenz zusammenhängen. Sie haben etwas mit dem Bedürfnis zu tun, mich unbeschwert in den Spiegel schauen zu können. Dennoch, man wird gefragt, dringend, sofort: Wir sind schon mit dem Übertragungswagen unterwegs. Bitte kurze Antworten. Bitte, wenn geht, im Widerspruch zu anderen. Fundiert soll es auch sein. Alles begleitet von einem vielstimmigen Chor der Katholiken links und rechts: Warum schweigt der Bischof zu ...?"

Eröffnung der Bischofskonferenz, Wien, 4. November 1997

„Diese Konferenz und die nächsten Monate werden besonders gekennzeichnet sein vom Dialog für Österreich", schreibt der Vorsitzende seinen Mitbrüdern im Bischofsamt ins Stammbuch. „Wir sollten uns dran nicht mit halbem Herzen beteiligen. Dieser Dialog in und für Österreich ist die Bemühung, zu den Wurzeln der Hoffnung vorzustoßen. Wir werden dabei zusammenbringen, so viel wir eben zusammenbringen. Es ist in der Kirche von Österreich eine unterschiedliche Intensität dafür zu spüren. Hier können die Bischöfe nicht aus ihrer Pflicht entlassen werden. Wir haben mit redlicher Mühe einen gemeinsamen Beschluss gefasst und auf diesem Weg bleiben wir."

Zur Frage, wie es mit der Behandlung des Kirchenvolksbegehrens weitergehen könne, sagt Weber: „Es tut mir leid, dass von dieser Seite eigentlich wenig Beweglichkeit und Nachdenklichkeit zu spüren ist. Eher gibt es Ausdrücke von Beleidigtheit. Dennoch: Der Vorsitzende einer westeuropäischen Bischofskonferenz sagte in Tschenstochau, er wisse nicht, ob er über die geringe Zahl von Unterschriften (für ein Kirchenvolksbegehren, Anm.) in seinem Land froh oder besorgt sein solle – könnte es nicht auch ein Zeichen sein, dass viele gar nicht mehr interessiert sind an der Kirche?"

Der Vorsitzende weist darauf hin, dass in Österreich die Ernennung von Bischöfen nach wie vor höchstes Interesse in der Öffentlichkeit erwecke. „Ich halte das für nicht schlecht, ja sogar für eine Ahnung, dass es hier um mehr geht als um die Wahl eines Funktionärs. Die Freiheit des Papstes zur Ernennung ist unbestritten. Dennoch könnte ich mir manches vorstellen, was Spannungen und Verletzungen eher vermeiden könnte. So denke ich, dass es gut sein könnte, wenn der Nuntius sich mit qualifizierten Gremien der betreffenden Diözese zusammensetzt, um von ihnen über die Situation der jeweiligen Diözese etwas zu hören. Ich denke an das Domkapitel, das Collegium Consultorum, den Priesterrat, den diözesanen Pastoralrat. Ich glaube, es müssen Gespräche möglich sein, ohne auf Personen zu kommen. Im Kleinen machen wir es bei der Neubesetzung einer Pfarre so, dass der Pfarrgemeinderat eine Schilderung der Situation dieser Pfarre gibt, und wir haben sehr gute Erfahrungen damit."

Predigt bei der Bischofsweihe von Alois Kothgasser, Innsbruck, 23. November 1997

Der Steirer Johann Weber bringt in seiner Predigt bei der Bischofsweihe den Katholiken der Diözese Innsbruck ihren neuen Bischof, den gebürtigen Steirer Alois Kothgasser, näher. An den neuen Bischof von Innsbruck gewendet, sagt Weber: „Du stehst als Bischof am Anfang deines Dienstes. Wer beim Bischofsamt von Karriere redet, hat nichts verstanden, und wer sich aus eigenem unbedingt zum Bischof berufen fühlt, der soll es besser nicht werden. Du, lieber Alois, hast es nicht angestrebt, jetzt aber bist du es. So sage ich für die ganze Bischofskonferenz Österreichs: Sei herzlich willkommen bei uns!"
Webers Gruß an Altbischof Stecher: „Lieber Bischof Reinhold Stecher, höre genau zu: Wir danken dir, wir rechnen mit dir, wir denken an dich. du warst ein Glücksfall für uns alle."

Eröffnung der Bischofskonferenz, 31. März 1998

Der Vorsitzende Johann Weber nimmt Stellung zur Causa Groër, zum bevorstehenden dritten Papstbesuch in Österreich, zum geplanten Delegiertentag in Salzburg und zu Mehrheitsentscheidungen in der Bischofskonferenz:
„Ich hoffe darauf und bitte darum, dass der Heilige Vater der Belastung durch die Angelegenheit Groër bald ein Ende setzt, auf dem Weg der Wahrheit, Gerechtigkeit und auch des Erbarmens. Eine besondere Zuwendung ist jedoch für jene Personen nötig, die in diesem Zusammenhang Schaden erlitten haben, sei es direkt oder in einem weiteren Sinne von Enttäuschung.
Wir freuen uns auf den Besuch des Heiligen Vaters. Er soll der Kirche in Österreich begegnen, wie sie eben ist, ohne Schminke. Es muss aber so weit sein, dass die Kirche spürbar wieder auf dem Weg des inneren Friedens ist.
Dazu gehört die Vorbereitung für den Delegiertentag Ende Oktober in Salzburg. Wir wer-

den jene nicht vor der Tür stehen lassen, die ernst zu nehmen und bereit zum wahren, aufmerksamen Dialog sind. Kräfte, denen ein gewalttätiges Verhalten mit viel Taktik innewohnt, sollen keinen Platz haben, denn es geht nicht um Machtproben, sondern um ein gemeinsames demütiges Hören auf den Geist Gottes.
In diesen gemeinsamen Aufgaben wird nun ein verantwortlicher Umgang mit Mehrheiten und Minderheiten in der Bischofskonferenz möglich sein. Einheit ist gut, aber nicht um den Preis der Lähmung."

Rücktrittserklärung als Vorsitzender der Bischofskonferenz, 29. Juni 1998

„Am 6. April 1995 wurde ich auf sechs Jahre zum Vorsitzenden der Österreichischen Bischofskonferenz gewählt. Nach den großen Tagen des Papstbesuches ist für mich auf Grund meines Alters der Zeitpunkt gekommen, den Vorsitz in jüngere Hände weiterzugeben. Ich teile deshalb der Österreichischen Bischofskonferenz meinen Rücktritt von der Funktion des Vorsitzenden mit 30. Juni 1998 mit. Gem. § 5,2 der Statuten der Österreichischen Bischofskonferenz bedarf dieser Schritt keiner Annahme. Wir werden also in der heutigen Sitzung die Neuwahl vornehmen.
Ich möchte klarstellen, dass mir von keiner kirchlichen Instanz direkt oder indirekt ein Wunsch oder gar eine Aufforderung zur Beendigung des Vorsitzes zugekommen ist. Ich habe mich allein und aus freien Stücken dafür entschieden. Es stellt auch keine Flucht oder einen Protest dar. Ich tue es ohne Groll."
Bischof Weber zieht eine Bilanz der vergangenen drei Jahre und dankt zunächst Kardinal Christoph Schönborn „für die gute Zusammenarbeit mit ihm als meinem Stellvertreter".
Weiters erwähnt der scheidende Vorsitzende:

- In der Bischofskonferenz wird effektiver gearbeitet, besonders weil Probleme deutlicher diskutiert werden.
- Beim Kirchenvolksbegehren konnte nach einer anfänglichen bloßen gegenseitigen Aggression ein besseres Verhältnis erzielt werden.
- Der Ständige Rat der Bischofskonferenz wurde neu eingeführt und hat sich bewährt; er gibt die Gelegenheit, in der Plenarsitzung mehr Zeit für die Grundsatzfragen zu haben.
- Die jeweils anschließenden Pressekonferenzen finden ein extrem hohes mediales Interesse.
- Nach jeder Plenarsitzung der Bischofskonferenz legte ich in Rom bei den wichtigsten Einrichtungen meinen persönlichen Bericht vor, auch um ein Gegengewicht zu setzen zu einer verantwortungslosen Stimmungsmache über die kirchliche Situation in Österreich. Auch darüber hinaus habe ich in Rom zahlreiche Gespräche geführt.
- Die „Wallfahrt der Vielfalt" im September 1996 war nach langer Zeit wieder ein Versuch, die ganze Kirche von Österreich zusammenzuführen, und wurde von vielen auch so verstanden. Die damit verbundenen Gespräche in Gösing fanden und verdienen hohe Beachtung.

- Den Prozess „Dialog für Österreich“ und seine Zwischenstation des Delegiertentreffens im Oktober 1998 in Salzburg halte ich für einen Weg von höchster Bedeutung. Er ist nun doch gut in Gang gekommen. Zur Vorbereitung habe ich zusammen mit Mitarbeitern meiner Diözese mein Bestes gegeben. Dieser Weg soll jedoch als Klima und in Gestalt konkreter Handlungen weitergeführt werden. Ich bedauere sehr, dass die Diözesen Österreichs diese Chance nur unterschiedlich ergreifen. Natürlich werden meine Mitarbeiter und ich genauso wie bisher an der Delegiertenversammlung mitwirken. Ich bin auch bereit, dabei Funktionen zu übernehmen, wenn es der neue Vorsitzende wünscht.
- Der Dialog mit den gesellschaftlichen Kräften Österreichs, zum Beispiel den politischen Parteien, wurde aufgebaut und ausgebaut. Die Ebene der Gemeinden und Bundesländer fehlt noch weithin.
- Die Ernennung des neuen Bischofs von Innsbruck wurde zu einer guten Entscheidung geführt.
- Die Zweite Europäische Ökumenische Versammlung in Graz im Juni 1997 war ein historisches Ereignis, dessen Bedeutung in Österreich noch mehr erkannt werden sollte.
- Etliche Neuordnungen gesamtösterreichischer kirchlicher Einrichtungen zur effektiveren Wirksamkeit wurden vorangebracht, zum Beispiel bei den theologischen Fakultäten, den Seminarien, dem Medienwesen (besonders bei der Kathpress), den gesamtösterreichischen Finanzen.
- Höhepunkt war der Besuch des Papstes vor wenigen Tagen. Sein Auftrag – Gebt den Dialog nicht auf – verpflichtet uns. Der Delegiertentag ist eine Station auf diesem Weg. Niemand, dem die Kirche ein Amt anvertraut hat, darf bloß Zuseher sein, darf sich dem Dialog grundsätzlich verweigern.
- Viele unserer Mitarbeiter in ganz Österreich sind verunsichert. Sie brauchen sicher gute Ausstattungen für ihre Arbeit, noch mehr aber das Gefühl von Wohlwollen und Vertrauen. Das kann jedoch nur wachsen, wenn in der ganzen Kirche ohne Angst und ohne Beschönigung wahrgenommen wird, wie sehr und wie rasch sich das Leben der Menschen von heute ändert. Das ist die größte Herausforderung, der wir nicht mit einem Rückzug in den eigenen Kreis begegnen dürfen.
- Negativ sehe ich,
- dass es nicht gelungen ist, die Angelegenheit Groër rasch zu einem Ende zu bringen. Der entstandene Schaden ist tiefgehend. In Rom muss die Kenntnis der pastoralen Vitalität und der pastoralen Lasten in Österreich noch verbessert werden;
- dass es mitunter eine Verwilderung des Gesprächs- und Schreibstils gibt, der sich in Anklagen und Verdächtigungen ergeht, in Zensurierung der Bischöfe, ob sie wohl genug papsttreu und katholisch sind;
- dass das gesamtösterreichische Denken in den einzelnen Diözesen oft zu gering ist. Hier fühlte ich mich mitunter zu wenig verstanden und gestützt;
- dass die Erklärung von vier Bischöfen am 27. Februar 1998 bezüglich Kardinal Groër

von manchen als leichtsinnig abgetan wurde und nicht als ein pastoraler Dienst an der Wahrheit;
- dass in Österreich sehr viel über Strukturen debattiert wird – und das oft zu Recht –, bemerkenswert wenig aber über die Aufforderung des Evangeliums zur konkreten Nachfolge Christi.

Eröffnungsrede zur Delegiertenversammlung, Salzburg, 24. Oktober 1998

„Wir sind deswegen da, weil es uns nicht gut geht." Mit diesem Einleitungssatz seiner Eröffnungsrede zur Delegiertenversammlung bringt Johann Weber die Stimmung auf den Punkt. „Unversehens ist unsere Kirche in eine Situation geraten, auf die wir nicht gefasst sind."

Jetzt würden oft Rettungsversuche angestellt wie beim Untergang der Titanic: „Mit furchtbaren Kämpfen, Ringen um einen Platz im Boot, Hinausstoßen, Niederschlagen. Rettungsversuche von innen, von außen, von verschiedenen Seiten: Wie bringen wir es wieder ins Lot? Nur mit dem Unterschied, dass die Kirche unsinkbar ist."

Der stellvertretende Vorsitzende der Bischofskonferenz erinnert an den Titel „Dialog für Österreich" und sagt dazu: „Ich möchte mit einer gewissen Härte dieses FÜR unterstreichen. Es steht sehr viel auf dem Spiel, welche Gestalt Österreich hat. Wir betreiben hier nicht kirchliche Selbstbeschäftigung, sondern es geht um dieses FÜR Österreich."

Weber mahnt das „Wie" des Dialogs ein; es solle ein Schritt zu einer hörenden Kirche sein. Auf eine Fortsetzung der Delegiertentagung durch „eine Kontrollkommission, was immer das wäre", möchte Bischof Weber verzichten. Aber: „Ich bitte Sie, sammelt Ideen, gebt uns Bischöfen viel buntes Material mit, so dass wir – in ein paar Tagen bei der Bischofskonferenz – sagen können: Ja, das meinen wir auch, so soll es weitergehen. Würden wir Bischöfe nur in einem Punkt – das sage ich jetzt für mich, aber ich bin ja Mitglied des Bischofskollegiums – unernste Beruhigungsspiele wollen, dann wären wir hier nicht am richtigen Platz. Sie, alle, die hier versammelt sind, sollen sich ganz ernst genommen wissen!"

Dankansprache, Universität Graz, 11. Juni 1999

Anlässlich der Verleihung der Pro-Meritis-Medaille in Gold der Karl-Franzens-Universität macht Johann Weber „ein paar liebende Bemerkungen über Österreich":

„Wir alle wissen, dass Österreich keine Insel der Seligen ist. Es ist ein Land – wie wohl alle anderen – voll Aufregung, mit verbissenen Kraftproben, mit ungelösten Fragen. Es hat auch Schattenseiten der Bosheit, die immer wieder von Schriftstellern, Schauspielern und Medienleuten aufgedeckt werden, keineswegs zur Freude aller. So harmlos ist eben Johann Strauß nicht, so unbeschwert ist es nicht beim Heurigen, und der bei uns beheimatete Barock ist keine bloße Spielerei von Putten, die offenbar immer schulfrei haben. Dass die

Kirche nicht ein skurril freundlicher Betrieb der ‚Hochwürden mit ihren Schäfchen' ist, hat sich einigermaßen herumgesprochen. Ähnliches ließe sich in verschiedenen Tonarten auch von anderen Ländern sagen. Doch wie es in der Antike hieß: Hic Rhodos, hic salta – so könnte es ebenso heißen: Hic Austria, hic ama! Es ist ein wunderbares Land!"

Interview 30 Jahre Bischof, „Die Furche", 17. Juni 1999

1969 hatte Johann Weber in seinem ersten Furche-Interview als Bischof drei Ziele genannt: die missionarische Gesinnung fördern, die kirchlichen Kräfte sammeln und die Spannungen in der Diözese überwinden, und drittens an einer Stärkung der Frömmigkeit arbeiten. 30 Jahre danach zieht der Diözesanbischof von Graz-Seckau wieder in einem Furche-Interview Bilanz. Drei Passagen daraus tragen eine besondere persönliche Note:

Konnten Sie Ihr Drei-Punkte-Programm verwirklichen?
Weber: Gott sei Dank ist der zweite Punkt, das brennende Problem der Entzweiung in der Diözese, zu lösen, weithin erfüllt. Die anderen beiden Punkte decken sich ganz mit den jetzigen Aufgaben. Eines unserer Leitthemen heißt: Jesus Christus beim Namen nennen und beim Wort nehmen. Das ist ein anderer Ausdruck für Frömmigkeit. In Bezug auf die missionarische Kirche geht es mir darum, wieder bewusst zu machen, dass aufgrund der Taufe und Firmung jeder Christ einen Auftrag und auch die Befähigung hat, dort, wo er lebt, den Glauben zu bezeugen und Türen zu öffnen. Dazu gehört untrennbar die Förderung geistlicher Berufe.

Ihr Wahlspruch „Den Armen die frohe Botschaft bringen": Hat er Ihr Wirken geprägt?
Weber: Ich bin sehr unvorbereitet zum Bischof berufen worden. Dieser Satz war das Erste, was mir eingefallen ist, aber ich liebe ihn sehr. Die Armut hat ihr Gesicht gewandelt, sie ist aber stark präsent, vor allem als Nicht-fertig-Werden mit dem Leben. Die Steiermark hat eine hohe Selbstmordrate. Das ist nur die Spitze des Eisberges. Ich bin aber stolz, wie in unserer Diözese die Caritas – mit großem C – als Organisation wirkt. Aber wir müssen es schaffen, dass die caritas – mit kleinem c – als Haltung, als persönlicher Einsatz, als Klima in einer Pfarre bei uns da ist.

Was hat Sie in diesen 30 Jahren besonders bewegt?
Weber: Ich nenne drei große öffentliche Anlässe. Das war der Katholikentag 1981 unter dem Motto Brüderlichkeit. Dann 1993 der Tag der Steiermark unter Mittun von praktisch allen gesellschaftlichen Kräften. Das war auch so ein Satz am Anfang meiner Tätigkeit, an dem ich heute genauso festhalte: Wir brauchen eine Koalition nachdenklicher Menschen! Und dann 1997 die Europäische Ökumenische Versammlung, die auch sehr bewegend war. Das alles ist eingebettet in den Umgang mit den Menschen von heute. Ich glaube, es ist eine Luft bei uns, die doch recht gut zum Atmen taugt.

Ennstaler Kreis, Ramsau, 21. Oktober 2000

Der Diözesanbischof prägt in einem Referat über eine glaubwürdige und zukunftsträchtige Kirche eine Kurzformel für die katholische Kirche der Steiermark in der Ära Weber. Diese wenigen Sätze sind geeignet, den Schlusspunkt unter diese Dokumentation tragender Aussagen und Anliegen Johann Webers zu setzen:

„Mit einer Rückblende auf unsere Diözese ist zu sagen, dass es hohe Bemühungen, mehr Menschen in einem Dienst der Kirche, mehr Reflexion, mehr Ideen gibt als oft in der Vergangenheit. Keinesfalls können wir ständig Erfolgsmeldungen liefern. Aber Martin Buber hat schon Recht, wenn er sagt, Erfolg sei kein Name Gottes. Dann aber wieder spüren wir: Das war es! Der Katholikentag 1981, der Tag der Steiermark 1993, ein Fest des Vertrauens 1999, Grüß Gott 2000."

BIOGRAPHIE:

Johann Weber – Priester und Bischof

1. In Graz-Seckau

1927	Johann Weber wird am 26. April 1927 in Graz-St. Veit geboren. Der Vater ist Gendarmerieinspektor, die Mutter hat Schneiderin gelernt und versorgt Haushalt und Kinder. Johann hat fünf Geschwister. Er besucht die Volksschule in Graz-Eggenberg.
1937/38	Schüler im bischöflichen Knabenseminar (bis zu dessen Auflösung)
1938f	Schüler am Akademischen Gymnasium in Graz
1943–45	Einberufung als Luftwaffenhelfer, zuletzt Militärdienst in der Oststeiermark
1945/46	Vom Krieg gezeichnet und ratlos wendet sich der junge Mann jenen Studienfächern zu, für die er sich schon in der Gymnasialzeit am meisten begeistern konnte: Germanistik und Geschichte. Nach zwei Semestern an der Karl-Franzens-Universität in Graz bringt das vom Germanistikprofessor vorgeschlagene Dissertationsthema – „Die Rolle der deutschen Kleinstadt in der deutschen Dichtung" – die Erkenntnis, die zum Umdenken führt: „Das kann nicht alles sein."
1946–50	Studium der Theologie in Graz.
1950	Am 2. Juli 1950 empfängt Johann Weber im Grazer Dom die Priesterweihe. Primizprediger bei der ersten Eucharistiefeier des Neugeweihten in der Grazer Schutzengel-Pfarre ist Daniel Kern.
1950–53	Kaplan in Kapfenberg-Hl. Familie
1953–56	Kaplan in Köflach
1956–62	Diözesanseelsorger der Katholischen Arbeiterjugend

1962–69 Stadtpfarrer in Graz-St. Andrä
Lange bevor die Fristenregelung die kirchlichen Kräfte für die Unterstützung von schwangeren Frauen in Konfliktsituationen weckt, wird in Graz auf Initiative von Stadtpfarrer Weber die Caritas-Wohngemeinschaft „Offene Tür“ ins Leben gerufen.

1969 Am 10. Juni 1969 wird der Pfarrer Johann Weber von Papst Paul VI. zum 56. Bischof der Diözese Graz-Seckau ernannt.
Die Bischofsweihe im Dom zu Graz wird am 28. September 1969 gefeiert.
In seinem Wappen führt Johann Weber den Wahlspruch „Evangelizare pauperibus – Den Armen die frohe Botschaft bringen (Lk 4,18)“

2. In Österreich

1969–82 Referent für Jugendseelsorge und Studentenseelsorge
Vorsitzender des Kuratoriums des Betriebsseminars in Linz (bis 1982) und Vorsitzender des Kuratoriums des Seminars für kirchliche Berufe (bis 1985)

1972–1982 Referent für „Kirche in der Gesellschaft“

1975–1990 Referent für die Gefangenenhaus-Seelsorge.

1976–2001 Mitglied und ab 1984 Vorsitzender des Kontaktkomitees „Bischofskonferenz – Theologische Fakultäten“

1978–1986 Vorsitzender der Gemischten Kommission Bischofskonferenz – Ordensleute

1982–1986 Referent für die Männer- und Frauenorden

1982–2000 Referent für die Theologischen Fakultäten

1982–1997 Referent für Priesterseminare und Kleine Seminare

1982–1990 Referent für pastorale Angelegenheiten (Pastoralkommission Österreichs, Koordination pastoraler Bemühungen)

1984–1997 Präsident des Canisiuswerkes – Zentrum für geistliche Berufe

bis 1993 Pressesprecher der Österreichischen Bischofskonferenz

6. 4. 1995–30. 6. 1998 Vorsitzender der Österreichischen Bischofskonferenz

1998–2000 Stellvertretender Vorsitzender der Österreichischen Bischofskonferenz

1995–2000 Vorsitzender der Glaubenskommission

November 1995 – August 1997 Ökumenereferent

1997–2000 Referent für Medien

3. In der Weltkirche

Kontakte mit der Weltkirche durch Reisen nach Ostasien, Brasilien und Südafrika.
Partnerschaft der Diözese Graz-Seckau mit der Diözese Masan in Korea

1971	II. Bischofssynode in Rom zu den Themen: „Der priesterliche Dienst" und „Die Gerechtigkeit in der Welt"; Teilnahme als Delegierter der Österreichischen Bischofskonferenz
1974	III. Bischofssynode in Rom: „Die Evangelisierung der heutigen Welt"; Teilnahme als Delegierter der Österreichischen Bischofskonferenz
1979	IV. Symposion der Europäischen Bischöfe: „Die Jugendlichen und der Glaube"; Teilnahme als Delegierter der Österreichischen Bischofskonferenz
1984–1989	Mitglied der päpstlichen Kongregation für das katholische Bildungswesen
1990	VIII. Bischofssynode in Rom: „Die Priesterausbildung heute"; Teilnahme als Delegierter der Österreichischen Bischofskonferenz

4. Auszeichnungen

1980	Ehrenring des Landes Steiermark
1983	Großes Goldenes Ehrenzeichen mit dem Stern für Verdienste um die Republik Österreich
1984	Ehrendoktorat der Theologie an der Karl-Franzens-Universität Graz
1987	Ehrenring der Landeshauptstadt Graz
1994	Ehrensenator der Karl-Franzens-Universität Graz
1999	Träger der Pro-Meritis-Medaille in Gold der Karl-Franzens-Universität Graz
	Ehrenbürger der Landeshauptstadt Graz
	Großes Goldenes Ehrenzeichen des Landes Steiermark mit Stern

Zeittafel

Die Ära Weber – die Diözese Graz-Seckau 1969–2001

1969 Als erste pastorale Zielsetzung führt der neue Bischof die Pfarrgemeinderäte ein. Webers Stil wird bereits erkennbar: er setzt nicht auf Verordnung und diözesane Gesetzgebung, sondern lässt die Dinge wachsen und vertraut auf die werbende Zurede und das überzeugende Argument.

Nach einer längeren Experimentierphase unter seinem Vorgänger Josef Schoiswohl führt der neue Bischof als erste pastorale Zielsetzung den Pfarrgemeinderat als ständige Einrichtung ein.

Das Budget der Diözese weist ein Kirchenbeitragsaufkommen von 84,4 Millionen Schilling auf. 46 Prozent davon gehen in den Personalaufwand.

1970 Der Diözesanrat – in den ersten Entwürfen hatte er noch diözesaner Pastoralrat geheißen – wird errichtet. Er ist in der Sicht Johann Webers die „ständige Synode" der katholischen Kirche in der Steiermark. Die konstituierende Sitzung findet am 17. Oktober in Mariatrost statt.

Ab 1970 bis zum Jahr 1993 werden insgesamt acht Pfarren und eine eigene Missio (Seelsorgestelle) für die kroatischen Gastarbeiter (Gastarbeiterzentrum) errichtet.

Der Priesterrat der Diözese wird institutionalisiert und dessen Aufgaben werden erweitert.

Hochschulseelsorger Egon Kapellari stellt das zweite Studentenhaus der Katholischen Hochschulgemeinde Graz im Gebäude Münzgrabenstraße 59 der Öffentlichkeit vor.

Bischof Johann Weber tritt an die steirischen Katholiken mit einem Appell zum Advent heran: Täglich persönlich beten; über das Maß hinaus Gutes tun; den persönlichen Einsatz in der Kirche nicht scheuen.

Errichtung eines Personalbüros für Laienmitarbeiter.

Erstmals wird in der Diözese Graz-Seckau ein „Laientheologe" mit voller akademischer Ausbildung als Pastoralassistent angestellt.

1971 Gemeinsamer Hirtenbrief der christlichen Kirchen in der Steiermark zur Fristenregelung.

Der Diözesanbischof ruft die weiblichen Orden für die Pfarrseelsorge zu Hilfe.

Erstmals werden geistliche Schwestern als Seelsorgerinnen in Pfarren ohne Priester am Ort eingesetzt.
In Verantwortung für die Weltkirche wird die Diözesankommission für Weltkirche und Entwicklungsförderung gegründet. Die Diözese Graz-Seckau geht eine Partnerschaft mit der koreanischen Diözese Masan ein.
An der Montanuniversität in Leoben wird eine Katholische Hochschulgemeinde errichtet.
Das Katholische Bildungswerk in der Steiermark feiert sein 25-jähriges Bestehen. Unter der Leitung von Direktor Hans Steiner gibt es 177 örtliche Bildungswerke und 58 Einsatzorte. Bei 2013 Veranstaltungen wurden 242.790 Besucher gezählt.

1972 Neue Einteilung der Dekanate sowie neuer Wahl- und Bestellungsmodus für Dechanten. Die Diözese Graz-Seckau, mit 16.373 Quadratkilometern die größte Österreichs, wird nach dem Prinzip des „milieueinheitlichen Raumes" und der „zonalen Seelsorge" neu gegliedert. Aus 39 Dekanaten werden 25 Dekanate.
Errichtung der Religionspädagogischen Akademie in Graz.
Errichtung der Pfarre Laßnitzhöhe.
Der Villacher Parteitag der SPÖ beschließt die Fristenregelung. Auf die katholische Kirche kommt der schwerwiegendste gesellschaftspolitische Konflikt mit den regierenden Sozialdemokraten zu. In der Diözese Graz-Seckau werden Gesprächsforen mit Beteiligung aller politischen Kräfte veranstaltet.

1973 Errichtung der Diözesankommission für Fragen der Verkündigung im Religionsunterricht und anderer religiöser Bildungseinrichtungen
Bei der konstituierenden Sitzung des Österreichischen Synodalen Vorganges am 7. April 1973 macht der Sprecher der steirischen Delegierten, Chefredakteur Fritz Csoklich, einen erfolgreichen Vorstoß für eine Generaldebatte. Diese Debatte im Plenum sei notwendig, damit die Versammlung Gestalt annehmen und Profil gewinnen könne.
Errichtung des Ordensrates der Diözese Graz-Seckau mit eigenem Statut.
Rahmenstatut für die Pfarrgemeinderäte in der Diözese mit Wahl- und Geschäftsordnung.

1974 Errichtung des Dekanatsrates mit eigenem Statut.
In ökumenischer Zusammenarbeit wird die Telephonseelsorge eingerichtet.
Das Bildungshaus Mariatrost wurde vor 25 Jahren ins Leben gerufen.
Bischöfliches Dekret über die Einführung des Ständigen Diakonates in der Diözese.

1975 Erste Weihe von verheirateten Männern zu Diakonen.
Gründung des Karmels auf dem Heiligen Berg bei Bärnbach – für den Bischof ein bedeutsames Ereignis, das die spirituelle Tiefe der Kirche dokumentiert.
Errichtung des Kulturzentrums bei den Minoriten. Es zielt auf den Dialog, auf die Außenwirkung der Kirche. Das Zentrum wird eine österreichweit beachtete Begegnungsstätte von Kirche und Kunst.

Das Afro-Asiatische Institut besteht seit zehn Jahren in der Leechgasse.
Gemeinsamer Aufruf der österreichischen Bischöfe zum Volksbegehren zum Schutz des menschlichen Lebens. Im Saal der Grazer Arbeiterkammer findet das „Gespräch der Tausend" zum Volksbegehren der Aktion Leben statt.
Aus Anlass des Heiligen Jahres und als Dank für 30 Jahre Frieden in Österreich nehmen 360 steirische Priester an einer Wallfahrt nach Mariazell teil.
Johann Weber ist 25 Jahre Priester. Der Präsident der Katholischen Aktion, Universitätsprofessor Viktor Steininger, bezeichnet es als „durchaus verständlich, dass viele deutschsprachige Diözesen uns um Bischof Weber beneiden".
Pfarrerrichtungen in Graz-Kroisbach, Graz-Puntigam und Graz-Waltendorf.

1976 Errichtung einer diözesanen Schlichtungs- und Schiedsstelle.

1977 Die von der Diözese getragene Wohngemeinschaft „Mütter im Karenzjahr" ist die erste ihrer Art in Österreich.
Der Bischof lässt im kleinen Kreis erstmals seine Idee von einem steirischen Katholikentag anklingen.
Errichtung der Pfarre Pölfing-Brunn.

1978 Der Diözesanrat beschließt am 4. März 1978 mit nur zwei Stimmenthaltungen die Durchführung eines Festes der steirischen Katholiken.
Errichtung der Pfarre Graz-Süd.

1979 Das „Jahr der Pfarre" ist der erste von drei Schritten zum steirischen Katholikentag. „Lebendige Analyse" heißt der Auftrag, der das innere Leben der Pfarre und ihre Wirkung nach außen zur Sprache bringen soll.
Errichtung der Pfarre Graz-St. Johannes.
Gründung und Dekretierung der „Berufsgemeinschaft der Laientheologen im kirchlichen Dienst der Diözese Graz-Seckau" am 31. Oktober 1979

1980 Die Diözese Graz-Seckau ruft ein „Jahrzehnt des Evangeliums" aus.
Die Vorbereitung auf den steirischen Katholikentag wird mit dem „Jahr des Dekanates" fortgesetzt. In Dekanatsräten wird die gesellschaftliche und seelsorgliche Situation in den Regionen beraten. Wallfahrten der Dekanate sind Vorfeiern zum Katholikentag.

1981 Vom 26. bis 28. Juni wird der Steirische Katholikentag als „Fest der Brüderlichkeit" inszeniert.
Das Diözesanmuseum wird in adaptierten Räumen des Minoritenklosters neu eröffnet.
Arbeitslose Katholiken müssen während der Zeit der Arbeitslosigkeit keinen Kirchenbeitrag mehr bezahlen.
Das Bildungshaus Schloss Seggau begeht sein 25-Jahre-Jubiläum. Landtagspräsident Hanns Koren nennt die Bildungsstätte im ersten Bischofssitz der Diözese ein „steirisches Castel Gandolfo".

1982 Errichtung der Pfarre Graz – Christus, der Salvator.

1983 Am 13. September 1983 besucht Papst Johannes Paul II. den steirisch-österreichischen Wallfahrtsort Mariazell und feiert mit Priestern und Ordensfrauen aus ganz Österreich den Gottesdienst.

Der wachsende Priestermangel macht „Richtlinien zur Sonntagsfeier in Pfarrgemeinden ohne Priester" erforderlich. Die Eucharistiefeier an den Sonn- und Feiertagen soll nach Möglichkeit aufrecht erhalten bleiben, in Ausnahmesituationen soll ein Wortgottesdienst gefeiert werden. Diese Regelungen werden 1999 erneuert und ergänzt, unter anderem wird auf die Möglichkeit hingewiesen, Segnungs- und Wortgottesdienstleiter einzusetzen.

1987 Die Katholische Aktion stellt bei ihrem Diözesantag die Frage „Wie und wovon werden wir morgen leben?" KA-Präsident Rudolf Kellermayr fordert u. a. eine Neuverteilung der Arbeit: „Im Sinne des christlichen Teilens soll Brot und Arbeit teilen eine große Herausforderung für jeden einzelnen von uns und eine Verpflichtung für ganze gesellschaftliche Gruppen sein."

Dem Bildungshaus Mariatrost wird zur Erfüllung seines Auftrages als „offenes Forum für Weiterbildung und Dialog der Diözese Graz-Seckau" ein Kuratorium beigegeben.

1988 Neues Statut für die Dechanten. Der Dechant und der Dechantstellvertreter werden von Vertretern des Dekanates gewählt. Das Ernennungsrecht verbleibt beim Bischof.

Der Fonds für Arbeitslose wird eingerichtet. Dieser „Fonds für kirchliche Förderungs- und Hilfsmaßnahmen für Arbeitslose der Diözese Graz-Seckau" wird zunächst aus Kirchensammlungen und Spenden finanziert. Nach sieben Jahren (Zwischenbilanz vom September 1995) ist ein hoher Grad an Eigenfinanzierung erreicht. Bei 58 Projekten können bis dahin 220 Arbeitsplätze geschaffen werden.

1989 Errichtung der Pfarre Graz-Ragnitz.

Die 90er-Jahre sind in der Diözese Graz-Seckau das „Jahrzehnt des Dialogs".

1990 Im Arbeiterkammersaal in Graz findet die Auftaktveranstaltung zu den Dialogforen in Hinblick auf den „Tag der Steiermark" statt.

Die österreichische Bischofskonferenz veröffentlicht einen Sozialhirtenbrief, dem ein intensiver Diskussionsprozess mit 2400 Stellungnahmen von Einzelnen und Gruppen (insgesamt 14.500 Personen) vorangegangen ist.

1991 Errichtung der Pfarre Graz-St. Elisabeth.

1992 Das Budget der Diözese Graz-Seckau weist Einnahmen und Ausgaben von 680 Millionen Schilling aus. 81 Prozent der Einnahmen – 549 Millionen Schilling – kommen aus den Kirchenbeiträgen. Mehr als die Hälfte der Ausgaben – 376 Millionen Schilling – entfällt auf die Personalkosten für Priester und Laien in diözesanen und pfarrlichen Aufgaben.

In der Steiermark gehören 84 Prozent der Bevölkerung der römisch-katholischen Kirche an. Das ist nach Tirol mit 87 Prozent der höchste Wert in Österreich.

13 Prozent der steirischen Katholiken feiern regelmäßig den Sonntagsgottesdienst mit.

1993 Der Bischof publiziert im Verordnungsblatt der Diözese die Vorgangsweise („die im Kirchenrecht vorgesehenen Möglichkeiten, Kandidaten zu benennen") bei der Ermittlung von Bischofskandidaten. In das vertrauliche Auswahlverfahren sind Delegierte des Domkapitels, des Diözesanrates, des Priesterrates und der Dechanten eingebunden.

Im Kulturzentrum bei den Minoriten wird die Ausstellung „Mensch, Natur und Kosmos" von Joseph Beuys eröffnet. Im Nachsinnen über Gott würden Kirche und Kunst oft „mit verschiedenen Instrumenten dieselbe Melodie spielen", sagt Bischof Weber. Künstler seien Seismographen, die Erschütterungen, Hoffnungen und zugedeckte Ängste in Sprache, Gestalt und Bild umsetzten.

Der „Tag der Steiermark" am 26. Juni 1993 ist ein Dialogvorgang in ökumenischer Trägerschaft und quer durch alle politischen Gruppen in der Diözese. Das modellhafte Ereignis, das weit über die Steiermark hinaus Beachtung findet, dokumentiert die Präsenz der katholischen Kirche in der steirischen Öffentlichkeit.

Die Diözese Graz-Seckau feiert mit der Wiedereröffnung des Priesterseminars, der Herausgabe einer 664 Seiten starken steirischen Kirchengeschichte und einer Ausstellung zur Diözesangeschichte ihr 775-Jahre-Jubiläum. Am 22. Juni 1218 hatte Papst Honorius III. die Gründungsurkunde der Diözese unterzeichnet, die anfangs nur 13 Pfarren vom Murtal über das Gaberl bis nach Lebring umfasste.

Bei der Herbstvollversammlung des Diözesanrates bezeichnet Caritasdirektor Josef Jamnig das Aufenthaltsgesetz für Ausländer in Österreich als „Gesetz gegen Menschen und nicht für Menschen".

Die Diözese Graz-Seckau hat als Arbeitgeber unmittelbar in ihrem Dienst: 612 Priester und 2001 Laien in Seelsorge, Verwaltung, Bildungseinrichtungen, Kindergärten, Caritas. Dazu kommen 894 Ordensfrauen, 1124 Religionslehrerinnen und Religionslehrer, 801 Lehrerinnen und Lehrer an katholischen Privatschulen, 161 Heimerzieher. Weiters sind in den Pfarren rund 700 Pfarrhaushälterinnen, Mesner und Organisten teils oder ganz beschäftigt. Das Jahr über beschäftigt die Diözese 500 bis 600 Professionisten mit kirchlichen Aufträgen. In der Summe beziehen bis zu 6000 Menschen ihren Lebensunterhalt von der katholischen Kirche in der Steiermark.

1994 Die Dechantenkonferenz verabschiedet die seelsorgliche „Handreichung zur Pastoral an wiederverheirateten Geschiedenen". Das Gespräch des Seelsorgers mit Betroffenen sei unerlässlich, damit diese insbesondere in der Frage des Kommunionempfanges eine ernsthafte Entscheidung aus ihrem eigenen Gewissen heraus treffen könnten.

Mit einem Festgottesdienst im Dom feiert die Steiermark 25 Jahre Bischof Johann Weber. Der Bischof hält an dem Vorsatz fest, den er bei seiner Weihe gefasst hatte: „So lasst uns die Hand an den Pflug legen! In Bescheidenheit und Geduld, im

Gebet und mit reinem Herzen! Als Friedensstifter und im Hunger nach Gerechtigkeit! Vertrauen hat einen längeren Atem als die Angst."

Die Karl-Franzens-Universität Graz ernennt den Diözesanbischof durch einstimmigen Beschluss zum Ehrensenator. Rektor Helmut Konrad würdigt Johann Weber als „Personifikation eines Klimas der Toleranz, der Offenheit und des Dialogs". Kardinal Franz König fordert die Christen in seiner Festrede auf, den „geistigen Bauplan Europas" mit zu prägen.

Vom 22. bis 29. Oktober 1994 pilgert Johann Weber mit mehr als 700 Gläubigen aus der Diözese in das Heilige Land. Zum festlichen Abend für den Bischof kommt Landeshauptmann Josef Krainer nach Jerusalem.

Die Diözese, das Land Steiermark und weitere öffentliche Institutionen richten den Johann-Weber-Fonds für die Unterstützung von Studenten aus den ost- und südosteuropäischen Ländern ein.

1995 Johann Weber wird am 6. April 1995 zum Vorsitzenden der Österreichischen Bischofskonferenz gewählt und erhält binnen zehn Tagen 1200 Briefe besorgter Katholiken.

Das Kirchenvolksbegehren erreicht vom 3. bis 25. Juni österreichweit 505.154 Unterschriften, das ist beinahe die Hälfte der 1,17 Millionen Katholiken, die in Österreich regelmäßig den Sonntagsgottesdienst mitfeiern. Im Vergleich mit politischen Volksbegehren liegt das Kirchenvolksbegehren an fünfter Stelle. Die Plattform „Wir sind Kirche" fordert einen österreichweiten Gesprächsprozess in Form eines „Kirchenforums".

Bischof Weber empfängt am 27. Juni 1995 in Graz gemeinsam mit Vertretern der evangelischen Kirche, der Orthodoxie, des Judentums und des Islams den Dalai Lama. Auf dem Schlossberg findet eine gemeinsame „Interreligiöse Meditation" von Christen, Juden, Buddhisten und Moslems statt.

1996 Weg des Friedens vom 6. bis 8. Mai 1996 in Sarajevo: Bischof Johann Weber, der griechisch-orthodoxe Metropolit Michael Staikos, der evangelische Oberkirchenrat Johannes Dantine, Rabbiner Walter Rothschild für das Judentum und Anas Schakfeh sowie Abderrahman Zakeri als Delegierte der Islamischen Glaubensgemeinschaft in Österreich beten in der katholischen Kathedrale von Sarajevo, in der serbisch-orthodoxen St. Michaels-Kirche, in der Synagoge und in der Kaisermoschee.

1997 Errichtung der diözesanen Frauenkommission. Diese hat beratende und fördernde Funktionen bei Gleichbehandlungs- und Gleichberechtigungsfragen von Frauen im diözesanen Bereich, soweit Laien haupt- und ehrenamtlich tätig sein können.

Mit zwei Stimmenthaltungen spricht sich der steirische Diözesanrat für die Weihe von Diakoninnen aus.

In Graz findet vom 23. bis 29. Juni 1997 die Zweite Europäische Ökumenische Versammlung statt. Vertreterinnen und Vertreter von mehr als 120 christlichen Kirchen und Gemeinschaften aus ganz Europa, von Moskau bis Portugal, von Helsinki bis Kreta, nehmen teil.

1998 Errichtung des „Diözesanen Wirtschaftsrates" in Nachfolge des „Diözesankirchenrates" und des „Verwaltungsrates". Der diözesane Wirtschaftsrat ist vom Bischof für die Besorgung der finanziellen und wirtschaftlichen Angelegenheiten der Diözese eingesetzt.

Die Katholische Aktion der Steiermark setzt sich bei ihrer Frühjahrstagung mit „Lebenswelten und Kulturformen der Jugendlichen" auseinander. Bischof Weber sagt beim Gottesdienst in der Wallfahrtskirche auf dem Frauenberg: „Erfüllen wir das Recht der Jugend auf Freude, Hoffnung und Zuversicht – und dieses Recht hat einen Namen: Jesus Christus."

Am 27. Februar 1998 veröffentlichen der Vorsitzende der Bischofskonferenz, Johann Weber, sowie Kardinal Christoph Schönborn, Wien, Erzbischof Georg Eder, Salzburg, und Diözesanbischof Egon Kapellari, Klagenfurt, eine gemeinsame Erklärung zur Causa Groër. Bischof Weber sieht in dieser Erklärung einen pastoralen Dienst an der Wahrheit.

Bei seiner dritten Pastoralreise nach Österreich besucht Papst Johannes Paul II. Salzburg, St. Pölten und Wien.

Mit 30. Juni 1998 erklärt Johann Weber seinen Rücktritt als Vorsitzender der Österreichischen Bischofskonferenz.

Vom 23. bis 26. Oktober 1998 findet in Salzburg die Delegiertenversammlung zum „Dialog für Österreich" statt. Der Grundtext war in 70.000 Exemplaren ausgesandt worden. Es gab mehr als 1000 Rückmeldungen. Der neue Vorsitzende der Bischofskonferenz, Kardinal Christoph Schönborn, ist krankheitshalber verhindert, die Delegiertenversammlung zu leiten. Sein Stellvertreter Johann Weber übernimmt von einem Tag auf den anderen den Vorsitz der Versammlung und bringt sie in einer offenen, kultivierten Gesprächskultur über die Bühne.

1999 Am 19. Juni begeht die Diözese das Jubiläum „30 Jahre Bischof Johann Weber".

Die Renovierung des Priesterseminars abgeschlossen. Es ist das flächenmäßig größte Bauwerk im „Weltkulturerbe" Grazer Altstadt.

Vom Advent 1999 bis Ostern 2000 sind rund 10.000 ehrenamtliche Mitarbeiterinnen und Mitarbeiter – sogenannte „Boten" – unterwegs in die 500.000 steirischen Haushalte. Die Aktion „Grüß Gott 2000" solle ein Zeichen des Glücks- und Segenswunsches der Kirche" sein.

2000 Das Land Steiermark verleiht Bischof Johann Weber die höchste Landesauszeichnung: das Große Goldene Ehrenzeichen mit Stern.

Eine statistische Prognose für die Diözese Graz-Seckau ergibt, dass sich die Zahl der Priester von derzeit 360 auf 180 im Jahr 2013 halbieren dürfte. Der Prozess 2010 versucht, mit einer regionalen und personellen Neuordnung der Seelsorge entgegenzuwirken. Generalvikar Helmut Burkard und Pastoralamtsleiter Heinrich

Schnuderl setzen auf „kooperative Seelsorge", die ein Miteinander von Priestern und Laien bedeutet. Auch sollten in Zukunft größere „Seelsorgeeinheiten" geschaffen werden, in denen etwa drei bis vier Pfarren einen Verbund bilden. Zur Auflösung von Pfarren aber dürfte es nicht kommen.

Der Bischof genehmigt den Frauenförderplan der Diözese, der den Frauen „mehr Verantwortung, Einflussnahme und Entscheidungskompetenz" in allen Funktionen und Ämtern bringen soll, „die derzeit kirchenrechtlich für Frauen offen sind".

15 Frauen erhalten ein Zertifikat über die erfolgreiche Teilnahme an der Seminarreihe „Gut geschult ist halb gewonnen".

Die Schriftenreihe „Theologie im kulturellen Dialog" der Universität Graz umfasst bereits sechs Bände. Sie spannen einen weiten Bogen von innerkirchlichen Kernfragen wie die Mitwirkung der Diözesen bei Bischofsernennungen über die Religionspädagogik bis zum Verhältnis von Kirche und Medien.

Ein offizielles Faltblatt der Diözese will Homosexuellen und ihren Familien „Mut machen, die seelsorglichen Dienste der Kirche in Anspruch zu nehmen". Die Seelsorge habe nicht das Ziel, eine Umpolung der sexuellen Ausrichtung zu erreichen.

Die Schutzengel-Pfarre in Graz bringt zum 50. Jahrestag der Primiz, die Johann Weber hier gefeiert hat, eine Erinnerungstafel am Pfarrzentrum an. Der Kirchplatz wird in „Bischof-Weber-Platz" umbenannt. Sein goldenes Priesterjubiläum feiert auch Dompropst Leopold Städtler, der als langjähriger Generalvikar der engste Mitarbeiter von Bischof Weber war.

Ende Oktober besucht Bischof Weber die österreichischen KFOR-Soldaten im Kosovo.

Am 9. November wird die wiedererrichtete Synagoge in Graz ihrer Bestimmung übergeben.

2001 Der Diözesanrat beschließt neue Leitlinien für die Seelsorge der Diözese Graz-Seckau.

Am 5. Februar bestätigt Bischof Weber, dass er sein Rücktrittsgesuch in Rom eingereicht hat und ihm zugesagt wurde, dass es angenommen werde.

Am 12. März informiert der Apostolische Nuntius in Österreich, Erzbischof Donato Squicciarini, Johann Weber in einem persönlichen Gespräch über die Annahme seines Rücktrittsgesuches und die bevorstehende Ernennung des gebürtigen Steirers und Diözesanbischofs von Gurk-Klagenfurt, Egon Kapellari, zum Diözesanbischof von Graz-Seckau.

Am 13. März wird die Regelung der Nachfolge öffentlich bekannt.

Am 14. März übernimmt Egon Kapellari die Jurisdiktion in der Diözese Graz-Seckau.

Am 22. April übergibt Johann Weber im Grazer Dom den Hirtenstab an seinen Nachfolger Egon Kapellari.